사도행전

송로

제2권 예수로 말미암아
사도행전 속으로
Into the Acts 2. Through Jesus

지은이 이재철
펴낸곳 주식회사 홍성사
펴낸이 정애주
국효숙 김의연 박혜란 송민규 오민택 임영주 차길환

2010. 11. 18. 초판 발행   2025. 8. 18. 10쇄 발행

등록번호 제1-499호 1977. 8. 1.
주소 (04084) 서울시 마포구 양화진4길 3
전화 02) 333-5161   팩스 02) 333-5165
홈페이지 hongsungsa.com   이메일 hsbooks@hongsungsa.com
페이스북 facebook.com/hongsungsa
양화진책방 02) 333-5161

ⓒ 이재철, 2010

• 잘못된 책은 바꿔 드립니다.   • 책값은 뒤표지에 있습니다.

ISBN 978-89-365-0839-5 (04230)
ISBN 978-89-365-0531-8 (세트)

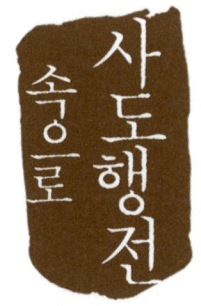

2 예수로 말미암아

사도행전 3, 4, 5장

이재철

서문
참된 교회를 그리며

저는 주일예배 시간에 늘 '순서설교'를 합니다. 순서설교는 제가 만든 용어로, 문자 그대로 성경을 순서대로 설교하는 것입니다. 강해설교도 성경의 순서를 따르지만 일반적으로 본문을 넓게 잡기에 각 구절에 대한 비중이 떨어지기 쉽습니다. 그러나 순서설교는 본문을 한두 구절씩 짧게 잡는 것이 특징입니다. 그러다 보니 성경 가운데 책 한 권의 설교를 끝내기 위해서는 상당한 햇수가 필요합니다. 그런데도 제가 목회를 시작한 이래 20여 년 동안 계속 순서설교를 해온 까닭이 있습니다. 1년에 주일은 52일밖에 없습니다. 그러므로 목회자가 한 교회에서 평생 목회해도 주일예배 시간에 성경 66권의 내용을 모두 심도 있게 설교하는 것은 물리적으로 불가능합니다. 주일예배는 물론이고 새벽 기도회, 수요 성경공부, 구역 성경공부 등에 빠짐없이 참석하는 교인은 예외겠지만, 주일예배에만 참석하는 대다수 교인은 결국 일주일에 한 번 설교자가 선호하거나 의도하는 구절에 대한 설교만 듣게 됩니다. 그렇게 해서는 하나님의 말씀이신 성경 전체를 바르게 이해하고 세상에서 하나님의 말씀을 좇아 사는 것은 지극히 어려운 일입니다. 그와 같은 단점을 보완하기 위해 매주일 본문 구절의 깊이와 성경 전체의 넓이를 동시에 추구하자는 것이 순서설교입니다. 다시 말해 주일마다 각 구절을 깊이 있게 다루면서, 그 깊이만큼 해당 구절을 창으로 삼아 성경 전체를 들여다보고, 예배가 끝난 뒤에는 그 구절을 안경으로 쓰고 일주일 동안 세상에서 살자는 것입니다.

성경은 창세기부터 요한계시록까지 거미줄보다 더 정교하고 치밀하게 얽혀 있습니다. 그리고 성경 각 구절은 그 전체를 들여다보는 신비로운 창입니다. 똑같은 풍경도 창의 모양과 색깔에 따라 다르게 보이듯이, 성경을 들여다보는 창이 많고 다양할수록 성경 전체에 대한 이해가 더 깊어지고 넓어지기 마련입니다. 제가 순서설교를 선호하는 까닭이 여기에 있습니다. 구약성경의 초점이 '오실 예수'에, 신약성경의 초점이 '오신 예수'에 맞추어져 있기에, 즉 성경 전체의 초점이 '오직 예수' 한 분이시기에 순서설교와 절기설교는 상충하지 않습니다. 성경의 모든 구절이 예수님을 들여다보기 위한 창이기 때문입니다. 특정 절기와는 무관해 보이는 구절로 그 절기를 묵상함으로써 오히려 성경의 오묘함을 더 깊이 확인할 수 있습니다.

100주년기념교회 주일예배 설교 텍스트로 사도행전을 선택한 데엔 두 가지 이유가 있습니다. 저의 첫 목회지였던 '주님의교회'에서 요한복음 순서설교를 끝으로 10년 임기를 마친 것이 첫 번째 이유입니다. 목회의 장소와 형태 그리고 목적은 달라져도 목회의 영속성이 단절되는 것은 아니기에 요한복음에 이어 사도행전을 선택하였습니다. 두 번째 이유는 100주년기념교회로 저를 불러내신 주님께서 제게 부여하신 소명이 한국 교회의 출발점인 양화진외국인선교사묘원 묘지기이기 때문입니다. 이미 출판된 요한복음 설교집 〈요한과 더불어〉의 주제가 '주님과 동행'이라면 〈사도행전 속으로〉의 주제는 복음의 결과인 '교회 되기'이므로, 한국 교회의 출발점인 양화진에서 사도행전을 통해 참된 교회의 의미를 되새기기 위함입니다. 2005년 7월 10일 100주년기념교회 창립과 동시에 사도행전 1장 1절부터 순서설교를 시작한 이래 만 5년을 맞는 현재에도 사도행전을 계속 설교하고 있습니다. 주님께서 제 건강과 여건을 허락하신다면, 100주년기념교회에서 목회하는 동안 사도행전 순서설교를 끝내는 것이 제 소박한 바람입니다.

  부족하기 짝이 없는 사람을 늘 변함없이 당신의 도구로 사용해 주시는 주님께 감사드릴 뿐입니다.

2010년 7월 양화진에서
이재철

차례

서문_ 참된 교회를 그리며 5

사도행전 3장

1. 성전 미문 I (행 3:1-10) 사순절 셋째 주일 13
2. 성전 미문 II 사순절 넷째 주일 25
3. 성전 미문 III 사순절 다섯째 주일 36
4. 성전 미문 IV 고난 주일 47
5. 성전 미문 V 부활 주일 59
6. 붙잡으니 (행 3:11-16) 70
7. 솔로몬의 행각 81
8. 조상의 하나님 가정 주일 93
9. 예수로 말미암아 106
10. 새롭게 되는 날 (행 3:17-21) 118
11. 주 앞으로부터 129
12. 버리게 하셨느니라 (행 3:19-26) 성령강림 주일 140

사도행전 4장

13. 그들을 잡으매 (행 4:1-4) 155
14. 버린 돌로서 (행 4:5-12) 167
15. 다른 이로써는 180
16. 이상히 여기며 (행 4:5-14) 192
17. 예수와 함께 (행 4:13-22) 창립 1주년 기념 예배 205

18. 판단하라 218
19. 사십여 세나 229
20. 대주재여 (행 4:23-31) 242
21. 진동하더니 254
22. 사도들의 발 앞에 (행 4:32-37) 266
23. 바나바라 하니 278

사도행전 5장

24. 얼마를 감추매 (행 5:1-11) 293
25. 함께 꾀하여 305
26. 젊은 사람들 317
27. 다 나음을 (행 5:12-16) 329
28. 밤에 옥문을 열고 (행 5:17-32) 341
29. 다 모으고 354
30. 하나님께로부터 났으면 (행 5:33-42) 367
31. 예수는 그리스도 381

부록

거룩한 땅 양화진흥보관 착공 감사 예배 395
큰 기쁨의 좋은 소식 성탄 축하 예배 400

일러두기

* 〈사도행전 속으로〉 제2권은 2006년 3월 19일부터 2006년 10월 22일까지 100주년기념교회 이재철 목사가 주일예배에서 설교한 내용을 묶어 낸 것입니다.
* 본문에 인용한 성경 구절은 개역개정판 성경을 기본으로 하였고, 그 외의 역본을 따랐을 경우 별도 표기 하였습니다.
* 성경 구절 중 [ ] 안의 내용은 독자의 이해를 돕고자 저자가 첨가한 것입니다.
* 본문에 인용한 찬송가는 새찬송가를 기본으로 하였습니다.

사도행전 3장

베드로는 자신과 앉은뱅이의 믿음을
'나의 믿음' 혹은 '우리의 믿음'이라 하지 않고,
"예수로 말미암아 난 믿음"이라고 못박았습니다.
자신과 앉은뱅이가 지닌 믿음의 출처가 자기 자신들이 아니라
예수 그리스도이심을 분명하게 밝힌 것입니다.

1. 성전 미문 I 사순절 셋째 주일

사도행전 3장 1-10절

제구 시 기도 시간에 베드로와 요한이 성전에 올라갈새 나면서 못 걷게 된 이를 사람들이 메고 오니 이는 성전에 들어가는 사람들에게 구걸하기 위하여 날마다 미문이라는 성전 문에 두는 자라 그가 베드로와 요한이 성전에 들어가려 함을 보고 구걸하거늘 베드로가 요한과 더불어 주목하여 이르되 우리를 보라 하니 그가 그들에게서 무엇을 얻을까 하여 바라보거늘 베드로가 이르되 은과 금은 내게 없거니와 내게 있는 이것을 네게 주노니 나사렛 예수 그리스도의 이름으로 일어나 걸으라 하고 오른손을 잡아 일으키니 발과 발목이 곧 힘을 얻고 뛰어 서서 걸으며 그들과 함께 성전으로 들어가면서 걷기도 하고 뛰기도 하며 하나님을 찬송하니 모든 백성이 그 걷는 것과 하나님을 찬송함을 보고 그가 본래 **성전 미문**에 앉아 구걸하던 사람인 줄 알고 그에게 일어난 일로 인하여 심히 놀랍게 여기며 놀라니라

우리 속담에 "그림의 떡"이란 말이 있습니다. 무엇인가의 실체가 손에 닿을 정도로 가까이 있긴 하지만, 결코 자신의 것으로 삼을 수는 없는 것을 빗

대어 하는 말입니다. 가령 진열대에 때깔 좋은 떡들이 먹음직스럽게 진열되어 있는 광경을 연상해 보십시다. 주머니에 있는 돈으로 언제든 그 떡을 사먹을 수 있는 사람에게 그 떡은 실재의 떡 그대로입니다. 그러나 허기가 졌음에도 돈이 없어 떡을 사 먹을 수 없는 사람이라면, 그에게 그 떡은 불행히도 그림의 떡이 됩니다. 그때 그림의 떡이란, 떡을 그린 그림처럼 감상의 대상이 아닙니다. 그것은 분명히 떡의 실체가 눈앞에 있음에도 그 떡을 그림의 떡으로 간주할 수밖에 없는 자신의 비참함을 스스로 확인하는 고통과 괴로움일 뿐입니다. 그 경우 당사자의 허기가 심하면 심할수록 그의 고통과 괴로움은 가중되는 법입니다. 이런 관점에서 실재하는 떡을 그림의 떡으로 간주해야 하는 그는 불쌍한 사람임에 틀림없습니다. 중요한 사실은 이처럼 불쌍한 사람들이 성경에는 수도 없이 등장하고 있다는 점입니다.

예수님께서는 우주적 종말의 날이 될 당신의 재림과 관련하여 그날은 하나님 아버지 외에는 아무도 알 수 없음을 밝히시며, 하나님께서 물로 세상을 심판하셨던 노아 시대의 예를 들어 말씀하셨습니다.

> 노아의 때와 같이 인자의 임함도 그러하리라 홍수 전에 노아가 방주에 들어가던 날까지 사람들이 먹고 마시고 장가들고 시집가고 있으면서 홍수가 나서 그들을 다 멸하기까지 깨닫지 못하였으니 인자의 임함도 이와 같으리라 (마 24: 37-39).

노아가 하나님의 명령을 좇아 만든 방주는 길이 137.4미터에, 폭과 높이는 각각 22.9미터와 13.7미터에 이르는 거대한 규모였습니다. 노아가 세 아들과 함께 그 큰 방주를 짓는 데 얼마나 오랜 세월이 소요되었겠습니까? 그러나 그 긴긴 세월 동안 세상 사람들은 자신들의 욕구를 좇아 오직 먹고 마시는 일에만 열중했습니다. 그들 눈에는 멀쩡한 대낮에 그 거대한 방주를 짓는 노아가 정신 나간 사람으로밖에는 보이지 않았습니다. 그러나 어느 날 갑자기 하나님의 심판이 시작되었습니다. 홍수로 말미암아, 방주에 들어간 노아 식구 여덟 명을 제외하곤, 패역한 인간들은 모두 멸망당한 것입니다. 그때 인간들이 홍수에 휩쓸려 가며 하나님의 말씀을 경솔히 여겼던 자신들의 어리석음을 얼마나 후회했겠습니까? 그중에서도 노아와 한동네 살던 사람들의 후회가 가장 컸을 것입니다. 그들은 매일 아침저녁으로 노아의 방주를 눈으로 보며 살던 사람들이었습니다. 무서운 홍수가 시작되었을 때에도 방주는 여전히 그들 앞에 있었습니다. 그러나 그들은 홍수를 피해 방주 속으로 들어갈 수는 없었습니다. 그들에게 방주는 그림의 떡이었기 때문입니다. 들어가기만 하면 생명을 구할 수 있는 방주의 실체를 눈앞에 두고도 그 방주를 그림의 떡으로 여겨야만 했던 그들은 참으로 불쌍한 인간들이 아닐 수 없었습니다. 우리는 오늘 본문 속에서도 이처럼 불쌍한 인간을 또다시 만나게 됩니다.

> 제구 시 기도 시간에 베드로와 요한이 성전에 올라갈새(1절).

제구 시란 오늘날의 시간으로 오후 3시입니다. 경건한 유대인들은 아침 9시, 낮 12시, 오후 3시, 이렇게 하루 세 번씩 예루살렘 성전을 찾아 기도하였습니다. 유대인들은 새날의 기준을 해가 뜨는 시각이 아니라 해가 지는 시각에 두었으므로, 오후 3시라면 해가 지기 전 그날의 마지막 기도 시간이었습니다. 베드로와 요한이 유대인의 마지막 기도 시간에 맞추어 성전을 찾았다는 것은, 계속 이어지는 사도행전의 내용을 보건대, 그곳에 모인 유대인들에게 복음을 전하기 위함이었음을 알 수 있습니다.

나면서 못 걷게 된 이를 사람들이 메고 오니 이는 성전에 들어가는 사람들에게 구걸하기 위하여 날마다 미문이라는 성전 문에 두는 자라(2절).

그날 베드로와 요한은 예루살렘 성전의 문들 가운데 니카노르 문Nicannor Gate을 이용하였습니다. 사람들은 그 문을 가리켜 '미문美門'이라 불렀습니다. 예루살렘 성전의 문들 가운데 그 문이 가장 아름다웠기 때문입니다. 생전에 그 문을 직접 목격한 역사가 요세푸스F. Josephus의 기록에 의하면, 높이가 23미터에 달하는 미문은 아름다울 뿐 아니라 금과 은을 입힌 황동으로 만들어진 이중문이어서 웅장하고 장엄하기 그지없었다고 합니다. 바로 그 아름다운 미문 앞에 태어날 때부터 앉은뱅이인 걸인이 앉아 있었습니다. 그가 그곳을 구걸 장소로 택한 것은, 미문은 성전 밖 '이방인의 뜰'에서 성전 안 첫 장소인 '여인의 뜰'로 통하는 출입구이기에 평소 통행인이 가장 많았기 때문일 것입니다.

사도행전 4장 22절은 그의 나이가 40여 세였음을 밝혀 주고 있습니다. 앉은뱅이인 그가 매일 그곳에 나와 있을 수 있었던 것은, 날이면 날마다 그를 메어다가 그곳에 두는 사람들이 있었기 때문입니다. 그들이 앉은뱅이를 앵벌이의 도구로 삼아 자기 이득을 취하는 불량배들이었는지, 아니면 앉은뱅이의 가족이었는지는 알 길이 없습니다. 분명한 것은, 그들은 그 앉은뱅이를 성전 안으로 데리고 가서 하나님을 경배하게 한 것이 아니라 단지 미문 앞에서 구걸하게 했다는 점입니다. 유대인에게 성전은 삶의 시발점인 동시에 목적지일 정도로 유대인과 성전을 분리하여 생각하는 것 자체가 불가능할 정도였습니다. 그러나 그 앉은뱅이는 생명과도 같은 성전 속으로 들어갈 수 없었습니다. 사람들이 그를 미문 앞에 내려놓고 구걸하게만 할 뿐, 누구도 그를 성전 안으로 데려다 주려 하지는 않았기 때문입니다. 결국 자력으로는 성전 안으로 들어갈 수 없었던 선천성 앉은뱅이인 그는, 태어난 이래 근 40년 동안 성전 미문 앞 이상을 넘어갈 수 없었습니다. 그에게 성전은 그림의 떡에 지나지 않았던 것입니다. 날이면 성전 미문 앞에 앉아 있으면서도, 성전과 미문을 그림의 떡으로 간주할 수밖에 없는 그가 겪었을 고통과 괴롬 그리고 번민이 얼마나 컸겠습니까? 더욱이 그가 자리 잡고 있는 곳이 가장 아름다운 미문 앞임으로 인해 그의 비참함과 불쌍함은 더욱 두드러져 보이기만 합니다.

그런데 본문 8절은 그 불쌍한 앉은뱅이의 인생에 대반전이 일어났음을 증언해 주고 있습니다.

뛰어 서서 걸으며 그들과 함께 성전으로 들어가면서 걷기도 하고 뛰기도 하며 하나님을 찬송하니.

무려 40여 년간 단 한 번 일어서 본 적도 없던 그가 일어난 것은 말할 것도 없고, 하나님을 찬미하며 성전으로 뛰어 들어갔습니다. 미문 앞에서 구걸하던 그가 성전 안으로 뛰어 들어가기 위해서는 반드시 미문을 먼저 통과해야만 했습니다. 앉은뱅이인 그에게 그림의 떡이기만 했던 미문과 성전이 명실공히 미문이 되고, 명실상부한 성전이 된 것입니다. 그 순간 그가 누렸을 감격이 얼마나 컸을는지는 능히 짐작할 수 있습니다. 대체 날 때부터 앉은뱅이였던 그에게 이처럼 극적인 대반전이 어떻게 가능할 수 있었겠습니까?

베드로가 이르되 은과 금은 내게 없거니와 내게 있는 이것을 네게 주노니 나사렛 예수 그리스도의 이름으로 일어나 걸으라 하고 오른손을 잡아 일으키니 발과 발목이 곧 힘을 얻고(6-7절).

미문과 성전이 그림의 떡이었을 뿐인 그가 자기 발로 미문을 통과하여 성전 안으로 뛰어 들어갈 수 있었던 것은, 베드로가 예수 그리스도의 이름으로 그를 치유해 주었기 때문입니다. 아니, 정확하게 말하면 예수 그리스도께서 베드로를 도구 삼아 당신의 생명과 능력으로 그를 친히 일으켜 세워 주셨기 때문입니다. 따라서 그가 미문을 지나 성전 안으로 들어갔다는 것은, 단순히 그가 미문과 성전이란 건축물을 통과하였다는 말이 아닙니다. 그것은 예수 그리스도 안에서 그의 인생길에 아름다운 미문이 새롭게 열리고, 그의 인생 자체가 거룩한 성전으로 회복되었음을 의미합니다.

성전 미문 앞에서 벌어진 이 놀라운 사건 속에서 이 시간 우리가 유의하고자 하는 것은, 베드로가 대체 어느 순간에 앉은뱅이 걸인을 일으키는 주님의 도구로 쓰임 받았는가 하는 것입니다. 바꾸어 말해, 주님께서 어느 순간에 베드로를 통해 친히 역사하셨느냐는 것입니다.

그가 베드로와 요한이 성전에 들어가려 함을 보고 구걸하거늘(3절).

미문 앞에 앉아 있던 앉은뱅이 걸인은 베드로와 요한을 보자 그들에게 적선을 요청하였습니다. 그가 베드로와 요한을 알아서거나, 자기 앞에 나타난 사람이 베드로와 요한이었기 때문에 구걸한 것이 아닙니다. 그는 자기 앞을 지나는 사람이 누구인지는 전혀 개의치 않는 사람이었습니다. 그는 근 40년 동안 사람의 모습이 보이기만 하면 단지 기계적으로 구걸하던 사람이었습니다. 따라서 지난 세월 동안 그의 앞을 지나갔을 사람들 중에 절대다수는 그의 구걸을 외면하였을 것입니다. 그도 그럴 것이 사람들이 기도하기 위해 매일 성전을 찾을 때마다 언제나 똑같은 자리에서 똑같은 앉은뱅이가 똑같이 구걸하였으니, 대부분의 사람들이 그냥 지나쳤을 것임은 불을 보듯 뻔합니다. 그러나 그날, 베드로와 요한은 달랐습니다.

베드로가 요한과 더불어 주목하여 이르되 우리를 보라 하니(4절).

베드로와 요한은 앉은뱅이 걸인의 무의미한, 단지 습관적일 뿐인 구걸을 그냥 지나치지 않았습니다. 그들은 앉은뱅이 걸인을 보고, 그 앞에서 멈추어 섰습니다. 그리고 예수 그리스도의 이름으로 그에게 손을 내밂으로 그가 일어나게 되었습니다. 베드로와 요한의 멈춤, 바로 이것이 해답입니다. 그들이 앉은뱅이 앞에서 멈추지 않았던들 주님께서 그들을 도구 삼아, 성전 미문 앞에 앉아서도 성전과 미문을 그림의 떡으로 간주할 수밖에 없던 한 불쌍한 인간을 일으켜 세우시는 생명의 역사는 일어나지 않았을 것입니다. 생명의 역사는 멈춤으로부터 시작된다는 것이 오늘의 본문이 던져 주는 교훈입니다.

사랑은 멈춤입니다. 어린아이가 울 때, 엄마가 하던 모든 일을 멈추고 어린아이를 향하는 것은 아이를 사랑하기 때문입니다. 어린아이가 다급하게 우는데도 곁에 있는 여인이 하던 일을 도무지 멈추려 하지 않는다면, 그 여자는 그 아이의 엄마가 아님이 분명합니다. 사랑하면, 그 사랑은 반드시 멈춤으로 나타나기 마련입니다.

하나님은 사랑이시고, 사랑이신 하나님께서는 인간을 사랑하십니다. 그 하나님의 사랑이 구체적으로 어떻게 나타났습니까? 마태복음 1장 23절은, 이 땅에 오신 예수님을 가리켜 '임마누엘'이라 부르고 있습니다. 임마누엘이란 '하나님께서 우리와 함께 계시다'라는 뜻입니다. 2천 년 전 인간의 모습으로 오셨던 예수님이, 우리와 함께하시기 위해 이 땅에 강림하신 하나님이셨습니다. 즉 인간을 사랑하시는 하나님께서 하나님이시기를 멈추시고 인간이 되어 이 땅에 오시어, 인간을 구원하기 위한 제물이 되어 주신 것입니다. 하나님의 그 '자기 멈춤'으로 인해 우리가 구원받았을 뿐만 아니라, 그림의 떡일 수밖에 없던 하나님의 나라가 우리에게 임했습니다. 인간을 사랑하시는 하나님의 자기 멈춤이 없었던들, 우리는 성전 미문 앞의 앉은뱅이 거지처럼 영원을 사모하면서도 영원과는 전혀 무관한, 불쌍한 영적 거지로 비참하게 살아가고 있을 것입니다.

그러므로 하나님을 향한 인간의 믿음 역시, 하나님에 대한 인간의 자기 멈춤입니다. 하나님의 말씀을 묵상하는 것, 하나님 앞에서 인간의 자기 멈춤입니다. 기도하는 것, 자기 멈춤입니다. 그리스도인이 주일을 거룩하게 지키는 것도 자기 멈춤입니다. 자신만을 위해 질주하던 인간의 자기 멈춤 없이는 하나님 사랑도, 사람 사랑도 불가능합니다. 자기 멈춤 없이는 그리스도인으로 살아가는 것 자체가 불가능합니다. 인간이 삼위일체 하나님의 말씀 앞에서 자기 생각과 판단 그리고 계산을 멈출 때에만 삼위일체 하나님의 생명과 능력으로 채움 받고, 하나님의 도구로 쓰임 받을 수 있습니다. 하나님께서 하나님이시기를 멈추시기까지 인간을 사랑하고 구원하신 까닭이 여기에 있습니다.

베드로와 요한은 본래 세상적으로는 무식하고 보잘것없는 갈릴리의 어부였고, 영적으로는 하나님의 심판으로 죽을 수밖에 없는 죄인이었습니다. 그러나 심판주 하나님께서 심판주이시기를 멈추시고 도리어 그들을 구원하기 위한 제물이 되심으로 그들이 구원을 얻었고, 그림의 떡이었던 영원한 하나님의 나라를 상속받았습니다. 이와 관련하여 그들이 비록 세상적으로는 무식했을망정 한 가지 사실만은 분명히 알고 있었습니다. 하나님께서 당신의 자기 멈춤으로 그들 자신에게 영원한 구원과 하나님의 나라를 주신 것은 그것을 자신들의 전유물로 누리게 하심이 아니라, 그들을 누군가의 앞에서 멈추게 하심으로 그 누군가를 살리시는 당신의 도구로 쓰시기 위함임을 바르게 알고 있었습니다. 그래서 그들은 아무 의미도 없이 그저 기계적으로 구걸하는 앉은뱅이 걸인 앞에 예수 그리스도의 이름으로 멈추었고, 그들의 멈춤을 통로로 삼아 주님께서 친히 앉은뱅이 걸인을 일으켜 세우신 것이었습니다.

이것은 결코 신화나 전설이 아닙니다. 이것은 2천 년 전, 성전 미문 앞에서 실제로 일어났던 역사적 사실입니다. 이 말의 의미는, 오늘도 우리가 하나님과 사람을 사랑하기 위해 주님의 말씀 안에서 우리의 생각과 계산을 멈추면 똑같은 생명의 역사가 일어난다는 뜻입니다. 2천 년 전 성전 미문 앞에서 역사하셨던 주님께서는 오늘도 살아 계시기 때문입니다.

저 자신과 관련된 이야기를 드리는 것을 양해해 주시기 바랍니다. 지난 주간에 우리 교회 35구역에 소속되어 있던 제 장인어른의 장례식이 있었습니다. 장인어른이 작년 7월 10일 교회 창립 때부터 교인으로 등록되어 있었지만, 중환이시라 교회에 출석하실 수 없었던 탓에 대부분의 교우님들은 제 장인어른을 모르고 계십니다. 그래서 교우님들께 번거로움을 드리지 않기 위해, 고인故人이 제 장인임을 밝히지 말 것을 교회 사무실에 부탁하였습니다. 그러나 제 뜻과는 달리 고인과 저의 관계가 밝혀져 장례 기간 중 많은 교우님들이 조문을 오시어 위로해 주시고, 또 봉사해 주셨습니다. 이에 교우님들께 미안한 마음과 아울러 깊이 감사드립니다.

지난 3월 13일 월요일 밤 9시 45분경, 인사동에서 용인 순교자기념관 운영 위원들과 회의를 하던 도중에 장인어른이 소천하셨다는 전화를 받았습니다. 귀가하여 검은 예복으로 갈아입고 병원 영안실로 가는 내내 제 마음은 장인어른과 주님에 대한 감사의 마음뿐이었습니다. 이튿날 입관 예식이 있었습니다. 주님을 믿던 장인어른의 영혼이 영원하신 하나님의 품속에 안겨 있음을 알고 또 믿음에도, 입관 예식이 끝나기까지 흐르는 눈물을 주체할 수 없었습니다. 그 또한 감사의 눈물이었습니다. 장인어른의 자기 멈춤으로 인해 제가 살았기 때문입니다.

1983년 11월이었습니다. 아내와 제가 결혼하기로 하였을 때 가장 실망한 분이 장인어른이었습니다. 당시 저는 소문난 탕아였으니, 외동딸에 대한 기대가 남달랐던 장인어른의 충격은 대단했습니다. 특히 아내를 아끼던 주위 사람들, 심지어는 아내의 대학 은사님들까지 결혼을 말리라고 장인어른께 충고하였으니 그분의 상심은 더욱 컸습니다. 11월 하순에 접어들어 드디어 저를 부른 장인어른은 아침 10시부터 저녁 6시까지 당신 속에 있는 모든 말들을 다 털어놓으셨고, 저는 여덟 시간 동안 무릎을 꿇고 장인어른의 말씀을 경청하면서 질문에 답변을 드렸습니다. 마침내 여덟 시간 만에 장인어른이 이렇게 결론을 내리셨습니다.

"내가 오늘 자네를 부른 것은 내 딸과의 결혼을 거절하기 위함이었지만, 내 딸이 믿는 예수를 자네도 믿으니 나도 자네를 믿고 이 결혼을 허락하네. 부디 내 딸과 행복하게 살게."

그 순간은 장인어른이 사랑하는 외동딸의 결혼에 대해 지니고 있던 모든 기대와 판단 그리고 계산을 멈추는 순간이었습니다. 그리고 장인어른의 그 자기 멈춤을 시발점으로 삼아, 여러분이 아시는 바와 같이, 주님께서는 제 아내를 통해 선데이 크리스천이었던 저를 살리셨습니다.

그날 여덟 시간 동안 장인어른 앞에 무릎 꿇고 앉아 있던 저는 영락없이, 성전 미문 앞에서 적선을 요청하는 앉은뱅이 걸인과도 같았습니다. 만약 그날, 당신의 딸이 믿는 예수로 인한 장인어른의 자기 멈춤이 없었던들 저는 여전히 영적 앉은뱅이, 영적 걸인으로 방황하고 있을 것입니다. 그러나 장인어른의 자기 멈춤으로 인해 예수 그리스도 안에서 제 인생길에 새로운 미문이 열렸을 뿐 아니라, 그리스도 안에서 저 자신이 성전으로 회복되었습니다. 바꾸어 말해 장인어른의 자기 멈춤 덕분에 그림의 떡에 지나지 않았던 영원한 하나님의 나라가 제 속에 임하게 된 것입니다. 그래서 장인어른의 장례식을 맞아, 장인어른과 장인어른을 도구로 쓰신 주님께 드리는 감사의 눈물을 흘리지 않을 수 없었습니다.

오늘은 사순절 셋째 주일입니다. 사순절이 인간을 구원하시기 위해 임마누엘 하나님께서 하나님이시기를 멈추시고 십자가에서 당하신 고난을 기리고, 구원받은 하나님의 자녀답게 살지 못한 우리의 그릇된 삶을 참회하는 기간이라면, 사순절의 참된 의의는 우리 모두 하나님과 사람 앞에서 자기 멈춤을 실행하는 데 있음을 알게 됩니다.

우리 모두 사순절을 맞아 하나님 앞에서 말씀으로, 기도로, 멈추어 서십시다. 좇아야 할 하나님의 말씀 앞에서, 사랑해야 할 사람 앞에서, 우리의 이기적인 판단과 계산을 멈추고 하나님의 생명과 능력으로 채움 받으십시다. 그때 우리는 성전 미문 앞에 쭈그리고 앉은 이 시대의 뭇 앉은뱅이를 살리는 우리 시대의 베드로가 될 것입니다. 2천 년 전 성전 미문 앞 거기에 계시던 주님께서, 오늘 여기 우리 가운데 계시기 때문입니다.

거룩하신 하나님께서 하나님이시기를 멈추시고, 우리를 위해 친히 십자가의 제물이 되심으로 우리를 죄와 사망에서 구원해 주셨습니다. 더욱이 하나님의 그 자기 멈춤의 사랑으로, 죄인인 우리에게 그림의 떡일 수밖에 없었던 영원한 하나님의 나라를 허락해 주신 하나님 아버지! 오늘 본문 말씀을 통하여 믿음도, 사랑도, 자기 멈춤임을 다시 일깨워 주셔서 감사합니다.

오늘 뜻깊은 사순절 셋째 주일을 맞이하여, 구원받은 그리스도인이면서도 오직 욕망의 길만을 좇아 질주했던 우리의 잘못을 회개하오니 용서하여 주옵소서. 이제 우리 모두 하나님 앞에서 말씀으로, 기도로, 멈추어 서게 하여 주옵소서. 하나님의 말씀 앞에서, 사랑해야 할 사람 앞에서, 우리의 생각과 계산을 멈춤으로, 하나님의 생명과 사랑으로 채움 받게 도와주옵소서. 그리하여 우리가 만나는 뭇사람들을 나사렛 예수의 이름으로, 진리의 미문과 성전으로 인도해 들이는, 이 시대의 베드로가 되게 해주옵소서. 아멘.

2. 성전 미문 II 사순절 넷째 주일

사도행전 3장 1-10절

제구 시 기도 시간에 베드로와 요한이 성전에 올라갈새 나면서 못 걷게 된 이를 사람들이 메고 오니 이는 성전에 들어가는 사람들에게 구걸하기 위하여 날마다 미문이라는 성전 문에 두는 자라 그가 베드로와 요한이 성전에 들어가려 함을 보고 구걸하거늘 베드로가 요한과 더불어 주목하여 이르되 우리를 보라 하니 그가 그들에게서 무엇을 얻을까 하여 바라보거늘 베드로가 이르되 은과 금은 내게 없거니와 내게 있는 이것을 네게 주노니 나사렛 예수 그리스도의 이름으로 일어나 걸으라 하고 오른손을 잡아 일으키니 발과 발목이 곧 힘을 얻고 뛰어 서서 걸으며 그들과 함께 성전으로 들어가면서 걷기도 하고 뛰기도 하며 하나님을 찬송하니 모든 백성이 그 걷는 것과 하나님을 찬송함을 보고 그가 본래 **성전 미문**에 앉아 구걸하던 사람인 줄 알고 그에게 일어난 일로 인하여 심히 놀랍게 여기며 놀라니라

사랑은 '시선'입니다. "사랑에 눈이 먼다"는 것은 사랑이 시선이기 때문입니다. 누구든지 사랑하면 자신이 사랑하는 대상에게만 시선이 고정되는

법이기에, 그 이외의 것은 보이지 않는다는 의미입니다. 가령 뜨겁게 사랑하는 연인이 풍광이 빼어난 자연 속을 걷고 있다고 하십시다. 그들이 과연 빼어난 풍광을 제대로 감상할 수 있겠습니까? 그들이 하늘과 땅 사이의 무엇을 보든, 실은 그것을 보는 것이 아닙니다. 그들의 눈이 어디를 향하고 있든, 실제 그들의 시선은 언제나 상대에게 고정되어 있기 때문입니다. 만약 그들이 인파로 붐비는 서울역 광장에서 만나기로 약속했다고 치십시다. 그곳에 아무리 많은 사람들이 있어도 그 많은 사람들이 그 젊은 연인의 시선을 사로잡지는 못합니다. 연인의 얼굴이 어느 쪽을 향하고 있든, 눈을 뜨고 있든 혹은 감고 있든 상관없이, 그들의 시선은 언제나 사랑하는 상대에게 집중되어 있는 까닭입니다. 남녀가 한자리에 있으면서도 그들의 시선이 서로 다른 곳에 고정되어 있다면 그들이 아무리 정답게 보여도 연인일 수 없는 것은, 사랑은 시선이기 때문입니다.

'믿음'도 이와 같습니다. 제가 《회복의 신앙》이란 책에서 믿음을 시선으로 정의한 이유가 여기에 있습니다. 내가 하나님을 믿는다면 그 믿음이란 구체적으로 무엇이겠습니까? 나와 함께하시는 하나님을 항상 내 눈으로 바라보며 사는 것입니다. 일상생활 속에서 도무지 하나님에 대한 시선을 지니려 하지 않는다면, 오직 욕심과 감정을 좇아 매사에 일을 저지른 뒤에야 비로소 하나님을 의식하고 후회한다면, 어찌 그를 참된 그리스도인이라 할 수 있겠습니까? 믿음은 하나님을 향한 시선이고, 신앙 훈련이란 말씀과 기도로 그 시선을 강화하는 것입니다.

저는 세계 여러 곳을 다녀 보았습니다. 그중에서 가장 감동적인 곳을 딱 한 곳만 선택하라면, 저는 주저 없이 유대 광야를 꼽을 것입니다. 2천 년 전 이 땅에 오셨던 예수님께서는 그리스도로서 공생애를 시작하시기 직전 40일 동안, 바로 그 유대 광야에서 금식기도를 하셨습니다. 예수께서 금식기도의 장소를 유대 광야로 택하신 것이 아니라, 성령님께서 예수님을 강권하여 유대 광야로 이끌어 가셨습니다. 유대 광야에는 아무것도 없습니다. 풀 한 포기, 물 한 방울 없습니다. 보이는 것이라고는 아무것도 없기에, 그곳에서는 오직 하나님만 보이고, 또 하나님만 볼 수밖에 없습니다. 하나님만 보이는 그 유대 광야에서 예수님께서는 40일 동안 당신의 시선을 하나님께 고정시키셨습니다. 그리고 하나님을 향해 고정된 시선으로 사탄의 유혹을 일거에 물리치셨습니다.

> 사람이 떡으로만 살 것이 아니요 하나님의 입으로부터 나오는 모든 말씀으로 살 것이라(마 4:4).
> 주 너의 하나님을 시험하지 말라(마 4:7).
> 사탄아 물러가라 기록되었으되 주 너의 하나님께 경배하고 다만 그를 섬기라 하였느니라(마 4:10).

하나님께 고정된 시선으로 사탄을 제압하신 예수님께서는 바로 그 시선으로 그리스도의 사역을 완수하셨습니다. 주님께서 때로 새벽 미명에 한적한 곳을 찾으셨던 것은 하나님을 향한 이 시선을 강화하기 위함이었습니다. 주님께도 이렇듯 하나님을 향한 시선이 중요했다면, 하물며 보잘것없는 우리야 두말해 무엇하겠습니까?

믿음은 시선입니다. 믿음은 눈을 들어 하나님을 바라보는 것입니다. 세상을 의지하던 눈을 버리고 하나님께 시선을 고정시키는 순간부터 우리 인생은, 하나님에 의해 아름다운 미문을 통과할 수 있습니다.

오늘 본문은 2천 년 전 예루살렘 성전 미문 앞에서 일어난 사건을 전해 주고 있습니다. 베드로와 요한은 유대인들의 기도 시간에 맞추어 예루살렘 성전을 찾았습니다. 그곳에 있는 유대인들에게 복음을 전하기 위함이었습니다. 베드로와 요한이 성전 안으로 들어가기 위하여 미문을 통과하려 할 때였습니다. 미문이란 예루살렘 성전의 문들 중 가장 아름다운 문이라 하여 붙여진 이름이었습니다. 그 미문 앞에 나이가 40여 세나 된, 날 때부터 앉은뱅이인 거지가 앉아 있었습니다. 그때 무슨 일이 있었는지 본문 3절이 밝혀 주고 있습니다.

그가 베드로와 요한이 성전에 들어가려 함을 **보고** 구걸하거늘.

성전에 들어가려는 베드로와 요한을 앉은뱅이 걸인이 먼저 보았습니다. 우리말 '보다'로 번역된 헬라어 '에이도$\epsilon i \delta \omega$'를 영어로 옮기면 'see'가 됩니다. 특별한 의미를 두고 보는 것이 아니라, 단지 시야에 들어왔기에 그냥 의미 없이 보는 것입니다. 그 앉은뱅이 거지는 평생 그 자리에서 구걸하던 사람이었습니다. 자기 앞을 지나가는 사람이 누구인지는 그에게 전혀 중요하지 않았습니다. 그저 눈앞에 사람의 모습이 어른거리기만 하면 기계적으로 올려다보며 구걸할 뿐이었습니다. 그날이라고 예외는 아니었습니다. 그는 평소처럼, 자기 앞을 지나는 베드로를 아무 의미도 없는 희멀건 눈으로 올려다보며 적선을 요청했습니다. 그런데 이에 대한 베드로의 반응이 놀랍기만 합니다.

베드로가 요한과 더불어 **주목하여** 이르되 우리를 **보라** 하니(4절).

베드로는 아무 의미도 없이 자신을 건성으로 쳐다보는 앉은뱅이를 얼마든지 지나쳐 버릴 수 있었습니다. 더욱이 그때의 시각이 하루의 일과 중 가장 심신이 피곤한 오후 3시였음을 감안하면, 그것은 충분히 있을 수 있는 일이었습니다. 그러나 베드로는 그 자리에 멈추어 서서 앉은뱅이를 주목하였습니다. '주목하다'로 번역된 헬라어 동사 '아테니조 $ατενίζω$'는 영어로 'gaze' 즉 '응시하다'라는 의미입니다. 거지는 희멀건 눈으로 아무 의미 없이 베드로를 보았을 뿐인데, 베드로는 도리어 그를 응시하였습니다. 그리고 거지에게 "우리를 보라"고 말하였습니다. 이때의 우리말 '보다'에 해당하는 헬라어 동사 '블레포 $βλέπω$'는 'look at', '주목하다'라는 뜻입니다. 건성으로 자신을 쳐다보는 앉은뱅이 거지에게 베드로는 자신을 주목할 것을 촉구하였습니다.

그가 그들에게서 무엇을 얻을까 하여 **바라보거늘**(5절).

베드로의 요청에 베드로를 보는 앉은뱅이의 시선이 달라졌습니다. 우리말로 번역된 '바라보다'는 원문상 '바라며 보다'의 의미이며, 이때 '보다'에 해당하는 헬라어 '에페코 $ἐπεχω$'는 'give attention', '온 시선을 집중시키다'라는 말로서 '굳게 붙잡다', '고수하다'라는 의미도 지니고 있습니다. 즉, 건성이던 앉은뱅이의 시선이 온통 베드로에게 집중되었습니다. 우리는 베드로와 앉은뱅이 사이에 벌어진 이 장면을 처음부터 머릿속에 그려 볼 수 있습니다.

성전 미문을 통과하려는 베드로와 요한을, 성전 미문 앞에 쭈그리고 앉아 있던 앉은뱅이가 먼저 발견했습니다. 그는 아무 의미도 없이 희멀건 눈으로 베드로와 요한을 올려다보며 적선을 청했습니다. 이에 베드로와 요한은 걸음을 멈추고 그를 응시하였습니다. 그리고 베드로가 앉은뱅이에게 자신들을 주목할 것을 촉구하였습니다. 이에 앉은뱅이 거지가 자세를 가다듬고 자신의 온 시선을 베드로에게 집중하였습니다. 앉은뱅이를 응시하는 베드로의 시선과, 베드로의 시선에 집중하고 있는 앉은뱅이의 시선이 일직선상에서 부딪쳤습니다.

그 순간 베드로가 앉은뱅이의 눈을 들여다보며 말했습니다.

> 은과 금은 내게 없거니와 내게 있는 이것을 네게 주노니 나사렛 예수 그리스도의 이름으로 일어나 걸으라(6절).

그리고 계속 앉은뱅이의 눈을 들여다보며 손을 내밀어 그의 오른손을 잡아 일으켰습니다. 거지 역시 베드로의 눈을 뚫어지게 바라보면서, 베드로가 내민 손을 의지하여 마침내 일어섰습니다. 나사렛 예수의 이름으로 성전 미문 앞에서 새 생명의 역사가 일어난 것이었습니다.

이상 살펴본 것처럼 본문은 베드로가 앉은뱅이 거지에게 나사렛 예수 그리스도의 이름으로 걸으라고 명령하기 전에, 베드로가 거지의 오른손을 잡아 일으키기 전에, 베드로와 앉은뱅이 거지의 시선이 먼저 부딪쳤음을 강조하고 있습니다. 대체 무엇을 의미하기 위함이겠습니까? 그 거지는 이미 알려진 바와 같이 날 때부터 앉은뱅이인 비천한 인간이었습니다. 베드로라고 특별나거나 대단한 인물인 것은 전혀 아니었습니다. 갈릴리 어부 출신인 베드로 역시 보잘것없고 미천한 인간이기는 마찬가지였습니다. 그런데 베드로는 어떻게 앉은뱅이더러 보잘것없는 자신에게 주목할 것을 촉구하였으며, 또 앉은뱅이가 베드로에게 시선을 집중했을 때 그 놀라운 생명의 역사가 어떻게 일어날 수 있었겠습니까?

베드로가 앉은뱅이 거지를 향해 자신을 주목하라 말할 때, 그것은 보잘것 없는 자연인 베드로를 주목하라는 말이 아니었습니다. 비록 은과 금은 없지만 자신에게 있는, 은과 금보다 더 귀한, 자기 속에 살아 계신 예수 그리스도를 주목하라는 초청이었습니다. 앉은뱅이 거지가 베드로에게 온 시선을 집중할 때, 그의 시선이 집중한 것은 미천하기 짝이 없는 어부 출신 베드로가 아니었습니다. 그의 시선이 집중한 것은 베드로를 통하여 자신을 응시하시는 예수 그리스도였습니다. 따라서 앉은뱅이의 시선과 불꽃을 튀기듯 맞부딪친 것은 베드로의 시선이 아니라, 베드로 속에서 역사하신 예수 그리스도의 시선이었습니다. 그것은 사람들의 시선과는 전혀 달랐습니다. 그 시선은 앉은뱅이가 평생 처음 느껴 보는 생명이고, 사랑이었습니다. 그래서 그는 주님의 그 사랑과 생명을 '에페코', 굳게 붙잡았습니다.

그때 베드로가 나사렛 예수 그리스도의 이름으로 앉은뱅이에게 손을 내밀었습니다. 그것은 이미 베드로의 손이 아니었습니다. 그것은 그 앉은뱅이를 살리시기 위해 십자가에 못박혀 보혈을 흘리신 예수 그리스도의 손이었습니다. 피 묻은 주님의 손이 앉은뱅이의 손을 잡은 것입니다. 그와 동시에 앉은뱅이는 주님의 피 묻은 손에 이끌려 일어났습니다. 태어난 이래 40여 년 동안 단 한 번도 일어서 본 적이 없던 그가, 예수 그리스도를 의지하여 자기 발로 일어선 것입니다. 그는 더 이상 앉은뱅이가 아니었습니다. 예수 그리스도 안에서 40여 년에 걸친 절망적인 앉은뱅이 생활과 작별한 그에게, 새로운 인생이 기적처럼 주어졌습니다. 그 생명의 역사는 그가 눈을 들어 주님을 향해 자신의 시선을 집중하는 것으로부터 시작되었습니다. 만약 그가 베드로를 통해 자신을 응시하시는 주님께 자신의 시선을 집중하지 않았더라면, 그저 희멀건 눈으로 아무 의미도 없이 건성으로 인간 베드로를 한 번 쳐다보는 것으로 그쳐 버렸더라면, 그는 그날 이후에도 계속 앉은뱅이로 살다가 비참하게 죽었을 것입니다.

　여기에서 결코 간과해서는 안 될 사실이 있습니다. 앉은뱅이 거지가 주님을 향해 자신의 시선을 집중하기 전에 베드로가, 아니 베드로 속에서 역사하시는 주님께서 먼저 앉은뱅이를 응시하셨다는 사실입니다. 주님께서는 앉은뱅이를 응시하는 것으로 그치시지 않고, 베드로를 통해 당신의 시선에 집중하라고 앉은뱅이를 초청해 주셨습니다. 주님께서 베드로를 통로로 삼으셔서 앉은뱅이에게, 당신의 사랑과 생명의 시선을 햇빛처럼 먼저 쏟아부어 주신 것입니다. 만약 주님께서 베드로를 통해 앉은뱅이에게 당신의 생명과 사랑의 시선을 먼저 부어 주시지 않았던들 앉은뱅이가 베드로에게 시선을 집중할 리도 없었겠지만, 설령 그렇게 했다 할지언정 그날 아무 일도 일어나지 않았을 것입니다. 주님께서 그 속에서 역사하시지 않는 베드로란 무식하고 하찮은 빈민에 지나지 않기 때문입니다.

　그러므로 믿음은 인간을 향한 주님의 선행된 시선에, 인간이 인간의 시선으로 응답하는 것이라 정의할 수 있습니다. 삼위일체 하나님의 시선과 인간의 시선이 맞부딪치는 곳에, 하나님에 의한 새 생명의 역사가 일어납니다.

　중요한 사실은 앉은뱅이 거지가 눈을 들어 자신을 향한 주님의 시선에 응답함으로, 그가 평생 그 앞에 앉아 구걸하던 성전 미문이 그에게도 문자 그대로 '아름다운 미문美門'이 되었다는 것입니다. 지난 시간에 살펴본 것처럼 앉은뱅이인 그가 사람의 통행이 가장 빈번한 미문 앞에서 매일 구걸한 것은, 그를 메어다가 그곳에 내려 두는 사람들이 있었기 때문입니다. 그 사람들은 앉은뱅이를 성전 안으로 메고 가 예배토록 하지 않았습니다. 그 대신 성전 미문 앞에 내려놓고 거기에서 구걸하게 했을 뿐입니다. 결국 자력으로는 미문을 통과할 수 없었던 앉은뱅이에게 그 미문은 결코 아름다운 미문일 수 없었습니다. 그 문이 아름다운 만큼 그 앞에서 구걸할 수밖에 없는 앉은 뱅이에게 그 문은 절망의 문이요, 고통의 문이요, 눈물의 문일 따름이었습니다.

그런데 그가 눈을 들어 예수 그리스도의 시선에 응답함으로 예수 그리스도에 의해 일어난 직후, 그가 맨 처음으로 한 일은 그토록 들어가 보기를 열망했던 성전 안으로 하나님을 찬양하며 뛰어 들어간 것이었습니다. 그러나 성전 안으로 뛰어 들어가기 위해서는 반드시 미문을 먼저 통과해야만 했습니다. 절망과 눈물의 문이었던 미문을 그가 자기 발로 통과함으로, 미문이 그에게도 명실공히 아름다운 미문이 된 것입니다. 그것은 그가 단지 미문이란 이름의 아름다운 건축물을 통과했음을 의미하지 않는다고 했습니다. 그가 미문을 통과하였다는 것은 그리스도 안에서, 그의 앞에 새롭고도 아름다운 인생의 미문이 활짝 열린 것을 의미했습니다. 생각해 보십시오. 평생 앉은뱅이 거지에 지나지 않았던 그가 그리스도 안에서 벌떡 일어선 이후, 그리스도 안에서 펼쳐진 그의 인생이 얼마나 눈부시도록 아름다웠겠습니까?

우리의 눈을 들어, 우리를 응시하고 계시는 하나님과 시선이 마주치는 것으로부터 앉은뱅이와 같이 비천한 우리의 인생은 비로소 아름다운 미문을 통과할 수 있습니다. 인생의 진정한 아름다움은 그 순간부터 펼쳐집니다. 그래서 예수님께서는 땅에서부터 시선을 떼지 못하는 인간들을 향해, 눈을 들어 공중의 새를 볼 것을 촉구하십니다. 그것은 단순히 하늘을 날아가는 새를 감상하라는 말이 아닙니다. 심지도 않고, 거두지도 않고, 창고에 모아들이지도 않는 새들을 친히 먹이시고, 기르시고, 보호하시고, 책임져 주시는 하나님을 보라는 말입니다. 그 하나님이 바로 우리의 아버지이심을 깨달으라는 말입니다. 그 하나님 아버지와 시선을 맞추라는 말입니다. 인생의 미문은 땅의 것이나 옆의 것에 의해서가 아니라, 오직 위로부터 하나님께서 내려 주시는 하나님의 생명과 하나님의 사랑에 의해서만 열려지기 때문입니다.

오늘은 죄와 사망으로부터 우리를 살리시기 위해 주님께서 십자가에서 당하신 고난을 기리며, 주님의 보혈로 구원받았음에도 구원받은 그리스도인답게 살지 못한 우리의 그릇된 삶을 참회하는 사순절 넷째 주일입니다. 우리 모두 땅의 것과 자기 욕망, 자기감정에만 집착하느라 우리와 함께 계시는 삼위일체 하나님을 보지 못한 채 성전 미문 앞 거지처럼 영적 앉은뱅이, 영적 걸인으로 살아왔음을 회개하십시다. 이미 우리 가운데 오시어 우리를 응시하고 계시는 주님을 향해 우리 모두 눈을 드십시다. 그분의 시선에 우리의 시선을 고정시키십시오. 그리고 그분의 이름으로 일어나, 그분께서 우리 앞에 활짝 열어 두신 생명의 미문, 진리의 미문으로 다 함께 들어가십시다.

참된 생명도, 참된 사랑도, 참된 능력도, 참된 소망도, 참된 위로도, 그리고 인생의 참된 해답도, 오직 그분에게만 있습니다.

천지를 창조하신 삼위일체 하나님을 믿는다면서도, 매일의 삶 속에서 막상 하나님을 바라보지는 않았습니다. 유한하기 짝이 없는 나 자신의 능력과 땅의 것만을 보고 살았을 뿐입니다. 그래서 하나님께서 내 앞에 아름다운 인생의 미문을 열어 두셨음에도, 절망과 고통에 사로잡힌 채 앉은뱅이 거지같이 한심한 삶을 살아왔습니다. 그럼에도 나를 버리시지 않고 오늘도 나를 부르시사, 믿음은 시선이요, 나를 향한 하나님의 시선에 나의 시선으로 응답하는 것이 믿음임을 일깨워 주셔서 감사합니다.

이제 사순절 넷째 주일을 맞아 나의 믿음 없었음을 회개드리며, 나의 눈을 들어 하나님을 바라봅니다. 참된 생명도, 참된 사랑도, 참된 능력도,

참된 소망도, 참된 위로도, 그리고 인생의 참된 해답도 오직 하나님께만 있음을 알아, 만유보다 더 크신 하나님께 말씀과 기도로 나의 시선을 고정시킵니다. 나사렛 예수의 이름으로 영육 간에 나를 일으켜 세워 주시고, 하나님께서 나를 위하여 내 앞에 활짝 열어 두신 아름다운 미문을 주님 안에서 기쁨으로 통과하게 하옵소서. 아멘.

3. 성전 미문 III 사순절 다섯째 주일

사도행전 3장 1-10절
제구 시 기도 시간에 베드로와 요한이 성전에 올라갈새 나면서 못 걷게 된 이를 사람들이 메고 오니 이는 성전에 들어가는 사람들에게 구걸하기 위하여 날마다 미문이라는 성전 문에 두는 자라 그가 베드로와 요한이 성전에 들어가려 함을 보고 구걸하거늘 베드로가 요한과 더불어 주목하여 이르되 우리를 보라 하니 그가 그들에게서 무엇을 얻을까 하여 바라보거늘 베드로가 이르되 은과 금은 내게 없거니와 내게 있는 이것을 네게 주노니 나사렛 예수 그리스도의 이름으로 일어나 걸으라 하고 오른손을 잡아 일으키니 발과 발목이 곧 힘을 얻고 뛰어 서서 걸으며 그들과 함께 성전으로 들어가면서 걷기도 하고 뛰기도 하며 하나님을 찬송하니 모든 백성이 그 걷는 것과 하나님을 찬송함을 보고 그가 본래 **성전 미문**에 앉아 구걸하던 사람인 줄 알고 그에게 일어난 일로 인하여 심히 놀랍게 여기며 놀라니라

베드로와 요한이 유대인의 기도 시간에 맞추어 예루살렘 성전을 찾았습니다. 성전에 모인 유대인들에게 복음을 전하기 위함이었습니다. 그들이 성

전 안으로 들어가기 위하여, 성전 문들 가운데 가장 아름다운 미문을 통과하려 할 때였습니다. 마침 미문 앞에 앉아 있던 거지가 베드로와 요한을 보았습니다. 날 때부터 앉은뱅이로 태어나, 평생 구걸로 연명해 온 그 거지가 무슨 특별한 의미를 두고서 베드로와 요한을 본 것이 아닙니다. 단지 그들의 모습이 자기 시야에 들어왔으므로 아무 의미도 없이 습관적으로 '에이도', 즉 희멀건 눈으로 그들을 올려다보며 적선을 요청하였습니다. 이에 베드로와 요한이 앉은뱅이 앞에 멈추어 섰습니다. 그리고 앉은뱅이 걸인을 '아테니조'하였습니다. 아무 의미도 없이 자신들을 건성으로 쳐다보는 거지를 베드로와 요한이 도리어 응시한 것입니다. 그리고 베드로가 앉은뱅이 거지에게 자신들을 '블레포'할 것을 요구하였습니다. 그처럼 희멀건 눈으로, 건성으로 보지 말고 자신들에게 초점을 맞추라는 촉구였습니다. 그러자 앉은뱅이 거지가 자세를 가다듬으며 '에페코', 베드로에게 온 시선을 집중하였습니다. 앉은뱅이 걸인을 응시하는 베드로의 시선과, 베드로에게 온 시선을 집중하고 있는 앉은뱅이의 시선이 불꽃을 튀기듯 맞부딪쳤습니다. 그 순간 베드로가 앉은뱅이 걸인의 눈을 들여다보며 말했습니다.

    은과 금은 내게 없거니와 내게 있는 이것을 네게 주노니 나사렛 예수 그리스도의 이름으로 일어나 걸으라(6절).

  그와 동시에 베드로는 예수 그리스도의 이름으로 자신의 손을 내밀어 앉은뱅이 걸인의 오른손을 잡아 일으켰습니다. 앉은뱅이는 자신의 오른손을 잡고 있는 베드로를 의지하여, 아니 베드로를 통해 역사하시는 예수 그리스도를 힘입어 그 자리에서 일어났습니다. 태어난 이래 40여 년 동안 단 한 번도 일어나 본 적이 없었던 앉은뱅이가 예수 그리스도의 이름으로 일어선 것입니다. 뒤틀렸던 그의 생명이 예수 그리스도 안에서 새로워진 것입니다. 생각할수록 감동적인 장면이 아닐 수 없습니다.

여기에서 우리는 본질적인 질문을 제기하게 됩니다. 그날 앉은뱅이 거지가 베드로에게 구걸한 것은 돈이었습니다. 평생 거지였던 그가 베드로와 요한에게 무슨 큰돈을 기대했겠습니까? 그가 원한 것은 동전 한 닢에 지나지 않았을 것입니다. 만약 그날 베드로와 요한이 앉은뱅이 걸인에게 그가 요구한 동전 한 닢을 주는 것으로 그쳤더라면 어떻게 되었겠습니까? 그날 베드로와 요한의 주머니가 두둑해서 거지가 상상치도 못한 금화 한 닢을 던져주며 인심을 썼더라면 어떻게 되었겠습니까? 말할 것도 없이 앉은뱅이 걸인은 감격하며 감사했을 것입니다. 그리고 뜻밖에 횡재한 금화로 오랜만에 진수성찬으로 포식했을는지도 모릅니다. 그러나 그 이후에는 어떻게 되었겠습니까? 그다음 날에도, 그다음 달에도, 그다음 해에도 그는 변함없는 앉은뱅이 걸인으로 살다가, 앉은뱅이 걸인으로 비참하게 죽고 말았을 것입니다. 그러므로 "인생이 죽음을 향해 질주하는 급행열차"라는 인생의 정의에 동의한다면, 적선 그 자체는 아름다운 일이기는 하지만, 앉은뱅이 걸인에 대한 베드로의 적선은 영원의 관점에서 본다면, 공동묘지를 향한 앉은뱅이 걸인의 죽음의 행진에 일조한 것 이상의 의미를 지닐 수는 없습니다.

1970년 우리나라에서 '국제펜PEN대회'(세계문인대회)가 열렸습니다. 광복 이후 한국에서 열린 최초의 세계적인 행사였습니다. 당시 대학교 4학년이던 저는 프랑스어권에서 온 문인들을 영접, 안내, 통역하는 아르바이트를 하였습니다. 문인들과 함께 지방 여행을 하던 중 경주에 갔을 때입니다. 동산 크기의 고분들이 곳곳에 즐비하게 늘어서 있는 것을 보며 프랑스 시인이 즉석에서 한마디 읊었습니다.

Il n'y aura plus de terre pour les vivants.
언젠가 산 사람을 위한 땅은 더 이상 남지 않으리.

역시 시인다운 관찰력이요 표현이었습니다. 오늘날, 해마다 여의도 두 배에 해당하는 국토가 죽은 사람의 묘지로 잠식되고 있습니다. 이런 식으로 나가면 언젠가 산 사람을 위한 땅은 남지 않으리라는 그 시인의 우려가 현실이 될지도 모르겠습니다. 그러나 일본의 신학자 '우치무라 간조' 선생의 생각은 그 프랑스 시인과는 근본적으로 다릅니다. 그 시인은 묘지만을 묘지로 본 데 반하여, 우치무라 간조 선생은 이 세상 자체를 하나의 묘지로 간주하였습니다. 그는 《일일일생一日一生》이란 책에서 이렇게 피력하고 있습니다.

땅은 인류의 거처라고 하나, 그렇지가 않다. 땅은 인류의 묘지이다. 그의 거처는 다른 곳에 있다. "손으로 지은 것이 아니요 하늘에 있는 영원한 집"(고후 5:1)이 그에게 있다. 땅의 꽃은 그의 묘지를 장식하기에 좋고, 산은 그의 유해를 맡기기에 적합하다. 그러나 땅 그 자체는 그의 거처로 삼기에 부족하다. 땅을 두고 분쟁하는 자가 누군가? 정치는 묘지를 정리하는 것이 아닌가? 전쟁은 묘지를 서로 쟁탈하려는 것이 아닌가? 영원한 거처를 가진 우리는 기꺼이 땅을 다른 사람에게 양도해야 한다.

묘지만을 묘지로 본 프랑스 시인과 비교할 때, 우치무라 간조 선생의 통찰력은 참으로 놀랍기만 합니다. 그러나 세상을 하나의 거대한 묘지로 간주한 우치무라 간조 선생의 통찰력을 우리가 놀라워한다는 것은, 그만큼 우리가 성경의 증언을 소홀히 하였다는 반증입니다.

하나님께서 범죄한 아담에게 말씀하셨습니다.

너는 흙이니 흙으로 돌아갈 것이니라(창 3:19).

하나님께서 흙으로 사람을 지으시고, 그 속에 당신의 생기를 불어넣어 주심으로 생령이 되게 하셨습니다. 그러나 인간의 범죄로 말미암아 인간에게 사망이 임하였습니다. 인간의 사망은 인간의 육체가 이 세상을 떠나 우주 속으로 사라져 버리는 것이 아닙니다. 죽음은 하나님의 말씀처럼, 인간의 육체가 썩어 흙으로 화하는 것입니다. 여기에는 그 누구도 예외가 없습니다. 태산처럼 높은 왕릉 속에 묻힌 천하 제왕의 시신이라고 썩지 않는 것은 아닙니다. 모든 인간의 육체가 흙으로 돌아간다는 것은, 그 누구도 막을 수 없는 하나님의 법칙입니다.

그렇다면 지구 땅덩어리 자체가, 이 세상 자체가, 하나의 거대한 묘지라는 우치무라 간조 선생의 지적은 참으로 성경적입니다. 생각해 보십시오. 천지창조 이래 이 땅을 거쳐 간 인간이 얼마나 많았겠습니까? 대체 그들이 다 어디로 갔습니까? 그들은 모두 흙으로 돌아가 버리고 말았습니다. 그래서 오늘 우리가 걷는 길이, 아득한 옛날 이미 흙으로 화해 버린 누군가의 시신인지도 모릅니다. 우리가 보금자리로 여기는 우리 집터가 수천 년 전 공동묘지였는지도 모를 일입니다.

언젠가 우리의 코끝에서 호흡이 멈추는 순간에도 사정은 전혀 변하지 않을 것입니다. 우리의 자식들은 그들의 형편에 따라 우리의 무덤을 마련하고 정성껏 가꿀 것입니다. 그러나 무덤이 조성된 뒤 50년 후에는 어떻게 되겠습니까? 100년 후에는 또 어떻게 되겠습니까? 여러분들이 100년 전 여러분 조상의 묘에 대해 전혀 관심이 없듯이, 우리의 무덤 역시 잡초만 무성한 채 방치되다가, 100년이 지나기도 전에 그곳에 무덤이 있었다는 흔적조차 남지 않게 될 것입니다. 그리고 무덤의 흔적이 사라지기도 전에, 그 속의 우리

시신은 벌써 흙이 되어 있을 것입니다. 어쩌면 그 흙이 길이 되어 사람의 발에 밟힐 수도 있고, 아니면 집터가 되어 주춧돌을 받치게 될지도 모릅니다.

아무리 미사여구를 동원해도, 오늘의 육체는 내일의 흙에 지나지 않습니다.

이상과 같은 사실을 단 한 번만이라도 진지하게 생각해 본 사람이라면, 땅으로 표현되는 이 세상 자체가 인류의 묘지일 뿐이라는 우치무라 간조 선생의 통찰력 앞에 숙연해지지 않을 수 없습니다. 그리고 정치는 고작 묘지를 정리하는 것이 아니며, 전쟁은 기껏 더 크고 화려한 묘지를 쟁탈하려는 것이 아니냐는 그의 반문에 우리는 우리 각자의 삶을 근본적으로 성찰해 보지 않을 수 없습니다. 우리에게 이 세상에서의 삶이 전부라면, 바꾸어 말해 우리가 하나님을 믿는다면서도 이 세상과 이 세상의 것을 목적으로 삼고 있다면, 우리가 이 세상에서 아무리 많은 금은보화를 지니고 또 우리 자신을 아름답게 가꾼다 한들, 그것은 결국 우리 자신의 죽음과 묘지를 치장하는 것일 뿐이지 않겠습니까? 머지않아 방치되고 종국에는 흔적도 없이 사라져 버릴 묘지를 가꾸기 위해 단 한 번뿐인 자신의 인생을 전력투구한다면, 세상에 그보다 더 어리석고 허망한 인생이 어디에 있겠습니까?

그래서 베드로는 적선을 요청하는 앉은뱅이 걸인에게, "은과 금은 내게 없거니와"라고 대답했습니다. 앞에서 언급한 바와 같이 평생 구걸로 연명해 온 앉은뱅이 거지가 베드로에게 요구한 것은 금전이나 은전이 아니었습니다. 그저 동전 한 닢이었습니다. 따라서 그 순간 베드로의 주머니가 정말 텅텅 비어 있었다면, '내게는 동전 한 닢도 없다'는 대답이면 충분했습니다. 구태여 단위를 몇백 배나 끌어올려, 앉은뱅이 거지가 기대할 리도 없는 '은과 금이 없다'고 대답할 까닭이 없었습니다. 그런데도 베드로는 앉은뱅이 거지의 눈을 들여다보며, 왜 굳이 자신에게 은과 금이 없노라고 말했겠습니까? 우리는 그 해답을 계속 이어진 베드로의 말 속에서 찾을 수 있습니다.

은과 금은 내게 없거니와 내게 있는 이것을 네게 주노니 나사렛 예수 그리스도의 이름으로 일어나 걸으라(6절).

베드로는 은과 금이 없다는 구실로 앉은뱅이 걸인을 외면해 버리지 않았습니다. 그는 은과 금 대신에 앉은뱅이 거지에게, 꼭 주고 싶은 것이 있었습니다. 베드로는 그것을 지시대명사 '투토τοῦτο'를 사용하여 "내게 있는 이것"이라고 강조하였습니다. 베드로에게 있는 '이것'이란, 바로 베드로 속에 살아 계시는 예수 그리스도였습니다. 베드로는 그 불쌍한 앉은뱅이 거지에게 금과 은으로 상징되는 세상을 주려 하지 않았습니다. 세상이란 거대한 묘지일 뿐이요, 그 속에 있는 것은 아무리 값진 것이라 한들 무덤의 장식품에 지나지 않기 때문입니다. 베드로는 그 불쌍한 앉은뱅이 걸인에게 예수 그리스도를, 예수 그리스도 안에 있는 영원한 생명을 주기 원했습니다. 그 생명을 지닌 사람만 그의 호흡이 멈추는 순간, 이 세상이라는 묘지를 뛰어넘어 영원하신 하나님의 나라에 입성할 수 있고, 그의 육체가 흙으로 사라지는 순간에도 영원한 생명을 누릴 수 있기 때문이었습니다.

그러므로 베드로는 앉은뱅이 걸인에게 '예수 그리스도의 이름으로', '예수 그리스도의 이름으로' 일어나 걸을 것을 주문하였습니다. 그러나 이것은 정확한 번역이 아닙니다. 헬라어 원문에 의하면 베드로는 '예수 그리스도의 이름으로'가 아니라 '예수 그리스도의 이름 안에서', '예수 그리스도의 이름 안에서' 일어나 걸으라고 말했습니다. 일어서기 전에 예수 그리스도 안에, 예수 그리스도의 생명 속에 먼저 들어가는 믿음이 선행되어야 함을 분명히 밝힌 것입니다. 예수 그리스도의 생명 안에 들어가기만 하면, 예수 그리스도의 생명 안에 거하기만 하면, 아무리 뒤틀린 생명일지라도 새롭게 소생될 뿐 아니라 코끝에서 호흡이 멎는 순간 거대한 무덤인 이 세상을 넘어설 수 있기 때문입니다.

그리고 베드로는 손을 내밀어 앉은뱅이의 오른손을 붙잡았고, 그와 동시에 앉은뱅이가 일어섰습니다. 태어날 때부터 뒤틀렸던 그의 생명이 치유받고 회복되는 순간이었습니다. 그 놀라운 생명의 역사는 베드로의 요청에 따라, 앉은뱅이 걸인이 믿음으로 예수 그리스도의 생명을 먼저 받아들인 결과였음은 두말할 나위도 없습니다.

이것이 베드로가 겨우 동전 한 닢을 구걸하는 앉은뱅이 거지에게, 단위를 높여도 한참 높여 '은과 금은 내게 없거니와'라고 답한 진정한 이유입니다. 자신이 지금부터 앉은뱅이 거지에게 주려는 예수 그리스도, 예수 그리스도 안에 있는 생명은 이 세상의 그 어떤 금은보화로도, 아니 이 세상을 송두리째 준다 한들 결코 살 수 없는, 값으로 따질 수 없는 보배 중의 보배이기 때문이었습니다.

인간이 돈의 노예로 전락한 요즈음, 인간은 돈이면 무엇이든 다 할 수 있다고 믿고 있습니다. 그것이 과연 사실입니까?

작년 11월 중순, 한국을 대표하는 세계적인 기업 총수의 막내딸이 외국에서 스스로 목숨을 끊은 안타까운 일이 있었습니다. 저 역시 자식을 키우는 부모의 입장에서 딸의 비보悲報를 접한 부모가 겪었고 또 아직까지 겪고 있을 충격과 슬픔을 생각하면, 그분들의 마음속에 주님의 위로와 평강이 임하기를 기도드리게 됩니다. 한 가정이 공개적으로 당한 그 비극적인 사건을 이 시간에 언급하는 것은, 우리 모두 참된 생명에 대한 교훈을 얻자는 취지에서입니다. 그 부모의 천문학적인 재산이, 겨우 스물여섯 살에 불과한 사랑하는 막내딸의 죽음을 막아 주지 못했습니다. 그 딸은 세상을 떠날 때 2,200억 원의 재산을 소유하고 있었습니다. 우리나라에서 부채를 제외하고 순 재산만 2,200억 원을 소유한 사람이 과연 몇 명이나 되겠습니까? 상상하기조차 힘들 정도인 그 많은 재산을 소유한 사람이라면 무엇이든 할 수 있을 것 같지 않습니까? 그러나 그 엄청난 재산이, 그 재산의 실제 주인인 한 젊은이의 생명에 아무런 도움이 되지 못했습니다. 돈이 우상이 되어 있는 우리 시대에, 결코 잊을 수 없는 교훈이 아닐 수 없습니다.

속지 마십시오. 은과 금으로는 결코 참된 생명을 살 수 없습니다. 은과 금은 이 세상에서 우리 육체의 삶을 안락하고 편안하게 해주는 것은 틀림없지만, 그것이 우리의 호흡이 멎는 순간 우리를 묘지 너머로 인도해 줄 수 있는 것은 절대로 아닙니다. 이 세상에서 은과 금으로 구할 수 있는 것이라면 그 형태와 내용이 무엇이든 상관없이, 우치무라 간조 선생의 표현대로 무덤의 장식품에 지나지 않습니다. 그렇기에 이 세상을 종착역으로 여기지 않고, 경유지로 거쳐 가는 우리에게 은과 금은 단지 삶의 도구일 뿐 어떤 경우에도 그 자체가 목적일 수는 없습니다. 우리의 목적은 언제나 예수 그리스도뿐입니다. 당신의 죽음으로 우리의 죗값을 치러 주시고 부활하신 예수 그리스도 안에만 참된 생명, 영원한 생명이 있기 때문입니다.

이런 관점에서 오늘의 본문을 다시 살펴보면, 우리는 대단히 중요한 메시지를 얻게 됩니다. 사람들은 본문 속의 거지, 날 때부터 앉은뱅이였던 거지가 일어선 것을 기적으로 여깁니다. 그러나 그것은 기적이 아닙니다. 전능하신 삼위일체 하나님께 그것은 기적일 수 없습니다. 기적 중의 기적은 생명이신 예수 그리스도께서 베드로를 통해 먼저 앉은뱅이 걸인을 찾아가 주시고, 그 보잘것없는 앉은뱅이 걸인을 당신의 영원하신 생명 안으로 초청해 주신 것입니다. 앉은뱅이 걸인이 한 것이라고는 자신을 찾아오신 주님의 생명과 사랑을 믿고 주님께 자기를 맡긴 것뿐입니다. 그 결과 그는 예수 그리스도 안에서 일어나 아름다운 미문을 자기 발로 통과하였습니다. 그것은 예수 그리스도 안에서, 그의 앞에 새로운 인생의 미문이 활짝 열렸음을 의미한다고 했습니다. 그 미문은, 앉은뱅이였던 그가 건강한 정상인으로 살아갈 새로운 육체만을 의미하지 않았습니다. 이 세상에서 아무리 건강하게 잘 살아도 언젠가 그 육체는 반드시 흙으로 돌아갈 뿐입니다. 그에게 그 미문이 진정한 미문일 수 있었던 것은 예수 그리스도 안에서, 그것이 거대한 묘지인 이 세상과 영원한 하나님 나라를 이어 주는 생명의 관문이었기 때문입니다.

사랑하는 교우 여러분!

생명이신 예수 그리스도께서, 죽을 수밖에 없는 죄인이었던 우리를 먼저 찾아와 주신 것이 기적임을 알고 계십니까? 주님께서 당신의 생명으로 우리를 초청해 주셨기에, 오늘도 우리가 그리스도의 이름으로 이 자리에 나아올 수 있었음을 믿으십니까? 그런데도 왜 생명이신 예수 그리스도께 여러분의 생명을 맡기지는 않으십니까? 왜 생명의 미문을 들어가지는 않고, 거대한 무덤일 뿐인 이 세상과 은금을 섬기느라 미문 앞에 앉은뱅이 걸인처럼 쭈그리고 앉아만 계십니까? 미문 앞에서 은금을 태산처럼 모으고 쌓는다 한들, 그것으로는 절대로 생명의 미문을 통과할 수 없습니다. 우리를 위해 돌아가셨다가 부활하신 예수 그리스도 안에서만 생명의 미문을 통과할 수 있습니다. 우리 모두, 지금 우리와 함께 계신 주님께 우리 자신을 의탁하십시다. 말씀과 기도로 그분의 생명 속에 거하십시다. 그 생명 속에 거하는 사람에게 세상은, 더 이상 묘지가 아니라 눈부시도록 찬란한 부활의 현장으로 승화될 것입니다.

잊지 마십시오. 부활은 하늘에서 시작된 것이 아니라, 이 세상 무덤 속에서부터 시작되었습니다.

나 같은 죄인을 위하여, 성자 하나님께서 십자가의 제물이 되어 주신 것이 기적이었습니다. 영원한 생명이신 주님께서, 먼저 나를 찾아오신 것이 기적이었습니다. 나 같은 미물을, 주님의 생명으로 초청해 주신 것이 기적이었습니다. 그러나 그 기적을 기적으로 믿지는 않았습니다. 그 결과 나는 주님을 믿는다면서도 거대한 묘지일 뿐인 이 세상과, 묘지의 장식품에 지나지 않는 은과 금을 섬기느라 앉은뱅이 걸인보다 더 못한 삶을 살아왔습니다. 오늘 사순절 다섯째 주일을 맞이하여 우리의 어리석음을 참회하오니, 용서하여 주옵소서.

이제 우리 모두, 우리를 찾아오신 주님께 우리를 맡겨 드립니다. 말씀과 기도로, 주님의 생명 안에 우리를 던집니다. 예수 그리스도 안에서 영육간에 벌떡 일어나, 우리 앞에 활짝 열린 생명의 미문, 진리의 미문, 기적의 미문을 통과하게 하옵소서. 우리의 삶 자체가 죽어도 죽지 않는 기적이 되게 하옵소서. 그리하여 거대한 묘지에 불과했던 이 세상이, 예수 그리스도 안에서 눈부시도록 찬란한 부활의 현장으로 승화되게 하옵소서. 예수 그리스도의 부활이 하늘에서 이루어진 것이 아니라, 이 세상 무덤 속에서 시작되었음을 잊지 말게 하옵소서. 아멘.

4. 성전 미문 IV 고난 주일

사도행전 3장 1-10절
제구 시 기도 시간에 베드로와 요한이 성전에 올라갈새 나면서 못 걷게 된 이를 사람들이 메고 오니 이는 성전에 들어가는 사람들에게 구걸하기 위하여 날마다 미문이라는 성전 문에 두는 자라 그가 베드로와 요한이 성전에 들어가려 함을 보고 구걸하거늘 베드로가 요한과 더불어 주목하여 이르되 우리를 보라 하니 그가 그들에게서 무엇을 얻을까 하여 바라보거늘 베드로가 이르되 은과 금은 내게 없거니와 내게 있는 이것을 네게 주노니 나사렛 예수 그리스도의 이름으로 일어나 걸으라 하고 오른손을 잡아 일으키니 발과 발목이 곧 힘을 얻고 뛰어 서서 걸으며 그들과 함께 성전으로 들어가면서 걷기도 하고 뛰기도 하며 하나님을 찬송하니 모든 백성이 그 걷는 것과 하나님을 찬송함을 보고 그가 본래 **성전 미문**에 앉아 구걸하던 사람인 줄 알고 그에게 일어난 일로 인하여 심히 놀랍게 여기며 놀라니라

사물이나 사건, 혹은 어떤 현상을 인식하는 인간의 능력과 관련하여 세 단계를 생각할 수 있습니다. 첫 번째 단계는 눈에 보이는 것을 눈에 보이는

대로 인식하는 단계로 가장 초보적인 단계입니다. 어린아이에게 이 단계는 아주 자연스런 단계입니다. 어린아이는 보이는 것 이상을 볼 수 없기 때문입니다. 그러나 성인이 되어서도 이 단계에 머물러 있다면 그가 인식하는 세계는 지극히 표피적일 수밖에 없습니다. 그러므로 그는 보이는 것만으로 일희일비하는, 경박하고 사려 깊지 못한 삶을 살게 됩니다. 두 번째 단계는 보이는 것을 통해 보이지 않는 것까지 보는 단계입니다. 이 단계는 첫 번째 단계에 비해 훨씬 성숙한 단계로, 이 단계의 사람은 보다 사려 깊은 삶을 살 수 있습니다. 이 단계의 사람은 늘 보이지 않는 본질을 생각하는 사람이기 때문입니다. 마지막 단계는 보이는 것을 통해 보이지 않는 것을 보되 그것을 자신의 삶에 적용시키는 단계로, 가장 바람직한 단계입니다. 이 단계에서 인간의 삶은 비로소 긍정적인 방향으로 변화되고 개선됩니다.

우리는 신문이나 텔레비전을 통해 각종 부패와 비리 사건의 보도를 매일 접하고 있습니다. 그런 보도를 접할 때마다 비리에 연루된 사람을 비난하는 것으로 그친다면 그는 첫 번째 단계의 사람입니다. 그가 살아가면서 그런 기사를 아무리 많이 접해도 그것은 그와 무관한 이야기일 뿐, 그 기사가 그의 삶에 어떤 영향도 미치지는 못합니다. 그러나 똑같은 기사를 보면서도 '왜 이 사람이 이런 일을 저질렀을까? 무슨 피치 못할 사정이 있었을까? 혹 누군가로부터 모함을 받은 것은 아닐까? 이 사람의 가족들은 지금 얼마나 괴로울까?'를 생각하면서, 그 사건이 어느 경우에 해당하든 결국 그 동기는 인간의 타락한 본성임을 깨닫는다면 그는 두 번째 단계의 성숙한 사람입니다. 나아가 그 사건에 연루된 사람과 자신 사이에 본질적으로는 아무 차이가 없음을 깨닫고, 그 사건을 거울삼아 자신의 삶을 바르게 추스른다면 그는 마지막 단계의 사람이요, 그의 삶은 날이 갈수록 바람직하게 일구어지게 될 것입니다.

말씀 묵상을 통한 신앙생활도 이와 마찬가지입니다. 말씀을 묵상할 때 해당 본문만을 들여다보는 것은 첫 번째 단계입니다. 물론 그리스도인에게 이 첫 번째 단계도 중요하지만 그러나 이 단계에만 계속 머물 경우, 자칫 자신이 묵상하는 본문을 성경에서 토막 내어 성경 전체와의 연관성을 상실키가 쉽습니다. 하나님의 말씀은 서로 무관한 말씀 조각들의 모음이 아니라, 창세기부터 요한계시록까지의 모든 말씀이 일관된 하나의 통일성 속에서 거미줄처럼 서로 얽혀 있습니다. 따라서 눈에 보이는 구절을 통해 성경 전체의 관점에서 보이지 않는 구절까지 보는 것이 두 번째 단계입니다. 그리고 그 과정에서 얻은 깨달음을 자신의 삶에 적용하여 실천하는 것이 마지막 단계로, 이 단계에 이를 때 성경 한 구절을 읽어도 성경 전체의 정신이 당사자의 삶을 통해 육화incarnation되게 됩니다.

우리가 지금 4주째 묵상하고 있는 본문은, 2천 년 전 예루살렘 성전 미문 앞에서 일어난 사건의 내용입니다. 베드로와 요한이 유대인의 기도 시간에 맞추어 예루살렘 성전을 찾았습니다. 그곳에 모인 유대인들에게 복음을 전하기 위함이었습니다. 베드로와 요한이 성전 안으로 들어가기 위해 성전 문들 가운데 가장 아름다운 미문을 막 통과하려 할 때였습니다. 마침 그 미문 앞에 앉아 있던, 날 때부터 앉은뱅이인 걸인이 베드로와 요한을 보았습니다. 무슨 특별한 의미를 두고 본 것이 아니라 단지 자신의 시야에 그들의 모습이 들어왔으므로 평소처럼 '에이도', 즉 아무 의미도 없이 건성으로 쳐다보며 적선을 요청하였습니다. 그 소리에 베드로와 요한이 발길을 멈추고 그 앉은뱅이 거지를 '아테니조', 응시하였습니다. 그리고 자신들을 '블레포'할 것을 요청하였습니다. 그렇게 건성으로 보지 말고 자신들을 주목하라는 의미였습니다. 이에 앉은뱅이 거지가 자세를 가다듬으며 베드로를 '에페코',

베드로에게 온 시선을 집중하였습니다. 앉은뱅이 거지를 응시하는 베드로의 시선과 베드로에게 집중하고 있는 앉은뱅이 거지의 시선이 불꽃을 튀기듯 맞부딪쳤습니다. 그때 베드로가 앉은뱅이 거지의 눈을 들여다보며 말했습니다.

은과 금은 내게 없거니와 내게 있는 이것을 네게 주노니 나사렛 예수 그리스도의 이름으로 일어나 걸으라(6절).

그리고 베드로는 손을 내밀어 앉은뱅이 거지의 오른손을 잡아 일으켰습니다. 그와 동시에 앉은뱅이 거지는 베드로의 손을 의지하고, 아니 베드로 속에서 역사하시는 예수 그리스도를 힘입어 일어섰습니다. 태어날 때부터 뒤틀려 있던 그의 생명이 예수 그리스도 안에서 치유되고 회복된 것이었습니다. 앉은뱅이 거지는 하나님을 찬양하며 성전 안으로 뛰어 들어가기 위해 먼저 미문을 통과하였습니다. 날이면 날마다 미문 앞에서 구걸하던 그로서는, 살아생전 자기 발로 그 미문을 통과한다는 것은 상상치도 못한 일이었습니다. 그것은 치유함을 받은 그의 앞에, 예수 그리스도 안에서 새로운 인생의 미문이 활짝 열렸음을 의미하였습니다. 생각해 보십시오. 태어난 이래 40여 년 동안 앉은뱅이 걸인으로 살아온 그가 자기 발로 일어섰으니, 예수 그리스도 안에서 그 이후에 펼쳐진 그의 인생이 얼마나 아름다웠겠습니까?

그러나 그 순간 치유받은 걸인만 미문을 통과한 것이 아니었습니다. 베드로와 요한 역시 성전 안으로 들어가기 위해 그와 함께 미문을 통과하였습니다. 그것 역시, 그 이전까지 그들은 이스라엘 변방 갈릴리의 보잘것없는 어부에 지나지 않았지만, 이제부터는 그리스도 안에서 사람을 영육 간에 살리는 주님의 사도로 살아가는 새로운 인생 미문이 열렸음을 의미하였습니다.

우리는 이상과 같은 본문의 내용을 통해 귀중한 깨달음을 얻게 됩니다. 우리가 아무리 보잘것없는 존재라 할지라도 세상의 은금이 아닌, 오직 생명이신 예수 그리스도를 우리 삶의 목적으로 삼는다면 우리 역시 그분 안에서 우리 시대의 베드로, 이 시대의 사도로 살아갈 수 있다는 것입니다. 다시 말해 예수 그리스도 안에서 우리 시대의 앉은뱅이들을 영육 간에 일으켜 세우고 그들을 생명의 미문으로 인도해 주는, 전혀 새로운 인생의 미문을 통과할 수 있다는 것입니다.

이상이 본문 속에서 보이는 것을 본 것으로, 서두에 언급한 첫 번째 단계에 해당합니다.

그렇다면 이번에는 보이는 본문 배후의, 보이지 않는 말씀을 보고 생각하는 두 번째 단계로 진입할 차례입니다. 마태복음 8장 14-15절은 다음과 같은 사실을 증언하고 있습니다.

> 예수께서 베드로의 집에 들어가사 그의 장모가 열병으로 앓아누운 것을 보시고 그의 손을 만지시니 열병이 떠나가고 여인이 일어나서 예수께 수종 들더라.

베드로의 집을 찾으신 예수님께서 열병으로 고통받던 베드로의 장모를 고쳐 주시는 장면입니다. 이때의 시기는 예수님의 공생애 초기로, 그때 베드로에게는 장모가 있었습니다. 장모는 아내의 어머니입니다. 즉 베드로에게는, 주님의 부르심을 받을 때부터 이미 아내가 있었습니다. 그리고 오늘의 사도행전 본문은 그때로부터 3년이 지난 시점의 이야기입니다. 당시 유대인들은 남자 나이 20세, 여자 나이 15세를 전후하여 결혼하고 첫아기를 가졌습니다. 만약 베드로가 20대 중반에 주님의 부르심을 받았다면, 그로부터 3년이 지난 오늘 본문의 시점에서 30세에 육박했을 베드로에게는 자식들 또한 있었음이 분명합니다. 이를테면 베드로는 부양해야 할 가족을 지닌 가장이었고, 당시 가족 부양의 책임은 전적으로 가장의 몫이었습니다.

그렇다면 우리는 눈에 보이는 오늘의 본문 속에서, 보이지 않는 베드로의 아내를 만나게 됩니다. 우리는 그녀의 이름도, 나이도 모릅니다. 그러나 우리는 그녀의 믿음에 경의를 표하지 않을 수 없습니다. 지금 베드로는 은과 금을 위해 살지 않습니다. 그는 오직 예수 그리스도를 위해 자신의 삶을 던졌습니다. 하루 이틀이 아니라, 벌써 3년이나 예수 그리스도를 좇느라 가장으로서의 책임과는 전혀 무관한 삶을 살고 있습니다. 베드로의 이와 같은 삶이 베드로 아내의 동의 없이 과연 가능할 수 있었겠습니까? 아니, 남편을 대신하여 자신이 가장의 책임을 다하는 베드로 아내의 적극적인 믿음의 내조 없이는 불가능한 일이 아니었겠습니까?

만약 베드로의 아내가 예수 그리스도보다 세상의 은과 금을 더 소중하게 여기는 여인이었다면, 그녀는 예수 그리스도를 좇는 남편의 발목을 잡고 은과 금을 구해 올 것을 요구했든지, 아니면 자신이 은과 금을 좇아 베드로의 아내 자리를 떠나고 말았을 것입니다. 그러나 이때로부터 약 10여 년 후에 기록된 고린도전서 9장 5절에 의하면 베드로의 아내 역시 만사를 제쳐 놓고, 나이 든 베드로가 복음을 전하기 위해 가는 곳마다 동행하며 남편을 뒷바라지하였음을 알 수 있습니다. 한마디로 베드로의 아내 역시 베드로처럼 세상의 은금이 아니라 생명이신 예수 그리스도를 삶의 목적으로 모셨던 사람이었습니다. 그와 같은 아내의 믿음의 내조 속에서 갈릴리의 무식한 어부였던 베드로가 은과 금은 없지만 예수 그리스도의 이름으로 미문 앞 앉은뱅이 걸인을 일으키고, 인류의 역사를 새롭게 하는 사도의 삶을 완수할 수 있었음은 두말할 나위가 없습니다. 그래서 베드로는, 그가 나이 들어 기술한 베드로전서를 통해 세상의 모든 아내들에게 이렇게 권면하였습니다.

> 너희의 단장은 머리를 꾸미고 금을 차고 아름다운 옷을 입는 외모로 하지 말고 오직 마음에 숨은 사람을 온유하고 안정한 심령의 썩지 아니할 것으로 하라 이는 하나님 앞에 값진 것이니라(벧전 3:3-4).

육체를 위해 은과 금을 목적으로 삼는 그릇된 삶을 버리고, 예수 그리스도의 생명과 진리로 각자의 속사람을 치장하라는 의미입니다. 만약 베드로의 아내가 세상의 은금을 더 중시하는 사람이었다면, 베드로가 세상의 모든 여인들을 향해 이처럼 자신 있게 권면하지는 못했을 것입니다.

그러므로 '은과 금은 내게 없지만, 나에게는 예수 그리스도가 있다'는 고백은 베드로의 고백인 동시에 그의 아내의 고백이기도 했습니다. 베드로가 성전 미문 앞에서 구걸하는 앉은뱅이 걸인의 눈을 들여다보며, "은과 금은 내게 없거니와 내게 있는 이것을 네게 주노니 나사렛 예수 그리스도의 이름으로 일어나 걸으라"고 말하며 손을 내밀 때 베드로는 혼자가 아니었습니다.

하나님께서 최초의 부부인 아담과 하와에게 말씀하셨습니다.

> 남자가 부모를 떠나 그의 아내와 합하여 둘이 한 몸을 이룰지로다(창 2:24).

하나님께서는 남편과 아내를 각각 별개의 두 몸으로 보시지 않고, 한 몸으로 간주하십니다. 따라서 베드로가 미문 앞 앉은뱅이 걸인에게 손을 내밀때 베드로의 아내 역시 베드로의 마음속에서, 베드로와 똑같은 믿음으로,

앉은뱅이 걸인을 향해 그녀의 손을 베드로와 함께 내민 셈이었습니다. 이처럼 누구보다도 확고한 믿음 위에 서 있는 아내로 인해 베드로는 우리가 아는 바대로의 베드로일 수 있었습니다. 이것은 베드로 자신의 음성을 통해서도 확인할 수 있습니다. 베드로는 세상의 모든 남편들에게 다음과 같이 증언하고 있습니다.

> 남편들아 이와 같이 지식을 따라 너희 아내와 동거하고 그를 더 연약한 그릇이요 또 생명의 은혜를 함께 이어받을 자로 알아 귀히 여기라 이는 너희 기도가 막히지 아니하게 하려 함이라(벧전 3:7).

비록 육체적으로는 아내가 남편보다 약할지라도 진리 안에서 생명과 믿음의 삶에 관한 한, 아내의 믿음의 내조 없이는 아무것도 할 수 없음을 베드로 스스로 자신의 체험을 통해 인정한 것입니다.

그러므로 예수 그리스도의 이름으로 앉은뱅이 걸인을 일으킨 베드로가 그와 함께 미문을 통과할 때 베드로의 아내 역시 베드로와 함께 새로운 인생의 미문을 통과한 셈이요, 베드로가 하나님의 나라에서 큰 상급을 받았다면 그것은 베드로 개인을 위한 상급이 아니라, 베드로 부부를 위한 상급이었습니다. 하나님께서는 베드로와 그의 아내를 한 몸으로 간주하시기 때문입니다.

이상이 본문 속에서 우리가 생각해 볼 수 있는 두 번째 단계입니다. 이제 마지막 적용의 단계입니다.

태초에 남자를 먼저 만드신 하나님께서는 남자를 '돕는 배필'로 여자를 만드셨습니다(창 2:18). 남자가 홀로 자기 인생을 완성할 수 있다면, 하나님께서는 남자를 돕는 배필을 달리 만드시지 않았을 것입니다. 여자의 도움 속에서만 남자의 인생은 완성됩니다. 이것은 남자와 여자를 창조하신 하나님의 법칙입니다. 중요한 것은 하나님께서는 남자와 여자를 한 몸으로 보신다는 것입니다. 그러므로 아내가 믿음으로 남편을 바르게 돕는 것은 남편의 인생을 완성시키는 것인 동시에 아내 자기 인생의 완성을 의미하기도 합니다.

우리말 '돕는 배필'로 번역된 히브리어 '에제르 네게드(עֵזֶר כְּנֶגְדּוֹ)'는 본래 두 가지 의미를 지니고 있습니다. 첫째는 '돕는 상대방'입니다. 진리를 좇는 남편을 아내가 '예' 하고 돕는 것을 의미합니다. 베드로처럼 세상의 은금보다도 예수 그리스도를 더 소중히 여길 때 아내는 '예' 하고 도와야 합니다. 남편이 믿음을 지키기 위해 동창생보다 더 작은 집과 작은 자동차에 만족하며 살고자 할 때, 아내는 기꺼이 '예' 하고 말할 수 있어야 합니다. 어떤 경우에도 '예'라고 해야 할 때 '아니오' 해서는 안 됩니다. 그것이 그리스도 안에서 한 인생을 살아가는 남편과 자신을 동시에 지키는 길입니다.

'에제르 네게드'의 두 번째 의미는 '돕는 반대자'입니다. '돕는 반대자'란 '아니오'라고 반대함으로 돕는 것을 의미합니다. 상대를 돕는 것은 언제나 '예' 하는 것이 아닙니다. '아니오'라고 말해야 할 때 '아니오'라고 말하는 것이 진정 상대를 돕는 길입니다. 남편이 자기 욕망을 위해 불의와 타협하려 할 때 아내는 '아니오' 할 수 있어야 합니다. 남편이 세상의 은금에 눈이 멀어 거짓의 벗이 되려 할 때 '아니오' 할 수 있어야 합니다. 예수 그리스도보다 은금을 더 숭상할 때 단호히 '아니오' 할 수 있어야 합니다. 어떤 대가를 치를지라도 '아니오'라고 해야 할 때 '예' 해서는 안 됩니다. 그것은 남편과 자기 자신 그리고 자식을 동시에 망치는 첩경입니다.

그러나 이것은 비단 부부 사이에만 국한된 이야기가 아닙니다. 하나님께서 태초에 남자와 여자를 먼저 만드시고 그들을 통해 인류의 역사가 시작되게 하신 것을 감안하면, 이것은 모든 인간에게 통용되는 하나님의 법칙입니다. 믿음이 무엇입니까? 주님의 말씀에 의거하여 '예' 해야 할 때 '예' 하고, '아니오' 해야 할 때 '아니오' 하는 것입니다. 왜 오늘날 우리 사회가 이렇듯 혼탁하고 혼란스럽습니까? 그 이유는 지극히 간단합니다. 남편이 아내에게, 아내가 남편에게, 부모가 자식에게, 자식이 부모에게, 형제가 형제에게, 아랫사람이 상사에게, 상사가 아랫사람에게, 목회자가 교인에게, 교인이 목회자에게, 공직자가 대통령에게, 대통령이 국민에게 '예' 할 것을 '예' 하지 않고, '아니오' 해야 할 때 '아니오'라고 하지 않기 때문입니다.

주후 2세기경 이미 위경僞經, 즉 거짓 문서로 분류된 소위 '유다복음'의 콥트어 번역 사본이 발견되었다고 하여 언론이 떠들썩합니다. 그 핵심은 가룟 유다가 없었다면 예수 그리스도의 십자가 구원이 불가능하였을 것이란 전제하에 가룟 유다를 영웅시하는 것입니다. 그것은 성경에 무지한 사람의 궤변에 지나지 않습니다. 가룟 유다가 아니었더라도 예수 그리스도의 십자가 구원은 아무 차질 없이 성취되었을 것입니다. 대제사장들과 장로들을 비롯한 유대교 지도자들은 다른 방법으로 예수 그리스도를 죽였을 것이기 때문입니다. 그러므로 은 30냥에 스승을 배신한 가룟 유다는 예수 그리스도의 십자가 구원을 도운 일등공신이 아니라, 은 30냥에 눈이 멀어 '아니오' 해야 할 때 '아니오' 대신에 '예' 함으로 스스로 파멸한 어리석은 인간의 전형에 지나지 않습니다.

중요한 사실은 그 어리석은 가룟 유다가, 세상의 은금에 사로잡혀 '예' 해야 할 때 '아니오' 하고 '아니오'라고 말해야 할 때 '예' 함으로 이 세상을 혼탁게 하고 있는 우리 자신들의 모습이란 것입니다. 그러면서도 대단한 믿음의 사람인 것처럼 스스로 착각하는 우리 자신들의 모습 말입니다.

오늘은 우리의 죗값을 대신 치르시기 위해 십자가에서 돌아가신 주님의 고난을 기리는 고난 주일입니다. 인간의 죄가 대체 어디서부터 유래하였습니까? 최초의 인간인 아담과 하와가 '예' 해야 할 하나님의 말씀에 대해서는 '아니오' 하고, '아니오' 해야 할 사탄의 유혹에는 도리어 '예' 한 것입니다. 따라서 우리가 우리를 살리시기 위한 주님의 고난을 진정 믿는다면, 그 믿음은 '예'와 '아니오'를 바르게 분별하지 못했던 우리의 옛사람을 그리스도 안에서 십자가에 못박는 것으로 나타나야 합니다.

갈라디아서 5장 24절은 그리스도인의 정의를 다음과 같이 규정하고 있습니다.

> 그리스도 예수의 사람들은 육체와 함께 그 정욕과 탐심을 십자가에 못박았느니라.

사랑하는 교우 여러분!

이 뜻깊은 고난 주일을 맞아 세상의 은과 금에 눈이 어두워 '예' 해야 할 때 '예' 하지 못하고, '아니오' 해야 할 때 '아니오' 하지 못했던 우리 자신들을 그리스도 안에서 십자가에 못박으십시다. 그때 우리는 그리스도 안에서 '예' 해야 할 때 '예' 하고 '아니오' 해야 할 때 '아니오' 하는 진정한 그리스도인으로, 찬란한 부활의 미문을 통과하게 될 것입니다.

나를 살리시기 위해 십자가에서 돌아가신 주님의 고난을 기리는 고난 주일을 맞았습니다. 나의 죄가 세상의 은금을 섬기느라 주님의 말씀 앞에서 '예' 해야 할 때 '예' 하지 못하고, '아니오' 해야 할 때 '아니오' 하지 못한 것임을 알게 해주셔서 감사합니다.

이제 가룟 유다처럼 어리석었던 우리의 옛사람을 그리스도 안에서 십자가에 못박기 원하오니, 주여, 도와주시옵소서. '은과 금은 내게 없거니와 내게 있는 이것을 네게 주노니 나사렛 예수 그리스도의 이름으로 일어나 걸으라'는 베드로의 이 고백이 우리 모두의 신앙고백이 되게 하옵소서. 은과 금을 섬기느라 '예'와 '아니오'를 바르게 구별하지 못하면 바로 그 은과 금 때문에 숱한 사람을 잃지만, 주님의 말씀 앞에서 '예'와 '아니오'를 바르게 구별하면 수많은 사람을 얻게 됨을 잊지 말게 하옵소서. 언젠가 주님께서 우리를 부르시는 날 주님 앞에 들고 갈 수 있는 것은 세상의 은과 금이 아니라, 우리가 생명의 미문으로 인도해 들인 사람들의 이름임을, 이 뜻깊은 고난 주일, 우리의 마음속에 되새기게 하옵소서. 그리하여 주님의 부활이 우리 모두의 부활 되게 하옵소서. 아멘.

5. 성전 미문 V 부활 주일

사도행전 3장 1-10절
제구 시 기도 시간에 베드로와 요한이 성전에 올라갈새 나면서 못 걷게 된 이를 사람들이 메고 오니 이는 성전에 들어가는 사람들에게 구걸하기 위하여 날마다 미문이라는 성전 문에 두는 자라 그가 베드로와 요한이 성전에 들어가려 함을 보고 구걸하거늘 베드로가 요한과 더불어 주목하여 이르되 우리를 보라 하니 그가 그들에게서 무엇을 얻을까 하여 바라보거늘 베드로가 이르되 은과 금은 내게 없거니와 내게 있는 이것을 네게 주노니 나사렛 예수 그리스도의 이름으로 일어나 걸으라 하고 오른손을 잡아 일으키니 발과 발목이 곧 힘을 얻고 뛰어 서서 걸으며 그들과 함께 성전으로 들어가면서 걷기도 하고 뛰기도 하며 하나님을 찬송하니 모든 백성이 그 걷는 것과 하나님을 찬송함을 보고 그가 본래 **성전 미문**에 앉아 구걸하던 사람인 줄 알고 그에게 일어난 일로 인하여 심히 놀랍게 여기며 놀라니라

오늘은 그리스도인인 우리에게 가장 기쁘고도 뜻깊은 부활 주일입니다. 우리 모두 전후좌우에 계신 분들과 "주님께서 부활하셨습니다" 하고 인사

하시겠습니다.

부활하신 주님께서는 도대체 어디에 계십니까? 부활하신 주님께서는 마태복음 28장 20절 말씀을 통해 "내가 세상 끝 날까지 너희와 항상 함께 있으리라"고 약속하셨습니다. 부활하신 주님께서는 지금 영으로 우리 가운데, 우리 곁에, 우리 안에, 우리와 함께 계십니다. 지난 세월, 내가 주님을 새까맣게 망각하고 있던 그 숱한 순간에도 부활하신 주님께서는 우리와 함께 계셨습니다. 물론 앞으로도 마찬가지일 것입니다. 부활하신 주님께서 과거에 우리와 함께 계셨고, 현재 함께 계시며, 미래에도 우리와 항상 함께 계실 것을 여러분은 정말 믿으십니까? 이 사실을 진정으로 믿고 매순간 인식하며 살아간다면, 우리의 삶은 주님의 생명과 능력 안에서 날로 새로워지지 않을 수 없습니다. 부활하신 그분은 전능하신 삼위일체 하나님이시기 때문입니다.

이틀 전 금요일의 일입니다. 그날 점심시간에, 지난 3월 말까지 수요 성경공부 시간에 피아노 반주로 봉사했던 청년부 양한나 양과 식사를 함께 했습니다. 현재 대학교 4학년인 한나 양의, 그동안의 수고를 격려해 주기 위함이었습니다. 약 열흘 전 한나 양과 전화로 점심 날짜를 지난 금요일로 약속할 때 한나 양은 함께 교회에 출석하고 있는 학교 친구와 동석해도 좋으냐고 물었고, 저는 쾌히 응했습니다. 약속 날짜인 금요일 오전 11시경이었습니다. 일본에서 태어난 외손자를 보기 위해 일본에 갔다가 그 전날 귀국한 30구역의 서길원 집사님이, 양화진과 관련된 기사를 다룬 잡지를 제게 전달해 주기 위해 잠시 교회에 들르셨습니다. 서 집사님이 교회를 막 떠난 뒤, 평소 남모르게 숨은 봉사를 많이 하는 서 집사님께도 점심을 사드리고 싶은 생각이 불쑥 들었습니다. 그래서 서 집사님께 전화를 드려 교회에 다시 오시게 했습니다. 그때의 시간이 11시 40분경이었습니다. 그 결과 금요일 점심시간에 60대의 서 집사님과 50대의 저가 20대의 두 여대생과 세대를 초월한 합동 미팅을 가지게 되었습니다. 불과 20분 전에 확정된, 전혀 계획에 없던 미팅이었습니다.

한나 양의 친구인 김아름 양은 본래 교회에 다니지 않던 학생이었습니다. 그러나 수요 성경공부 시간에 피아노 반주를 담당한 한나 양을 따라 수요 성경공부에 참석하기 시작했고, 마침내는 주일예배에까지 참석하면서 부활주일인 오늘 등록하기로 하였습니다. 친구와의 만남이 주님과의 만남으로 이어진 것입니다. 한 가지 어려움은 아름 양의 집이 멀다는 것이었습니다. 수요 성경공부 시간에는 시내에 있는 학교에서 교회로 오기에 어려움이 없지만, 주일에 경기도 구리에서 버스와 전철을 이용하여 양화진까지 오는 것은 쉬운 일이 아니었습니다. 저는 구리에 사는 성도님들 가운데 주일날 아름 양과 함께 차를 타고 올 수 있는 가정이 없을까 생각해 보았지만, 구리 구역 식구들은 성가대나 기타 봉사를 위해 예배 시작 두 시간 이전에 교회로 나오므로 마땅한 가정이 없었습니다.

그때 불현듯 서 집사님이 말했습니다.

"주일날 우리 집으로 와서 나와 함께 교회로 가자."

그제야 저는 서 집사님의 아파트가 광장동에 있다는 사실을 떠올리며 깜짝 놀랐습니다. 알고 보니 구리의 아름 양 집 앞에서 광장동 서 집사님 아파트까지 직통버스가 있는데 소요 시간은 20분이 채 되지 않았습니다. 그리고 광장동에서 서 집사님의 차를 타면, 주일에 강변북로가 막히지 않을 경우 15분이면 교회에 당도할 수 있습니다. 저는 그날 그 식탁에서도 우리 각자와 개별적으로 함께 계시는 동시에 우리 모두와도 함께하시는 부활하신 주님을 뵈었습니다.

본래 그날 점심은 한나 양을 위하여 마련한 식사 자리였습니다. 그런데 한나 양이 거주하는 일산과는 정반대편에 위치한 구리에 살고 있는 아름 양이 그 자리에 동석하였습니다. 그뿐 아니라 식사 약속 시간 불과 20분 전에 서길원 집사님이 합류하게 되었습니다. 만약 일본에 갔던 서 집사님이 그 전날 귀국하지 않았다면, 금요일 오전 11시에 교회로 저를 찾아오지 않았더라면, 찾아왔더라도 그날 점심 식탁으로 초대하고픈 마음이 제 속에서 일지 않았더라면 서 집사님의 동석은 불가능하였을 것입니다. 결국 그날의 식탁은 한나 양을 통해 아름 양을 부르신 부활의 주님께서, 구리시에 사는 아름 양이 주일에 좀더 쉽게 이곳 양화진에 이를 수 있도록 배려해 주시기 위해 치밀하게 연출하신 주님의 작품이었습니다.

그날 식사 시간 내내 저는 감격스러웠습니다. 그날 그 식탁에 우리 네 사람만 있었던 것이 아니라, 우리 가운데 주님께서도 함께 계셨기 때문입니다. 식사가 끝나고 두 청년을 돌려보내고 난 뒤, 저는 그 두 청년이 일평생 자신들과 함께하시는 부활의 주님을 매 순간 의식하며 살 수 있기를 기도드렸습니다. 청년 시절부터 자신들과 함께 계시는 주님을 의식하며 살아가는 것보다 더 아름답고 더 역동적인 삶이 어디에 있겠습니까?

그 좋으신 부활의 주님께서 지금 여러분과도 함께 계심을 믿고 계십니까?

베드로와 요한이 유대인의 기도 시간에 맞추어 예루살렘 성전을 찾았습니다. 그곳에 모여 있는 유대인들에게 복음을 전하기 위함이었습니다. 베드로와 요한이 성전 안으로 들어가기 위해, 성전 문들 가운데 가장 아름다운 미문을 막 통과하려 할 때였습니다. 마침 미문 앞에 앉아 있던, 날 때부터 앉은뱅이였던 거지가 베드로와 요한을 보았습니다. 그는 평소 습관대로 아무 의미도 없이, 희멀건 눈으로 그들을 올려다보며 적선을 요청하였습니다. 이에 베드로와 요한이 걸인 앞에 멈추어 섰습니다. 베드로는 앉은뱅이 거지를 응시하면서 자신에게 주목할 것을 요청하였습니다. 그러자 앉은뱅이는 자세를 가다듬으며 베드로에게 온 시선을 집중시켰습니다. 앉은뱅이 거지를 응시하는 베드로의 시선과 베드로에게 집중한 앉은뱅이의 시선이 마치 불꽃을 튀기듯 서로 맞부딪쳤습니다. 그 순간 베드로가 앉은뱅이 거지의 눈을 들여다보며 말했습니다.

은과 금은 내게 없거니와 내게 있는 이것을 네게 주노니 나사렛 예수 그리스도의 이름으로 일어나 걸으라(6절).

그리고 베드로는 앉은뱅이 거지의 오른손을 붙잡았습니다. 그때 앉은뱅이의 나이는 이미 40여 세였습니다. 이를테면 그는 태어난 이래 40여 년 동안 단 한 번도 일어나 본 적이 없는 사람이었습니다. 베드로는 그 선천성 앉은뱅이에게 나사렛 예수 그리스도의 이름으로 일어날 것을 촉구했습니다. 아니 더 정확하게 말하면, 그 현장에 계신 나사렛 예수 그리스도께서 베드로를 도구 삼아 앉은뱅이에게 일어날 것을 명령하신 것이었습니다. 누군가가 선천성 앉은뱅이에게 느닷없이 일어나라고 명령한다면, 그는 정신 빠진 사람이 분명하지 않겠습니까? 그런데 지금 예수님께서 베드로를 통해 앉은뱅이에게 일어나라고 명령하신 것입니다. 어떻게 나사렛 예수님께 그런 명령이 가능할 수 있었겠습니까? 그분 자신이 죽음에서 일어나신 분이기 때문입니다.

예수님께서 십자가에 못박혀 돌아가신 지 사흘째 되는 날 새벽이었습니다. 평소 주님을 사랑하던 여인들이 주님의 무덤을 찾았습니다. 무덤은 이미 열려 있었고, 그곳에 있던 천사가 여인들에게 말했습니다.

그가 여기 계시지 않고 그가 말씀하시던 대로 **살아나셨느니라** 와서 그가

> 누우셨던 곳을 보라 또 빨리 가서 그의 제자들에게 이르되 그가 죽은 자 가운데서 **살아나셨고** 너희보다 먼저 갈릴리로 가시나니 거기서 너희가 뵈오리라 하라(마 28:6-7).

천사는 여인들에게 두 번씩이나 주님께서 살아나셨음을 되풀이하였습니다. 우리말 '살아나다'로 변역된 헬라어 '에게이로 $\dot{\epsilon}\gamma\epsilon\acute{\iota}\rho\omega$'의 본뜻은 '일어나다'입니다. 주님께서 성전 미문 앞 앉은뱅이에게 '일어나라'고 명령하실 때 사용하신 단어와 똑같은 단어입니다. 이 단어가 얼마나 중요했던지 천사는 예수님의 무덤을 찾은 여인들에게 주님께서 죽은 자 가운데서 일어나셨음을 두 번씩이나 연거푸 강조하였습니다.

지난해 8월 넷째 주일에 사도행전 1장 3-5절을 묵상할 때 말씀드린 바와 같이 복음서 기자記者들은 예수님의 부활을 증언할 때, 직접 부활을 의미하는 헬라어 '아나스타시스 $\dot{\alpha}\nu\acute{\alpha}\sigma\tau\alpha\sigma\iota\varsigma$'란 용어를 사용하지 않았습니다. 그것은 2천 년 전 헬라어 문명권 사람들이 '부활'이란 단어에 대하여 지니고 있던 보편적 인식 때문이었습니다. 당시 사람들이 부활을 언급하는 것은 두 가지 경우뿐이었습니다. 첫 번째는 부활은 절대로 없다는 의미에서 부활을 언급했고, 두 번째는 현실과 동떨어진 신화 혹은 전설 속에서 부활을 이야기하는 경우였습니다. 죽어서 이미 무덤에 장사 지낸 사람이 현실 속에서 실제로 살아날 수 있다고는 아무도 믿지 않았습니다. 그런 상황에서 복음서 기자들이 부활이란 용어를 사용할 경우, 사람들이 그 부활을 복음서 기자들이 의도한 의미로 받아들일 리가 만무했습니다. 사람들이 제자들의 부활 증언을 거짓말이나 허황한 신화로 간주할 것은 불을 보듯 뻔했습니다. 그래서 복음서 기자들은 방금 마태복음에서 확인한 것처럼, 예수님의 부활을 예수님께서 죽은 자 가운데서 '에게이로', 즉 일어나신 것으로 표현하였습니다.

우리말 '죽은 자'로 번역된 헬라어 '네크로스 νεκρός'는 '시체'란 말입니다. 복음서 기자들은 예수님의 부활을 '시체가 일어난 것'으로 표현한 것입니다. 예수님의 부활이 황당한 거짓말이거나 허탄한 신화가 아니라, 혹은 예수님께서 일시적으로 가사假死 상태에 빠지셨다가 의식을 회복한 것이 아니라, 십자가에 못박히셨던 예수님께서 실제로 돌아가신 뒤 진짜 시신이 되셨다가 시신의 상태에서 일어나셨음을 그 누구도 오해할 수 없도록 정확하게 표현하기 위함이었습니다.

부활이란 결코 추상적이거나 모호한 개념의 이야기가 아닙니다. 예수님께서 시신이 되셨고, 시신의 상태에서 예수님께서 일어나신 것이 부활입니다. 그렇다면 생각해 보십시다. 시신이 되셨다가 죽음을 깨뜨리고 일어나신 주님께서 어찌 앉은뱅이 걸인에게 일어나라고 명령하실 수 없겠습니까? 시신상태에서 직접 일어나신 예수님께서 어찌 멀쩡하게 살아 있는 앉은뱅이 걸인을 일으키시지 못하겠습니까?

부활하신 예수 그리스도께서 베드로를 통해 앉은뱅이 거지에게 일어날 것을 명령하시며 그의 오른손을 잡아 일으킨 결과를 본문 7절이 증언해 주고 있습니다.

오른손을 잡아 일으키니 발과 발목이 곧 힘을 얻고.

사도행전의 기록자인 누가는 본디 의사였습니다. 그는 역시 의사답게 앉은뱅이에게 나타난 현상을 의학적으로 정확하게 기술하였습니다. 우리말 '발'로 번역된 헬라어 '바시스 βάσις'는 '발바닥'을, 그리고 발목으로 번역된 '습휘드론 σφυδρόν'은 '복사뼈'를 일컫는 전문용어로, 두 용어 모두 성경을 통틀어 본문에서 의사인 누가에 의해 단 한 번 사용되었습니다. 앉은뱅이의 발은 통제력을 상실한 채, 그가 움직일 때마다 의미 없이 덜렁거리기만 하지 않았겠습니까? 그런데 예수님께서 그에게 일어날 것을 명령하시며 그의 오른손을 잡는 순간, 주님의 생명과 능력이 앉은뱅이의 발바닥에서부터 복사뼈를 거쳐 위로 솟구쳐 올랐습니다. 그래서 누가는 본문 8절을 이렇게 시작하고 있습니다.

뛰어, 서서, 걸으며.

여기에서 '뛰다'라는 헬라어 동사 '엑살로마이 $\dot{\epsilon}\xi\dot{\alpha}\lambda\lambda o\mu\alpha\iota$' 역시 성경에서 본문에만 등장하는 전문용어로, 단순히 '뛰다'라는 의미가 아니라 '어떤 상태로부터 뛰어오르다'라는 의미입니다. 주님의 생명과 능력이 앉은뱅이의 발바닥에서부터 복사뼈를 거쳐 위로 솟구침과 동시에, 앉은뱅이가 마치 용수철이 튀듯 벌떡 일어섰다는 뜻입니다. 그것은 일시적 현상이 아니었습니다. 벌떡 일어난 그는 그 자리에 서 있을 수도 있었습니다. 그뿐만이 아니었습니다. 일어선 상태에서 자기 발로 걸을 수도 있었습니다. 그래서 8절은 다음과 같이 계속되고 있습니다.

뛰어, 서서, 걸으며, 그들과 함께 성전으로 들어가면서 걷기도 하고, 뛰기도 하며…….

그는 하고한 날 그 앞에서 구걸만 하던 미문을 자기 발로 통과하여 성전 안으로 들어가면서 신기한 듯 걸어도 보고, 껑충껑충 뛰기도 해보았습니다. 이 광경은 구약의 마지막 선지자인 말라기가 예수 그리스도께서 임하실 때에 일어날 일을 예언한 내용과 정확하게 일치하고 있습니다.

> 내 이름을 경외하는 너희에게는 공의로운 해가 떠올라서 치료하는 광선을 비추리니 너희가 나가서 외양간에서 나온 송아지같이 뛰리라(말 4:2).

외양간에서 나온 송아지가 얼마나 경쾌하고 기분 좋게 뛰는지 본 적이 있으십니까? 본문 속 걸인은 마치 송아지처럼 뛰며 성전으로 들어갔습니다. 다시 본문 8절 말씀을 주목해 보겠습니다.

> 뛰어, 서서, 걸으며, 그들과 함께 성전으로 들어가면서 걷기도 하고, 뛰기도 하며, 하나님을 찬송하니.

앉은뱅이였던 그는 자신에게 일어난 일이 꿈인지 생시인지 확인해 보기 위해 성전 안으로 뛰어 들어간 것이 아니었습니다. 그가 성전 안으로 뛰어 들어간 것은 하나님을 찬송하기 위함이었습니다. 자신에게 새로운 생명과 힘을 주셔서, 앉은뱅이였던 자신을 일으켜 세워 주신 분이 하나님이심을 그는 알고 있었습니다. 그러나 실제로 베드로를 도구 삼아 앉은뱅이 걸인을 일어나게 하신 분은 나사렛 예수 그리스도셨습니다. 어떻게 그것이 가능할 수 있었습니까? 나사렛 예수 그리스도, 그분은 십자가에 못박혀 돌아가셨다가 시신 상태에서 일어나신 성자 하나님이시기 때문이었습니다.

우리는 오늘도 예배를 드리면서 사도신경을 통해 예수님께서 '본디오 빌라도에게 고난을 받으사 십자가에 못박혀 죽으시고, 장사한 지 사흘 만에 죽은 자 가운데서 다시 살아나셨음을 믿는다'고 우리의 신앙을 고백하였습니다. 예수께서 시신이 되셨다가, 시신 상태에서 일어나셨음을 믿는다는 고백입니다. 여러분은 매 예배 때마다 고백하고 있는 사도신경의 이 내용을 정말 믿고 계십니까?

지난달 제 장인어른이 하나님의 부르심을 받았을 때, 국가보훈처에서는 보훈법에 의거하여 국가유공자인 장인어른의 관을 덮는 대형 태극기를 제공해 주었습니다. 20년에 걸친 목회 생활 동안에 제가 얼마나 많은 장례식을 집례하고, 또 얼마나 많은 장례식에 참석했겠습니까? 그러나 나라가 제공하는 대형 태극기로 뒤덮인 관을 제 눈으로 직접 목격한 것은 장인어른의 장례식이 처음이었습니다. 그것은 참으로 가슴 뭉클한 감동을 안겨 주었습니다. 생명을 걸고 국가를 위해 헌신한 사람을 국가가 잊지 않고 기억한다는 의미에서만은 아니었습니다. 국가가 제공한 그 대형 태극기를 통해 부활하신 주님, 시신 가운데서 일어나신 우리 주님께서 주님을 믿는 우리 개개인에게 이미 덮어 주신 생명의 기旗, 영생의 기, 부활의 기를 확인할 수 있었기 때문입니다.

사랑하는 교우 여러분!

2천 년 전 성전 미문 앞에서 앉은뱅이 걸인을 일으키신 주님께서 지금 여기, 우리 가운데 계십니다. 그리고 우리 각자에게 당신의 손을 내미시며 일어나 걸으라고 명령하십니다. 지금 곧 믿음으로 그분의 손을 잡으십시오. 주님께서 당신의 생명과 능력을, 여러분의 발바닥에서부터 복사뼈를 거쳐 위로 솟구쳐 오르게 해주실 것입니다. 그 힘을 의지하여 육체의 모든 연약함으로부터 일어서십시오. 영적 앉은뱅이 상태로부터 일어나십시오. 온갖 실패와 좌절, 불안과 고통, 절망과 공포로부터 일어나십시오. 그리고 외양간에서 나온 송아지처럼 기뻐 뛰며, 주님께서 우리 앞에 활짝 열어 두신 새로운 인생의 미문을 통과하십시오. 우리에게 이 미문을 열어 주시기 위해

2천 년 전 오늘, 주님께서는 사망을 깨뜨리시고 시신의 상태에서 영원히 일어나셨습니다.

우리의 죗값을 대신 치러 주시기 위해 십자가에 못박혀 돌아가셨다가 부활하신 주님! 부활하신 주님께서 우리와 함께 계시기에, 우리는 유한한 이 세상 속에서도 소망을 갖습니다. 시신이셨다가 일어나신 주님께서 과거에도 우리 개개인과 함께 계셨고, 지금도 함께 계시며, 미래에도 함께 하실 것이기에, 죽음마저도 영원한 생명의 미문임을 고백하며 감사드립니다.

이제 우리 모두, 우리 각자를 향해 일어나라 명하시는 주님의 손을 붙잡습니다. 우리의 발바닥에서부터 복사뼈를 거쳐 주님의 생명이, 주님의 능력이, 우리의 온몸으로 솟구쳐 오르게 해주십시오. 그 힘을 의지하여 모든 육체의 연약함에서 일어나게 하옵소서. 영적 앉은뱅이 상태에서 일어나게 하옵소서. 온갖 실패와 좌절, 불안과 고통, 절망과 공포로부터 일어나게 하옵소서. 주님께서 우리 앞에 활짝 열어 두신 새 인생의 미문을 우리 모두 주님과 함께 통과하여, 이 이후로 진정한 부활의 삶을 누리게 하옵소서. 아멘.

6. 붙잡으니

사도행전 3장 11-16절

나은 사람이 베드로와 요한을 **붙잡으니** 모든 백성이 크게 놀라며 달려 나아가 솔로몬의 행각이라 불리우는 행각에 모이거늘 베드로가 이것을 보고 백성에게 말하되 이스라엘 사람들아 이 일을 왜 놀랍게 여기느냐 우리 개인의 권능과 경건으로 이 사람을 걷게 한 것처럼 왜 우리를 주목하느냐 아브라함과 이삭과 야곱의 하나님 곧 우리 조상의 하나님이 그의 종 예수를 영화롭게 하셨느니라 너희가 그를 넘겨주고 빌라도가 놓아주기로 결의한 것을 너희가 그 앞에서 거부하였으니 너희가 거룩하고 의로운 이를 거부하고 도리어 살인한 사람을 놓아주기를 구하여 생명의 주를 죽였도다 그러나 하나님이 죽은 자 가운데서 그를 살리셨으니 우리가 이 일에 증인이라 그 이름을 믿으므로 그 이름이 너희가 보고 아는 이 사람을 성하게 하였나니 예수로 말미암아 난 믿음이 너희 모든 사람 앞에서 이같이 완전히 낫게 하였느니라

2천 년 전, 예루살렘 성전 문들 가운데 가장 아름다운 미문 앞에서였습니다. 평생 그 앞에서 구걸로 연명하던 앉은뱅이 걸인이 자기 앞을 지나치는

베드로와 요한을 발견하고, 평소의 습관대로 희멀건 눈으로 그들을 올려다보며 적선을 요청하였습니다. 이에 앉은뱅이 걸인 앞에 멈추어 선 베드로와 요한은 그를 응시하면서, 자신들을 주목할 것을 요청했습니다. 그러자 앉은뱅이 걸인이 자세를 가다듬고 베드로에게 시선을 집중하였습니다. 앉은뱅이 걸인을 응시하는 베드로의 시선과 베드로에게 집중된 앉은뱅이의 시선이 불꽃을 튀기듯 맞부딪쳤습니다. 그때 베드로가 앉은뱅이 걸인의 눈을 들여다보며 말했습니다.

은과 금은 내게 없거니와 내게 있는 이것을 네게 주노니 나사렛 예수 그리스도의 이름으로 일어나 걸으라(6절).

그와 동시에 베드로는 자신의 오른손을 내밀어 앉은뱅이 걸인의 오른손을 잡아 일으켰습니다. 그 순간 예수 그리스도의 생명과 능력이 앉은뱅이 걸인의 발바닥에서부터 복사뼈를 거쳐 위로 솟구치면서, 마치 눌려졌던 용수철이 튀어 오르듯 그가 벌떡 일어났습니다. 당시 40여 세였던 그가 태어난 이래 처음으로 일어선 것이었습니다. 그것은 일시적인 현상이 아니었습니다. 그는 계속 서 있을 수 있었고, 발을 한 걸음 두 걸음 옮기며 걸을 수도 있었습니다. 그것은 선천성 앉은뱅이였던 그로서는 꿈에서조차 상상치 못한 일이었습니다. 그는 평생 그 앞에 쭈그리고 앉아 구걸만 하던 미문을 자기 발로 통과하여, 성전 안으로 뛰어 들어가며 하나님을 찬송하였습니다. 이 광경을 머릿속에 그려 보면 그려 볼수록 더욱 감동적인 것은, 한 인간의 뒤틀렸던 생명이 예수 그리스도 안에서 치유되고 새롭게 회복되어 새로운 인생의 미문을 통과하였다는 것은 복음의 진수요, 핵심이기 때문입니다.

태어난 지 40여 년 만에 난생처음으로 일어난 그가 성전으로 뛰어 들어가며 하나님을 찬송할 때, 그가 찬송을 단지 입속으로만 우물거렸겠습니까? 아니면 누가 들을세라 낮은 목소리로 속삭이듯 찬송했겠습니까? 결코 아닐 것입니다. 그가 자신의 온몸에 솟구친 주님의 생명과 능력을 의식하며, 자신이 지를 수 있는 가장 큰 목소리로 하나님을 찬양했을 것임은 의심의 여지가 없습니다. 그래서 9절이 이렇게 증거하고 있습니다.

모든 백성이 그 걷는 것과 하나님을 찬송함을 보고.

그때의 시각이 오후 3시, 유대인의 기도 시간이었습니다. 따라서 성전 안은 기도하는 사람들로 만원을 이루고 있었습니다. 그런데 앉은뱅이 상태에서 치유함을 받은 걸인이 얼마나 큰 소리로 하나님을 찬양했던지, 그곳에 모여 있던 사람들의 시선이 모두 그에게로 향하였습니다.

그가 본래 성전 미문에 앉아 구걸하던 사람인 줄 알고 그에게 일어난 일로 인하여 심히 놀랍게 여기며 놀라니라(10절).

기도 시간에 성전이 떠나갈 듯 큰 소리로 찬송을 부른 장본인이 누구인지 확인한 사람들은 모두 깜짝 놀라고 말았습니다. "심히 놀랍게 여기며 놀라니라"로 번역된 본문을 보다 원문에 가깝게 옮기면, '그들은 놀라움과 황홀경으로 가득 찼다'는 말입니다. 그도 그럴 것이 그들 앞에서 지금 걷기도 하고 뛰기도 하며 하나님을 찬송하는 사람은, 조금 전까지만 해도 미문 앞에서 구걸하던 선천성 앉은뱅이였기 때문입니다. 하고한 날 같은 장소에서 구걸하던 그 앉은뱅이가 지금 자신들의 눈앞에 멀쩡하게 서서 하나님을 찬송하고 있으니, 그를 바라보는 사람들이 놀람과 동시에 신비스런 황홀경에 사로잡히게 된 것은 조금도 이상한 일이 아니었습니다. 그리고 그들은 누가 먼저랄 것도 없이 마음속에 똑같은 질문을 품게 되었습니다. 도대체 날 때부터 앉은뱅이였던 그가 어떻게 저렇듯 멀쩡해질 수 있느냐는 것이었습니다. 이것은 너무나 당연한 질문이었습니다. 만약 우리가 늘 보아 오던 앉은뱅이가 어느 날 갑자기, 내가 언제 앉은뱅이였느냐는 듯이 활개 치고 다닌다면 우리 역시 똑같은 질문을 제기할 것입니다.

이 질문과 관련하여 오늘의 본문 11절이 이렇게 시작되고 있습니다.

> 나은 사람이 베드로와 요한을 붙잡으니.

'나은 사람'이란 조금 전까지 미문 앞에서 구걸하던 앉은뱅이였습니다. 그가 자기 앞에 있는 베드로와 요한을 붙잡았습니다. 우리말 '붙잡다'로 번역된 헬라어 '크라테오 $\kappa\rho\alpha\tau\acute{\epsilon}\omega$'는 '붙들어 매다'라는 뜻과 함께 '어깨에 매달리다', '등에 기대다', '등을 껴안다'라는 의미를 지니고 있습니다. 그렇다면 우리는 본문의 장면을 머릿속에 그려 볼 수 있습니다.

베드로가 '나사렛 예수 그리스도의 이름으로 일어나 걸으라'는 명령과 함께 앉은뱅이의 손을 잡아 일으키는 순간, 용수철처럼 벌떡 일어선 앉은뱅이가 자기 발로 미문을 통과하여 성전 안으로 뛰어 들어가며 있는 힘을 다해 하나님을 찬송하였습니다. 한동안에 걸친, 도저히 주체할 수 없는 감격의 순간이 지난 뒤 정신을 차렸을 때, 그는 성전 안에 모인 사람들이 모두 자신을 주시하고 있음을 뒤늦게 알았습니다. 그들은 한결같이 놀라움과 경이에 찬 눈으로 자신을 쳐다보며, 대체 어떻게 이런 일이 가능할 수 있느냐는 표정을 짓고 있었습니다. 이에 나음을 입은 걸인은 베드로와 요한에게 다가가, 그 두 사도를 등 뒤에서 매어 달리듯 꼭 껴안았습니다. 바로 이 사람들에 의해, 이들이 전해 준 예수 그리스도에 의해 자신이 치유되었다는 답변이요 간증인 셈이었습니다. 걸인의 그와 같은 행동으로 인해 모든 사람들의 시선은 베드로와 요한에게로 옮겨 갔고, 베드로는 그들에게 예수 그리스도의 복음을 아주 자연스럽게 전달할 수 있었습니다. 이와 관련하여서는 다음 시간에 살펴보도록 하겠습니다. 이 시간에 우리가 천착하고자 하는 것은 나음을 입은 걸인과 두 사도의 관계입니다.

나음을 입은 걸인이 베드로와 요한의 등 뒤에서 매어 달리듯 그들을 꼭 껴안고 있는 장면은 상상해 보는 것만으로도 가슴이 뭉클해집니다. 그것은 부모가 사랑하는 자식을 등에 업고 있는 것과 같은 형국입니다. 그때 두 사도의 어깨에 매어 달리는 듯 그들을 껴안고 있는 걸인의 마음속 깊은 곳으로부터 두 사도에 대한 감사가 얼마나 뜨겁게 끓어올랐겠습니까? 그 두 사람이 아니었던들 평생 앉은뱅이로 절망적인 삶을 살 수밖에 없었던 자신의 처지를 되돌아보며, 두 사도의 등을 껴안고 있는 그가 어쩌면 흐느껴 울었는지도 모릅니다. 어찌 그뿐이겠습니까? 두 사도의 감격은 또 얼마나 컸겠습니까? 그들은 매어 달리듯 자신들의 등을 껴안고 있는 걸인의 체온과 숨결을 온몸으로 느끼며 하나님께 깊이 감사드렸을 것입니다.

베드로나 요한에겐, 그들의 고백대로 은이나 금이 없었습니다. 사회적으로 내세울 만한 학력이나 경력이 있는 것도 아니었습니다. 그런데도 그들이 어떻게 이렇듯 절망 속에 빠져 있던 한 인간의 인생을 능히 버텨 주고 의지가 되어 줄 수 있을 만큼 넉넉한 등을 지닐 수 있었겠습니까? 두말할 것도 없이 그들 자신이 예수 그리스도를 붙잡고 사는 사람, 예수 그리스도에게 매달린 사람, 다시 말해 예수 그리스도를 껴안고 살아가는 사람들이었기 때문입니다. 베드로와 요한이 길이요 진리요 생명이신 예수 그리스도를 붙잡고 살아갈 때, 그들을 붙잡고 그들에게 매어 달린 사람은 불의나 악을 추구하는 사람이 아니었습니다. 뒤틀린 생명으로 인해, 참되고 바른 생명에 주리고 목말라하던 앉은뱅이였습니다. 만약 베드로와 요한이 예수 그리스도가 아니라 불의와 악에 자신들을 붙들어 매고 살아가는 사람이었을지라도, 그날 앉은뱅이 걸인이 그들의 등을 매달리듯 끌어안았겠습니까? 그런 일은 절대로 없었을 것입니다. 그 경우 누군가가 그들에게 매달렸다면, 그 사람 역시 불의와 악을 추구하는 사람이었을 것입니다.

모든 인간은 손을 뻗어 누군가를 붙잡고 의지하며 살아가는 동시에, 또 누군가에게 붙잡혀 그의 의지가 되어 주면서 살고 있습니다. 중요한 것은 내가 손을 내밀어 무엇을, 혹은 누구를 붙잡고 또 의지하고 있느냐에 따라, 나를 붙잡고 의지하는 사람의 부류가 결정된다는 사실입니다. 욕망에 사로잡힌 사람은 욕망에 빠진 사람을 붙잡는 법이요, 또한 욕망의 노예 된 사람들의 의지가 됩니다. 쾌락을 추구하는 사람은 더 큰 쾌락의 사람을 붙잡고, 쾌락의 사람에 의해 붙잡힘을 당합니다. 불의한 사람은 불의한 사람에게 매달리고, 불의한 사람에 의해 껴안깁니다. 거짓된 사람은 거짓된 사람을 선호하고, 또 거짓된 사람의 필요가 됩니다. 두 팔을 벌려 진리요 생명이신 예수 그리스도를 껴안는 사람은, 진리와 생명을 사랑하는 사람의 포옹을 받게 됩니다.

열흘 전(4월 13일) 서울서부지법 형사11부는 초등학생을 성폭행하려다 살해한 혐의로 구속 기소된 53세의 김 모 씨에게 무기징역을, 그리고 사체 유기를 도운 그의 아들에게 징역 3년을 각각 선고하였습니다. 주범 김 씨는 지난 2월 17일 저녁 7시경, 서울 용산구 용문동 소재의 자기 가게 앞을 지나가던

11세의 초등학교 여학생을 자신의 가게 안으로 끌어들였습니다. 그러고는 그 어린 초등학생을 성폭행하려 하였습니다. 53세의 나이에 손녀뻘인 11세 아이를 성폭행하려 했으니, 그는 짐승보다 못한 인간임에 틀림없습니다. 더욱 끔찍한 것은, 11세 소녀가 완강하게 반항하자 흉기로 소녀를 살해해 버렸다는 것입니다. 그리고 26세 된 자신의 아들을 종범으로 끌어들여 소녀의 시체를 불태워 유기하는 만행을 저질렀습니다. 이들에 대해 검찰은 주범에게는 사형, 종범인 아들에게는 5년 형을 구형하였습니다. 그러나 재판부는 주범과 종범인 아버지와 아들이 자신들의 죄를 깊이 뉘우치고 있다는 이유로 아버지에게는 사형 대신 무기징역을, 아들에게는 3년 형을 선고하였습니다. 이에 대해 살해당한 소녀의 친척들과 여성 단체는 대체 두 달 만에 무엇을 얼마나 반성했다고 무기징역이냐며, 재판부가 주범에게 사형을 선고하지 않은 데 대하여 반발하고 있어 향후 고등법원에서의 귀추가 주목되고 있습니다.

앞으로 재판이 어떻게 진행되든 상관없이 아무 죄 없는 11세 소녀를 성폭행하려다 살해한 주범은 아버지요, 소녀의 시체를 불태워 유기한 종범은 아들이란 그 자체만으로도 그들은 세상에서 가장 악하고, 가장 불쌍하고, 가장 불행한 부자지간이라 부르기에 충분합니다.

여기에서 우리가 깊이 생각해 보아야 할 것이 있습니다. 11세 소녀를 성폭행하려다 미수에 그치고 살인까지 저지른 주범 아버지가, 소녀의 시체를 유기하기 위하여 누군가의 도움을 필요로 했습니다. 그때, 만약 20대의 아들이 평소 정의로운 청년이었다면 과연 아버지가 그 아들의 도움을 청했겠습니까? 그 아들이 불의와는 타협하지 않는 강직한 청년이었더라도, 그 아버지가 그의 아들을 불러 감히 함께 시체를 불태울 생각을 했겠습니까? 결국 아버지가 그 반인륜적인 만행에 아들을 개입시킨 것은, 아들이 투덜거릴망정 결국은 자신을 도와줄 만큼 아들의 악함을 아버지가 알고 또 믿었기 때문이 아니겠습니까?

이번에는 아들의 입장에서 생각해 보십시다. 아들이 아버지의 다급한 연락을 받고 영문도 모른 채 아버지께 달려갔습니다. 가서 보니, 아버지가 살인을 저지른 후였습니다. 조국을 위해서라거나, 정의를 위해서가 아니었습니다. 금수같이 욕정에 눈이 멀어, 11세 된 어린 소녀를 성폭행하려다 뜻대로 되지 않자 살해한 것이었습니다. 그때 아들이 참되고 바른 심성의 청년이었다면, 그저 툴툴거리기만 하면서 아버지를 도와 시체를 불태우고 유기했겠습니까? 결코 그렇게 하지 않았을 것입니다. 그 청년이 바른 심성의 소유자였다면, 아버지 앞에 무릎을 꿇고 눈물로 아버지를 설득시켜 자수시켰을 것입니다. 그러나 아들은 아버지의 종범이 되는 길을 스스로 선택하고 말았습니다. 결국 악함 그 자체에 관한 한, 그 아버지와 아들 사이에는 아무런 차이가 없었습니다. 그들은 서로 악을 붙잡고 추구하면서, 서로 기대어 의지하는 가운데 악한 인생을 함께 나누어 진 악의 관계를 이루고 있었습니다.

그렇다면 우리의 경우는 어떠합니까? 우리를 붙잡고 우리를 의지하며 우리의 등에 기대어 인생을 함께 나누기 원하는 사람들은 과연 누구입니까? 그것을 알아보기 위해 뒤를 돌아볼 필요는 없습니다. 우리의 앞을 보면 됩니다. 우리가 지금 손을 내밀어 붙잡고 있는 것이 무엇이냐에 따라 우리를 붙잡고 우리에게 기대어 있는 사람이 누구인지는 절로 결정되기 때문입니다.

사람은 자기 자신을 치장하는 데 적지 않은 시간과 물질을 투자합니다. 여자가 화장을 하는 것이나 남자가 면도를 하는 것, 운동으로 몸매를 가다듬고 새 옷을 차려입는 것은 모두 자기를 가꾸기 위함입니다. 그러나 곰곰이 생각해 보면 인간의 치장은 모두 인간의 앞면에 국한된 것입니다. 하나님께서는 인간이 자기 등 뒤를 치장하고 싶어도 자기 손으로는 치장할 수 없도록 인간을 만드셨습니다. 등은 보이지도 않을뿐더러 손이 제대로 닿지도 않습니다. 그래서 사람의 참모습은 앞이 아니라 등을 통해 드러납니다. 세기의 살인마 히틀러가 겉으로는 웃고 있었지만 그것은 단지 꾸며진 위장일 뿐, 등 뒤로는 인류를 향한 비수를 숨기고 있었습니다. 꾸미고 위장할 수 있는 앞을 보아서는 사람의 실체를 알기 어렵습니다. 한 인간의 참모습은 언제나 인간이 꾸밀 수 없는 등 뒤에 서려 있습니다.

앞으로는 화려하기 그지없지만, 등 뒤는 뭔가 부족하고 허전해 보이는 사람이 있습니다. 앞으로는 한없이 다정다감해 보이지만, 등 뒤에는 찬바람이 일어 다가가기 민망한 사람도 있습니다. 당당한 체격임에도 앞으로 보나 뒤로 보나 신중함이 결여된 모습이, 문자 그대로 '어깨'로만 보이는 사람도 있습니다. 그런가 하면 앞으로는 전혀 볼품없지만 뒷등만은 어머니의 등처럼 더없이 넓고 포근해 보여, 그냥 달려가 기대거나 매달리고 싶은 사람도 있습니다. 베드로와 요한은 이 경우의 사람이었습니다.

베드로와 요한의 앞모습을 상상해 보십시오. 그들은 가난에 찌든 갈릴리의 어부들이었습니다. 태양에 그을려 새카맣고 깡마른 얼굴에 볼품없는 옷매무새의 초라한 그들의 모습이 눈에 선하지 않습니까? 그런데도 그들은 앉은뱅이였던 본문의 걸인이 매달리듯 껴안을 만큼 넉넉하고도 포근한 등을 지니고 있었습니다.

그것이 가능했던 것은 이미 언급한 바와 같이, 그들이 손을 내밀어 예수 그리스도를 붙잡고, 예수 그리스도를 의지하고, 예수 그리스도께 매달려, 예수 그리스도를 껴안고 살아가는 사람들이었기 때문입니다. 예수 그리스도가 누구십니까? 인간의 죄짐을 대신 져주시기 위해 십자가를 지신 분이십니다. 주님께서 십자가를 손이나 가슴으로 지셨습니까? 아닙니다. 당신의 등으로 십자가를 지시고 골고다로 향하셨습니다. 주님의 등이야말로 세례 요한의 표현처럼 세상 모든 인간의 죄를 지신(요 1:29), 우주보다 더 크고도 넓은 등이었습니다. 주님께서 수고하고 무거운 인생의 짐을 지고 가는 모든 사람을 향해 당신께 나아와 쉼을 얻으라고 초청하시는 것은, 주님의 등이 세상 모든 사람의 인생을 지고도 남을 만큼 넉넉하기 때문입니다.

지금 베드로와 요한은 손을 내밀어 주님의 그 큰 등을 붙잡고 있습니다. 주님의 그 넓은 등에 자신들을 온전히 의탁하고 있습니다. 그렇다면 주님께 매달려 주님을 의지하고 있는 그들의 등이 주님 안에서, 어찌 세상 사람의 인생을 함께 져주는 포근한 주님의 등으로 쓰임 받지 않겠습니까? 그래서 앉은뱅이였던 본문 속 걸인뿐만 아니라 이 이후로, 진리와 생명에 목말라 하는 수많은 사람들이 그들에게 기대고 의지할 정도로 그들의 등은 주님 안에서 넉넉하기만 했습니다. 갈릴리의 어부에 지나지 않는 그들만으로는 전혀 불가능한 일이었지만, 그들이 꼭 껴안고 있는 예수 그리스도로 인해 예수 그리스도 안에서 가능한 일이었습니다.

사랑하는 교우 여러분!

우리 육체의 일부분인 손은 유한하다는 사실을 잊지 마십시오. 불과 몇십 년 후면 우리의 손은 형체도 없이 사라져 버리고 말 것입니다. 썩어 문드러질 손으로 썩어 없어질 것을 일평생 붙잡고 살아간다면, 그보다 더 어리석은 짓이 어디에 있겠습니까? 썩어 문드러질 손으로 욕망을 붙잡고 불의에 매달리다가 하나님의 영원한 형벌을 자초한다면, 그보다 더 미련한 사람이 어디 있겠습니까? 우리의 이 손이 쇠하기 전에, 이 손이 썩어 없어지기 전에, 우리 앞에 계신 예수 그리스도를 굳게 붙잡으십시다. 그분의 생명을 의지하여, 그분의 진리에 매달리십시다. 그분의 말씀을 우리의 온 중심으로 감싸 안으십시다. 그때 우리의 등은, 생명과 진리에 목말라하는 숱한 앉은뱅이의 인생을 버텨 주는 넉넉한 주님의 등으로 승화될 것이요, 그 결과로 우리는 이 세상에 태어난 진정한 보람을 누리게 될 것입니다.

누가 주님 앞에서 진정한 부자입니까? 생명과 진리에 주리고 목마른 사람들이 붙들고 기대고 껴안기를 원하는 사람입니다. 하나님께서 가장 귀하게 여기시는 것이 사람의 생명이기 때문입니다. 이런 의미에서 본문의 앉은뱅이가 매달리듯 껴안았던 베드로와 요한이야말로, 시간과 공간을 초월한 영원한 부자입니다.

오늘도 우리를 불러 주시고, 지금 우리가 어떤 사람들의 필요와 의지가 되고 있으며, 또 우리가 우리의 두 손으로 무엇을 붙잡고 있는지를 성찰케 해주심을 감사드립니다.

머지않아 형체도 없이 썩어 문드러질 우리의 손으로, 썩어 없어질 것을 붙잡는 어리석음을 범치 않게 도와주옵소서. 오직 영원하신 주님만을 붙잡게 하옵소서. 우리의 두 팔을 벌려, 길이요 진리요 생명이신 예수 그리스도를 껴안는 사람이 되게 하여 주옵소서. 그리하여 진리와 생명에 주리고 목말라하는, 수많은 앉은뱅이들의 인생을 함께 져주기에 넉넉한 등을 지닌, 진정한 부자로 살아가게 하여 주옵소서.

나의 참모습은 앞이 아니라 언제나 등으로 드러나며, 나의 등은 오직 말씀 안에서 주님을 껴안음으로써만 생명과 진리의 초장으로 가꾸어질 수 있음을 잊지 말게 하옵소서. 아멘.

7. 솔로몬의 행각

사도행전 3장 11-16절

나은 사람이 베드로와 요한을 붙잡으니 모든 백성이 크게 놀라며 달려 나아가 **솔로몬의 행각**이라 불리우는 행각에 모이거늘 베드로가 이것을 보고 백성에게 말하되 이스라엘 사람들아 이 일을 왜 놀랍게 여기느냐 우리 개인의 권능과 경건으로 이 사람을 걷게 한 것처럼 왜 우리를 주목하느냐 아브라함과 이삭과 야곱의 하나님 곧 우리 조상의 하나님이 그의 종 예수를 영화롭게 하셨느니라 너희가 그를 넘겨주고 빌라도가 놓아주기로 결의한 것을 너희가 그 앞에서 거부하였으니 너희가 거룩하고 의로운 이를 거부하고 도리어 살인한 사람을 놓아주기를 구하여 생명의 주를 죽였도다 그러나 하나님이 죽은 자 가운데서 그를 살리셨으니 우리가 이 일에 증인이라 그 이름을 믿으므로 그 이름이 너희가 보고 아는 이 사람을 성하게 하였나니 예수로 말미암아 난 믿음이 너희 모든 사람 앞에서 이같이 완전히 낫게 하였느니라

정보통신의 발달은, 우리로 하여금 지구 반대편에서 일어난 열차 사고 소식까지 접하게 하고 있습니다. 우리는 우리가 알 필요도, 알 까닭도 없는 정

보의 홍수 속에서 살고 있는 셈입니다. 그러나 그 가운데에는 우리에게 깊은 생각거리를 제공해 주는 것들도 물론 적지 않습니다. 지난 한 주간 동안 국내외에서 쏟아진 수많은 기사 중에 제 시선을 사로잡은 두 기사가 있었습니다.

첫 번째 기사는 미국 보스턴의 억만장자, 도너번Donovan 일가가 벌이고 있는 재산 싸움과 관련된 보도입니다. 보스턴의 유명 컨설팅 회사인 CEE사의 존 도너번 사장은 매사추세츠 공대MIT 교수 출신이고, 아버지와 재산 싸움을 벌이고 있는 다섯 자녀를 대표하는 장남 제임스 도너번은 하버드 대학 법대를 졸업한 최고 엘리트로 현재 세계적인 금융기관의 중역으로 일하고 있습니다. 이를테면 도너번 일가는 미국 동부의 전형적인 엘리트 가문인 셈입니다. 단란했던 도너번 일가가 진흙탕 싸움을 시작한 것은 아버지 도너번이 셋째 부인을 얻고 난 이후였습니다. 아버지의 재산이 송두리째 아버지의 셋째 부인에게 넘어갈 것을 우려한 첫째 부인의 다섯 자녀들이 똘똘 뭉쳐 아버지와 재산 다툼을 시작한 것입니다. 단순한 법정 송사 정도가 아니라 성폭행과 모함, 심지어 살인 협박까지 동원되어 마치 범죄 집단 간의 이전투구를 연상케 합니다. 그래서 미국 언론은 "케네디 일가를 꿈꾼 엘리트 가문의 몰락"이라며 증오와 탐욕에 얽힌 이들의 싸움을 연일 대서특필하고 있습니다.

그러나 이런 재산 싸움은 우리가 그동안 익히 보아 왔던 터라 새삼 놀랄 내용도 아닙니다. 그런데도 이 기사가 제 시선을 사로잡은 것은 기사의 마지막 문구 때문이었습니다. 그 내용은 다음과 같습니다.

도너번 일가의 오랜 친구인 폴 매커보이 전 예일대 학장은 "도너번 일가는 주일마다 교회를 찾았던 행복했던 가족"이었다며, "그들이 재산 문제로 싸우게 된 것은 비극 중의 비극"이라며 안타까워했다.

지금 돈 앞에서 원수처럼 싸우는 그들은 주일마다 교회를 찾아 예배드리던 그리스도인들이었습니다. 아버지나 자식, 어느 한쪽만 교회에 다닌 것이 아닙니다. 자식들 가운데 한두 명만 그리스도인이었던 것도 아닙니다. 그들 여섯 식구는 주일이면 모두 교회를 찾던 그리스도인들이었습니다. 그래서 그 기사를 접한 저는 반문하지 않을 수 없었습니다. 지금 아버지와 자식 간에 처절한 재산 다툼을 벌이고 있는 그들에게 믿음이란 과연 무엇이었을까? 주일마다 그들은 무슨 목적으로 교회를 찾았을까? 단순히 사교를 위함이었을까? 자기만족이나 자기 과시를 위함이었을까? 그것도 아니라면 그저 부적 삼아 교회에 한 발을 걸친 것이었을까? 그들에게 예수 그리스도는 누구였고, 그들에게 예배의 의미는 과연 무엇이었을까? 참으로 많은 것을 생각해 보지 않을 수 없었습니다.

지난 한 주간 동안 제 시선을 사로잡은 두 번째 기사는, 서울 서북부 지역의 연쇄 성폭행범 검거와 관련된 내용이었습니다. 경찰들 사이에서 일명 '마포 발바리'로 불리던 올해 31세의 범인은 작년 1월부터 시작하여 15개월 동안, 13세 어린이부터 46세 여성에 이르기까지 총 13명의 여성을 성폭행하고 1건의 절도 행각을 벌인 혐의로 지난 수요일(4월 26일)에 구속되었습니다. 그러나 구속된 범인의 진술에 의하면, 그는 경찰이 파악한 범행 이외에 1건의 성폭행, 2건의 강도, 7건의 절도행각을 더 벌였던 것으로 알려졌습니다. 현재까지 밝혀진 것만으로도 15개월 동안 무려 24건의 범죄를 저지른 것입니다. 한 달 평균 거의 두 번꼴로 범죄를 저지른 셈입니다. 그 인면수심의 젊은이 이름이, 성만 다를 뿐 제 이름과 똑같은 '재철'이었습니다. 그렇다고 그 기사가 제 관심을 끈 이유가 범인의 이름이 저와 같았기 때문인 것은 아닙니다. 그것은 구속된 범인의 진술 내용 때문이었습니다. 그는 경찰에서, 지난 15개월 동안 "붙잡힐까 봐 불안하여 매일 성당을 찾아 붙잡히지 않도록 기도하였다"고 진술한 것으로 보도되었습니다. 보름에 한 번꼴로 짐승보다 못한 짓을 저지른 흉악범이 하루도 거르지 않고 성당을 찾아 기도했다는 것입니다.

그렇다면 그에게 성당은 무엇을 위한 장소였으며, 기도의 의미는 무엇이었을까? 그는 대체 누구에게, 왜 기도했을까? 만약 그가 그 매일의 기도를 통해 실낱같은 평안이라도 느꼈다면, 그 평안은 과연 누구로부터 온 것일까? 외부로부터인가, 아니면 자기 자신으로부터인가? 그 기사 역시 저로 하여금 이렇듯 많은 것을 생각게 했습니다.

그리스도인이란 길이요 진리요 생명이신 예수 그리스도를 닮아 가는 사람을 일컫습니다. 그리스도를 닮지 않는 사람이라면 그리스도의 이름을 붙여 그리스도인이라 불릴 까닭이 없습니다. 그리스도인은 예수 그리스도를 자기 삶의 주인으로 믿고 모신 사람이요, 예수 그리스도를 자기 생의 주인으로 모시고 살다 보면 모든 면에 걸쳐 주인이신 예수 그리스도를 닮기 마련입니다. 그리스도인이 교회를 다니는 목적이 여기에 있고, 기도하는 까닭 또한 여기에 있습니다. 날이 갈수록 더욱 예수 그리스도를 닮아, 예수 그리스도처럼 이 세상을 살아가기 위함입니다. 그 길만이 단 한 번밖에 없는 인생을 영원으로 승화시키는 유일한 길이기 때문임은 두말할 나위도 없습니다.

만약 도너번 일가가 이 사실을 알았더라면, 그들이 예수 그리스도를 닮기 위해 매주일 교회를 찾아 예배드렸다면, 그래도 지금처럼 아버지와 자식 간에 이전투구의 재산 다툼이 벌어지고 있겠습니까? 결코 그렇지 않을 것입니다. 그들은 미국 엘리트 명문가답게 자신들이 지닌 화려한 학력과 경력, 그리고 막대한 재산을 도구 삼아 이 세상을 밝히는 진리의 등불로 아름다운 그리스도인의 삶을 살고 있을 것입니다. 일명 '마포 발바리'로 불리던 그 성폭행범이 날마다 성당을 찾아 기도할 때, 성당에서 기도하는 참된 목적이 어디에 있는지 알고 기도했더라도 똑같은 결과가 초래되었겠습니까? 아닐 것입니다. 예수 그리스도의 도우심 속에서 예수 그리스도를 닮아 가는 바른 삶을 위해 매일 기도했던들, 그의 삶은 벌써 새로워져 있을 것입니다.

예수님께서는, 2천 년 전 인간의 모습으로 이 땅에 오신 당신이 하나님께서 보내신 그리스도, 곧 성자 하나님이신 증거를 친히 다음과 같이 밝히셨습니다.

> 내게는 요한의 증거보다 더 큰 증거가 있으니 아버지께서 내게 주사 이루게 하시는 역사 곧 내가 하는 그 역사가 아버지께서 나를 보내신 것을 나를 위하여 증언하는 것이요 또한 나를 보내신 아버지께서 친히 나를 위하여 증언하셨느니라(요 5:36-37상).

2천 년 전 인간의 모습으로 이 땅에 오셨던 예수님께서 성자 하나님이시라는 증거는 한마디로, 하나님의 역사를 이루어 가는 당신의 삶이었습니다. 그렇지 않습니까? 그분의 삶보다도, 그분께서 그리스도시요 하나님의 아들이시라는 더 확실하고 더 뚜렷한 증거는 있을 수 없습니다.

그렇다면 우리가 그리스도인이란 증거 역시 예수 그리스도를 닮고 좇는 우리의 삶으로 확인되지 않겠습니까? 우리의 그리스도인 됨을 우리의 삶으로 증거하지 못하거나 않으려 할 경우 서두에 언급한, 매주일 교회를 찾아 예배드렸던 도너번 일가와 매일 성당에서 기도했던 흉악범과 우리 사이에 대체 무슨 차이가 있을 수 있겠습니까? 삼위일체 하나님을 믿지 않으면 모를까, 믿은 이상 그렇게 허망한 신앙생활을 할 수는 없지 않겠습니까?

성전 미문 앞에서 구걸하던, 날 때부터 앉은뱅이였던 걸인의 눈을 들여다 보며 베드로가 말했습니다.

은과 금은 내게 없거니와 내게 있는 이것을 네게 주노니 나사렛 예수 그리스도의 이름으로 일어나 걸으라(행 3:6).

그리고 베드로는 자신의 오른손을 내밀어 앉은뱅이 걸인의 오른손을 잡아 일으켰습니다. 그와 동시에 예수 그리스도의 생명과 능력이 앉은뱅이 걸인의 발바닥에서부터 복사뼈를 거쳐 온몸으로 솟구치면서, 마치 눌려 있던 용수철이 튀어 오르듯 걸인이 벌떡 일어났습니다. 40여 년 동안 단 한 번도 일어서 본 적이 없는 앉은뱅이에게 상상치도 못할 일이 일어난 것입니다. 그는 꿈에만 그리던 미문을 자기 발로 통과하여 성전 안으로 뛰어 들어가며 하나님을 찬송하였습니다. 그의 찬송 소리가 얼마나 컸던지, 성전 안에서 기도하던 사람들의 시선이 일제히 걸인에게 집중되었습니다. 그리고 그들은 모두 깜짝 놀랐습니다. 성전이 떠나갈 듯 찬송을 부른 당사자가 조금 전까지 미문 앞에서 구걸하던, 선천성 앉은뱅이였던 걸인이었기 때문입니다. 그들은 일제히 경이와 경탄의 표정과 함께, 대체 이런 일이 어떻게 가능할 수 있느냐는 표정을 짓고 있었습니다. 이에 나음을 입은 걸인이 베드로와 요한에게 다가가, 매어 달리듯 두 사람의 등을 가만히 끌어안았습니다. 이 두 사람으로 인해, 아니 이들이 전한 예수 그리스도로 인해 자신이 멀쩡하게 회복되었다는 답변인 동시에 간증이었습니다. 그와 같은 걸인의 행동은 모든 사람의 시선이 베드로와 요한에게 옮겨 가게 하기에 충분했습니다. 그 이후의 일을 본문 11-12절이 전해 주고 있습니다.

나은 사람이 베드로와 요한을 붙잡으니 모든 백성이 크게 놀라며 달려 나아가 솔로몬의 행각이라 불리우는 행각에 모이거늘 베드로가 이것을 보고 백성에게 말하되 이스라엘 사람들아 이 일을 왜 놀랍게 여기느냐 우리 개인의 권능과 경건으로 이 사람을 걷게 한 것처럼 왜 우리를 주목하느냐.

누가 먼저 주도했는지는 알 수 없지만, 사람들과 두 사도는 함께 예루살렘 성전 바깥마당 동편에 위치한 솔로몬 행각으로 몰려갔습니다. 사람들은 앉은뱅이였던 걸인이 끌어안은 베드로로부터 대체 어떻게 된 일인지 자초지종을 듣기 위함이었고, 베드로는 그들에게 예수 그리스도의 복음을 전하기 위함이었습니다. 행각行閣이란 좌우의 기둥과 지붕만 있고 벽이 없는 회랑回廊의 구조를 의미합니다. 지붕은 있지만 벽이 없어, 행각은 그 자체로 좋은 연단演壇이 되었습니다. 그래서 성전에서 무슨 일이 있을 때마다 사람들은 행각으로 모여들었고, 특별히 자신의 의사를 피력하기 원하는 사람은 행각에서 열변을 토하곤 하였습니다. 그러므로 선천성 앉은뱅이가 멀쩡하게 일어선 그날 역시, 사람들이 평소와 같이 솔로몬의 행각으로 모여든 것은 조금도 이상한 일이 아니었습니다.

사람들은 모두 베드로를 경의에 찬 눈으로 바라보았습니다. 솔로몬 행각에 선 베드로는 그 군중을 향해, 앉은뱅이 걸인이 치유된 것은 자신의 권능이나 경건으로 인함이 아니라 예수 그리스도께서 행하신 일임을 외치기 시작했습니다.

솔로몬 행각에서 예수 그리스도를 전하는 베드로—우리는 그 베드로의 모습 속에서 예수 그리스도를 만나게 됩니다. 요한복음 10장 22-23절은 예수님께서 이 땅에 계실 때에 바로 그 솔로몬 행각에서 말씀을 전하셨음을 밝혀 주고 있습니다. 그때는 예루살렘 성전의 재건을 기념하는 수전절修殿節이었습니다. 수전절은 계절적으로 겨울이 시작되는 동짓날입니다. 예루살렘의 동짓날은 때맞추어 유대 광야로부터 불어오는 한파로 인해 추위가 뼛속까지 파고드는 매서운 날씨입니다. 그 매섭게 추운 겨울날, 주님께서는 사방 벽이 터져 있어 찬바람이 여지없이 몰아치는 솔로몬 행각에서 진리를 설파하셨습니다.

> 내 양은 내 음성을 들으며 나는 그들을 알며 그들은 나를 따르느니라 내가 그들에게 영생을 주노니 영원히 멸망하지 아니할 것이요 또 그들을 내 손에서 빼앗을 자가 없느니라 그들을 주신 내 아버지는 만물보다 크시매 아무도 아버지 손에서 빼앗을 수 없느니라 나와 아버지는 하나이니라(요 10:27-30).

주님께서 추위에도 아랑곳없이, 만물보다 더 크신 하나님을 외치시던 그 현장에는 물론 베드로도 있었습니다. 그러나 그때만 해도 베드로는 주님이 누구신지 정확히 알지 못하고 있었습니다. 성자 하나님이신 주님을 온전히 믿기보다는, 주님의 능력을 이용하여 성취하고픈 자신의 욕망을 더 의지하고 있었습니다. 따라서 주님께서 그 추운 겨울날, 솔로몬 행각에서 전하시던 말씀이 그의 귀에 온전히 들렸을 리가 만무합니다. 그저 추위에 떨면서 주님의 말씀이 속히 끝나기만을 고대했을 것입니다. 만약 베드로가 그날 "내 아버지는 만물보다 크시매 아무도 아버지 손에서 빼앗을 수 없다"는 주님의 말씀을 경청하고 마음속에 새겼던들, 주님께서 못박히시는 가장 결정적인 순간에 주님을 배신하고 도망가는 어리석음을 범치는 않았을 것입니다.

그런데 오늘 본문 속의 베드로는 예수님께서 서 계시던 바로 그 솔로몬 행각에 서 있습니다. 그리고 주님께서 설교하신 그 행각에서 이렇게 외치고 있습니다.

그 이름을 믿으므로 그 이름이 너희가 보고 아는 이 사람을 성하게 하였나니 예수로 말미암아 난 믿음이 너희 모든 사람 앞에서 이같이 완전히 낫게 하였느니라(16절).

솔로몬 행각에서 예수 그리스도를 소리쳐 전파하는 베드로는, 더 이상 자기 욕망을 위해 예수 그리스도를 이용하거나 배신하던 베드로가 아니었습니다. 그는 어느덧 예수 그리스도를 닮은 진정한 그리스도인이 되어 있었습니다. 그리고 자신이 예수 그리스도만 좇는 그리스도인임을 솔로몬 행각에서 자신의 삶으로 증언한 것입니다. 이렇듯 예수 그리스도를 닮은 베드로를 통해 예수 그리스도께서 인류의 역사에 새로운 미문을 여신 것은 너무나도 당연한 일이 아니겠습니까?

오늘 본문의 관점에서 우리는 교회를 솔로몬의 행각이라 정의할 수 있습니다. 베드로가 솔로몬 행각에서 자신이 예수 그리스도를 닮은 그리스도인임을 자신의 삶으로 스스로 증거했듯이, 교회는 그리스도인들이 예수 그리스도 닮기를 훈련하는 곳이요, 또 자신이 예수 그리스도를 닮은 그리스도인임을 스스로 증거하는 사람들의 모임이 교회라는 의미에서입니다. 우리가 우리 자신을 가장 거룩하게 구별할 수 있는 교회에서조차 주님을 닮으려 하지 않을 경우, 교회 밖 일상생활 속에서 어떻게 참된 그리스도인으로 살아갈 수 있겠습니까?

우리가 그리스도를 닮은 그리스도인이 된다는 것은, 이기적이고도 자기중심적으로 살던 우리가 우리를 살리시기 위해 자기 몸을 버리신 예수 그리스도 안에서 예수 그리스도를 본받아 이타적인 삶을 사는 것을 의미합니다. 오늘도 우리가 이렇듯 은혜로운 예배를 드릴 수 있는 것은 자신을 생각지 않고 이곳 양화진을 솔로몬의 행각으로 삼은 수많은 교우님들의 헌신의 결과입니다. 오늘 하루만 하더라도 예배 시작 두 시간 전부터 지하실과 1, 2, 3층 예배실에 보조의자를 깔면서 여러분이 앉을 좌석을 미리 정돈한 봉사자들이 있었습니다. 예배 시작 두 시간 전부터, 이제 예배가 끝난 뒤 여러분이 드실 다과를 준비한 봉사자들이 있었습니다. 주차요원으로, 안내위원으로, 계수위원으로, 성가대원으로, 교회학교 교사로 수많은 분들의 헌신이 있었고 이 시간 현재 계속되고 있습니다. 그러나 이것은 비단 주일인 오늘에만 국한된 이야기가 아닙니다.

　매주 토요일 오후면 예배당으로 나와 몇 시간씩 청소하는 교우님들이 있습니다. 여러분들이 보다 쾌적한 분위기에서 주일예배드릴 수 있도록 매주 토요일 오후를 반납한 분들입니다. 카펫 보호용 덮개와 교회학교용 방석을 제작하기 위해 아예 재봉틀을 교회에 가져다 놓고, 며칠씩 재봉틀을 돌리는 봉사자들이 있습니다. 순번을 돌아가며 아침부터 나와 하루 종일 교회의 온갖 궂은일을 도맡아 하는 봉사자들이 있습니다. 여러분이 필요로 하는 테이프와 CD 복사와 제작을 위해 매주 수고하는 봉사자들이 있습니다. 무분별한 단체 방문객들에 의해 양화진 묘지가 더 이상 훼손되지 않도록 묘지의 질서 유지를 위해 매일 수고하는 어른들이 있습니다. 하루 평균 1천 명꼴로 우리 교회 홈페이지에 접속하는 외부 교인들을 위해, 주일예배와 수요 성경공부 동영상을 제때에 올리느라 쉴 틈조차 포기한 젊은 봉사자들이 있습니다. 매일 교회에 나와 여러분들을 섬기기 위해 재벌 회사의 중역직 스카우트 제의마저 사양한 헌신자도 있습니다. 언젠가는 지하실로 내려갔더니, 그 시간에 자신이 경영하는 일터에 있어야 할 40대의 남집사님이 캐비닛에서 무엇인가 찾고 있었습니다. 알고 보니 마침 교회 앞을 지나다가, 봉사자의 앞치마와 같은 세탁물을 집에서 빨아 오기 위해 세탁물을 찾고 있는 중이었습니다. 그런가 하면 많은 여집사님들이 그동안 방치되어 있던 선교사님들의 비석을 며칠에 걸쳐 깨끗이 닦아 내었습니다. 어제는 무려 70여 명에 달하는 성도님들이 나와 아침부터 양화진 정원의 전지剪枝 작업을 실시하였습니다. 그런 분들로 인해 창립 10개월도 되지 않은 100주년기념교회가 주님께로부터 부여받은 몫을 제대로 감당할 수 있음은 재론할 필요도 없습니다.

그분들이 그토록 타인을 위해 헌신을 자원하는 이유가 무엇이겠습니까? 그분들이 의식하든 못 하든 상관없이, 이곳이 그분들의 솔로몬 행각이기 때문이 아니겠습니까? 이곳에서부터 예수 그리스도를 닮기 원하기 때문이 아니겠습니까? 자신들이 예수 그리스도를 닮고 본받는 진정한 그리스도인임을 이곳에서부터 자신들의 삶으로 증거하기 위함이 아니겠습니까? 자신이 속해 있는 교회를 자신을 위한 솔로몬의 행각으로 삼지 못하고서야, 자신의 가정이나 일터에서 참된 그리스도인으로 살 리는 만무하지 않겠습니까?

사랑하는 교우 여러분!

우리의 신앙생활이, 돈 앞에서 아버지와 자식이 원수처럼 싸우는 도너번 일가와 같을 수는 없지 않습니까? 우리의 기도생활이, 매일 성당을 찾아 단지 붙잡히지 않기만을 위해 기도하던 흉악범과 같을 수는 없지 않습니까? 우리 모두 솔로몬 행각의 베드로가 되십시다. 이곳 양화진을 우리를 위한 솔로몬의 행각으로 삼으십시다. 이곳에서 예수 그리스도를 닮기 시작하고, 우리가 예수 그리스도를 닮은 그리스도인임을 우리의 삶으로 이곳에서부터 스스로 증명하십시다. 이곳 양화진을 들어올 때 남을 배려하는 이타심을 지니고, 그 마음을 품은 채로 세상을 향해 나아가십시다. 그때 이곳에 있는 우리만으로도 이 어둔 세상의 역사는 새로워질 것입니다. 예수 그리스도를 닮은 우리를 당신의 도구로 삼아, 예수 그리스도께서 친히 역사하실 것이기 때문입니다.

주님! 주일이면 어김없이 교회를 찾아 온가족이 함께 예배를 드렸지만, 돈 앞에서 아버지와 자식들이 원수처럼 싸우는 사람들의 이야기 속에서 우리의 신앙생활을 되돌아보게 해주셔서 감사합니다. 한 달에 두 번꼴로 흉악 범죄를 저지르면서도, 매일 성당을 찾아 붙잡히지 않게 해달라고 기도하던 흉악범을 거울삼아 우리의 기도생활을 성찰케 해주심도 감사합니다. 솔로몬 행각에 서 있는 베드로를 통해, 우리가 지향해야 할 삶이 무엇인지 알게 해주심 또한 감사드립니다.

우리 모두에게 100주년기념교회가, 이곳 양화진이, 솔로몬 행각이 되게 해주옵소서. 이곳에서부터 예수님을 닮아 가게 하시고, 우리가 예수 닮은 진정한 그리스도인임을 이곳에서부터 우리의 삶으로 드러내게 하옵소서. 그리하여 우리의 가정과 일터 또한 솔로몬 행각으로 승화되게 하시고, 우리 각자가 이 어둔 세상을 밝히는 진리의 등불이 되게 해주옵소서. 아멘.

8. 조상의 하나님 가정 주일

사도행전 3장 11-16절
나은 사람이 베드로와 요한을 붙잡으니 모든 백성이 크게 놀라며 달려 나아가 솔로몬의 행각이라 불리우는 행각에 모이거늘 베드로가 이것을 보고 백성에게 말하되 이스라엘 사람들아 이 일을 왜 놀랍게 여기느냐 우리 개인의 권능과 경건으로 이 사람을 걷게 한 것처럼 왜 우리를 주목하느냐 아브라함과 이삭과 야곱의 하나님 곧 우리 **조상의 하나님**이 그의 종 예수를 영화롭게 하셨느니라 너희가 그를 넘겨주고 빌라도가 놓아주기로 결의한 것을 너희가 그 앞에서 거부하였으니 너희가 거룩하고 의로운 이를 거부하고 도리어 살인한 사람을 놓아주기를 구하여 생명의 주를 죽였도다 그러나 하나님이 죽은 자 가운데서 그를 살리셨으니 우리가 이 일에 증인이라 그 이름을 믿으므로 그 이름이 너희가 보고 아는 이 사람을 성하게 하였나니 예수로 말미암아 난 믿음이 너희 모든 사람 앞에서 이같이 완전히 낫게 하였느니라

이틀 전 5월 5일은 '어린이날'이었고, 내일 5월 8일은 '어버이날'입니다. 그래서 우리는 오늘을 '가정 주일'로 지키고 있습니다. 이 세상 그 누구도

혼자서는 가정을 이룰 수 없습니다. 가정은 최소한 두 사람 이상의 가족이 한데 어울림으로써만 구성되는 가족 공동체입니다. 가족이란 부부처럼 혼인을 통해 맺어지거나, 부모 자식과 같이 혈연으로 이루어지는 특수 관계의 사람을 일컫습니다. 한마디로 가족은 이 세상에서 가장 가까운 사람들을 의미합니다. 그러므로 가족들에 의해 이루어진 가정의 중요성은 아무리 강조해도 지나침이 있을 수 없습니다.

한 핏줄로 이어진 가장 가까운 가족들이 서로 사랑하며 더불어 바른 가정을 구축하지 못한다면, 각 가정의 집합체인 한 사회와 국가가 바로 세워질 리는 만무합니다. 가정은 한 사회와 국가를 이루는 기본 단위입니다. 한 사회가 병들었다는 것은 그 사회를 이루고 있는 가정들이 병들었다는 말이요, 한 국가가 건강하다면 그것은 그 국가의 기본 단위인 각 가정이 건강함을 뜻합니다. 그래서 하나님께서는 한 사회나 국가를 만드시기 전에 가정을 먼저 만드셨고, 또 가정을 통해 역사하셨습니다.

본래 히브리말로 기록된 구약성경의 각 책에는 별도의 제목이 없었습니다. 그래서 히브리인들은 각 책에 등장하는 첫 단어로 책 제목을 대신하였습니다. 우리말 '창세기'로 번역된 구약성경 첫 번째 책을 히브리인들은 그 책의 첫 단어를 따서 '브레쉬트בְּרֵאשִׁית'라 불렀는데, 그 의미는 '태초에'란 말입니다. 한글 성경 창세기 1장 1절의 첫머리 역시 이 단어로 시작되고 있습니다. 그런데 히브리어 구약이 헬라어로 번역되는 과정에서 '브레쉬트' 대신에 '기원', '내력'을 뜻하는 헬라어 '게네시스γένεσις'란 별도의 제목이 붙여졌습니다. 한글 성경은 그 '게네시스'를 '창세기'라고 번역하여, 마치 그 책이 온통 천지창조와 관련된 내용만을 담고 있는 것과 같은 인상을 풍기고 있습니다. 그러나 하나님의 천지창조는 창세기 2장에서 끝이 납니다. 그 이후에는 하나님께서 가정을 세우시고, 가정을 택하시고, 가정을 통해 역사하신 기록으로 이루어져 있습니다.

하나님께서는 먼저 아담과 하와의 가정을 세우시고 인류의 역사를 시작하게 하셨습니다. 그러나 그 가정은 범죄했고, 그 후손들 역시 패역했습니다. 하나님께서는 물론 세상을 심판하시고, 노아 가정을 택하시어 노아의 여덟 식구로 하여금 인류의 역사를 다시 시작하게 하셨습니다. 그러나 세월이 흐르자 그의 후손들 역시 스스로 교만에 빠지고 말았습니다. 자신들이 하나님의 자리에 앉아 하늘에 닿기 위한 바벨탑을 짓는 등, 무지한 인간은 영적으로 부패하고 말았습니다. 그때 하나님께서는 아브라함 가정을 새로이 선택하셨습니다. 그리고 아브라함에서부터 시작하여 아들 이삭을 거쳐 손자 야곱의 세대에 이르기까지 하나님께서 그 가정을 어떻게 세우시고, 그 가정을 통해 어떻게 역사하셨는지를 창세기는 소상히 밝혀 주고 있습니다. 이런 관점에서 성경의 첫 번째 책은 '창세기創世記'가 아니라 '창가정기創家庭記'로 부르는 것이 타당할 것입니다.

왜 하나님께서 태초에 가정을 세우는 일부터 시작하셨겠습니까? 두말할 것도 없이 인간에 관한 한, 인간과 관련된 모든 것이 가정에서부터 시작되고, 가정에 의해 결정되고, 전적으로 가정에 달려 있기 때문입니다. 그리스도인들이 1년에 한 번 가정 주일을 지키는 것은 하나님께서 우리에게 주신 가정의 중요성을 하나님 앞에서 재확인하면서, 우리의 가정을 진리의 토대 위에 더욱 바로 세워 가기 위함입니다.

이 뜻깊은 가정 주일을 맞아 하나님께서 우리를 위해 예비해 두신 말씀은, 우리가 3주째 살펴보고 있는 오늘의 본문입니다. 먼저 11-12절을 주목해 보십시다.

나은 사람이 베드로와 요한을 붙잡으니 모든 백성이 크게 놀라며 달려 나아가 솔로몬의 행각이라 불리우는 행각에 모이거늘 베드로가 이것을 보고 백성에게 말하되 이스라엘 사람들아 이 일을 왜 놀랍게 여기느냐 우리 개인의 권능과 경건으로 이 사람을 걷게 한 것처럼 왜 우리를 주목하느냐.

날 때부터 앉은뱅이였던 40여 세의 걸인이 멀쩡하게 일어나 걷기도 하고 뛰기도 하면서 하나님을 찬송한 것과 관련하여, 베드로가 솔로몬의 행각에서 설교하기 시작했습니다. 예수님께서 매서운 겨울 한파를 마다치 않고 '만물보다 더 크신 하나님 아버지'를 전파하시던 바로 그 솔로몬의 행각에서, 이번에는 베드로가 예수 그리스도를 외치고 있습니다. 선천성 앉은뱅이가 일어선 것은 자신의 권능이나 경건으로 인함이 아니라, 예수 그리스도께서 그를 치유해 주셨기 때문임을 밝히는 베드로의 설교는 13절에 이르러 이렇게 이어지고 있습니다.

아브라함과 이삭과 야곱의 하나님 곧 우리 조상의 하나님이 그의 종 예수를 영화롭게 하셨느니라.

베드로는 유대인들이 십자가에 못박아 죽인 예수님을 하나님께서 부활의 주님, 생명의 구주로 세우셨음을 전하면서 하나님을 "아브라함과 이삭과 야곱의 하나님 곧 우리 조상의 하나님"이라 불렀습니다. 오늘 가정 주일을 맞아 하나님께서 우리에게 주시는 메시지가 바로 여기에 있습니다.

잘 아시는 바와 같이 이삭은 유대 민족의 선조인 아브라함의 아들이고, 야곱은 이삭의 아들입니다. 아브라함에게 이삭과 야곱은 아들과 손자이고,

야곱의 입장에서는 아브라함과 이삭이 할아버지와 아버지가 됩니다. 따라서 아브라함과 이삭과 야곱의 하나님이란 할아버지에서부터 시작하여 손자에 이르기까지 3대에 걸쳐 이루어진 가정의 하나님이란 의미입니다. 지금 베드로가 하나님을 호칭하면서 자기 시대로부터 2천 년 전에 있었던 그 가정을 굳이 언급하는 이유가 무엇이겠습니까? 이스라엘 민족이 바로 그 가정으로부터 비롯되었기 때문입니다. 비록 주권은 로마제국에 상실했을망정 이스라엘 역사의 근원이 그 가정이기 때문입니다. 하나님에 대한 자신들의 믿음 역시 그 가정에서부터 시작되었기 때문입니다.

그러므로 유대인들이 하나님을 아브라함과 이삭과 야곱의 하나님이라 부를 때, 그것은 단순한 하나님 호칭 이상의 깊은 의미를 지니고 있었습니다. 그들은 하나님을 그렇게 호칭함으로써 자신들의 가정을, 할아버지에서부터 손자에 이르기까지 자신들의 가족 관계를 하나님 앞에서 되돌아보지 않을 수 없었습니다. 언젠가는 후손들에게 그들 자신이 조상들이 되어 있을 것이요, 오늘을 살고 있는 그들의 삶에 의해 그들 후손과 민족의 미래가 결정될 것이기 때문이었습니다. 그래서 '아브라함과 이삭과 야곱의 하나님'이란 과거의 역사 속에서 조상들이 믿었던 하나님에 대한 호칭일 뿐만 아니라, 미래에 조상이 될 자기 자신들의 하나님을 의미하기도 했습니다.

우리는 모두 우리 부모의 자식이면서 조부모의 손자손녀입니다. 그와 동시에 우리 자식의 부모이자 손자손녀의 조부모이기도 합니다. 결국 아브라함과 이삭 그리고 야곱은 각각 다른 세 사람을 의미할 수도 있지만, 자식과 손자인 동시에 부모와 조부모이기도 한 우리 자신의 세 모습이기도 합니다. 그래서 우리에게도 하나님은 아브라함의 하나님, 이삭의 하나님, 야곱의 하나님일 수밖에 없습니다. 바꾸어 말하면 하나님의 말씀 안에서 우리는 자식으로서의 우리 자신을, 손자손녀로서의 우리 자신을, 부모로서의 우리 자신

을, 조부모로서의 우리 자신을 바르게 세워 가지 않으면 안 됩니다. 그때에
만 우리의 집합체인 우리 사회와 국가의 건강이 지켜질 것이요, 우리 믿음
의 연장선상에서 우리 후손과 민족의 미래가 보다 밝아질 것이며, 그 결과
로 우리는 우리 후손을 위한 믿음의 조상으로서 오늘 우리에게 주어진 시대
적 소명을 완수하게 될 것입니다.

　이렇듯 심오한 의미를 지닌 아브라함과 이삭과 야곱의 하나님이란 명칭
을 베드로가 본문에서 처음으로 사용한 것은 아닙니다. 미디안 광야에서 무
려 40년간 양을 치는 것 이외에 한 것이라곤 아무것도 없는 팔십 노인 모세
가 하나님의 부르심을 받았습니다. 그리고 하나님의 엄청난 명령이 그에게
주어졌습니다. 이집트에 가서 노예살이로 고통받는 이스라엘 백성을 구하
여 내라는 명령이었습니다. 태어나서 40세가 되기까지 이집트의 왕궁에서
이집트 왕자로 살았던 모세는, 당시 세계 최고의 제국이던 이집트의 군사력
이 얼마나 막강한지 잘 알고 있었습니다. 그 이집트로부터 홀로 이스라엘
백성을 해방시켜 나온다는 것은 달걀로 바위를 치는 것보다 더 무모한 일이
었습니다. 모세는 사양하였지만, 하나님의 명령은 철회되지 않았습니다. 모
세는, 자신이 이집트에 가서 이스라엘 백성들에게 자신을 보내신 하나님을
어떻게 소개해야 할지를 여쭈었습니다. 이에 대한 하나님의 답변을 출애굽
기 3장 14-15절이 전해 주고 있습니다.

> 하나님이 모세에게 이르시되 나는 스스로 있는 자이니라 또 이르시되 너
> 는 이스라엘 자손에게 이같이 이르기를 스스로 있는 자가 나를 너희에게
> 보내셨다 하라 하나님이 또 모세에게 이르시되 너는 이스라엘 자손에게
> 이같이 이르기를 너희 조상의 하나님 여호와 곧 아브라함의 하나님, 이

삭의 하나님, 야곱의 하나님께서 나를 너희에게 보내셨다 하라 이는 나의 영원한 이름이요 대대로 기억할 나의 칭호니라.

자존자自存者, 다시 말해 누구에 의해 피조된 분이 아니라 본래부터 스스로 계시는 분인 하나님께서 당신을 아브라함의 하나님, 이삭의 하나님, 야곱의 하나님이라 직접 밝히시며, 바로 그 호칭이 하나님의 영원한 이름이요 대대로 기억할 하나님의 칭호임을 천명하셨습니다. 이집트에 간 모세는 이스라엘 백성에게 하나님을 물론 이 호칭으로 소개했고, 그 이후로 이스라엘 백성들은 하나님의 명령에 따라 하나님을 아브라함의 하나님, 이삭의 하나님, 야곱의 하나님으로 불렀습니다. 그러나 그 호칭의 의미와, 왜 하나님을 그렇게 불러야 하는지에 대해서는 누구도 알지 못했습니다.

하나님의 호칭과 관련된 의문은 그로부터 1400여 년이 지나 이 땅에 오신 예수님에 의해 해소되었습니다. 예수님께서는 부활에 관해 언급하시면서 하나님의 그 호칭에 대해 다음과 같이 설명하셨습니다.

> 죽은 자의 부활을 논할진대 하나님이 너희에게 말씀하신바 나는 아브라함의 하나님이요 이삭의 하나님이요 야곱의 하나님이로라 하신 것을 읽어 보지 못하였느냐 하나님은 죽은 자의 하나님이 아니요 살아 있는 자의 하나님이시니라(마 22:31-32).

당신의 이름을 아브라함의 하나님, 이삭의 하나님, 야곱의 하나님으로 영원히 기억하게 하신 것은, 하나님께서 "죽은 자의 하나님"이 아니라 "살아 있는 자의 하나님"이시기 때문이라는 것이 예수님의 설명이었습니다.

아브라함, 이삭, 야곱은 다 하나님을 믿었지만 그들은 예외 없이 모두 죽었습니다. 만약 그것으로 모든 것이 끝나 버렸다면, 누가 뭐래도 하나님은 죽은 자의 하나님일 수밖에 없습니다. 하나님을 믿어도 그 종국은 결국 죽음으로 끝나 버리기 때문입니다. 그러나 하나님께서는 죽은 자의 하나님이 아니라 살아 있는 자의 하나님이시랍니다. 이것이 대체 무슨 의미이겠습니까? 아브라함도, 이삭도, 야곱도 모두 죽었고 그들의 무덤까지 있지만, 그러나 그것이 끝이 아니라는 것입니다. 그들의 육체는 죽어 이미 흙으로 돌아가 버렸지만, 그러나 그들의 영이 하나님 나라에서 영원히 살아 있다는 것입니다. 그래서 하나님께서는 죽은 자의 하나님이 아니라 살아 있는 자의 하나님이신 것입니다.

하나님께서는 바로 이 사실을 당신의 백성에게 일깨워 주시기 위해 당신을 아브라함의 하나님, 이삭의 하나님, 야곱의 하나님으로 부르게 하시고, 그 이름을 당신의 영원한 이름, 대대로 기억할 당신의 칭호로 삼으셨습니다. 하나님 당신을 위해서가 아니라, 하나님을 믿는 당신의 백성으로 하여금 인간을 영원히 살리시는 영원하신 하나님을 믿고 영원의 관점으로 이 세상을 살게 해주시기 위함입니다.

우리가 아브라함과 이삭과 야곱의 하나님을 믿는다는 것은 살아 있는 자의 하나님, 즉 우리를 영원히 살리시는 하나님을 믿는 것입니다. 다시 말해 이 세상에서부터 영원의 관점으로 살아가는 것을 의미합니다. 우리가 아무리 하나님을 믿는다 해도 영원의 관점을 지니지 않고서는 자식 앞에서 바른 조부모나 부모가 될 수 없고, 아무리 교회를 다녀도 영원의 관점을 결여하고서는 부모 앞에서 참다운 자식이나 손자손녀로 살아갈 수도 없습니다. 영원의 관점을 지닐 때만 눈물을 흘릴지언정 해야 할 것이 무엇이며, 아무리 커 보여도 무엇을 포기해야 할지 바르게 분별할 수 있습니다.

모세의 부모 아므람과 요게벳 그리고 누나 미리암은, 아들이 태어나면 이유 여하를 불문하고 나일 강에 던져 죽이라는 이집트 파라오의 명령을 어기고 모세를 살려 내었습니다. 팔십 노인 모세는 이스라엘 백성을 해방시키라는 하나님의 명령을 좇아 군사 한 명 없이 이집트로 향하였습니다. 그것이 가능할 수 있었던 것은 그들이 모두 영원하신 하나님을 믿음으로, 영원의 관점에서 현실 세계의 허상과 하나님 나라의 실상을 직시했기 때문입니다. 그처럼 온 식구가 영원한 관점으로 살아가는 모세의 가정을 당신의 도구로 삼아 하나님께서 출애굽의 역사를 친히 이루신 것은 조금도 이상한 일이 아니었습니다.

그렇다면 아브라함과 이삭과 야곱의 하나님이신 영원하신 하나님을 믿음으로 영원의 관점으로 살아간다는 것은 구체적으로 어떤 의미이겠습니까? 아브라함은 100세에 이삭을 낳았고, 이삭은 60세에 야곱을 낳았으며, 야곱은 147세까지 살았습니다. 아브라함의 출생에서부터 아들 이삭을 거쳐 손자 야곱의 일생이 다하기까지 총 307년이 소요된 것입니다. 따라서 우리가 아브라함과 이삭과 야곱의 하나님을 믿음으로 영원의 관점을 지니고 살아간다는 것은, 최소한 300여 년 후를 내다보며 사는 것을 의미합니다.

로마의 지하 감옥에 갇혀 있던 사도 바울이 참수형을 당해 죽을 때, 그가 로마에서 가시적으로 이룬 업적이라고는 초라하기 짝이 없었습니다. 겨우 감방의 죄수들과 감옥 간수 등, 지극히 제한된 소수의 사람들에게 복음을 전했을 뿐입니다. 한평생 애써 살아온 결과가 고작 그것으로 끝났다면, 바울은 세속적인 관점에서 인생 실패자와 같습니다. 겨우 그 정도의 삶을 위해 참수형까지 감수했다면 그는 참으로 어리석기 짝이 없는 사람처럼 보입니다.

그러나 그의 죽음 이후에 어떤 일이 벌어졌습니까? 그가 참수형을 당한

지 300년 만에 그가 뿌린 복음의 씨앗에 의해 로마제국의 역사가 새로워졌습니다. 그는 진실로 아브라함과 이삭과 야곱의 하나님, 살아 있는 자의 하나님, 영원하신 하나님을 믿음으로 300년 후를 내다보는 사람이었습니다. 비록 감옥에서나마 자기 한 사람이라도 진리의 씨앗을 뿌리기만 하면, 300년 후에는 로마의 역사가 반드시 새로워질 것을 믿음의 눈으로 내다보고 있었습니다. 자신이 위대해서가 아니라 자신이 믿는 하나님이 아브라함과 이삭과 야곱의 하나님이심을 믿었기 때문입니다. 그리고 그가 믿었던 대로 로마제국의 역사가 전개되었음은 이미 주지의 사실입니다.

우리가 아브라함과 이삭과 야곱의 하나님을 정녕 믿는다면, 우리 역시 300년 후를 내다볼 수 있어야 합니다. 지금 우리의 삶이 300년 후 우리 후손의 삶 속에서 어떤 열매로 드러나게 될 것인지, 300년 후를 내다볼 수 있어야 합니다. 오늘 나의 그릇된 행위가 300년 후까지 대를 거듭하며 내 후손에게 얼마나 부정적인 영향을 미칠 것인지, 300년 후를 내다보아야 합니다. 오늘 내가 눈물을 흘리며 뿌리는 진리의 씨앗이 300년 후 이 세상에서 얼마나 아름답게 꽃필 것인지, 300년 후를 내다보아야 합니다.

아브라함이 믿음의 조상이란 것은, 그가 모든 면에 걸쳐 완전무결한 삶을 살았다는 의미가 아닙니다. 그 역시 많은 허물이 있었습니다. 그가 믿음의 조상이란 것은, 하나님을 믿는 우리가 무엇을 취하고 버려야 할지 우리 자신을 비추어 주는 믿음의 거울이란 의미에서입니다. 하나님께서 아브라함에게 수차례에 걸쳐 그의 아내를 통해 아들을 주실 것을 약속하셨습니다. 그러나 그 약속을 온전히 믿지 못한 아브라함은 아내의 권유에 따라 종을 첩으로 삼아 서자를 먼저 얻는 잘못을 범했습니다. 그 이후 아내에게서 얻은 적자와 서자 간의 갈등은 그들의 시대에만 국한되지 않았습니다. 그 후손들의 갈등은 4천 년이 지난 지금까지 계속되고 있습니다. 오늘날 이스라엘 민족과 아랍 민족 간의 대립은 세계 평화를 위협하는 가장 큰 위험 요소입니다. 만약 그때 아브라함이 300년 후를 내다보았다면, 자신의 행동이 300년 후에 어떤 비극을 초래할 것인지를 단 한 번이라도 생각해 보았더라면, 그 이후 세계의 역사는 다르게 전개되었을 것입니다. 잊지 마십시오. 한 가정의 평화와 세계의 평화는 직결되어 있습니다.

그래서 우리는 모두 하나님의 말씀 안에서 300년 후를 내다볼 수 있어야 합니다. 그때에만 우리는 오늘의 현실 속에서 참된 부모와 자식으로 살 수 있고, 먼 훗날 우리 후손들로부터 진정한 믿음의 조상으로 기림 받게 될 것이며, 우리의 믿음이 자식과 손자를 거쳐 대대손손 이어지며 인류의 미래가 새로워질 것입니다.

혹 어떤 이가 이렇게 반문할지도 모릅니다. 온 세상이 진흙탕투성인데 나 혼자 혹은 우리 가정 홀로 진리를 좇는다고 대체 무슨 소용이 있겠는가, 나 홀로 맑은 물 한 방울로 살아간다 한들 이 진흙탕 세상에 무슨 변화가 있겠느냐고 말입니다. 그것은 확실히 일리 있는 반론일 수 있습니다. 나와 내 가정이 홀로 진리를 따른들 이 세상은 당장은 미동도 하지 않을 것입니다. 오히려 상대적인 불이익을 당하기가 더 쉬울지도 모릅니다. 그러나 우리는 오늘에 고착된 우리의 시선을 거두어 300년 후를 내다보아야 합니다.

나 한 사람 혹은 내 가정만이라도 진리의 씨앗을 뿌리기만 하면, 300년 후 우리의 사회와 인류의 역사는 반드시 새로워질 것입니다. 진흙탕으로 스며든 물 한 방울이 이내 진흙탕에 동화되는 것이 자연의 법칙이라면, 맑은 물 한 방울이 그리스도 안에서 진흙탕 전체를 정화시키는 것은 아브라함의 하나님, 이삭의 하나님, 야곱의 하나님이신 하나님의 초자연적인 법칙입니다. 감히 고백드리건대 부족한 저 역시 이 사실을 믿기에 칠흑같이 어두운 이 세상 현실 속에서 300년 후를 내다보며 진리의 씨를 뿌리려 애써 왔고,

하나님께서 우리에게 맡겨 주신 양화진이 300년 후 우리 후손에게 어떤 의미와 모습으로 남겨져야 할 것인지 300년 후를 내다보며 이곳을 바르게 지키기 위해 신명을 다 바치고 있습니다.

사랑하는 교우 여러분!

우리 모두 300년 후를 내다보는 믿음의 조부모, 300년 후를 내다보는 믿음의 부모, 300년 후를 내다보는 믿음의 자식, 300년 후를 내다보는 믿음의 손자손녀가 되십시다. 그때 우리의 가정은 인류의 미래를 새롭게 하는 하나님의 통로가 될 것이요, 우리는 모두 진정한 믿음의 조상이 될 것입니다. 우리가 믿는 하나님은 아브라함의 하나님, 이삭의 하나님, 야곱의 하나님이시기 때문입니다.

나의 하나님이 아브라함의 하나님, 이삭의 하나님, 야곱의 하나님이심을 믿습니다. 나의 하나님이 죽은 자의 하나님이 아니라, 살아 있는 자의 하나님이심을 감사드립니다. 나의 하나님이 영원하신 하나님이시요, 나를 영원히 살리시는 하나님이심을 찬양합니다.

이제부터 300년 후를 내다보며 살게 하옵소서. 현재 나의 삶이 300년 후 내 후손의 삶 속에서 어떤 열매로 거두어질지, 현재 나의 행동이 300년 후 내 후손에게 어떤 영향을 미치게 될지, 오늘 나의 존재함이 300년 후 인류의 미래를 허물어트릴 것인지 아니면 더욱 바르게 세울 것인지, 영원하신 하나님의 말씀 속에서 300년 후를 내다보며 생각하고, 결정하고, 행동하게 하옵소서. 내 가정의 평화와 세계의 평화는 별개의 것이 아니라, 불가분의 관계로 직결되어 있음을 잊지 말게 하옵소서.

그리하여 우리 모두 바른 믿음의 조부모, 참된 믿음의 부모, 진정한 믿음의 자식, 신실한 믿음의 손자손녀들이 되게 하옵소서. 우리로 인해 인류의 미래가 밝아지게 하옵소서. 먼 훗날 우리의 후손들 역시, 지금 우리가 믿는 하나님을 아브라함의 하나님, 이삭의 하나님, 야곱의 하나님, 곧 그들 조상의 하나님으로 섬기게 해주옵소서. 아멘.

9. 예수로 말미암아

사도행전 3장 11-16절
나은 사람이 베드로와 요한을 붙잡으니 모든 백성이 크게 놀라며 달려 나아가 솔로몬의 행각이라 불리우는 행각에 모이거늘 베드로가 이것을 보고 백성에게 말하되 이스라엘 사람들아 이 일을 왜 놀랍게 여기느냐 우리 개인의 권능과 경건으로 이 사람을 걷게 한 것처럼 왜 우리를 주목하느냐 아브라함과 이삭과 야곱의 하나님 곧 우리 조상의 하나님이 그의 종 예수를 영화롭게 하셨느니라 너희가 그를 넘겨주고 빌라도가 놓아주기로 결의한 것을 너희가 그 앞에서 부인하였으니 너희가 거룩하고 의로운 이를 거부하고 도리어 살인한 사람을 놓아주기를 구하여 생명의 주를 죽였도다 그러나 하나님이 죽은 자 가운데서 그를 살리셨으니 우리가 이 일에 증인이라 그 이름을 믿으므로 그 이름이 너희가 보고 아는 이 사람을 성하게 하였나니 **예수로 말미암아** 난 믿음이 너희 모든 사람 앞에서 이같이 완전히 낫게 하였느니라

400년에 걸친 노예살이의 사슬을 끊고 이스라엘 백성을 이집트에서 해방시킨 출애굽의 지도자가 모세라면, 약속의 땅인 가나안에 입성하여 그 땅을

정복한 지도자는 여호수아였습니다. 무려 400년이나 이국땅에서 노예살이를 해야만 했던 이스라엘의 역사 속에 모세와 여호수아가 등장하지 않았더라면 어떻게 되었을까 생각하면, 그 두 사람이 얼마나 걸출한 지도자였는지 알게 됩니다. 그렇다면 결과적으로 이스라엘 역사에서 가장 중요한 역할을 담당했던 그 두 지도자는 개인적으로 언제부터 출애굽과 가나안 정복의 비전을 품게 되었고, 또 그 비전을 실현하기 위해 무슨 준비를 어떻게 했기에 그 위대한 일을 이루어 낼 수 있었겠습니까? 놀라운 사실은, 그들은 출애굽이나 가나안 정복과 같은 위대한 비전을 개인적으로 전혀 갖고 있지 않았었다는 점입니다.

우리가 잘 아는 바와 같이 80세의 나이에 하나님으로부터 출애굽의 명령을 받을 때까지 미디안 광야의 늙은 양치기에 불과했던 모세는, 자신이 출애굽의 지도자가 된다거나 이스라엘 노예들의 출애굽이 가능하리라고는 생각해 본 적도 없는 사람이었습니다. 그는 시내산에서 하나님으로부터 출애굽의 명령이 주어졌을 때, 그것은 현실적으로 불가능한 일이라 여길 정도였습니다. 여호수아 역시 마찬가지였습니다. 출애굽의 위업을 이룬 모세가 죽자, 가나안 정복의 대업은 모세의 수종자였던 여호수아에게 위임되었습니다(수 1:1-2). 우리말 '수종자'로 번역된 히브리어 '쇼라트שׁרת'는 본래 '하인'을 의미하는 단어입니다. 당시 이스라엘의 관습상 모든 직책과 직분은 당사자의 아들에게 세습되었습니다. 물론 모세에게도 두 아들이 있었고, 모세의 사후 두 아들이 아버지의 역할을 계승하는 것이 당시로서는 타당한 일이었습니다. 그러나 모세의 역할은 엉뚱하게도 모세의 하인이었던 여호수아에게 계승되었습니다. 그것은, 모세의 두 아들이 살아 있음을 알고 있는 여호수아로서는 꿈에서조차 상상치 못한 일이었습니다. 그때 여호수아가 갑작스런 상황에 얼마나 놀라고 두려워하였던지, 하나님께서 여호수아에게

"강하고 담대하라", "두려워하지 말며 놀라지 말라"고 거듭 말씀하셨습니다 (수 1:6-9). 한마디로 여호수아 역시 가나안 정복의 대업을 자기 일로, 자기 비전으로 삼은 적이 없는 인물이었습니다.

이처럼 출애굽과 가나안 정복이 모세와 여호수아의 개인적인 비전이 아니었음에도 그들에 의해 역사적인 두 사건이 성취되었습니다. 어떻게 그런 일이 가능했겠습니까?

> 여호와께서 그의 종 모세에게 명령하신 것을 모세는 여호수아에게 명령하였고 여호수아는 그대로 행하여 여호와께서 모세에게 명하신 모든 것을 하나도 행하지 아니한 것이 없었더라(수 11:15).

출애굽도, 가나안 정복도, 모두 하나님의 비전이요 하나님의 섭리였습니다. 하나님께서는 당신의 모든 계획을 먼저 모세에게 명령하셨고, 모세는 하나님의 그 명령을 여호수아에게 전함으로 하나님의 섭리가 인간의 역사 속에 성취된 것이었습니다.

우리는 흔히 믿음의 출발점을 우리 자신으로 삼는 오류를 범합니다. 그러나 보십시오. 모세가 기도해서 출애굽이 이루어진 것이 아닙니다. 여호수아의 믿음으로 가나안 정복이 성취된 것도 아닙니다. 그들은 단지 하나님의 도구요, 통로에 지나지 않았습니다. 그 모든 것을 계획하시고 섭리하신 분은 하나님이셨습니다. 이 사실을 깨닫는 사람만 자기 자신이 아닌 하나님을 믿음의 출발점으로 삼아, 모세와 여호수아처럼 자기 자신을 하나님의 도구와 통로로 겸손하게 내어 드릴 수 있습니다. 오늘의 본문 역시 이 사실을 역설하고 있습니다.

성전 미문 앞에서 구걸하던 40여 세의 선천성 앉은뱅이가 일어난 것과 관련하여 베드로가 솔로몬의 행각에서 외치기 시작했습니다. 앉은뱅이가 일어선 것은 베드로 자신의 경건이나 권능에 의해서가 아니라, 예수 그리스도께서 그를 치유해 주셨기 때문이라는 요지의 설교였습니다. 먼저 베드로는, 유대인들이 못박아 죽인 예수를 아브라함과 이삭과 야곱의 하나님께서 죽은 자 가운데서 다시 살리시고 영화롭게 하셨음을 증언하였습니다. 오순절에 성령님께서 강림하셨을 때 성령 충만함을 입은 베드로가 사도행전 2장에서 행했던 첫 번째 설교의 도입부와 같은 내용이었습니다. 그리고 베드로의 설교는 본문 16절 상반절에 이르러 이렇게 이어지고 있습니다.

그 이름을 믿음으로 그 이름이 너희가 보고 아는 이 사람을 성하게 하였나니.

'그 이름'이란 우리가 이미 아는 바와 같이 예수 그리스도의 이름입니다. 예수 그리스도의 이름을 믿음으로, 예수 그리스도의 이름이 선천성 앉은뱅이를 낫게 했다는 말입니다. 그렇다면 예수 그리스도의 이름을 믿었다는 믿음은 대체 누구의 믿음을 의미합니까? 베드로의 믿음입니까, 아니면 앉은뱅이의 믿음입니까? 두말할 것도 없이 두 사람 모두의 믿음을 가리킵니다. 그 두 사람 중에 먼저 예수 그리스도를 믿은 사람은 예수 그리스도의 제자요, 사도인 베드로였습니다. 단지 동전 한 닢을 구걸하는 앉은뱅이 걸인을 향해, 나사렛 예수 그리스도의 이름으로 일어나 걸을 것을 명하며 손을 내민 사람도 베드로였습니다. 그렇다고 앉은뱅이는 아무것도 하지 않고, 가만히 있기만 한 것이 아니었습니다. 앉은뱅이 역시 베드로가 전한 예수 그리스도의 이름을 믿음으로 불구였던 그의 몸이 성하게 되었음을 본문이 증언하고 있습니다. 만약 베드로의 설교가 여기에서 끝났더라면, 사람들은 마치 베드로와 앉은뱅이 걸인의 믿음이 생명의 대역사를 이룬 것으로 오해할 수밖에 없습니다. 그래서 베드로는 그 누구도 오해할 수 없도록 다음과 같은 내용을 덧붙였습니다.

> 예수로 말미암아 난 믿음이 너희 모든 사람 앞에서 이같이 완전히 낫게 하였느니라(16절 하).

베드로는 자신과 앉은뱅이의 믿음을 '나의 믿음' 혹은 '우리의 믿음'이라 하지 않고, "예수로 말미암아 난 믿음"이라고 못박았습니다. 자신과 앉은뱅이가 지닌 믿음의 출처가 자기 자신들이 아니라 예수 그리스도이심을 분명하게 밝힌 것입니다.

베드로가 예수님을 먼저 믿었기 때문에 예수님의 부르심을 받았습니까? 베드로가 먼저 예수님을 자신의 구주로 선택했기에 주님의 제자로 택함 받았습니까? 결코 그렇지 않습니다. 베드로가 예수님을 알기도 전에, 예수님께서 먼저 베드로를 부르셨습니다. 베드로가 주님을 선택하기도 전에, 예수님께서 먼저 베드로를 당신의 제자로 선택하셨습니다. 그래서 베드로는 예수님을 믿을 수밖에 없었습니다. 그의 믿음의 시발점이 그를 먼저 찾아 주신 주님이셨다는 말입니다.

앉은뱅이 역시 마찬가지였습니다. 앉은뱅이의 믿음이 그날 그 시간에, 성전 미문 앞으로 베드로를 불러들였습니까? 앉은뱅이의 믿음이 선행되었기에, 베드로가 그에게 손을 내밀며 예수 그리스도의 이름으로 일어날 것을 명했습니까? 절대로 아닙니다. 주님께서 베드로를 통해 앉은뱅이 걸인을 먼저 찾아와 주셨기에 그가 주님을 믿을 수 있었습니다. 앉은뱅이에게도 믿음의 시발점은 예수 그리스도셨습니다. 그래서 베드로는 이 사실을 강조하지 않을 수 없었습니다.

예수로 말미암아 난 믿음이 너희 모든 사람 앞에서 이같이 완전히 낫게 하였느니라.

그렇다면 대체 무엇이 기적입니까? 선천성 앉은뱅이가 40여 년 만에 일어난 것이 기적입니까? 아닙니다. 그날 주님께서 베드로를 통해 하찮은 앉은뱅이를 먼저 찾아가 주시고 친히 믿음의 시발점이 되어 주셨다는 것, 바로 이것이 기적입니다.

우리는 하나님을 믿는 우리의 믿음 자체를 절대시하는 어리석음을 자주 범합니다. 이 말이 믿음은 중요하지 않다는 의미는 아닙니다. 믿음은 물론 중요합니다. 믿음이 없이는 하나님과 동행할 수도 없고, 우리의 삶이 신실해질 수도 없습니다. 그러나 믿음이 중요한 것은 믿음을 지닌 우리로 인함이 아니라, 우리 믿음의 대상이신 삼위일체 하나님으로 인함입니다. 무당을 믿는 사람과 삼위일체 하나님을 믿는 사람 사이에, 믿음의 행위 그 자체에는 별 차이가 없을 수도 있습니다. 어쩌면 눈에 보이는 무당을 찾아 밤을 새워 가며 굿을 하는 사람의 신심이 훨씬 깊어 보일 수도 있습니다. 그 양자가 지닌 믿음의 참된 가치와 의미는 그들이 지닌 믿음의 행위에 의해서가 아니라, 그들이 믿는 대상에 의해 결정됩니다. 만약 믿음의 대상이 허구이거나 거짓되다면, 그때의 믿음이란 열성적이면 열성적일수록 더욱 자신을 해치는 자기 착각 혹은 자기기만에 지나지 않습니다. 그러므로 우리 믿음도 중요하지만, 더 중요한 것은 우리 믿음의 대상이신 하나님이십니다.

우리는 오늘도 사도신경을 통해 우리의 신앙을 고백하면서 천지의 창조주이신 전능하신 하나님 아버지를 믿으며, 하나님 아버지의 독생자이신 예수 그리스도께서 성령으로 잉태하여 동정녀 마리아에게 나셨음을 믿는다고 모두 한목소리로 밝혔습니다. 여러분은 사도신경을 외울 때마다 정말 이 사실을 믿으십니까? 이 고백의 의미가 무엇인지 단 한 번이라도 진지하게 생각해 보신 적이 있습니까? 그것은 천지를 창조하신 성부 하나님의 독생자이신 예수 그리스도, 다시 말해 성자 하나님께서 인간이 되시어 인간의 역사 속으로 들어오셨음을 믿는다는 말입니다.

그리스도인들에게 예수 그리스도에 대한 자신의 신앙을 고백하라면, 주로 예수 그리스도께서 행하신 표적과 기사에 대한 믿음을 고백하기 쉽습니다. 이를테면 예수님께서 물 위를 걸으시고, 물로 포도주를 만드셨으며, 오병이어의 역사를 행하시고, 온갖 병자를 고쳐 주셨을 뿐 아니라 죽은 사람까지도 살리셨음을 믿는다는 식입니다. 그러나 사도신경 속에는 그런 표적과 기사의 내용은 단 한 줄도 없습니다. 그 대신 사도신경은, 성자 하나님께서 인간이 되시어 인간의 역사 속으로 들어오셨다는 고백으로 시작되고 있습니다. C. S. 루이스의 지적처럼, 시간과 공간을 초월하시는 하나님께서 유한한 인간의 시간과 인간의 역사 공간으로 들어오신 것보다 더 큰 기적은 없기 때문입니다. 성자 하나님께서 인간의 시간과 공간 속으로 들어오신 이유가 무엇이었습니까? 우리가 사도신경을 통해 고백하듯이, 성자 하나님께서 인간의 죗값을 대신 치르시는 제물이 되시어 우리를 살려 주시기 위함이었습니다. 거룩하신 하나님 앞에서 죄인인 인간은 벌레만도 못한 미물에 지나지 않습니다. 그 미물을 구하기 위해 거룩하신 하나님께서 제물이 되어 죽어 주셨다면, 세상에 그보다 더 큰 기적이 어디에 있겠습니까?

이 기적이 인간의 믿음으로 인해 인간에게 주어졌습니까? 인간이 하나님을 먼저 믿었기에 성자 하나님께서 인간의 시간과 공간 속으로 들어와 주신 것입니까? 로마서 5장 8절이 이에 대한 정확한 진상을 밝혀 주고 있습니다.

> 우리가 아직 죄인 되었을 때에 그리스도께서 우리를 위하여 죽으심으로 하나님께서 우리에 대한 자기의 사랑을 확증하셨느니라.

인간이 예수 그리스도를 알기도 전에, 성자 하나님을 믿기도 전에, 삼위일체 하나님께서 인간을 먼저 찾아오셨고, 먼저 사랑하셨고, 먼저 당신을 제물 삼아 인간을 구원해 주셨습니다. 우리는 사도신경을 통해 바로 이 사실을 우리의 믿음으로 고백하는 것입니다. 우리 믿음의 출처와 출발점이 우리를 먼저 찾아오신 삼위일체 하나님이심을 분명히 하기 위함이요, 삼위일체 하나님께서 우리 인생의 시간과 공간 속으로 들어와 주신 것보다 더 큰 기적이 없다는 의미에서입니다.

잊지 마십시오. 우리가 하나님을 믿기 때문에 하나님께서 하나님이신 것이 아닙니다. 하나님께서는 본래부터 천지를 창조하신 삼위일체 하나님이시기에 우리가 하나님을 믿는 것입니다. 우리가 예수 그리스도를 먼저 믿었기에 예수 그리스도께서 우리를 구원해 주시는 것이 아닙니다. 우리가 예수 그리스도를 알기도 전에 예수 그리스도께서 먼저 우리를 찾아오시어 우리를 구원해 주셨기에, 우리가 성자 하나님이신 예수 그리스도를 믿는 것입니다. 언제나 중요한 것은 우리의 믿음이 아니라, 우리 믿음의 대상이신 하나님이십니다. 우리의 믿음이 중요한 것은 전적으로 우리 믿음의 대상이신 하나님 때문입니다.

바로 이것을 아는 것이 참된 믿음입니다. 이 믿음만이 그릇된 믿음의 교만으로부터 우리를 지켜 줍니다. 그리고 이 믿음 속에서만 우리는 모세와 여호수아, 그리고 베드로처럼 하나님의 도구와 통로로 온전히 쓰임 받을 수 있습니다.

출애굽한 이스라엘 백성이 홍해 앞에 이르렀을 때, 갑자기 마음이 변한 이집트의 파라오가 전 군대를 동원하여 이스라엘을 추격해 왔습니다. 도망 갈 길이 달리 없던 이스라엘은 마치 독 안에 든 쥐와 같은 형국이었습니다. 그때 하나님께서는 홍해를 가르시고 이스라엘 백성을 구해 내셨습니다. 그래서 사람들은 그것을 홍해의 기적이라 부릅니다. 하지만 홍해가 갈라진 것은 기적이 아니었습니다. 기적은 그때 하나님께서 이스라엘 백성과 더불어 그곳에 계셨다는 것입니다. 주님께서 벳새다 벌판에서 떡 다섯 조각과 물고기 두 토막으로 여자와 아이를 제외하고도 남자 장정만 5천 명을 먹이시는 대역사를 행하셨습니다. 사람들은 그것을 오병이어의 기적이라 부릅니다. 그러나 그것은 기적이 아닙니다. 기적은 인간을 먼저 찾아오신 주님께서 그 황량한 벳새다 벌판에서까지도 그 무리와 함께하고 계셨다는 것입니다. 주님께서 나인성 과부의 죽은 외아들을 살려 주신 것은 기적이 아닙니다. 기적은 그 누구도 돌보지 않는 미천한 그 과부를 주님께서 먼저 찾아가 주셨다는 것입니다.

작년 10월, 미국 뉴욕에서 후러싱제일교회 창립 30주년 기념 집회를 인도할 때의 일입니다. 첫날의 모든 일정을 마치고 숙소로 돌아와 잠자리에 들기 직전이었습니다. 그때의 시간이 새벽 1시였습니다. 이상하게도 둘째 날 설교 카드를 확인해야 된다는 생각이 불현듯 제 마음을 사로잡았습니다. 외국에서 전날 밤에, 그다음 날 설교 카드를 확인하고픈 마음이 든 것은 그날이 처음이었습니다. 그런데 이게 웬일입니까? 응당 가방 속에 들어 있어야 할 둘째 날 카드가 보이지 않았습니다. 그 대신 가방에서 나온 것은 엉뚱한

카드였습니다. 아예 서울에서부터 잘못 챙겨 온 것이었습니다. 20년에 걸친 목회 기간 동안 그런 실수를 한 것도 처음이었습니다. 저는 가로 19.5센티미터, 세로 12.5센티미터 크기의 카드 앞뒷면에 설교 전문을 깨알같이 써 넣고, 그 내용을 외워서 설교합니다. 그런데 날이 새면 외워야 할 카드 자체를 들고 오지 않았으니 난감하기 짝이 없었습니다. 어떻게 해야 하나? 잠시 눈을 감고 기도하는 중에 갑자기 아내 생각이 났습니다. 저는 서울에 있는 아내에게 전화를 걸어 도움을 요청하였습니다. 아내는 즉시 제 서재 서랍 속에서 문제의 카드를 찾았고, 그 카드의 앞뒷면을 스캐너로 촬영한 사진 파일을 제게 전자메일로 전송해 주었습니다. 제가 뉴욕의 호텔 방에서 그 사진 파일을 받은 것은, 아내에게 국제전화를 건 지 10분도 채 되지 않아서였습니다. 노트북을 통해 사진 파일을 여는 순간, 제가 서울에 두고 온 설교 카드가 마치 신비스런 신기루처럼 화면 위에 펼쳐졌습니다. 그것은 참으로 말로 표현하기 벅차리만큼 경이로운 장면이었습니다. 대한민국 서울특별시 마포구 합정동 제 서랍 속에 있던 설교 카드가 넓고 넓은 태평양을 건너, 시차 13시간에 공간적으로 지구 반대편에 위치한 미합중국 뉴욕 주 뉴욕 시의 호텔 방에 있는 저의 시간과 공간 속으로 단숨에 침투해 들어왔으니 어찌 경이롭지 않겠습니까?

저는 그날 뉴욕 호텔 방에서 노트북 화면에 펼쳐진 제 설교 카드를 보면서, 제가 세상에 태어난 이래 제 인생의 시간과 공간 속에 들어와 계신 주님의 실체를, 주님의 사랑을, 가장 생생하게 실감하며 주님께 깊이 감사를 드렸습니다. 서울에서 아내가 보낸 설교 카드가 태평양을 건너 순식간에 미국에 있는 제 시간과 공간 속으로 침투해 들어올 수 있다면, 어찌 주님께서 시간과 공간을 초월하여 제 인생의 시간과 공간 속으로 들어오시지 못하겠습니까?

주님께서는 요한복음 15장 16절 상반절을 통해, '너희가 나를 택한 것이 아니요 내가 너희를 택하여 세웠나니 이는 너희로 가서 열매를 맺게 하려 함'이라고 말씀하셨습니다. 우리가 먼저 주님을 택하지 않았습니다. 말씀이신 주님께서 당신의 사랑으로 먼저 우리를 택하시고, 우리의 시간과 공간 속으로 들어오시어, 우리 인생의 화폭에 당신의 말씀의 대大파노라마를 펼쳐 주셨습니다. 그 이유가 무엇입니까? 주님께서는 열매를 맺게 하시기 위함이라고 말씀하셨습니다. 대체 무슨 열매이겠습니까? 이 시대를 위한 출애굽의 열매, 우리 시대를 위한 가나안의 열매, 그리고 앉은뱅이와 같은 이 시대를 일으키는 생명의 열매 아니겠습니까?

사랑하는 교우 여러분!

지금 우리 인생의 시간과 공간 속에 들어와 계시는 주님을 우리 믿음의 출발점으로 삼으십시다. 주님께 우리를 믿음으로 온전히 맡기십시다. 그때 우리를 통해 이 시대를 치유하시려는 삼위일체 하나님의 섭리가 이루어질 것입니다. 우리의 믿음이 위대해서가 아니라, 우리 믿음의 대상이신 삼위일체 하나님께서 위대하시기 때문입니다. 그래서 주님의 도구로 쓰임 받는 우리 역시 베드로처럼 고백하게 될 것입니다.

"예수로 말미암아 난 믿음이 너희 모든 사람 앞에서 이같이 완전히 낫게 하였느니라."

전능하사 천지를 만드신 하나님 아버지를 내가 믿사오며, 그 외아들 우리 주 예수 그리스도를 믿사오니, 이는 성령으로 잉태하사 동정녀 마리아에게 나셨음을 믿습니다. 시간과 공간을 초월하시는 성자 하나님께서 이렇듯, 유한한 인간의 역사 속으로 들어오셨음을 믿습니다. 그 하나님께서 내 인생의 시간과 공간 속에, 이미 들어와 계시는 것보다 더 큰 기적이 없음을 믿습니다.

내가 믿었기 때문에 삼위일체 하나님께서 내게 임하신 것이 아니라, 삼위일체 하나님께서 먼저 내게 임하셨음을 믿습니다. 내가 삼위일체 하나님을 먼저 택한 것이 아니라, 삼위일체 하나님께서 먼저 나를 택하여 주셨음을 믿습니다. 내가 하나님을 먼저 사랑한 것이 아니라, 하나님께서 나를 먼저 사랑하셨음을 믿습니다. 어떤 상황 속에서도, 내 믿음의 출처와 시발점이 삼위일체 하나님이심을 기억하게 하옵소서. 언제나 중요한 것은 나의 믿음이 아니라, 내 믿음의 대상이신 하나님이심을 잊지 말게 하옵소서.

그리하여 일평생 믿음의 겸손을 지키면서, 이 시대를 위한 출애굽과 가나안 입성의 도구로 쓰임 받는 모세와 여호수아, 그리고 앉은뱅이와도 같은 이 시대를 일으키는 베드로로 살아가게 하옵소서. 아멘.

10. 새롭게 되는 날

사도행전 3장 17-21절

형제들아 너희가 알지 못하여서 그리하였으며 너희 관리들도 그리한 줄 아노라 그러나 하나님이 모든 선지자의 입을 통하여 자기의 그리스도께서 고난받으실 일을 미리 알게 하신 것을 이와 같이 이루셨느니라 그러므로 너희가 회개하고 돌이켜 너희 죄 없이 함을 받으라 이같이 하면 **새롭게 되는 날**이 주 앞으로부터 이를 것이요 또 주께서 너희를 위하여 예정하신 그리스도 곧 예수를 보내시리니 하나님이 영원 전부터 거룩한 선지자들의 입을 통하여 말씀하신바 만물을 회복하실 때까지는 하늘이 마땅히 그를 받아 두리라

성전 미문 앞에서 구걸하던 40여 세의 선천성 앉은뱅이가 일어나 걷게 된 것과 관련하여, 베드로가 솔로몬 행각에서 행한 설교 내용을 우리는 4주째 그리고 앉은뱅이 걸인에 대해서는 10주째 살펴보고 있습니다. 우리가 현재 사용하고 있는 개역개정판 성경은 사도행전 3장 2절에서 그 걸인을 "나면서 못 걷게 된 이"라 번역하였습니다. 사도행전 3장 어디에도 그를 가리켜

'앉은뱅이'라 부른 곳이 없습니다. 그런데도 제가 사도행전 3장 설교를 시작하면서부터, 왜 차별어로 오해받을 수 있는 '앉은뱅이'란 용어를 계속 사용하느냐는 어느 교우님의 질문을 간접적으로 받았습니다. 그 교우님 이외에도 동일한 질문을 지닌 분들이 있을 수 있다는 생각에서 먼저 그 용어에 대해 잠시 말씀드리겠습니다.

장애우권익문제연구소에서 밝히고 있는 '올바른 용어'를 보면 '놈 자者'를 사용한 '장애자'보다는 법적 용어인 '장애인'이 적절한 표현이라고 규정하고 있습니다. 물론 이에 대한 반론도 만만찮습니다. 한자로 '자者'는 상대를 얕잡아 일컫는 '놈'을 의미하기도 하지만 '사람'을 일컫기도 하기 때문입니다. 기독교인들이 말하는 '순교자'나 '성자'란 용어는 '순교한 놈, 거룩한 놈'이란 의미가 아니라, '순교한 사람', '거룩한 사람'을 일컬음은 이미 주지의 사실입니다. 장애우권익문제연구소는 여하튼 장애를 지닌 사람을 차별하거나 비하하지 말자는 취지에서 맹인을 시각장애인, 귀머거리는 청각장애인, 정신병자를 정신장애인, 꼽추를 척추장애인 등으로 표현하고 있습니다. 그런데 앉은뱅이는 '하반신 장애를 가진 사람'이라고 표현하고 있습니다. 즉 앉은뱅이에 대해서는 확정된 명사가 없이, 그 상태를 서술형으로 설명하고 있는 것입니다. 그리고 한글판 성경 중에서 가장 최근에 번역된 개역개정판은 이런 추세를 반영하여 '나면서 못 걷게 된 이'라고 번역하였습니다.

그러나 '하반신 장애를 가진 사람'이나 '나면서 못 걷게 된 이'가 반드시 앉은뱅이를 가리키는 것은 아닙니다. 하반신 장애가 있거나 나면서 못 걷게 된 사람 중에서도 남의 도움으로 일어설 수 있는 사람도 있고, 보조 기구를 이용하여 걸을 수 있는 사람도 있을 수 있기 때문입니다. 그러나 앉은뱅이는 누군가의 도움이나 어떤 보조 기구로도 일어서는 것 자체가 아예 불가능한 사람입니다. 한마디로 앉은뱅이는 태어난 이래 어떤 수단에 의해서도 단 한 번도 일어서 본 적이 없는 사람을 일컫는 용어입니다. 이런 관점에서 본문 속 걸인은 하반신 장애를 지닌 사람이거나 단순히 못 걷는 이가 아닌 앉은뱅이였습니다. 그는 출생 이후 단 한 번도 일어서 본 적이 없는 사람이었기 때문입니다. 이것은 베드로가 그 걸인에게 '예수 그리스도의 이름으로 걸으라'고 말하지 않고, '예수 그리스도의 이름으로 일어나 걸으라'고 명함으로 먼저 일어날 것을 강조한 것으로도 입증되고 있습니다. 그래서 한글 성경 중 개역개정판을 제외한 성경, 이를테면 개역한글, 공동번역, 현대인의 성경, 표준새번역은 모두 그 사람을 앉은뱅이로 기술하고 있습니다.

저 역시 앉은뱅이란 용어를 사용하는 것은 그 걸인을 비하하거나 차별하기 때문이 아니라, 맹인을 시각장애인으로 대체하듯 앉은뱅이를 대체할 수 있는 명확한 용어가 아직까지는 우리말에 없기 때문입니다. 그러므로 그 걸인의 이야기가 끝나기까지 앞으로 제가 계속 '앉은뱅이'란 용어를 사용하더라도 오해가 없으시기를 바랍니다. 우리가 장애를 지닌 사람을 어떻게 부르느냐도 중요하지만, 실은 그보다 더 중요한 것은 어떤 마음으로 그를 대하느냐는 우리의 중심이 아니겠습니까?

솔로몬의 행각에 선 베드로는 선천성 앉은뱅이를 치유해 주신 분이 예수 그리스도시요, 우리 믿음의 출처와 시발점 또한 예수 그리스도이심을 역설했습니다. 지금 자기 앞에 서 있는 유대인들이 예수 그리스도를 십자가에 못박아 죽였지만, 하나님께서 예수 그리스도를 다시 살리시고 부활의 구주가 되게 하였다는 사실도 빠뜨리지 않았습니다. 그리고 베드로의 설교는 본문 17절에서 이렇게 이어지고 있습니다.

형제들아 너희가 알지 못하여서 그리하였으며 너희 관리들도 그리한 줄 아노라.

참으로 놀라운 선포입니다. 유대인들은 스스로 하나님의 선민임을 자랑하였습니다. 그런데 이방인도 아닌 그 유대인들이 성부 하나님께서 보내신 성자 하나님을 못박아 죽이는 천인공노天人共怒할 범죄를 저질렀습니다. 우리말 '관리'로 번역된 헬라어 '아르콘 ἄρχων', 즉 '지도자'에서부터 민간인에 이르기까지 예루살렘에 사는 유대인들은 모두 예수 그리스도를 죽인 주범이 아니면 공범인 셈이었습니다. 그렇다면 감히 신성모독죄를 범한 그들을, 천벌을 받아 마땅한 자로 매도함이 타당하지 않겠습니까? 그런데도 베드로는 그들을 매도하기보다는 도리어 너희가 알지 못해서, 무지해서 그런 잘못을 범했음을 안다고 말했습니다. 지금 베드로는, 하나님에 대한 그릇된 지식과 인간적 편견으로 인해 예수님을 못박아 죽였던 유대인들의 무지와 어리석음을 이해해 주고 있는 것입니다. 그뿐만이 아닙니다.

그러나 하나님이 모든 선지자의 입을 통하여 자기의 그리스도께서 고난 받으실 일을 미리 알게 하신 것을 이와 같이 이루셨느니라(18절).

베드로는 유대인들의 무지와 편견으로 인해 역설적으로 예수 그리스도의 십자가 죽음을 통한 하나님의 구원이 성취되었음을 밝혔습니다. 성자 하나님이신 예수 그리스도를 못박아 죽인 유대인들을 질책하고 매도하고 부정하기보다는, 오히려 그들의 무지함을 이해해 주고 그들을 통해 신비스런 하나님의 구속 사업이 성취되었음을 일깨워 주는 것은 놀라운 관용의 사랑이 아닐 수 없습니다. 대체 베드로의 이 관용의 사랑이 어디에서부터 비롯되었겠습니까?

주님께서 체포당하시기 직전 겟세마네 동산에서 하나님께 최후의 기도를 드리셨습니다. 땀에 피가 배어 나올 정도의 처절한 기도였습니다. 목전에 임박한 당신의 죽음을 보며 드린 기도이니 오죽했겠습니까? 주님께서 얼마나 괴로우셨던지, 특별히 베드로와 요한 그리고 야고보에게 당신을 위해 기도해 줄 것을 당부하시기까지 했습니다. 한동안 기도하시던 주님께서 세 제자를 찾아가셨을 때, 그들은 주님을 위해 기도하기는커녕 잠에 곯아떨어져 있었습니다. 그때의 상황을 마태복음 26장 40절이 밝혀 주고 있습니다.

> 제자들에게 오사 그 자는 것을 보시고 베드로에게 말씀하시되 너희가 나와 함께 한 시간도 이렇게 깨어 있을 수 없더냐.

이 말을 들은 베드로가 얼마나 부끄러웠겠습니까? 3년 동안 모신 스승으로부터 처음이자 마지막으로 당신을 위한 기도 부탁을 받았음에도 잠에 곯아떨어져 있었으니, 그 순간 베드로가 느꼈을 수치심이 얼마나 컸겠습니까? 중요한 사실은 주님의 말씀이 그것으로 끝난 것이 아니라 다음과 같이 계속되었다는 점입니다.

> 시험에 들지 않게 깨어 기도하라 마음에는 원이로되 육신이 약하도다(마 26:41).

주님께서는 비록 베드로를 포함한 세 제자가 한 시간도 버티지 못하고 잠에 곯아떨어졌지만, 그들이 마음으로는 간절히 기도하기 원하고 있었음을 인정해 주셨습니다. 마음으로 기도하기 원하면서도 육체가 마음을 따라가지 못하는 제자들의 연약함을 주님께서 이해해 주신 것이었습니다. 그래서 제자들이 두 번째 다시 잠들었을 때에도 주님의 반응은 다음과 같았습니다.

다시 오사 보신즉 그들이 자니 이는 그들의 눈이 피곤함일러라(마 26:43).

우리말 '피곤하다'로 번역된 헬라어 '바레오βαρέω'는 온몸을 내리 짓누르는, 도저히 주체할 수 없는 피곤의 상태를 의미합니다. 주님께는 또다시 잠에 빠진 제자들을 보시고서, 그 밤늦은 시각, 천근 같은 눈꺼풀의 무게를 이기지 못해 재차 깊은 잠에 떨어진 그들의 피곤함을 이해해 주신 것입니다. 그것은 제자들에 대한 주님의 관용의 사랑이었습니다. 연약하기 짝이 없었던 베드로는 주님의 이 관용의 사랑 속에서 사도 베드로가 될 수 있었습니다. 그리고 그가 지금 자신 앞에 있는 유대인들에게 바로 주님의 그 관용의 사랑을 베풀고 있는 것입니다. 그렇기에 그날 베드로의 설교를 듣고 주님을 영접한 사람이, 여자와 아이를 제외하고서도 물경 5천 명에 달했음을 사도행전 4장 4절이 밝혀 주고 있습니다. 만약 베드로가 그들에게 관용의 사랑을 보여 줌이 없이 질책을 위한 질책만을 했더라면 결코 일어날 수 없는 대역사였습니다. 베드로가 관용의 사랑을 베풀 때 관용의 주님께서 베드로를 통해 역사하신 결과였습니다.

우리는 여기에서 대단히 소중한 깨달음을 얻게 됩니다. 자기 자신을 향한 주님의 관용의 사랑을 깨닫는 사람만 타인에게도 관용의 사랑을 베풀 수 있다는 사실입니다.

그러나 상대를 이해하고 관용의 사랑을 베푼다는 것은, 상대를 현재의 상태에 방치하는 것을 의미하지 않습니다. 베드로는 본문 19절 상반절을 통하여 유대인들에게 다음과 같이 촉구하고 있습니다.

그러므로 너희가 회개하고 돌이켜 너희 죄 없이 함을 받으라.

베드로가 그들에게 관용의 사랑을 베푼 것은 그들로 하여금 회개하고 죄 씻음을 받게 하기 위함이었습니다. 회개한다는 것은 가던 길에서 돌아서는 것을 뜻합니다. 그 역시 예수 그리스도의 방법이었습니다. 주님께서 베드로에게 관용의 사랑을 베푸신 것 역시 그를 돌이켜 주님 안에 거하게 해주시기 위함이었습니다. 주님의 그 은혜를 입은 베드로가 유대인들에게 관용의 사랑을 베풀며, 그릇된 인생길에서 예수 그리스도를 향해 돌이켜 죄사함 받기를 촉구한 것은 지극히 자연스런 일이었습니다.

누구든지 예수 그리스도에게로 돌아서면 죄사함을 받는다는 것은 주님의 약속입니다. 그렇다면 주님께 돌이켜 죄사함을 받아야 할 이유는 무엇입니까? 베드로는 그 해답을 이렇게 제시하고 있습니다.

이같이 하면 새롭게 되는 날이 주 앞으로부터 이를 것이요(19절 하).

돌이키지 않으면 안 되는 이유는 돌이켜야만 예수 그리스도 안에서 "새롭게 되는 날"이 주어지기 때문입니다. 우리말 '날'로 번역된 헬라어 '카이로스καιρός'는 삼위일체 하나님에 의해 주어지는 결정적인 시간을 의미합니다. 그렇다면 본문이 의미하는 바가 대체 무엇입니까? 주님을 향해 돌아서지 않으면, 주님 안에서 새롭게 되는 결정적인 시간이 결코 주어지지 않는다는 말입니다. 이것은 너무나도 당연하지 않겠습니까? 주님을 향해 돌이키지 않는 사람이라면 결국 허망한 자기 욕망의 길로 치닫는 사람일 수밖에 없고, 그 길의 종착점은 공동묘지에 불과할 것인즉, 그 죽음의 길 위에 대체 무슨 새롭게 되는 결정적인 시간이 있을 수 있겠습니까?

그래서 한때 자기 욕망의 길을 좇던 솔로몬이 이렇게 한탄하지 않았습니까?

> 이미 있던 것이 후에 다시 있겠고 이미 한 일을 후에 다시 할지라 해 아래에는 새것이 없나니 무엇을 가리켜 이르기를 보라 이것이 새것이라 할 것이 있으랴 우리가 있기 오래전 세대들에도 이미 있었느니라 이전 세대들이 기억됨이 없으니 장래 세대도 그 후 세대들과 함께 기억됨이 없으리라(전 1:9-11).

정말 그렇지 않습니까? 오늘 우리가 새것이라고 하는 것은 언젠가 이미 있었던 것에 지나지 않습니다. 새로운 발명품이라 해도 내일이면 이내 헌것이 되고 맙니다. 그리고 우리가 몇십 년 전 이 세상을 떠난 사람들을 전혀 기억하지 않고 살듯이, 이제 몇십 년 후면 이미 흙으로 화해 버렸을 우리 역시 모든 사람의 기억 속에서 말끔히 지워지고 말 것입니다. 이것이 인생일진대 그 속에 무슨 새것, 무슨 새 시간이 있을 수 있겠습니까?

솔로몬은 또 이렇게 한탄하기도 했습니다.

> 나는 내 마음에 이르기를 자, 내가 시험삼아 너를 즐겁게 하리니 너는 낙을 누리라 하였으나 보라 이것도 헛되도다(전 2:1).

솔로몬은 한때 혹 쾌락 속에는 새것이 있을까 하고 쾌락을 좇기도 했습니다. 어느 정도 쾌락에 탐닉하였는가 하면 처첩을 무려 1천 명이나 거느릴 정도였습니다. 그러나 그 결과는 바람을 잡는 것처럼 헛되기 짝이 없고, 소태 껍질처럼 쓰디쓰기만 했습니다. 쾌락은 추구하면 할수록 자기 생명을 스스로 갉아먹는 자기 소멸만 남을 뿐, 참된 새것이 있을 리 만무했습니다.

그러나 베드로는 그 욕망의 길, 그 죽음의 길에서 돌이켜 예수 그리스도 안에 거하기만 하면 반드시 새롭게 되는 결정적인 시간이 주어짐을 역설하고 있습니다. '새롭게 되는'으로 번역된 헬라어 명사 '아나프쉬크시스 ἀνάψυξις'는 '상쾌하게 함', '신선하게 함', '원기 회복refreshment'이란 의미입니다. 생각해 보십시오. 자기 죽음의 길을 치닫던 인간이 돌이켜, 죽음을 깨뜨리고 부활하신 길이요, 진리요, 생명이신 예수 그리스도 안에 거할 때, 어찌 그 인생이 새로워지고, 신선해지고, 영육 간에 원기가 회복되는 결정적인 시간이 주어지지 않겠습니까?

우리는 오늘의 본문을 통해, 우리가 예수 그리스도께 완전히 돌아서기 전까지는 우리 인생에 진정한 의미에서 신선하고, 상쾌하며, 영육 간에 우리의 원기를 북돋아 주는 결정적인 시간이 주어질 수 없음을 깨닫게 됩니다. 이런 관점에서 여러분의 하루는 어떻습니까? 맑은 새벽 공기처럼 신선합니까? 제비가 창공을 가르듯 상쾌합니까? 화산이 분출하듯 영육 간에 원기가 샘솟고 있습니까? 아니면 매일 매 순간이 물거품처럼 의미 없이 사라지고 있습니까?

두 손으로 물을 건져 올리려 해보십시오. 물이 손에 담긴 것 같다가도 이내 새어 버리고 맙니다. 그물로 모래를 건져 올리려 해도 결과는 마찬가지입니다. 사람이 생존하기 위해서는 물이 필수적이고, 집을 짓기 위해서는 모래도 있어야 합니다. 그러나 그 귀중한 것을 담을 수 없는 것에 담으려 하면, 그 모두를 의미 없이 버려 버리는 결과를 초래할 뿐입니다. 의미 있는 것을 의미 없이 탕진하는 행위 속에 신선함이나 상쾌함이 있을 리 없습니다. 물은 그릇에 담겨야 사람을 살리는 신선하고 상쾌한 생수가 되고, 모래는 시멘트와 섞여 굳어져야만 사람들이 그 속에서 원기를 얻는 보금자리가 될 수 있습니다.

　인간이 결국엔 공동묘지에서 끝날 자기 욕망의 길로 치닫는 것은, 손으로 물을 계속 건져 올리려는 것과 같습니다. 대단한 것을 성취하는 것 같지만, 그러나 그 과정에서 정작 중요한 자기 생명을 의미 없이 다 소멸해 버리고 맙니다. 하루하루, 매 순간순간이 뜻도 없이 흩어지다가, 결국엔 물거품처럼 흔적도 없이 사라져 버리는 것입니다. 인간이 생의 연륜이 깊어질수록 허무함을 더욱 뼈저리게 느끼는 이유가 여기에 있습니다. 욕망으로 더럽혀져 마치 쓰레기처럼 버려진 인생으로부터 허무 외에 무엇을 달리 건져 올릴 수 있겠습니까?

　인간이 공동묘지에서 소멸될 자기 욕망의 길에서 돌이켜 길이요 진리요 생명이신 예수 그리스도 안에 거한다는 것은, 예수 그리스도란 영원한 그릇 속에 물과 같이 쏟아지기 쉬운 자신의 인생을 고이 담는 것을 의미합니다. 모래처럼 흩날려 버리기 쉬운 자신의 나날을 예수 그리스도란 시멘트와 결합시키는 것을 뜻합니다. 그래서 아무 가치도 없는 파편처럼 산산이 흩어져 버릴 인간의 시간이, 예수 그리스도의 영원한 생명 속에서 서로 통합되고 영원한 의미와 가치의 집합으로 새롭게 구축되는 것입니다. 날이면 날마다 예수 그리스도의 절대적인 시간 속에서, 영원한 의미와 가치로 확대재생산 되는 삶보다 더 신선하고 상쾌하며, 더 원기를 북돋아 주는 삶이 어디에 있겠습니까?

　이것이 예수 그리스도 안에서만 가능함은, 그분만 당신의 죽음으로 우리의 죗값을 대신 치르심으로 구원의 문을 열어 주셨고, 그분만 죽음을 깨뜨리고 부활하시어 우리 앞에 영원한 생명의 길을 닦아 주셨기 때문입니다. 주님께서 우리의 모든 허물에도 불구하고 오늘도 우리를 불러 주시고 이 귀한 사실을 재확인시켜 주시는 것은, 주님께서는 우리의 연약함을 아시는 관용의 주님이신 까닭입니다. 이 사실을 깨달은 사람에게 남은 것은, 지금 당장 그분을 향해 돌아서는 것입니다. 돌아서되 적당히가 아니라, 완전히 돌아서는 것입니다. 그것만이 자기 인생을 공동묘지 너머로 건져 올리는, 유일하게 상쾌한 길입니다.

그동안 나는, 머지않아 흙으로 이지러져 버릴 나의 손으로 나의 인생을 건져 올리려 했습니다. 공동묘지에서 끝나 버릴 나의 능력으로 나의 시간들을 세우려고 했습니다. 그래서 나의 지난 세월들은 손안의 물처럼, 의미 없이 모두 흩어져 버리고 말았습니다. 주님께서 주신 나의 시간들을 이처럼 덧없이 탕진하였음에도 나를 버리시기는커녕, 오늘도 주님 앞으로 다시 불러 주신 주님의 관용의 사랑에 감사를 드립니다.

이제부터 우리 모두 우리의 길에서 돌이켜, 오직 길이요 진리요 생명이신 주님 안에 거하게 하여 주옵소서. 우리 인생의 나날들을 주님 안에 고이 담게 하여 주옵소서. 주님의 절대적인 시간 안에서, 우리의 매 시간이 영원한 의미와 가치로 승화되게 하옵소서. 우리의 인생이 날로 신선하고 상쾌하며, 영육 간에 원기가 소생되게 하옵소서.

그리하여 우리 또한 관용의 사랑으로 뭇사람을 주님께로 돌이키게 하는, 이 시대의 사도들이 되게 하옵소서. 아멘.

11. 주 앞으로부터

사도행전 3장 17-21절

형제들아 너희가 알지 못하여서 그리하였으며 너희 관리들도 그리한 줄 아노라 그러나 하나님이 모든 선지자의 입을 통하여 자기의 그리스도께서 고난받으실 일을 미리 알게 하신 것을 이와 같이 이루셨느니라 그러므로 너희가 회개하고 돌이켜 너희 죄 없이 함을 받으라 이같이 하면 새롭게 되는 날이 **주 앞으로부터** 이를 것이요 또 주께서 너희를 위하여 예정하신 그리스도 곧 예수를 보내시리니 하나님이 영원 전부터 거룩한 선지자들의 입을 통하여 말씀하신바 만물을 회복하실 때까지는 하늘이 마땅히 그를 받아 두리라

중국 금언 가운데 '구일신苟日新, 일일신日日新, 우일신又日新'이란 말이 있습니다. 직역하면 '진실로 하루가 새로워지려면, 나날이 새롭게 하고, 또 날로 새롭게 하라'는 의미입니다. 본래 중국 사서四書 중 하나인 《대학》(大學, Ta hsueh)에 나오는 이 경구가 유명해진 것은 중국 은殷나라 초대 왕인 탕湯왕에 의해서입니다. 기원전 18세기경 하夏나라를 멸망시키고 은나라를 세운

탕왕은 이 경구를 자신이 매일 사용하는 욕조에 새겨 넣었습니다. 새 나라를 세운 만큼 늘 새로운 마음으로 나라를 다스리기 위함이었습니다. 그 이후 지금까지도 이 경구는 많은 사람들에 의해 인용되고 있습니다. 특히 해가 바뀌고 새해가 되면 우리는 이 경구를 더 자주 접하게 됩니다.

진실로 하루가 새로워지려면, 나날이 새롭게 하고, 또 날로 새롭게 하라.

날마다 새로운 삶을 살기 원하는 이에게, 사람의 말 중에서 이보다 더 적절한 경구는 찾기 어려울 것입니다. 그러나 문제는 이것이 과연 결심만으로 가능할 수 있느냐는 것입니다. 인간이 자신의 결심과 그 결심에 대한 의지만으로 매일매일 새로운 삶을 산다는 것이 가능한 일입니까? 하나님께서는 이사야 선지자를 통해 이렇게 말씀하셨습니다.

너희는 사람을 의지하지 말아라. 그의 숨이 코에 달려 있으니, 수에 셈할 가치가 어디에 있느냐?(사 2:22, 새번역)

'숨'이란 곧 생명입니다. 하나님께서는 인간의 생명, 바꾸어 말해 인간의 죽음이 코에 달려 있어 셈할 가치조차 없다고 말씀하셨습니다. 죽음은 거창하지 않습니다. 아득하게 먼 곳에 있는 것도 아닙니다. 남의 이야기도 아닙니다. 죽음은 언제나 우리의 코끝에 달려 있습니다. 내가 지금 '후—' 하고 내쉰 숨을 우리의 코가 다시 들이켜지 못하면 그것이 곧 죽음입니다. 그렇다면 그 이후에는 대체 무슨 일이 벌어집니까?

사람은 숨 한 번 끊어지면 흙으로 돌아가니, 그가 세운 모든 계획이 바로 그날로 다 사라지고 만다(시 146:4, 새번역).

우리의 코끝에서 호흡이 멎음과 동시에 우리가 품고 있던 모든 계획은 안개처럼 사라져 버리고, 우리의 육체는 그 즉시 흙으로 화하기 시작합니다. 바로 이것이 인간의 실상이요, 우리의 한계입니다. 이처럼 죽음을 코끝에 달고 다니는 유한하기 짝이 없는 인간이 단지 결심하는 것으로만 나날이 새로워지고, 또 날로 새로워질 수 있겠습니까? 은나라의 탕왕이 자신이 매일 사용하는 욕조에 '구일신, 일일신, 우일신'을 새겨 넣고 날마다 그 경구를 재확인했다는 것 자체가, 인간이 자신의 의지만으로 새로워지는 것은 불가능함을 역설적으로 웅변해 주고 있지 않습니까?

사람의 죽음에 대한 묘사 가운데, '숨을 거두다'란 표현이 있습니다. 생명이 숨일진대, 코끝에 달려 있던 숨을 거두는 것으로 죽음을 묘사하는 것은 얼마나 탁월한 표현입니까? 그러나 이와 관련하여 제기되는 질문이 있습니다. 한 인간의 죽음이 숨을 거두는 것을 의미한다면, 그 숨을 거두는 주체는 과연 누구입니까? 죽음을 맞는 당사자 자신이 자신의 숨을 직접 거두는 것입니까? 아니면 그의 외부로부터 누군가가 그의 숨을 거두는 것입니까? 이 질문에 대한 해답을 얻기 위해서는 인간의 일생을 되돌아볼 필요가 있습니다.

인간의 생명은 어머니의 자궁 속에서 잉태되는 순간부터 시작됩니다. 그렇지만 그 순간부터 사람으로 불리는 것은 아닙니다. 이 세상에 태어나 사람으로 불리기 전까지 이 생명체는 태아로 구별됩니다. 그리고 사람과 태아의 구별 기준은 무엇으로 호흡하느냐는 것입니다. 태아는 어머니의 자궁 속에 거하는 몇 달 동안 배에 붙어 있는 탯줄을 통해 호흡하게 됩니다. 만약 태아가 자궁 속에서 코로 호흡하려 하면 이내 죽어 버리고 말 것입니다. 코로 숨을 쉬지 못하는 태아가 생명체임에는 틀림없지만, 그러나 사람이라 불리지는 않습니다. 단지 태 속에 있는 태아일 뿐입니다. 그러나 그 태아가 기한이 차서 세상에 나오는 순간부터 코로 숨을 쉬기 시작합니다. 이 세상에서는 코로 숨을 쉬는 길 이외에는 달리 살아 있을 방법이 없습니다. 그리고 코로 숨을 쉬기 시작하면서부터 태아는 태아가 아닌, 사람으로 불리기 시작합니다.

그러다가 그의 코끝에서 숨이 멎는 순간부터 그는 또다시 사람이 아니게 됩니다. 숨이 멎음과 동시에 그는 시체로 불립니다. 시체는 시체가 되는 즉시 격리의 대상이 됩니다. 시체가 아무리 사람의 모습을 지니고 있어도 더 이상 더불어 살아야 할 사람이 아니기 때문입니다. 이렇듯 코로 숨을 쉬기 전의 태아도, 코끝의 숨이 멎어 버린 시체도, 결코 사람으로 불리지 않습니다. 이 세상에서 코로 숨을 쉬기 시작하는 순간부터 시작하여 코의 숨이 멎는 순간까지의 기간—바로 그 기간 동안만 사람은 사람으로 불리고 또 사람으로 존재하게 됩니다.

어머니의 태문胎門을 지나 이 세상에 태어나는 모든 인간은 그 얼굴을 하늘을 향하여 나옵니다. 간혹 머리보다 다리가 먼저 나온다든가 하는 불상사가 전혀 없는 것은 아니지만, 그러나 인간이 머리부터 하늘을 향해 태어난다는 것은 생명의 법칙입니다. 모든 인간이 그 얼굴로 하늘을 향하여 이 세상에 태어난다는 것은, 이 세상에서 인간이 행하는 최초의 호흡이 하늘을 향하여 시작됨을 의미하고 있습니다. 하늘을 향하여 최초로 들이마시고 내어 뿜는 숨—바로 그 숨으로부터 사람의 삶이 시작됩니다.

사람이 죽는 장소, 곧 사람의 숨이 넘어가는 장소는 사람마다 다 같지 않습니다. 어떤 사람은 집 안에서 코끝의 숨이 멎을 수도 있고, 어떤 사람의 호흡은 병원에서 끝날 수도 있습니다. 그러나 인간의 호흡이 어디에서 멎든, 거기에도 공통점은 있습니다. 전쟁터에서 폭격으로 사망한다든지 혹은 교통사고로 생명을 잃는 것과 같은 이례적인 경우를 제외하고는, 모든 인간은 코끝에서 숨이 멎는 순간에도 그 얼굴이 하늘로 향하게 되어 있습니다. 즉 사람의 마지막 숨 역시 하늘을 향해 내뿜게 되며, 바로 그것으로 사람의 일생이 끝납니다.

하늘을 향해 시작된 인간의 호흡이 하늘을 향해 끝나고, 그 호흡의 길이만큼 인간이 이 세상에서 사람으로 존재한다는 것은 얼마나 위대한 성경적 메시지입니까? 인간의 숨이 하늘을 향해 시작되었다가 하늘을 향해 멈춘다는 것을 성경적으로 표현하면, 하나님께서 위로부터 호흡을 주시매 인간의 생명이 시작되고, 하나님께서 위에서 호흡을 거두시매 인간의 생명이 끝난다는 말이 됩니다. 그렇기에 모든 인간은 태어날 때나 죽을 때나 그 얼굴이 하늘을 향할 수밖에 없습니다. 호흡을 주시는 분도 하나님이시요, 그 호흡을 거두어 가시는 분도 하나님이시기 때문입니다. 이 사실을 분명하게 터득했던 시편 기자는, 그래서 다음과 같이 고백하고 있습니다.

> 주께서 호흡을 거두어들이시면 그들은 죽어서 본래의 흙으로 돌아갑니다. 주께서 주님의 영[숨]을 불어넣으시면, 그들이 다시 창조됩니다(시 104:29하-30상, 새번역).

본래 진흙에 지나지 않았던 미물이 사람으로 존재할 수 있는 것은 하나님께서 호흡을 주셨기 때문이요, 사지백체와 오장육부를 지닌 멀쩡한 인간이 흙으로 돌아갈 수밖에 없는 것은 하나님께서 인간의 숨을 거두어 가시기 때문입니다. 인간의 생명인 호흡, 숨의 주체는 인간 자신이 아닌 하나님이신 것입니다. 여기에서 우리는 대단히 중요한 깨달음을 얻게 됩니다. 우리의 숨을 전적으로 주관하시는 분이 하나님이시며, 하나님께서 허락하시는 호흡의 기간 동안만 우리가 이 땅에서 사람으로 존재할 수 있다면, 호흡의 근원 되시는 하나님을 향해 하나님과 더불어 호흡할 때에만 우리는 진정 사람다운 사람으로 이 세상을 살 수 있고, 우리의 매일매일이 새로워질 수 있다는 것입니다. 오늘 본문이 우리에게 주는 메시지가 바로 이것입니다.

성전 미문 앞에서 구걸하던, 40여 세의 선천성 앉은뱅이가 일어나 걷게 된 것과 관련하여 베드로가 솔로몬의 행각에서 설교하기 시작했습니다. 베드로는 그 걸인을 치유해 주신 분은 예수 그리스도시요, 우리 믿음의 출처와 시발점 역시 예수 그리스도이심을 역설하였습니다. 그리고 베드로의 설교는 본문 19절에 이르러 다음과 같이 이어지고 있습니다.

> 그러므로 너희가 회개하고 돌이켜 너희 죄 없이 함을 받으라 이같이 하면 새롭게 되는 날이 주 앞으로부터 이를 것이요.

본문의 내용은 사도행전 2장 38절을 연상시켜 주고 있습니다. 오순절 날 성령님께서 제자들에게 임하셨을 때, 성령 충만한 제자들을 보고 술에 취한 것으로 오해하는 사람들이 있었습니다. 그때 베드로가 행한 설교가 그들의 오해를 불식시켜 주었습니다. 베드로의 설교에 양심의 찔림을 받은 무리들이 베드로에게 '우리가 어찌할꼬?' 탄식하며 묻자, 사도행전 2장 38절을 통한 베드로의 답변은 다음과 같았습니다.

> 너희가 회개하여 각각 예수 그리스도의 이름으로 세례를 받고 죄사함을 받으라 그리하면 성령의 선물을 받으리니.

베드로의 이 답변은 오늘의 본문인 사도행전 3장 19절과 같은 내용의 다른 표현입니다. 이를테면 2장 38절에 대한 설명이 3장 19절이요, 3장 19절에 대한 주석이 2장 38절인 셈입니다. 먼저 베드로는 회개하고 죄사함을 받으면 성령의 선물을 받는다고 말했습니다. 그리고 이번에는 회개하고 죄사함을 받으면 새롭게 되는 날을 얻게 된다고 말했습니다. 그러므로 이 두 절을 종합하면, 회개하고 죄사함을 얻어 성령 충만한 삶을 산다는 것은 날마다 새롭게 되는 삶을 사는 것, 탕왕의 표현을 빌리자면 '일일신, 우일신'하는 것임을 알게 됩니다.

우리는 지난 시간에 본문에서 우리말 '새롭게 되는'으로 번역된 헬라어 '아나프쉬크시스'는 '상쾌하게 함', '신선하게 함', '원기 회복refreshment'의 의미를 지닌 단어라고 했습니다. 그런데 이 단어는 '다시again' 혹은 '위로up'의 뜻을 지닌 전치사 '아나ἀνά'와 '호흡', '숨'을 의미하는 명사 '프쉬크시스ψυξις'의 합성어입니다. 그러므로 인생이 상쾌하고도 신선하게 새로워지고, 또 새로운 원기를 얻기 위해서는 반드시 '다시 호흡'하고 '위를 향해' 호흡해야 함을 알게 됩니다. 이것이 구체적으로 무슨 의미이겠습니까?

창세기 2장 7절은 하나님께서 흙으로 사람을 지으시고 그 콧속에 당신의 생기를 불어넣어 주심으로 사람이 생령, 즉 사람다운 영적 존재가 되었음을 밝혀 주고 있습니다. 여기에서 우리말 '생기'로 번역된 히브리어 '네솨마 하이ח הנשׁמת'는 '호흡', '숨'을 의미합니다. 하나님께서 당신의 숨을 인간의 코에 불어넣어 주시매 사람이 사람이 된 것입니다. 그러나 타락한 인간은 죄로 말미암아 하나님의 영원한 호흡을 상실해 버리고 말았습니다. 인간의 죄가 하나님과 인간 간의 관계를 단절시켰다는 것은, 인간이 하나님의 영원하신 호흡과 단절된 것을 의미합니다. 그 이후 인간에게 남은 것은 더 이상 하나님의 호흡이 아닌, 단지 인간 육체의 호흡일 뿐입니다. 안타까운 것은 그 호흡은 거듭하면 거듭할수록 더욱 인간의 수명을 단축시키는 죽음의 호흡이라는 것입니다. 그렇지 않습니까? 우리가 이 세상에 태어난 이래 지금까지 숨을 쉬었다는 것은, 그만큼 우리의 수명이 덧없이 날아가 버렸음을 뜻하지 않습니까? 그 죽음의 호흡 속에 무슨 '일일신, 우일신'이 있을 수 있겠습니까?

따라서 우리가 정녕 영육 간에 상쾌하고도 신선한 새로운 삶을 살기 위해서는 우리의 죄로 말미암아 상실했던 하나님의 그 영원한 호흡을 다시 회복하지 않으면 안 됩니다. 눈을 들어 위를 향해, 위로부터 임하는 하나님의 호흡으로 살아가지 않으면 안 됩니다. 이 사실을 깨닫고 나면 우리는, 부활하신 주님께서 마가의 다락방에서 제자들에게 보여 주셨던 언행의 참된 뜻을 비로소 바르게 이해할 수 있습니다.

주님께서 죽음을 깨뜨리고 이미 부활하셨음에도 제자들은 그 사실을 믿지 못해 여전히 겁에 질린 채 소위 마가의 다락방에 숨어 있었습니다. 주님께서는 친히 그곳으로 제자들을 찾아가시어 당신의 부활을 제자들에게 직접 확인시켜 주셨습니다. 그리고 당시의 상황과 관련하여 요한복음은 다음과 같이 전해 주고 있습니다.

> 예수께서 또 이르시되 너희에게 평강이 있을지어다 아버지께서 나를 보내신 것같이 나도 너희를 보내노라 이 말씀을 하시고 그들을 향하사 숨을 내쉬며 이르시되 성령을 받으라(요 20:21-22).

주님께서는 주님의 승천 이후 성령님께서 오실 것을 이미 제자들에게 약속하신 바가 있었습니다. 그런데 주님께서는 승천하시기 전, 제자들에게 "성령을 받으라" 말씀하시면서 당신의 숨을 제자들에게 불어 주셨습니다.

우리는 주님께서 왜 이렇게 하셨는지 이제 그 이유를 바르게 알게 됩니다. 주님께서는 그렇게 하심으로, 죄로 말미암아 상실한 하나님의 호흡을 제자들에게 회복시켜 주신 것이었습니다. 성령을 일컫는 히브리어 '루아흐חור' 역시 '호흡', '숨'이란 의미를 지니고 있습니다. 호흡은 곧 생명이라고 했습니다. 성령님은 살아 계신 하나님의 영이신 동시에 하나님의 호흡, 하나님의 숨결입니다. 그러므로 삼위일체 하나님이신 예수 그리스도께서 제자들에게 성령을 받으라고 명령하시며 당신의 숨을 제자들에게 회복시켜 주신 것은 너무나도 당연한 일이었습니다. 예수 그리스도 안에서 삼위일체 하나님의 호흡을 회복할 때만 그 인생이 진정 상쾌하고 신선할 수 있으며, 영육간에 참된 원기를 회복할 수 있기 때문입니다.

   이 사실을 누구보다 잘 알고 있던 베드로는 본문을 통해 누구든지 그릇된 삶의 길에서 예수 그리스도를 향해 돌이키기만 하면, 새롭게 되는 날이 '주 앞으로부터' 이를 것을 강조하였습니다. 길이요 진리요 생명이신 예수 그리스도의 호흡 속에서만 하나님의 숨결을 회복할 수 있고, 하나님의 영원한 호흡으로 숨 쉴 때에만 자기 경험상 '구일신, 일일신, 우일신'이 가능하기 때문임은 두말할 나위도 없습니다.

   구약성경에 에스겔 37장은 '마른 뼈 골짜기의 환상'에 대해 전해 주고 있습니다. 온 골짜기를 가득 메우고 있는 마른 뼈를 살린 것은 인간의 능력이나 물질이 아니었습니다. 그 마른 뼈들을 살린 것은 하나님의 '루아흐', 즉 하나님의 생기, 하나님의 숨결이었습니다. 하나님의 숨결이 마른 뼈들에 닿는 즉시 뼈들이 이리저리 맞춰지고, 그 위에 힘줄이 생기고 살이 오르더니 하나님의 큰 군대로 회복되었습니다. 만약 누구든지 자신의 호흡만으로 타인이나 자신의 인생을 바로 세울 수 있다고 믿는 사람이 있다면, 그는 자신의 숨결로 에스겔 골짜기의 마른 뼈를 살리려는 사람처럼 어리석은 인간입니다. 오직 예수 그리스도 안에서 하나님의 호흡을 회복할 때에만 그 인생이 상쾌하고 신선하게 새로워질 수 있습니다. 하나님의 숨결만이 전능한 창조의 숨결이기 때문입니다.

무엇이 회개인 줄 아십니까? 셈할 가치조차 없는 자신의 호흡만을 의지하던 어리석은 삶에서 돌이켜, 예수 그리스도 안에서 위를 향해, 하나님을 향해 얼굴을 치켜드는 것입니다. 죄사함을 받고 성령 충만한 삶을 산다는 것은 또 무엇을 의미하는 줄 아십니까? 예수 그리스도 안에서 위로부터 임하는 하나님의 호흡을 회복하고 하나님의 호흡으로 살아가는 것입니다. 그때 왜 내게 새롭게 되는 결정적인 순간이 주 앞으로부터 주어지는 줄 아십니까? 천지를 창조하신 하나님께서 예수 그리스도 안에서 당신의 창조의 숨결로 나를 새로이 빚어 주시기 때문입니다. 하나님의 그 영원한 호흡에 의해 우리 속에 참되고 영원한 자아가 회복되는 것보다 더 상쾌하고 신선한 일은 없습니다. 하나님의 영원한 호흡의 통로가 되어 사람을 살리는 진정한 그리스도인으로 살아가는 것보다 더욱 우리의 원기를 소생케 하는 일은 없습니다.

잊지 마십시오. 인간의 호흡을 의지하는 사람의 마지막 호흡은 죽음의 신호일 뿐이지만, 예수 그리스도 안에서, 예수 그리스도의 말씀 안에서, 하나님의 숨결로 호흡하는 사람의 마지막 숨은 영원으로 향하는 미문이 됩니다. 그래서 베드로는 지금도 솔로몬의 행각에서 우리를 향해 이렇게 외치고 있습니다.

"회개하고 돌이켜 너희 죄 없이 함을 받으라. 이같이 하면 새롭게 되는 날이 주 앞으로부터 이를 것이라."

하나님을 믿는다면서도 그동안 하나님의 호흡을 외면한 채, 하루하루 죽어 가는 나의 호흡만을 의지하며 살아왔습니다. 나의 코끝에서 나의 호흡이 멎는 순간 나를 책임져 주실 분은 하나님뿐이심에도, 애써 하나님의 호흡을 외면하며 살아왔습니다. 그래서 겉으로는 그럴듯해 보이지만, 나의 내면은 언제나 공허하고 무력하며 진부하기만 했습니다.

이 모든 잘못에서 돌이켜, 이제 겸손한 마음으로 회개합니다. 하나님을 향하여 나의 얼굴을 치켜 올립니다. 예수 그리스도 안에서, 영원하신 하나님의 숨결을 회복하게 하옵소서. 천지를 창조하신 하나님의 호흡에 의해, 새롭게 되는 날이 주 앞으로부터 날마다 이르게 하옵소서. 예수 그리스도의 말씀 안에서, 우리의 매일매일이 '일일신, 우일신'으로 이루어지게 하옵소서.

지금 주님 앞에 머리 숙인 우리 모두 베드로처럼, 에스겔처럼, 하나님의 영원한 호흡으로 마른 뼈와 같은 이 시대를 살리는 성령 충만한 그리스도인으로 살아가게 하옵소서. 아멘.

12. 버리게 하셨느니라 성령강림 주일

사도행전 3장 19-26절

그러므로 너희가 회개하고 돌이켜 너희 죄 없이 함을 받으라 이같이 하면 새롭게 되는 날이 주 앞으로부터 이를 것이요 또 주께서 너희를 위하여 예정하신 그리스도 곧 예수를 보내시리니 하나님이 영원 전부터 거룩한 선지자들의 입을 통하여 말씀하신바 만물을 회복하실 때까지는 하늘이 마땅히 그를 받아 두리라 모세가 말하되 주 하나님이 너희를 위하여 너희 형제 가운데서 나 같은 선지자 하나를 세울 것이니 너희가 무엇이든지 그의 모든 말을 들을 것이라 누구든지 그 선지자의 말을 듣지 아니하는 자는 백성 중에서 멸망받으리라 하였고 또한 사무엘 때부터 이어 말한 모든 선지자도 이때를 가리켜 말하였느니라 너희는 선지자들의 자손이요 또 하나님이 너희 조상과 더불어 세우신 언약의 자손이라 아브라함에게 이르시기를 땅 위의 모든 족속이 너의 씨로 말미암아 복을 받으리라 하셨으니 하나님이 그 종을 세워 복 주시려고 너희에게 먼저 보내사 너희로 하여금 돌이켜 각각 그 악함을 **버리게 하셨느니라**

성전 미문 앞에서 구걸하던 40여 세의 선천성 앉은뱅이가 일어나 걷게 된 것과 관련하여 베드로가 솔로몬의 행각에서 설교하였습니다. 베드로는 유대인들이 십자가에 못박아 죽인 예수를 하나님께서 다시 살리셔서 부활의 구주가 되게 하셨고, 그 예수 그리스도께서 앉은뱅이 걸인을 치유해 주셨으며, 하나님에 대한 믿음의 출처와 시발점 또한 예수 그리스도이심을 역설하였습니다. 그리고 그의 설교는 본문 19절에 이르러 절정을 이루고 있습니다.

그러므로 너희가 회개하고 돌이켜 너희 죄 없이 함을 받으라 이같이 하면 새롭게 되는 날이 주 앞으로부터 이를 것이요.

우리는 지난 시간에, '새롭게 된다'로 번역된 '아나프쉬크시스'는 위를 향하여 다시 호흡하는 것임을 알았습니다. 코끝에 죽음을 달고 다니는 유한한 자신의 호흡이 아니라 죄로 말미암아 상실했던 영원하신 하나님의 생기, 하나님의 호흡, 하나님의 숨결을 예수 그리스도 안에서 회복하고, 그 호흡으로 살아가는 것입니다. 천지를 창조하신 하나님의 창조의 숨결, 하나님의 사랑의 숨결, 하나님의 거룩하신 숨결, 하나님의 영원하신 숨결을 예수 그리스도 안에서 호흡하며 살아갈 때, 유한한 우리의 삶이 공허함과 진부함에서 벗어나 진정 새롭게 될 것임은 두말할 나위도 없습니다. 그리고 베드로의 설교는 이렇게 계속되고 있습니다.

또 주께서 너희를 위하여 예정하신 그리스도 곧 예수를 보내시리니 하나님이 영원 전부터 거룩한 선지자들의 입을 통하여 말씀하신바 만물을 회복하실 때까지는 하늘이 마땅히 그를 받아 두리라(20-21절).

여기에서 "주"는 성부 하나님을, "만물을 회복하실 때"란 세상의 종말 곧 하나님의 심판 때를, "하늘"이란 하나님께서 계시는 '하늘 보좌'를 뜻합니다. 따라서 본문은 바로 그 종말의 날, 심판의 날에, 선지자들이 예언했던 것처럼 하나님께서 하늘 보좌 하나님 우편에 계시던 예수 그리스도를 심판주로 재림케 하실 것이란 의미입니다. 그때까지 예수 그리스도께서 하늘 보좌에 계신다는 것은 공간적으로 하늘에 계신다는 소극적인 의미가 아니라, 삼위일체 하나님으로서 성부 하나님과 동일한 권위와 영광 속에 계신다는 의미입니다.

> 모세가 말하되 주 하나님이 너희를 위하여 너희 형제 가운데서 나 같은 선지자 하나를 세울 것이니 너희가 무엇이든지 그의 모든 말을 들을 것이라 누구든지 그 선지자의 말을 듣지 아니하는 자는 백성 중에서 멸망 받으리라 하였고 또한 사무엘 때부터 이어 말한 모든 선지자도 이때를 가리켜 말하였느니라(22-24절).

베드로는 이것이 자신의 개인적인 견해가 아니라 모세와 사무엘을 비롯한 모든 선지자들이 예언해 왔던 내용임을 강조하였습니다.

> 너희는 선지자들의 자손이요 또 하나님이 너희 조상과 더불어 세우신 언약의 자손이라 아브라함에게 이르시기를 땅 위의 모든 족속이 너의 씨로 말미암아 복을 받으리라 하셨으니 하나님이 그 종을 세워 복 주시려고 너희에게 먼저 보내사 너희로 하여금 돌이켜 각각 그 악함을 버리게 하셨느니라(25-26절).

아브라함은 이스라엘 백성의 믿음의 조상입니다. 하나님께서 아브라함을 부르시고 그와 언약을 맺으심으로 이스라엘의 역사가 시작되었습니다. 그렇기에 이스라엘 백성에게 아브라함은 절대적인 존재였습니다. 창세기 22장 18절에 의하면, 하나님께서는 그 아브라함에게 "네 씨로 말미암아 천하 만민이 복을 받으리라"고 약속하셨습니다. 베드로는 하나님께서 약속하셨던 그 '씨'가 하나님에 의해 아브라함의 후손으로 이 땅에 오신 예수 그리스도이심을 밝힘으로 솔로몬 행각에서 행한 자신의 전 설교를 통하여, 예수 그리스도는 그 누구도 부인할 수 없는 하나님의 독생자요, 선지자들이 예언해 온 메시아요, 마지막 날 재림하실 심판주이심을 분명하게 밝혔습니다.

우리가 12주째 살펴보고 있는 사도행전 3장은 40여 세의 선천성 앉은뱅이의 이야기로 시작되었습니다. 날이면 날마다 성전 미문 앞에서 구걸하던 앉은뱅이가 느닷없이 벌떡 일어나 걷는다면 그 얼마나 놀라운 기적입니까? 그래서 사람들은 사도행전 3장 하면, 먼저 벌떡 일어선 앉은뱅이를 연상합니다. 사도행전 3장을 읽으면서도 관심의 초점은 언제나 앉은뱅이에게 집중됩니다. 그러나 솔로몬의 행각에서 설교하는 베드로에게는, 그 앉은뱅이는 더 이상 관심의 대상이 아닙니다. 그의 관심은 오직 예수, 예수 그리스도 뿐입니다. 3주 전에 말씀드린 바와 같이 앉은뱅이가 일어나 걸었다는 것이 기적이 아니라, 그 보잘것없는 앉은뱅이의 삶의 현장 속에 예수 그리스도께서 임하셨다는 것이 기적이요, 예수 그리스도 안에서만 하나님의 영원한 숨결을 회복함으로 그 인생이 정녕 새로워질 수 있기 때문입니다.

우리는 코끝에 죽음을 매달고 다니는 유한한 존재이기에, 삶의 현장에서 항상 많은 문제들과 대면하게 됩니다. 그래서 예수 그리스도를 믿는다면서도 우리의 관심은 언제나 당면한 문제와, 우리가 원하는 방향으로의 문제의 해결입니다. 그 결과 우리의 삶은 진부함을 벗어나지 못하고 있습니다. 아무리 문제를 해결해도 우리의 코끝에 죽음이 매달려 있다는 사실과, 우리의 삶이 공동묘지에서 끝난다는 본질적인 사실에는 아무런 변함이 없기 때문입니다. 우리의 궁극적인 관심은 오직 길이요, 진리요, 생명이신 예수 그리스도이어야 합니다. 예수 그리스도 안에서만 영원하신 하나님의 숨결을 회복할 수 있고, 하나님의 영원한 숨결로 살아가는 한, 사망의 음침한 골짜기 속에서도 영원하신 하나님에 의해 늘 새로워질 수 있습니다.

오늘 우리가 사도행전 3장의 마지막 단락을 접하면서 유의하지 않을 수 없는 것은, 베드로가 솔로몬의 행각에서 자신의 설교를 매듭지으며 예수 그리스도를 마지막 날 만물을 회복하실 심판주로 밝혔다는 사실입니다. 이것은 베드로만의 주장이 아니라 예수 그리스도를 믿는 우리 모두의 신앙고백이기도 합니다. 오늘도 우리는 사도신경을 통해 예수 그리스도에 대한 우리의 신앙을 고백하면서, '전능하신 하나님 우편에 앉아 계시다가 저리로서 산 자와 죽은 자를 심판하러 오시리라'는 우리의 믿음을 재확인하였습니다. 즉 하늘 보좌에 계신 주님께서 만물을 회복하시기 위해 이 땅에 오신다는 것은 산 자와 죽은 자를 심판하시는 것임을 우리는 모두 믿고 있는 것입니다. 주님께서는 하나님을 향해 영혼이 싱싱하게 살아 있는 자와 하나님을 외면하여 그 영혼이 죽어 버린 자, 한마디로 하나님을 믿는 자와 아닌 자에 대한 심판을 통해 만물을 회복하시는 것입니다. 그러므로 똑같은 심판이지만 하나님을 믿는 자와 믿지 않는 자에게 심판의 의미마저 동일한 것은 아닙니다. 이런 관점에서 본문 22-23절을 다시 보시겠습니다.

모세가 말하되 주 하나님이 너희를 위하여 너희 형제 가운데서 나 같은 선지자 하나를 세울 것이니 너희가 무엇이든지 그의 모든 말을 들을 것이라 누구든지 그 선지자의 말을 듣지 아니하는 자는 백성 중에서 멸망 받으리라 하였고.

베드로는 예수 그리스도에 대한 모세의 예언을 인용하면서, 주님을 믿지 않는 사람에게 하나님의 심판은 곧 멸망임을 분명히 하였습니다. 반면에 주님께서는 성경 최후의 장인 요한계시록 22장을 통해 이렇게 말씀하셨습니다.

보라 내가 속히 오리니 내가 줄 상이 내게 있어 각 사람에게 그가 행한 대로 갚아 주리라(계 22:12).

마지막 날, 믿는 이에 대한 주님의 심판은 그가 행한 대로 갚아 주시는 하나님의 상급임을 주님께서 친히 밝혀 주신 것입니다.

오늘날 세상 사람들은 말할 것도 없고 그리스도인조차도 흔히 평등을 외치고 있습니다. 그러나 창세기에서부터 요한계시록까지 성경 전체를 통틀어 평등이란 단어는 단 한 번도 등장하지 않습니다. 성경은 평등equality의 하나님이 아니라 공평equity의 하나님을 가르치고 있습니다. 하나님께서 창조하신 인간 생명의 가치와 존엄성이 평등하다고 해서 삶의 결과에 대한 주님의 평가 역시 평등한 것은 결코 아닙니다. 주님께서는 삶의 결과에 따라 상을 주시는 분이십니다. 주님의 상은 뿌린 것을 거두게 하시고, 뿌린 만큼 거두게 하시는 것으로 나타납니다. 이것이 하나님의 공평이요, 하나님의 정의입니다.

생각해 보십시오. 참수형을 당하고 십자가에 거꾸로 못박히기까지 주님을 위해 진리를 심고 뿌렸던 바울과 베드로가, 하나님을 믿는다면서도 우리처럼 한평생 대충대충 산 사람과, 하나님으로부터 평등한 판정을 받는다면 과연 그 하나님이 공평하신 하나님, 정의의 하나님일 수 있겠습니까? 게다가 그런 하나님을 위하여 우리가 이 땅에서 구태여 최선의 삶을 살아야 할 이유가 어디에 있겠습니까?

그러나 우리는 이미 알고 있습니다. 주님께서 오직 주님만을 위해 살았던 바울과 베드로를 2천 년이 지난 지금까지 뭇사람으로부터 존귀함을 얻게 하실 정도로 믿는 이에 대한 주님의 심판은 하나님의 상급이라는 사실을 말입니다. 그래서 우리는 칠흑같이 어둔 오늘의 현실 속에서도 그리스도인답게 진리를 좇아 진리를 뿌리고 심으며 살아갈 무한한 힘과 용기를 얻게 됩니다. 이 세상에서 그런 삶을 사는 나를 알아주는 사람이 아무도 없고 도리어 그로 인해 상대적인 불이익을 당한다 할지라도, 나의 일거수일투족을 감찰하시는 하나님께서는 마지막 날에 반드시 뿌린 것을 뿌린 만큼 거두게 하시는 공평하신 하나님이시요, 상 주시는 하나님이심을 믿는 까닭입니다.

이처럼 하나님의 심판이 하나님을 부정하는 사람에게는 멸망으로, 믿는 사람에게는 상급으로 드러나는 것은, 똑같은 졸업식이지만 공부를 열심히 한 학생에게는 그날이 영광스러운 수상의 날이요, 낙제생에게는 수치스럽게도 공개적인 탈락의 날이 되는 것과 마찬가지입니다. 이것이 베드로가 본문 26절로 설교의 결론을 삼은 이유입니다.

하나님이 그 종을 세워 복 주시려고 너희에게 먼저 보내사 너희로 하여금 돌이켜 각각 그 악함을 버리게 하셨느니라.

베드로는 하나님께서 예수 그리스도를 이 땅에 보내신 것은 "너희로 하여금 돌이켜 각각 그 악함을 버리게 하심"임을 밝히는 것으로 대단원의 막을 내렸습니다. 바꾸어 말하면 유대인들에게 악함을 버릴 것을 촉구하는 것으로 그의 설교를 끝맺었습니다.

본래 헬라어 원문에는 '버리게 하셨다'는 동사가 문자적으로 나타나 있지 않습니다. 원문에는 '아포스트레프호 ἀποστρέφω'란 동사가 사용되었는데 악함으로부터 '돌이키게 하셨다'는 의미로, 본문에도 우리말로 정확하게 번역되어 있습니다. 그러나 악함으로부터 돌이키기 위해서는 반드시 먼저 버리지 않으면 안 됩니다. 버리는 것이 선행되지 않을 경우 설령 돌이킨다 해도 언제든지 원점으로 회귀할 수 있습니다. 이런 의미에서 '버리게 하셨다'라는 동사가 삽입된 한글 성경은 원문의 의미를 보다 정확하게 전달해 주고 있습니다.

그렇다면 우리는 베드로 설교의 마지막 단락인 오늘의 본문 속에서 우리 믿음과 관련하여 세 가지 중요한 표현을 접하게 됩니다. 첫 번째는 '새롭게 된다'는 것이고, 두 번째는 '주님께서 심판주'시라는 것이며, 마지막은 '악함을 버린다'는 것입니다. 새롭게 되기 위해서는 악함을 버리고 악함으로부터 돌이켜야 하고, 악함을 버리는 사람만 새로워질 수 있음은 재론의 여지도 없습니다. 중요한 사실은 그 둘 사이에 예수 그리스도의 심판이 자리 잡고 있다는 것입니다. 주님의 심판이 새롭게 되는 것과 악함을 버리는 것을 연결시켜 주고 있습니다. 만약 예수 그리스도의 심판이 없다면, 새롭게 되는 것과 악함을 버리는 것이 연결될 수가 없게 되어 있습니다. 이것은 우리에게 얼마나 중요한 메시지입니까?

누가 악함을 버리고 정녕 새로워질 수 있습니까? 누가 악함에서 돌이켜 위를 향해 하나님의 호흡을 회복하고, 하나님의 숨결로 초지일관 살아갈 수 있습니까? 오직 주님의 심판을 믿는 사람입니다. 하나님의 정의는 뿌린 만큼 거두게 하시는 것이요, 믿는 이에게 주님의 심판은 하나님의 상급임을 믿는 사람입니다. 그 사람만 악함에서 떠나 초지일관 하나님의 호흡으로 새로운 나날을 살 수 있습니다. 주님의 심판, 하나님의 상급을 믿지 않는 사람은 일시적으로 악함에서 떠나 새로운 삶을 경험할 수는 있으나 그 삶이 결코 지속될 수 없습니다. 하나님의 상급은 당장 눈에 보이지 않는 반면, 세상의 유혹은 항상 구체적이고도 현실적인 까닭입니다.

우리는 여기에서 1970년대 경제성장과 더불어 한국 교회가 매머니즘 mammonism의 노예로 전락한 이후, 지난 30년 동안 한국 교회 스스로 줄기차게 교회의 갱신을 외쳐 왔음에도 왜 교회가 새로워지지 않는지 그 이유를 깨닫게 됩니다. 교회를 이루고 있는 그리스도인들이, 아니 우리 자신들이 주님의 심판을 믿지 않고, 믿는 이에게 하나님의 심판은 하나님의 상급임을 믿지 않기 때문입니다. 그리스도인들이 주님을 믿는다면서도 이 세상의 것에만 집착할 뿐, 코끝의 호흡이 멎은 이후 임하게 될 주님의 심판을 믿지 않기에 악함을 버리고 돌아서기는커녕 자신의 욕망을 성취하기 위해 수단과 방법을 가리지 않는 것입니다. 한마디로, 주님의 심판을 믿지 않는 그리스도인들의 삶이 불신자와 전혀 구별되지 않는 것입니다.

우리 모두 가슴에 손을 얹고 정직하게 대답해 보십시다. 우리는 정말 주님의 심판을 믿고 있습니까? 정녕 하늘나라에서 받을 주님의 상급을 사모하면서 매일매일의 삶 속에서 버릴 것을 버리고, 응당 심어야 할 것을 심고 있습니까? 사람은 자기보다 큰 사람의 상을 상으로 여기는 법입니다. 이 세상 그 누구도 어린아이가 내건 상을 위해 자신의 삶을 던지는 이는 없습니다. 그러나 대통령이 내건 상이라면 상황은 달라질 것입니다. 하나님께서 성경을 통해 마지막 날의 심판과 당신의 상급에 대해 분명히 말씀하고 계심에도 우리가 그 상을 대수롭지 않게 여긴다면, 그것은 결국 우리 자신을 하나님보다 더 크게 여기고 있음의 반증이 아니겠습니까? 그러고서도 우리가 과연 버릴 것을 버리고, 추구해야 할 것을 바르게 추구할 수 있겠습니까? 우리 모두가 주님의 심판과 하나님의 상급을 진심으로 믿고 사모하기 전까지는 우리 자신의 삶이 새로워질 수 없음은 물론이고, 결과적으로 우리의 모임인 이 땅의 교회는 시간이 흘러갈수록 더더욱 타락할 것입니다. 하나님의 심판을 믿지 않는 사람은 위를 향해 하나님의 호흡으로 살아가야 할 필요성을 전혀 느끼지 못하고 도리어 그것을 불편하게 여기기에, 마땅히 버려야 할 것을 버리기보다는 더욱 움켜쥐고 자신과 자신이 속한 공동체의 부패를 날로 가중시키고 가속화시킬 따름입니다.

그러나 우리가 믿지 않는다고 해서 주님의 심판이 임하지 않는 것은 아닙니다. 주님께서는 주님의 심판이 임할 때의 광경을 다음과 같이 밝혀 주셨습니다.

> 그때에 두 사람이 밭에 있으매 한 사람은 데려가고 한 사람은 버려둠을 당할 것이요 두 여자가 맷돌질을 하고 있으매 한 사람은 데려가고 한 사람은 버려둠을 당할 것이니라 그러므로 깨어 있으라 어느 날에 너희 주가 임할는지 너희가 알지 못함이니라(마 24:40-42).

같은 밭에서 일하던 두 사람과, 맷돌질하던 두 여자 중에 하나님께서 취하시는 사람은 누구며, 하나님으로부터 버림받는 사람은 또 누구입니까? 두 말할 것도 없이 하나님께서 취하시는 사람은 주님의 심판을 믿었던 사람이요, 버림받는 사람은 주님의 심판에 무관심했던 사람입니다. 공평하신 주님의 심판을 믿느냐 믿지 않느냐의 차이는 이처럼 극단적인 결과를 초래합니다. 주님의 심판에 대한 믿음 여부에 따라 인간의 삶의 내용과 차원과 질이 달라질 수밖에 없기 때문입니다. 그래서 주님께서는 당신의 심판이 임하기까지 깨어 있을 것을 명하셨습니다. 주님의 심판을 믿음으로 버릴 것을 버리고 주님 안에서 하나님의 호흡으로 살아가라는 의미입니다.

이 세상에서 자신이 원하는 대로 한도 없이 멋지게 살았다고 생각했는데 막상 코끝의 호흡이 멈추고 보니 정말 주님의 심판이 있고, 공평하신 주님의 심판을 비웃었던 자신이 하나님으로부터 버림당하거나 하나님의 상급에서 제외될 때, 그때의 황당함과 당혹스러움을 그 누가 감당할 수 있겠습니까? 반면에 주님의 심판을 믿기에 주님의 말씀을 따라 버릴 것을 버리고 주님 안에서 하나님의 호흡으로 살아가는 삶이 때로는 힘들고 눈물겨웠을지라도, 마지막 날 주님의 심판대에서 공평하신 하나님의 상급으로 영원히 존귀케 되는 이의 감격과 상쾌함을 이 세상 무엇과 감히 비교할 수 있겠습니까?

오늘은 2천 년 전 오순절 날, 이 땅에 강림하신 성령님을 기리는 성령강림 주일입니다. 우리는 지난 시간에 성령님을 일컫는 히브리어 '루아흐'는 하나님의 '호흡', '숨'이란 사실을 알았습니다. 그러므로 성령 충만한 사람이란 예수 그리스도 안에서 하나님의 호흡, 하나님의 숨결로 살아가는 사람이라고 했습니다. 그렇다면 누가 과연 그처럼 성령 충만한 삶을 초지일관 살아가겠습니까? 말할 것도 없이 주님의 심판, 하나님의 상급을 믿는 사람입니다. 심은 대로 거두게 하시는 주님의 심판과 상급을 믿는 사람만 악한 것을 거두지 않기 위해 악함을 과감하게 버릴 수 있고, 더 많은 진리의 씨앗을 뿌리기 위해 날마다 주님 안에서 하나님의 호흡을 의지하는 성령 충만한 삶을 추구하게 됩니다.

사람에게 보이려고 그들 앞에서 너희 의를 행하지 않도록 주의하라 그리하지 아니하면 하늘에 계신 너희 아버지께 상을 받지 못하느니라(마 6:1).

주님의 이 말씀을 믿으십니까? 그렇다면 사람 앞에서 하나님보다 자기를 더 과시하고픈 우리 자신을 부인하고 버리십시다.

스스로 속이지 말라 하나님은 업신여김을 받지 아니하시나니 사람이 무엇으로 심든지 그대로 거두리라(갈 6:7).

심은 것을 심은 만큼 거두게 하시는 것이 주님의 심판이요 상급임을 믿으십니까? 그렇다면 주님 안에서 단호히 악을 버리고, 말씀을 좇아 진리를 심고 뿌리십시다.

믿음이 없이는 하나님을 기쁘시게 하지 못하나니 하나님께 나아가는 자는 반드시 그가 계신 것과 또한 그가 자기를 찾는 자들에게 상 주시는 이심을 믿어야 할지니라(히 11:6).

하나님께서 정말 상 주시는 분이심을 믿으십니까? 그렇다면 예수 그리스도 안에서 위를 향해 하나님의 호흡으로 살아가는 성령 충만한 사람이 되십시다.

형제들아 나는 아직 내가 잡은 줄로 여기지 아니하고 오직 한 일 즉 뒤에 있는 것은 잊어버리고 앞에 있는 것을 잡으려고 푯대를 향하여 그리스도 예수 안에서 하나님이 위에서 부르신 부름의 상을 위하여 달려가노라(빌 3:13-14).

바울의 이 고백을 여러분의 고백으로 삼기를 원하십니까? 그렇다면 예수 그리스도만을 우리 삶의 푯대로 삼고, 오직 주님의 상급을 사모하며 우리 모두 함께 달려 나아가십시다. 그때 우리가 살아서는 말할 것도 없고 바울과 베드로처럼, 이 세상을 떠난 뒤에 우리의 이름은 날이 갈수록 더욱 새로워질 것입니다. 우리의 코끝에서 육체의 호흡이 멎어도, 영원하신 하나님의 숨결 속에서 우리는 계속 살아 있을 것이기 때문입니다.

하나님께서는 심판의 하나님이시매, 심판의 잣대인 하나님의 말씀 앞에서 마땅히 버려야 할 것을 미련 없이 버리게 하여 주옵소서.
하나님의 심판은 공평한 심판이매, 사람이 보지 않는 곳에서도 그리스도인으로 살아가는 용기를 주옵소서.
하나님의 심판은 뿌린 대로 거두게 하시는 것이매, 코끝에 호흡이 있는 동안 진리만을 심게 하옵소서.
하나님께서는 상 주시는 하나님이시매, 바울처럼, 베드로처럼, 하나님의 상급을 사모하며 오직 예수 그리스도만을 푯대로 삼게 하여 주옵소서.
이제껏 온 중심을 다해 주님을 위해 살아온 분들이 있다면, 이 시간 상 주시는 주님으로 인해, 그리스도인답게 살아가기에 더 큰 힘과 용기를 얻게 하옵소서.
그와 같이 성령 충만하게 살아가는 우리의 삶으로 인해 우리의 가정이, 우리의 일터와 사회가, 무엇보다도 우리 스스로 더럽혔던 이 땅의 교회들이 날로 새로워지게 하옵소서. 아멘.

사도행전 4장

베드로는 하나님과 백성을 받들어 섬겨야 할 관리와 장로들이
스스로 자기 자리를 이탈하여 하나님과 백성 위에 군림하고 있는
그들의 잘못을 담대하게 지적한 것이었습니다.
죄인을 심문하는 법정에서, 유대교 최고 지도자들이
죄인으로 간주한 사람으로부터 도리어 자신들의 잘못을 공개적으로
지적당하리라고는 상상해 본 적도 없었을 것입니다.

13. 그들을 잡으매

사도행전 4장 1-4절
사도들이 백성에게 말할 때에 제사장들과 성전 맡은 자와 사두개인들이 이르러 예수 안에 죽은 자의 부활이 있다고 백성을 가르치고 전함을 싫어하여 **그들을 잡으매** 날이 이미 저물었으므로 이튿날까지 가두었으나 말씀을 들은 사람 중에 믿는 자가 많으니 남자의 수가 약 오천이나 되었더라

이미 구역 공부 시간을 통해 알려 드린 바와 같이, 지난 10주간 '성숙자반'을 끝낸 우리는 이번 주간부터 구역 성경공부 시간에 로마서를 공부할 예정입니다. 로마서는 성경 중의 성경, 성경의 핵심, 복음의 진수로 평가받고 있습니다. 만약 성경을 반지에 비교한다면 로마서는 그 반지의 보석에 해당된다고 말하기도 합니다. 반지의 가치는 테가 아니라 보석에 있지 않습니까? 로마서가 반지의 보석에 해당된다는 것은 그만큼 로마서가 중요하다는 의미입니다. 지난 2천 년 동안 아우구스티누스, 마르틴 루터, 장 칼뱅, 존 웨슬리, 칼 바르트 같은 위대한 기독교 지도자들 거의 모두가 로마서로부터

지대한 영향을 받았고, 이단 역시 로마서를 가장 많이 인용했다는 역사적 사실은 로마서의 중요성을 스스로 입증해 주고 있습니다. 잘 아시는 바와 같이 로마서는 바울이 로마 교회에 쓴 편지, 즉 서신서입니다. 그러나 바울이 로마서만 기록한 것은 아닙니다. 로마서 이외에도 바울은 많은 서신을 남겼습니다. 그런데 왜 유독 로마서가 이렇듯 중요하게 간주되고 있습니까?

바울서신 가운데 로마서를 제외한 여타 서신은 바울이 직접 세운 교회나 제자를 위해 기록한 것입니다. 이를테면 해당 교회 교인과 제자는 이미 바울과 얼굴을 대면하여 바울로부터 복음을 직접 전수받은 사람들이었습니다. 따라서 바울이 그들에게 복음을 편지로 새삼스럽게 설명할 필요가 없었습니다. 바울이 자신이 세운 교회나 제자에게 서신을 보낼 때는, 해당 교회 혹은 제자가 당면한 문제에 대한 신앙적 권면과 답변을 주기 위함이었습니다. 예를 들면 요즈음 우리가 수요 성경공부를 통해 배우고 있는 바와 같이 고린도 교회의 현안이었던 파벌주의, 음행, 우상 제물, 은사 등에 얽힌 다툼과 대립에 대한 신앙적 해결책을 제시해 주기 위한 편지가 고린도전서입니다. 그런가 하면 에베소에서 목회하는 제자 디모데에게 교회 조직의 효율적인 운영과 바른 목회 지침을 일러 주기 위해 보낸 편지가 디모데전서입니다.

반면에 로마서의 수신자인 로마 교회는 바울에 의해 세워진 교회도 아니었고, 그때까지 바울이 단 한 번이라도 방문한 적이 없는 교회였습니다. 더욱이 로마 교회는 특정 사도에 의해 세워지지 않은 자생 교회였습니다. 특정 사도가 로마에 이르기 전에 이미 그리스도인들이 있었던 것입니다. 우리나라에 선교사가 들어오기 이전에 이 땅에 자생적인 그리스도인들이 먼저 있었던 것과 같습니다. 이처럼 로마 교회는 자생적인 그리스도인들로 이루어져 있었기에, 로마 교회는 단 한 번도 사도로부터 복음을 체계적이거나 신학적으로 배운 적이 없었습니다. 그래서 해당 교회의 당면한 문제를 해결해 주기 위해 편지를 쓴 다른 서신들과는 달리, 바울이 로마 교회 교인들에게 복음이 무엇인지 신학적, 체계적, 교리적으로 가르치기 위해 기록한 서신이 로마서였습니다. 한마디로 무엇을 어떻게 믿어야 하는지, 믿는 이로서 어떻게 살아갈 것인지를 구체적으로 일깨워 주는 복음의 지침서였습니다. 이것이 로마서가 복음의 진수로 평가되는 이유요, 2천 년이 지난 오늘날까지 로마서가 없이는 복음에 대한 바른 이해가 불가능하다고 말하는 까닭입니다. 복음의 핵심인 그리스도의 구원을 바울이 로마서에서 완벽하게 설명했기 때문입니다.

놀라운 사실은, 바울이 복음의 진수인 로마서를 집필한 장소가 고린도였다는 점입니다. 우리는 수요 성경공부를 통해 2천 년 전 고린도의 실상을 이미 알고 있습니다. 서쪽에 레카이온Lechaion 항과 동쪽에 겐그레아Kenkreai 항이 있는 고린도는, 그 지정학적 이점으로 인해 동서를 잇는 최대의 무역항이었습니다. 당시의 로마제국 내의 무역항이 다 그랬듯이, 고린도 역시 타락할 대로 타락한 쾌락과 향락의 도시였습니다. 도시 중앙에는 12개의 신전들이 도시를 압도하고 있었습니다. 특히 해발 575미터 높이의 아크로고린도에 자리 잡은 아프로디테 신전에만 1천여 명의 여사제들이 있었습니다. 그들은 말이 여사제였을 뿐, 실제로는 종교의 이름으로 매음하는 종교적 창녀들이었습니다. 이처럼 온 도시를 압도하는 신전 자체가 거대한 매음굴이었을 정도니 고린도의 타락이 어느 정도였는지는 능히 짐작할 수 있습니다. 오죽하면 '고린도인 되다'라는 의미의 헬라어 '코린티아조마이korinthiazomai'가 '성적으로 타락하다'라는 뜻으로 그 의미가 변질되어 버리고, 2천 년이 지난 지금까지도 고린도인을 가리키는 영어 'corinthian'이 '탕아'의 뜻으로 사용되고 있겠습니까?

바로 그 향락과 타락의 도시요, 탕아의 도시인 고린도 한가운데에서 성경 중의 성경이요, 성경의 핵심이요, 복음의 진수인 로마서가 집필되었습니다. 바울은 복음의 핵심인 로마서를 집필하기 위해 이 세상을 등지고 심산계곡으로 들어가지 않았습니다. 사도 바울은 죄악과 흑암의 도시인 고린도 한가운데서 복음의 진수를 집필하였습니다. 이것은 대체 무엇을 의미합니까? 세상의 흑암이 결코 복음의 생명, 복음의 빛을 가로막을 수 없다는 것입니다. 타락할 대로 타락한 세상이 하나님의 은혜를 절대로 방해할 수 없다는 것입니다. 어둠이 짙을수록 등불의 빛이 더욱 강렬해지듯, 세상이 어두우면 어두운 만큼 복음의 빛과 생명은 더욱 강하게 역사한다는 것입니다. 오늘의 본문이 우리에게 주는 메시지 역시 이것입니다.

성전 미문 앞에서 구걸하던 40여 세의 앉은뱅이 걸인이 일어나 걷게 된 것과 관련하여 사도 베드로가 솔로몬의 행각에서 설교하기 시작하였습니다. 베드로는 유대인들이 십자가에 못박아 죽인 예수 그리스도를 하나님께서 다시 살리셨고, 그 예수 그리스도께서 앉은뱅이 걸인을 치유해 주셨을 뿐만 아니라 하나님에 대한 믿음의 시발점과 출처도 예수 그리스도시요, 마지막 날 심판을 통해 만물을 회복하실 분 또한 예수 그리스도이심을 역설하였습니다. 한마디로 '너희들이 못박아 죽인 예수님께서 부활주요, 메시아요, 다시 오실 심판주'시라는 것이었습니다. 그리고 오늘 본문이 이렇게 시작되고 있습니다.

> 사도들이 백성에게 말할 때에 제사장들과 성전 맡은 자와 사두개인들이 이르러(1절).

한글 성경에는 우리말 어순상 "말할 때에"가 세 번째 어절語節로 나타나 있지만, 헬라어 원문에는 이 단어가 제일 앞에 기록되어 있습니다. 지금부터 본문이 말하고자 하는 사건이 사도들의 설교가 끝난 이후가 아니라, 그들의 설교가 계속되는 중에 일어난 일임을 분명히 밝히기 위함이었습니다. 솔로몬 행각에서 처음 설교를 시작한 사람은 베드로였는데, 본문이 "사도들"이라고 표현한 것으로 미루어 베드로에 이어 베드로와 동행했던 요한이 계속 설교하였음을 알 수 있습니다. 사도들의 설교가 계속되는 도중에 느닷없이 제사장들과 성전 맡은 사람, 그리고 사두개인들이 솔로몬의 행각 앞에 나타났습니다. 그들의 갑작스런 등장 이유는 본문 2절이 밝혀 주고 있습니다.

예수 안에 죽은 자의 부활이 있다고 백성을 가르치고 전함을 싫어하여.

그들이 나타난 이유는 사도들이 예수 그리스도의 부활을 가르치고 전하는 것을 싫어한 까닭이었습니다. 한글 성경에는 "싫어하여"가 문장 맨 뒤에 나오지만, 헬라어 원문에는 이 단어 역시 2절 제일 앞에 나타나 있습니다. 그들이 그리스도의 부활을 얼마나 싫어했는지를 강조하기 위함임은 물론입니다. 헬라어 '디아포네오 $διαπονέω$'는 단순히 싫어하는 정도가 아니라, 화가 나서 어쩔 줄 몰라하는 상태를 묘사하는 단어입니다. 그렇다면 사도들이 예수 부활을 가르치는 것을 싫어할 뿐 아니라, 그로 인해 분노한 그들이 구체적으로 누구였습니까?

먼저 제사장들이었습니다. 제사장들은 성전에서 행해지는 모든 종교의식을 주관하는 사람들로, 하나님의 선민을 자처하는 이스라엘 백성들의 명실상부한 지도자들이었습니다. 제사장들의 최고 우두머리는 대제사장이라 불렸는데, 당시의 대제사장은 6절에 명시되어 있는 것처럼 안나스와 가야바였습니다. 유대인들을 선동하여 예수를 십자가에 못박아 죽이지 않을 수 없도록 빌라도 총독에게 압력을 가했던 바로 그 안나스와 가야바입니다. 본래 대제사장직은 한 석이므로 한 명뿐이어야 함에도 복음서와 사도행전이 안나스와 가야바를 동시에 대제사장으로 부르는 것은, 로마제국으로부터 퇴진 압력을 받은 안나스가 자신의 사위인 가야바에게 대제사장직을 형식적으로 물려준 뒤, 실제로는 뒤에서 그가 모든 것을 조종하고 있었기 때문입니다.

두 번째는 우리말 "성전 맡은 자"로 번역된 '스트라테고스$\sigma\tau\rho\alpha\tau\eta\gamma\acute{o}\varsigma$'입니다. 성경 아래쪽 주註란을 보면 이 단어가 '경비대장'이라 병기되어 있습니다. 그러나 '성전 맡은 자'도, '경비대장'도, 모두 원어의 뜻에는 미치지 못하고 있습니다. 원어 '스트라테고스'는 본래 '장군', '통치자', '총독 governor'의 의미로 최고위직의 사람을 일컫는 호칭입니다. 당시 예루살렘 성전의 치안과 경비는 24개 그룹이 나누어 담당하였는데 그들의 총책임자가 '스트라테고스'였습니다. 로마의 역사가 요세푸스는 그의 저서《유대 전쟁사 Bellum Judaicum》에서, '스트라테고스'는 대제사장에 이어 유대교 서열 제2위의 직책이라 밝히고 있습니다.

마지막으로 유대교의 한 종파를 이루면서 당시 정치적이고도 경제적인 실권을 장악하고 있던 사두개인 집단이었습니다. 그들은 지배자인 로마제국과 긴밀한 관계를 유지하면서, 자신들이 장악한 권력과 부 그리고 기득권을 고수하기 위해 수단과 방법을 가리지 않았습니다. 그 결과 그들은 유대 사회 각계각층의 상위직을 거의 독차지하고 있었습니다. 대제사장 안나스와 가야바를 비롯한 대부분의 제사장은 물론이요, 유대교 서열 2위인 '스트라테고스' 역시 사두개인이었습니다.

그러므로 본문에 언급된 제사장들, 성전 맡은 '스트라테고스', 사두개인들은 각각 다른 별개의 사람들이 아니라 다 같은 부류로서, 그들은 이스라엘 사회 전반에 걸친 최상위층의 실세 그룹이었습니다. 그들에게 권력과 부가 집중되는 것은 당연한 일이었고, 손안에 든 권력과 부를 지키기 위해 그들의 신앙은 현세 지향적일 수밖에 없었습니다. 보이지 않는 하나님과 막연한 내세를 믿기에는 그들이 지닌 권력과 부의 위력이 너무나도 크게 여겨진 탓이었습니다. 이것이 사두개인 집단이 이 땅에 오신 예수 그리스도를 앞장서서 못박아 죽여 버린 이유였습니다. 그들은 하나님의 독생자임을 자칭하는 나사렛 빈민 출신의 예수를, 자신들의 권력과 부를 지탱시켜 주고 있는 기존 사회 및 종교의 질서와 근간을 뒤흔드는 위험인물로 간주한 까닭이었습니다. 그런데 갈릴리의 두 빈민이 자신들의 허락도 없이 성전 안 솔로몬의 행각에서, 자신들이 제거해 버린 예수가 부활했다고 설교한다는 것입니다. 그 예수가 부활했을 뿐 아니라 유대인들이 대망하던 메시아요, 마지막 날 만물을 회복하실 심판주라고 가르친다는 것입니다. 그것은 예수 그리스도를 못박아 죽였던 그들로서는 도저히 묵과할 수 없는 일이었습니다.

이것이 본문 1절이 사도들의 설교가 채 끝나기도 전에 그들이 떼를 지어 솔로몬의 행각에 나타났음을 강조하고 있는 이유입니다. 바른 신앙을 지키는 데에는 아무런 관심도 없는 반면에, 자신들의 기득권을 고수하는 데엔 그들의 정보력과 행동력이 얼마나 신속하고도 구체적이었는지를 대비하여 보여 주기 위함이었습니다.

이제 본문 3절을 주목하시겠습니다.

> 그들을 잡으매 날이 이미 저물었으므로 이튿날까지 가두었으나.

그들은 사도들을 즉석에서 붙잡았습니다. 그들의 직성대로라면 당장 재판을 열어 베드로와 요한의 주리를 틀고 싶었을 것입니다. 그러나 그때는 이미 날이 저물었을 때인지라 그들은 어쩔 수 없이 사도들을 감옥에 가두었습니다. 해가 저문 뒤에는 사람의 생명과 관련된 재판을 할 수 없다는 그들의 관습법으로 인함이었습니다. 베드로가 요한과 함께 유대인의 기도 시간에 맞추어 예루살렘 성전을 찾은 것은 유대 시간으로 제9시, 요즈음 시간으로 오후 3시였습니다. 그러나 성전 미문 앞에서 구걸하던 앉은뱅이 걸인을 만나 그를 예수 그리스도의 이름으로 일으키고, 그와 함께 성전 안으로 들어갔다가, 성전 안에서 기도하던 무리들과 다시 솔로몬의 행각으로 나와 설교하는 동안 낮이 짧은 중동의 특성상 해가 지고 말았던 것입니다.

한글 성경에는 번역이 빠져 있지만 헬라어 원문에는 본문 3절에, 사두개인 집단의 '손들'이라는 단어가 기록되어 있습니다. 원문을 직역하면 '그들은 자신들의 손들을 사도들에게 두었다'가 됩니다. 즉 그들이 하급 경비병을 시켜 사도들을 잡은 것이 아니라, 자신들의 '손들'로 잡았다는 말입니다. 이 얼마나 생생한 표현입니까? 제사장들과 '스트라테고스', 그리고 사두개인들의 손을 생각해 보십시오. 그것은 권력과 부를 장악한 손이기에 한번 마음먹은 것은 무엇이든 해내고야 마는 공포의 손입니다. 그 가공스런 손이 한두 개도 아닌, 수많은 손들이 한데 모여 사도들을 잡았습니다. 그 손들에 잡힌 베드로와 요한은 권력과 부와는 거리가 멀어도 한참 먼, 갈릴리 빈민 출신의 최하층민이었습니다. 그렇다면 사두개인 집단의 귀에 거슬리는 소리를 하다가 그들의 그 가공스런 손들에 사로잡힌 베드로와 요한의 삶은 끝장난 것과 진배없지 않습니까? 그들에게 사로잡힌 이상, 베드로와 요한이 솔로몬의 행각에서 그토록 소리쳐 전한 복음은 모두 허사로 돌아가 버리지 않았겠습니까?

그러나 본문 4절은 그 결과를 다음과 같이 증언하고 있습니다.

말씀을 들은 사람 중에 믿는 자가 많으니 남자의 수가 약 오천이나 되었더라.

　베드로와 요한은 설교를 다 마친 후에, 그러니까 솔로몬의 행각에 모여 있던 유대인들이 모두 집으로 돌아간 뒤에 붙잡힌 것이 아닙니다. 그들은 분명히 설교하던 도중에 갑자기 들이닥친 제사장들과 스트라테고스, 그리고 사두개인들에 의해 끌려갔습니다. 바꾸어 말해 그곳에 모여 있던 사람들은 모두 그 광경을 직접 목격하였습니다. 그러나 그들은, '아, 저들이 잡혀가는 것을 보니 저들이 한 말이 모두 황당한 소리였구나'라고 생각하며 뿔뿔이 흩어지지 않았습니다. 그들의 대부분, 그러니까 여자와 아이를 제외하고도 5천 명에 달하는 남자 장정들이 사도들이 전한 복음을 받아들이고 믿게 되었습니다.
　이때의 장면을 머릿속에 그려 보십시오. 갈릴리 빈민 출신의 베드로와 요한이 연이어 솔로몬의 행각에서 사람들이 그때까지 듣도 보도 못한 예수 그리스도의 복음을 전하고 있습니다. 그때 갑자기 권력과 부를 장악한 최상류층 지배계급이 몰려와 베드로와 요한을 붙잡아 끌고 가버립니다. 베드로와 요한이 연단으로 사용한 솔로몬의 행각에 두 사도의 모습은 더 이상 보이지 않습니다. 유대인들의 폐부를 찌르던 그들의 음성도 더 이상 들리지 않습니다. 권력자들의 손에 개 끌리듯 끌려간 두 사도의 안전을 그 누구도 장담할 수 없습니다. 적어도 두 사도에 관한 한 모든 상황은 절망적이기만 합니다. 그런데도 사도들이 전한 복음, 예수 그리스도의 복음은 사라지지 않고 그 자리에 있던 5천여 명의 마음을 움직이는 생명의 역사를 일으킵니다. 이것이야말로 로마서의 교훈처럼, 흑암의 권세와 세상의 권력이 아무리 막강하게 보일지라도 결코 복음의 장애물이 될 수 없다는 또 다른 증거가 아니고 무엇이겠습니까?

사도들이 본래부터 복음의 증인이었던 것은 아닙니다. 마가복음 14장 50절은 주님께서 세상 권력자들의 손들에 체포당하시던 밤, 모든 제자들이 주님을 버리고 도망하였음을 전해 주고 있습니다. 그들 가운데 베드로와 요한도 포함되어 있었음은 물론입니다. 그러나 그 비겁했던 베드로와 요한이 세상의 그 어떤 손들도 두려워하지 않는 복음의 증인이 되었을 때, 그들의 육체는 비록 영어囹圄의 몸이 되었지만 그들이 전한 복음은 수많은 사람의 인생관을 새롭게 하였습니다. 사도 바울은 원래 교회를 핍박하던 예수 그리스도의 대적이었습니다. 그러나 자신에게 임하신 주님의 말씀에 자신의 생을 던졌을 때, 그는 향락과 죄악의 소굴인 고린도에서 성경 중의 성경이요, 성경의 핵심이요, 복음의 진수인 로마서를 집필함으로 2천 년이 지난 오늘 우리에게까지도 생명의 빛을 전해 주고 있습니다. 그들이야말로 누구든지 주님의 말씀에 자신을 던지기만 하면 이 세상의 그 무엇도, 그 어떤 손들도, 절대로 복음의 장애물이 될 수 없음을 입증해 준 진정한 사도들이었습니다.

여러분이 지금껏 베드로처럼 비겁하게 살았을지라도, 바울처럼 예수 그리스도의 원수로 살았을지라도 그것은 전혀 문제가 되지 않습니다. 이 시간 임하신 주님의 말씀에 지금부터 자신의 생을 거느냐 아니냐가 문제일 뿐입니다.

사람들은 오늘날의 세상이 주님의 말씀대로 살기에는 너무 어둡다고 한탄합니다. 그러나 그것도 문제가 되지는 않습니다. 2천 년 전에도, 그 이전의 소돔과 고모라 시대에도 세상은 항상 어두웠습니다. 죄로 말미암아 본성이 타락한 인간이 이 세상의 주인인 한 이 세상은 언제나 어두웠고, 어두우며, 또 내일도 어두울 것입니다. 그러므로 문제는 세상이 어둡다는 것이 아니라, 우리의 코끝에서 호흡이 멈추는 순간 결코 우리를 책임져 주지 못할 세상의 것들을 더 소중히 여기느라 본문 속 사두개인 집단처럼, 하나님을 믿는다면서도 하나님의 말씀을 좇기는커녕 도리어 하나님의 말씀을 듣고 따르기는 싫어하는 우리의 신앙 자세입니다.

사랑하는 교우 여러분!

오늘 여러분의 삶을 사로잡고, 여러분의 생명을 옥죄고 있는 손들이 대체 무엇입니까? 사악한 흑암의 손들입니까? 눈먼 권력의 손들입니까? 가난과 질병, 고통과 절망의 손들입니까? 그러나 두려워하지 마십시오. 지금 우리에게 임하신 주님의 말씀에 우리의 생을 던지기만 하면 이 세상의 그 어떤 것, 그 무슨 손들도 우리의 장애물이 될 수는 없습니다. 우리가 주님의 말씀에 우리 자신을 던지기만 하면 우리의 삶의 족적은 우리가 이 세상을 떠난 뒤에도 이 시대를 위한 사도행전으로 남을 것이요, 이 세상의 어둠이 짙으면 짙을수록 우리의 삶은 더더욱 로마서의 빛을 발할 것입니다.

그 말씀이 지금 우리에게 임해 있고, 남은 것은 오직 우리의 결단입니다.

> '주의 법을 사랑하는 자에게는 큰 평안이 있으니 그들에게 장애물이 없으리이다'(시 119:165).

세상의 많은 손들이 우리를 사로잡고, 우리의 생명을 옥죄고 있습니다. 그 손들이 아무리 크고, 무섭고, 강하게 보여도, 두려워 말게 하옵소서. 사악한 사람들의 손들이 베드로를 사로잡아 옥에 가두었음에도 그가 전한 복음이 살아 역사하였고, 바울이 고린도의 흑암 속에서 집필한 로마서가 2천 년이 지난 지금까지 생명의 빛을 발하고 있음을 잊지 말게 하옵소서. 본문 속 사두개인 집단처럼, 우리의 코끝에서 호흡이 멎는 순간 결코 우리를 책임져 줄 수 없는 세상의 것들을 지키기 위해, 하나님을 믿는다면서도 막상 하나님의 말씀대로 살기는 싫어하는 어리석은 사람이 되지 않게 하여 주옵소서.

이제 우리 모두 베드로처럼, 바울처럼, 우리에게 임하신 주님의 말씀에 우리의 생을 던지기 원합니다. 영원하신 주님의 말씀만 이 세상을 밝히는 빛이요, 이 세상을 살리는 생명이요, 나의 코끝에서 호흡이 멎는 순간 나를 영원히 책임져 주실 능력임을 잊지 말게 하옵소서. 그리하여 우리의 삶 자체가 이 어둔 세상을 밝히는 사도행전이요, 시간과 공간을 초월하는 로마서가 되게 하옵소서. 우리가 천지를 창조하신 주님의 말씀에 우리의 생을 던지는 한 이 세상의 그 무엇도, 이 세상의 그 어떤 손들도, 결코 복음과 우리 삶의 장애물이 될 수 없음을, 복음의 증인 된 우리의 삶으로 확인하는 기쁨을 날마다 누리게 하옵소서. 아멘.

14. 버린 돌로서

사도행전 4장 5-12절
이튿날 관리들과 장로들과 서기관들이 예루살렘에 모였는데 대제사장 안나스와 가야바와 요한과 알렉산더와 및 대제사장의 문중이 다 참여하여 사도들을 가운데 세우고 묻되 너희가 무슨 권세와 누구의 이름으로 이 일을 행하였느냐 이에 베드로가 성령이 충만하여 이르되 백성의 관리들과 장로들아 만일 병자에게 행한 착한 일에 대하여 이 사람이 어떻게 구원을 받았느냐고 오늘 우리에게 질문한다면 너희와 모든 이스라엘 백성들은 알라 너희가 십자가에 못박고 하나님이 죽은 자 가운데서 살리신 나사렛 예수 그리스도의 이름으로 이 사람이 건강하게 되어 너희 앞에 섰느니라 이 예수는 너희 건축자들의 **버린 돌로서** 집 모퉁이의 머릿돌이 되었느니라 다른 이로써는 구원을 받을 수 없나니 천하 사람 중에 구원을 받을 만한 다른 이름을 우리에게 주신 일이 없음이라 하였더라

인간의 삶은 취함과 버림으로 이루어지고 있습니다. 인간은 자신에게 유익하고 가치 있게 여겨지는 것을 추구하는 반면에 그 반대의 것은 미련 없이 버린다는 의미입니다. 사람의 대인 관계 역시 마찬가지입니다. 자신에게

필요하고 도움이 되는 사람과는 좀더 깊은 연을 맺기 위해 안달하면서도, 도움은커녕 짐이 된다고 여겨지는 사람은 거리낌 없이 외면해 버립니다. 지극히 자기중심적인 인간에게 이것은 어떻게 보면 당연한 일인지도 모르겠습니다. 문제는 취함과 버림의 기준이 저마다 다 다르기에 대부분의 인간이 버리지 말아야 될 것을 버리고, 취해서는 안 될 것을 취하는 어리석음을 범하고 있다는 사실입니다.

1960년대 제3공화국의 외무부 장관을 역임했던 이동원 선생의 회고록에는 박정희 대통령과 미국 리처드 닉슨 대통령 간에 얽힌 비화가 소개되어 있습니다. 1960년 리처드 닉슨은 현직 부통령이라는 이점을 안고 공화당 후보로 대통령 선거에 출마했지만, 민주당의 존 F. 케네디 후보에게 고배를 마셨습니다. 2년 뒤 닉슨은 캘리포니아 주지사 선거에서마저도 낙선, 누가 보아도 정치 생명이 끝난 사람처럼 보였습니다. 그 직후 야인이 된 닉슨은 한국을 방문하였습니다. 당시 주한 미 대사이던 브라운 대사는 미합중국의 부통령을 지낸 닉슨의 전력을 존중하여 개인 자격으로 김포공항까지 나가 그를 영접해 주었습니다. 그러나 한국 정부로부터 출영 나온 사람은 한 사람도 없었습니다. 닉슨은 브라운 대사의 차에 몸을 싣고, 아무도 자신을 반겨 주지 않는 서울 시내로 처량할 정도로 쓸쓸하게 입성하였습니다. 브라운 대사는 닉슨이 비록 야인이기는 하지만, 한때 한국의 가장 큰 우방인 미국 부통령이었음을 감안하여 박정희 대통령이 닉슨을 위한 만찬을 베풀어 줄 것을 청와대에 요청하였습니다. 청와대는 그의 요청을 거절하였습니다. 브라운 대사는 이동원 장관에게 도움을 청했습니다. 이 장관은 닉슨이 미국 부통령이었던 만큼 세계정세와 안보에 관해 귀한 조언을 들을 수 있을 것이므로 닉슨을 위한 만찬을 베풀어 줄 것을 박 대통령에게 건의했지만, 박 대통령은 시간이 없다는 이유로 받아들이지 않았습니다. 그 대신 지극히 제한된 시간의 접견만을 허용해 주었습니다. 그것은 닉슨의 전력에 비추어 볼 때 참으로 박절한 대접이었습니다.

브라운 대사는 닉슨이 한국을 떠나기 전날 밤, 자신의 관저에서 닉슨을 위한 만찬을 열고 한국 정부의 각료들을 초청합니다. 그러나 참석자는 이동원 외무부 장관뿐이었습니다. 같은 시간에 박정희 대통령이 갑자기 장관들을 청와대로 불러 만찬을 가졌기 때문이었습니다. 결국 닉슨을 위해 화려하게 준비된 만찬은 썰렁하게 끝나고 말았습니다. 당사자인 닉슨으로서는 결코 달가울 리 없는 일이었습니다. 박정희 대통령이 이렇듯 닉슨을 홀대한 것은, 닉슨은 더 이상 쓸모 있는 사람이 아니라고 판단한 까닭이었습니다. 박 대통령에게 닉슨은 안중에도 없는 인물이었습니다.

그러나 박 대통령에 의해 철저하게 외면당했던 닉슨은 1968년 미국의 대통령에 당선, 세계 최고의 지도자로 화려하게 복귀하였습니다. 그것은 박 대통령이 상상도 못한 일이었습니다. 미국 대통령에 취임한 닉슨은 닉슨독트린을 선언하고 뒤이어 주한 미군 철수를 공포하였습니다. 다급해진 사람은 박 대통령이었습니다. 정식 외교 채널을 통해 닉슨 대통령과의 정상회담을 요청했지만 받아들여질 리가 없었습니다. 박 대통령이 가동할 수 있는 모든 채널을 다 동원해도 닉슨에 의해 묵살당하기는 매한가지였습니다. 그러나 거듭되는 회담 요청에 닉슨은 박 대통령에게 백악관이 아닌 캘리포니아 새크라멘토로 오게 했습니다. 일정상 공식 업무 시간에는 만날 수 없으니, 정 만나고 싶으면 자신의 휴가 기간 중 자기 별장이 있는 곳으로 오라는 것이었습니다. 그렇다고 자기 별장에서 박 대통령과의 개인적 우의를 돈독히 하고 과시하기 위함이 아니었습니다. 자신이 박 대통령에게 받은 대로 되갚기 위함이었습니다.

1969년 8월 20일 박 대통령은 닉슨 대통령이 휴가를 즐기고 있던 새크라멘토로 날아갔습니다. 사전에 닉슨 대통령은 박 대통령의 숙소 겸 정상회담 장소로 예정되어 있던 세인트 프란시스 호텔 현관에서 박 대통령을 맞기로 약속되어 있었습니다. 그러나 박 대통령이 도착했을 때 닉슨은 호텔 현관에 나타나지 않았습니다. 닉슨 대통령은 외교 관계를 무시하고 회담 장소에서, 그것도 자기 자리에서 박 대통령을 맞았습니다. 그날 밤 박 대통령을 위해 닉슨이 베푼 만찬에 참석한 미국 각료는 국무장관 한 사람뿐이었습니다. 닉슨 대통령이 다른 각료는 아예 초청하지 않은 탓이었습니다. 닉슨의 보복은 그것으로 끝나지 않았습니다. 그는 1971년 3월 27일 미 7사단의 철수를 단행함으로, 미군이 한반도에 주둔한 지 23년 10개월 만에 미군을 철수시킨 최초의 미국 대통령이 되었습니다. 그때 국가 안보와 국민의 생명을 책임진 통수권자로서 박 대통령이 감내해야만 했을 모멸감과 곤혹, 그리고 괴로움은 충분히 상상할 수 있습니다. 그리고 그 이후 박 대통령이 자주국방에 주력했던 이유 또한 십분 이해할 수 있습니다.

만약 닉슨이 철저한 야인으로 한국을 방문했을 때 박 대통령이 그를 쓸모 없는 사람으로 속단하지 않았던들, 마음으로부터 그를 버리지 않았던들, 닉슨 대통령으로부터 박 대통령 개인적으로나 국가적으로 그와 같은 수모를 되돌려 받지는 않았을 것입니다. 한 국가의 지도자로 선택될 사람을 버린 결과가 이처럼 곤혹스럽다면, 하물며 하나님께서 보내신 구원자를 버리고 외면하는 결과야 두말해 무엇하겠습니까?

지금부터 3천 년 전 다윗은 골리앗을 격파하고 블레셋의 침공으로부터 이스라엘을 구했지만, 다윗을 라이벌로 간주한 사울 왕의 칼날을 피해 오랜 기간 동안 피신 생활을 해야만 했습니다. 그러나 다윗을 죽이려던 사울 왕은 죽고, 도리어 다윗이 하나님에 의해 왕위에 오르게 되었습니다. 그때 다윗이 하나님을 찬양한 노래가 시편 118편으로 알려지고 있습니다. 그중 22-23절의 내용은 다음과 같습니다.

> 건축자가 버린 돌이 집 모퉁이의 머릿돌이 되었나니 이는 여호와께서 행하신 것이요 우리 눈에 기이한 바로다.

여기에서 "건축자"는 사울 왕을, 그리고 "건축자가 버린 돌"은 다윗 자신을 가리키고 있습니다. 사울 왕은 자신을 이스라엘의 건축자로 여기고 있었습니다. 적어도 이스라엘 왕국의 건축에 관한 한 자신을 능가할 사람은 있을 수 없다고 믿어 의심치 않았습니다. 그래서 주위의 만류에도 불구하고 그는 반드시 다윗을 제거하려 했습니다. 자기 왕국의 건축에 다윗은 불필요하고 해로운 인물로 간주했기 때문입니다. 그는 다윗을 죽이기 위해 3천 명의 특공대를 조직하여 온 이스라엘을 샅샅이 뒤지고 다녔습니다. 삼권을 장악한 사울 왕이 다윗을 죽이기 위해 그 정도로 집념을 불태웠다면 다윗의 죽음은 시간문제였습니다.

그러나 사울 왕이 버린 다윗을 하나님께서 취하시고 집 모퉁이의 머릿돌, 다시 말해 이스라엘이란 집의 주춧돌로 삼으셨습니다. 다윗의 올곧은 믿음, 흔들림 없는 중심, 수정처럼 순결한 영혼 위에 이스라엘을 세우신 것이었습니다. 사울 왕이 수단과 방법을 가리지 않고 다윗을 죽이려는 상황 속에서 오직 하나님께서 하셨기에 가능한 일이었습니다. 이 사실을 누구보다 잘 아는 다윗이었기에 그는, "건축자가 버린 돌이 집 모퉁이의 머릿돌이 되었나니 이는 여호와께서 행하신 것"이라고 하나님을 찬양치 않을 수 없었습니다. 그리고 3천 년이 지난 오늘날에도 이스라엘 국기에는 '다윗'의 별이 그려져 있습니다. 하나님께서 다윗의 믿음을 이스라엘의 주춧돌로 삼으셨다는 고백의 의미입니다.

다윗의 때로부터 1천 년이 지나 예수님께서 이 땅에 오셨습니다. 그러나 유대교 지도자들은 예수님을 배척하며 죽이려고 하였습니다. 이에 예수님께서는 마태복음 21장에서 '악한 농부의 비유'를 통해 그들의 잘못을 지적하신 뒤 이렇게 반문하셨습니다.

> 너희가 성경에 건축자들이 버린 돌이 모퉁이의 머릿돌이 되었나니 이것은 주로 말미암아 된 것이요 우리 눈에 기이하도다 함을 읽어 본 일이 없느냐(마 21:42).

예수님께서는 다윗의 시구를 그대로 인용하셨습니다. 이 인용구에서 "건축자"는 대제사장을 비롯한 유대교 지도자들을, 그리고 "건축자들이 버린 돌"은 예수님 당신 자신을 일컫고 있습니다. 유대교 지도자들은 자신들이야말로 이 땅에 하나님의 나라를 건축하는 전문가라 자부하고 있었습니다. 그들의 전문가적 안목에서 볼 때, 하나님의 아들을 참칭하는 빈민 출신 나사렛 예수는 하나님 나라의 훼방꾼에 지나지 않았습니다. 그래서 그들은 예수님을 십자가에 못박아 죽여 버리고 말았습니다. 그러나 하나님께서는 그들이 버린 예수님을 하나님 나라의 주춧돌로 삼으시고, 그 주춧돌 위에 이 땅의 교회를 세우셨습니다. 그래서 예수님께서는 하나님의 대리인을 자처하면서도 하나님의 뜻에 대해 무지한 유대교 지도자들에게, "너희가 성경에 건축자들이 버린 돌이 모퉁이의 머릿돌이 되었나니 이것은 주로 말미암아 된 것이요 우리 눈에 기이하도다 함을 읽어 본 일이 없느냐"고 반문하시지 않을 수 없었습니다.

성전 미문 앞에서 구걸하던 선천성 앉은뱅이가 일어나 걷게 된 것과 관련하여 베드로와 요한이 솔로몬의 행각에서 예수 그리스도의 복음과 부활에 대하여 설교하고 있을 때, 느닷없이 현장에 나타난 유대교 지도자 집단이 두 사도를 붙잡아 감옥에 가두어 버렸음은 지난 시간에 살펴보았습니다.

이제 오늘의 본문 5-7절을 주목하시겠습니다.

이튿날 관리들과 장로들과 서기관들이 예루살렘에 모였는데 대제사장 안나스와 가야바와 요한과 알렉산더와 및 대제사장의 문중이 다 참여하여 사도들을 가운데 세우고 묻되 너희가 무슨 권세와 누구의 이름으로 이 일을 행하였느냐.

이튿날이 되자 대제사장 안나스와 가야바를 비롯한 유대교 지도자들이 다 한자리에 모였습니다. 대제사장 가문이 장악하고 있는 유대교 최고 의사결정기구인 산헤드린 의회가 모인 것이었습니다. 그들은 두 사도를 한가운데 세워 놓고, 도대체 무슨 권세와 누구의 이름으로 앉은뱅이를 일으키고 예수 그리스도의 부활을 가르쳤는지를 엄히 물었습니다. 이에 대한 베드로의 답변은 다음과 같았습니다.

이에 베드로가 성령이 충만하여 이르되 백성의 관리들과 장로들아 만일 병자에게 행한 착한 일에 대하여 이 사람이 어떻게 구원을 받았느냐고 오늘 우리에게 질문한다면 너희와 모든 이스라엘 백성들은 알라 너희가 십자가에 못박고 하나님이 죽은 자 가운데서 살리신 나사렛 예수 그리스도의 이름으로 이 사람이 건강하게 되어 너희 앞에 섰느니라(8-10절).

웬만한 사람이라면 산헤드린 의회에 피고로 소환되었을 경우, 그 분위기와 권위에 압도되어 주눅이 들고 말 것입니다. 그러나 베드로는 주저 없이, 너희가 못박아 죽였으나 하나님이 다시 살리신 예수 그리스도의 이름으로 그 모든 일이 일어났음을 당당하게 밝혔습니다. 그리고 다음과 같이 답변을 끝맺었습니다.

이 예수는 너희 건축자들의 버린 돌로서 집 모퉁이의 머릿돌이 되었느니라 다른 이로써는 구원을 받을 수 없나니 천하 사람 중에 구원을 받을 만한 다른 이름을 우리에게 주신 일이 없음이라 하였더라(11-12절).

지금 베드로 앞에 앉아 있는 유대교 지도자들은 하나님 나라의 전문가임을 자처하며 예수님을 버렸던 장본인들이었습니다. 그러나 하나님 나라와 구원에 관한 한, 하나님께서는 그들이 버렸던 예수 그리스도 이외의 주춧돌을 주신 적이 없음을 베드로는 주님의 말씀을 인용하여 분명하게 밝힌 것입니다. 예수 그리스도 안에 있는 그 진리, 그 생명, 그 사랑, 그 구원의 길이 아니고는 이 세상의 그 무엇도, 그 누구도 인간의 참된 주춧돌이 될 수 없다는 의미였습니다.

1950년대에 미국 부통령을 역임하였다면, 당시 한국 대통령보다 세계정세에 대해 더 많은 정보를 가지고 있었을 것입니다. 그런데도 왜 박 대통령은 닉슨을 그토록 외면하고 홀대했겠습니까? 한국 정치와 안보에 관한 한, 자신보다 더 나은 건축자는 있을 수 없다는 자부심 때문이었습니다. 정치인으로 재기 불능인 것처럼 보이는 닉슨의 조언 정도는 필요 없다고 여긴 것입니다. 왜 사울 왕이 자신의 사위인 동시에 충복이었던 다윗을 버리고 죽이고자 했습니까? 자신이 이스라엘의 주춧돌이라 믿어 의심치 않았던 까닭입니다. 스스로 이스라엘의 주춧돌이 되려 했을 때, 다윗처럼 자신보다 더 능력 있고 신실한 사람은 제거 대상일 수밖에 없었습니다. 왜 유대교 지도자들이 예수 그리스도를 못박아 죽여 버렸습니까? 그들 자신을 하나님 나라의 주춧돌로 착각한 결과였습니다.

우리는 여기에서 한 가지 공통점을 발견하게 됩니다. 대부분의 인간은 자신이 똑똑하다고 여길수록, 가진 것이 많을수록, 직책이 높을수록, 스스로 자기 인생의 주춧돌이 되려는 어리석음을 범한다는 것입니다. 그러나 과연 인간 스스로 자기 인생의 주춧돌이 된다는 것이 가능한 일입니까? 박정희 대통령은 자신이 우습게 여겼던 닉슨으로부터 자신이 행한 대로 보복당했을 뿐 아니라, 자신의 심복이었던 중앙정보부장에 의해 피살되고 말았습니다. 사울 왕은 그토록 믿었던 자신의 전 군대와 사랑하는 세 아들이 하루아침에 전멸당하는 비극을 자신의 눈으로 직접 목격해야만 했고, 끝내 그 자신도 자살로 생을 마감하고 말았습니다. 예수 그리스도를 버린 유대교 지도자들은 하나님의 대리인을 자처하면서도, 그들에게 임하신 성자 하나님을 그들의 손으로 못박아 죽인 가장 어리석고 사악한 집단의 대명사로 전락하였습니다.

인간은 그 어떤 경우에도, 자신을 위해서든 타인을 위해서든, 결코 인간을 위한 주춧돌이 될 수 없습니다. 인간의 그 어떤 사상이나 철학도 인생이란 집 모퉁이의 머릿돌이 될 수는 없습니다. 인간이 하나님 나라의 주춧돌이 될 수는 더욱 없습니다. 그렇지 않습니까? 죽음을 코끝에 매달고 다니는 유한한 존재인 인간이 대체 누구의 주춧돌이 될 수 있으며, 어떻게 영원하신 하나님 나라의 주춧돌이 될 수 있겠습니까? 주춧돌이 될 수 없는 돌이 주춧돌이 되려 하면, 건물의 하중을 이기지 못해 으스러지기밖에 더 하겠습니까? 오직 죽음을 깨트리고 부활하신 예수 그리스도만 인간과 하나님 나라를 위한 진정한 주춧돌이 될 수 있습니다.

심히 안타까운 사실은 많은 그리스도인들 역시 주님을 믿는다면서도 막상 삶의 현장에서는, 스스로 자기 인생의 주춧돌이 되느라 예수 그리스도를 버리고 살아간다는 것입니다. 어떻습니까? 우리의 가정과 우리의 가족 관계는 예수 그리스도를 주춧돌로 삼고 있습니까? 예수 그리스도의 말씀 안에서 서로 사랑하며, 각자의 책임과 의무 그리고 헌신과 봉사를 다하고 있습니까? 만약 아니라면 우리는 교회에서만 예수 그리스도를 주춧돌로 삼을 뿐이요, 가정에서는 예수 그리스도를 버린 사람들입니다. 우리 일터는 무엇을, 누구를 주춧돌로 삼고 있습니까? 만약 예수 그리스도가 아니라면, 우리는 일터에서도 예수 그리스도를 버린 사람들입니다. 예수 그리스도를 버리고 사는 결과로, 우리는 우리의 욕망하는 바를 보다 쉽고 보다 크게 달성할 수는 있습니다. 그러나 그 모든 것은 한순간에 성수대교처럼 무너져 내리고 맙니다. 자기 스스로 자신의 주춧돌이 되려 했던 집단, 기업, 개인이 한순간에 몰락하는 기사를 우리는 매일 언론을 통해 접하고 있지 않습니까? 오직 예수 그리스도만 참되고도 영원한 주춧돌이 될 수 있음을 인간의 역사와 교회의 역사가 동시에 증명해 주고 있지 않습니까?

이 사실을 깨닫는 사람은 자신의 손으로 버린 돌, 예수 그리스도를 자기 인생의 주춧돌로 되찾아야 합니다. 야인이었던 닉슨을 버렸던 박정희 대통령은 자신이 버렸던 닉슨으로부터 똑같은 방법으로 보복당했습니다. 그러나 예수 그리스도께서는 보복하시지 않습니다. 오히려 우리가 버렸던 주님께서는 우리 인생의 주춧돌이 되어 주시기 위해, 오늘도 말씀으로 우리를 찾아와 주셨습니다. 박정희 대통령에게 보복했던 닉슨 대통령은 워터게이트사건으로 인해 스스로 사임하는 수모를 당했습니다. 그러나 우리 주 예수 그리스도께서는 하나님 우편에서 영원한 부활의 구주로 계십니다. 그래서 누구든지 예수 그리스도를 자기 인생의 주춧돌로 삼기만 하면, 그의 인생은 예수 그리스도로 인해 성전 미문 앞 앉은뱅이처럼 새로워질 수 있습니다.

혹 주님의 말씀을 좇아 살려다가, 오직 주님 중심으로 살려다가, 주위 사람으로부터 따돌림을 받거나 소외당하여 괴로워하는 분이 계십니까? 그렇다면 본문 속 베드로를 보십시오. 9절의 표현처럼, 베드로는 예수 그리스도의 이름으로 착한 일을 하고도 유대교 지도자들로부터 배척당하고 있습니다. 그러나 그는 결코 절망하지 않습니다. 도리어 이렇게 고백하고 있습니다.

> 부당하게 고난을 받아도 하나님을 생각함으로 슬픔을 참으면 이는 아름다우나 죄가 있어 매를 맞고 참으면 무슨 칭찬이 있으리요 그러나 선을 행함으로 고난을 받고 참으면 이는 하나님 앞에 아름다우니라(벧전 2:19-20).

베드로는, 주님의 말씀을 좇아 선을 행하다가 고난받는 것은 아름다운 일이라고 단언하였습니다. 어떻게 그것이 아름다운 일일 수 있겠습니까? 주님을 위해 고난받은 그곳에서, 세상의 건축자들이 버린 돌—예수 그리스도께서 그와 함께하시기 때문입니다. 다시 말해 주님을 위해 살다가 버림받는 것은 세상이 버린 주님과의 유대와 연대를 더 심화하는 것이기에, 믿는 이에게 그보다 더 아름다운 일은 없습니다.

사랑하는 교우 여러분!

물거품처럼 허망한 우리의 욕망을 위해 예수 그리스도를 버리는 어리석음을 버리고, 우리가 버린 돌—예수 그리스도를 우리 인생의 영원한 주춧돌로 삼기 위해 우리 자신을 버리는 지혜로운 사람들이 되십시다. 그때 우리의 인생은 예수 그리스도 위에서 결코 무너지지 않는 영원한 집으로 우뚝 세워질 것입니다. 그 증거가 어디에 있느냐고 물으시겠습니까? 2천 년 전 무식하기 짝이 없었던 갈릴리의 빈민 어부 베드로가 예수 그리스도를 주춧돌로 삼음으로 세계의 역사를 새롭게 하는 위대한 사도가 되었을 뿐 아니라, 오늘까지도 본문을 통해 우리 가운데 살아 있다는 이 확고한 증거 이외에, 무슨 증거가 또 달리 필요하겠습니까?

코끝에 죽음을 달고 다니는 유한한 나 자신을 내 인생의 주춧돌로 삼느라, 주님을 믿는다면서도 내 삶의 현장에서는 늘 주님을 버리고 살아왔습니다. 그 결과 영적 앉은뱅이가 되어, 천하를 주고도 바꿀 수 없는 나의 귀한 인생을 허망하게 허송하고 말았습니다. 그동안 내가 영적 앉은뱅이로 살아온 까닭에, 내 주위 사람들이 겪어야만 했을 괴로움이 얼마나 컸을지는 상상할 수조차 없습니다.

이렇듯 우리가 삶의 현장에서 매일 주님을 버려 왔음에도 주님께서는 보복으로 되갚으시지 않고, 도리어 우리 인생의 주춧돌이 되어 주시기 위해 이 시간 우리를 다시 찾아 주심을 감사드립니다. 죽음을 깨뜨리신 주님의 진리와 생명과 사랑의 주춧돌 위에, 우리 모두 바로 서게 하여 주옵소서. 그 주춧돌 위에서 우리의 인생이, 우리의 가정과 일터가, 그리고 이 사회가, 성전 미문 앞 앉은뱅이처럼 회복되게 하여 주옵소서. 그 주춧돌 위에서 엮어지는 우리의 하루하루가 허망하게 사라지는 물거품이 아니라, 영원한 진리의 실체로 축적되게 하옵소서.

주님의 말씀을 좇아 살려다 도리어 사람들로부터 소외된 이가 있으면 주님과의 연대가 더욱 깊어짐으로 인해 감사하게 하시고, 주님을 주춧돌로 삼은 그 인생을 통해 진리의 빛이 더 크게 더 밝게 발하게 하여 주옵소서. 이제부터 주님을 우리 인생의 주춧돌로 삼은 우리 모두, 버릴 것과 취할 것을 바르게 분별하는 지혜로운 사람으로 살아가게 하여 주옵소서. 아멘.

15. 다른 이로써는

사도행전 4장 5-12절

이튿날 관리들과 장로들과 서기관들이 예루살렘에 모였는데 대제사장 안나스와 가야바와 요한과 알렉산더와 및 대제사장의 문중이 다 참여하여 사도들을 가운데 세우고 묻되 너희가 무슨 권세와 누구의 이름으로 이 일을 행하였느냐 이에 베드로가 성령이 충만하여 이르되 백성의 관리들과 장로들아 만일 병자에게 행한 착한 일에 대하여 이 사람이 어떻게 구원을 받았느냐 오늘 우리에게 질문한다면 너희와 모든 이스라엘 백성들은 알라 너희가 십자가에 못박고 하나님이 죽은 자 가운데서 살리신 나사렛 예수 그리스도의 이름으로 이 사람이 건강하게 되어 너희 앞에 섰느니라 이 예수는 너희 건축자들의 버린 돌로서 집 모퉁이의 머릿돌이 되었느니라 **다른 이로써는** 구원을 받을 수 없나니 천하 사람 중에 구원을 받을 만한 다른 이름을 우리에게 주신 일이 없음이라 하였더라

성전 미문 앞에서 구걸하던 앉은뱅이 걸인이 일어나 걷게 된 것과 관련하여, 베드로와 요한이 솔로몬의 행각에서 예수 그리스도의 복음과 부활에 대하여 설교하고 있을 때였습니다. 느닷없이 현장에 나타난 유대교 지도자

집단이 두 사도를 감옥에 가두어 버렸습니다. 그들은 자신들이 신성모독죄로 처형한 예수가 다시 살아났다고 사도들이 떠드는 것을 묵과할 수 없었기 때문입니다. 이튿날이 되자 대제사장 안나스와 가야바를 비롯한 유대교 지도자들이 한자리에 모였습니다. 대제사장 가문이 장악하고 있는, 유대교 최고 의사결정기구인 산헤드린 의회가 모인 것이었습니다. 그들은 두 사도를 한가운데 세워 놓고, 대체 무슨 권세와 누구의 이름으로 앉은뱅이를 일으키고 예수 그리스도의 부활을 가르쳤는지 엄히 물었습니다. 베드로는 조금도 두려워함이 없이 '너희가 못박아 죽였으나 하나님이 다시 살리신 나사렛 예수 그리스도'의 이름으로 이 모든 일이 일어났음을 당당하게 밝히면서, 본문 11절을 통하여 '이 예수는 너희 건축자들의 버린 돌로서 집 모퉁이의 머릿돌이 되었다'고 대답하였습니다. 이 구절의 역사적 배경과 의미에 대해서는 지난 시간에 상세하게 살펴보았습니다.

오늘 우리가 함께 유의하고자 하는 구절은 본문 12절입니다.

> 다른 이로써는 구원을 받을 수 없나니 천하 사람 중에 구원을 받을 만한 다른 이름을 우리에게 주신 일이 없음이라 하였더라.

베드로는, 나사렛 예수 그리스도 아닌 다른 이로써는 결코 구원을 받을 수 없다고 단정적으로 결론지었습니다. 지금 베드로 앞에 있는 사람들은 산헤드린 의원들, 즉 유대교 최고 지도자들입니다. 그들은 스스로 하나님 나라의 전문가임을 자임하고, 또 하나님의 대리인임을 자처하던 사람들이었습니다. 그들을 향해 베드로는 "다른 이로써는" 구원받을 수 없음을 천명한 것입니다. 예수 그리스도 아니고는, 유대교 최고 지도자들이라는 너희들 역시 구원받을 수 없다는 의미였습니다.

'다른 이로써는 구원받을 수 없다'고 번역된 헬라어 원문을 직역하면, '예수 아닌 그 누구 안에도 구원은 없다'는 말입니다. 유대교 지도자들은 구원을 자신들의 전유물로 여기고 있었습니다. 그들은 자신들의 뜻에 따라 구원을 나누어 줄 수도 있고 거둘 수도 있다고 믿고 있습니다. 그러나 베드로는 그들을 향해 '예수 아닌 그 누구 안에도 구원은 없다'고 단정했습니다. 너희들이 유대교 최고 지도자로 군림하면서, 구원을 마치 너희들의 전유물인 양 거들먹거려도 너희 속에는 절대로 구원이 없다는 말이었습니다.

베드로는 본문에서 구원을 헬라어 명사 '소테리아$\sigma\omega\tau\eta\rho\iota\alpha$'로 표현했습니다. 이 단어는 두 가지 의미를 동시에 지니고 있습니다. 첫 번째 의미는 '육적 치유'입니다. 본문 9절을 주목해 보십시다.

> 만일 병자에게 행한 착한 일에 대하여 이 사람이 어떻게 구원을 받았느냐고 오늘 우리에게 질문한다면.

베드로는 이 구절 속에서 '병자'와 '구원받다'라는 두 단어를 연관 지어 설명하고 있습니다. 병자는 성전 미문 앞에서 구걸하던 앉은뱅이 걸인을 일컫고 있습니다. 그리고 그가 일어나 걷게 된 것을 베드로는 구원받은 것으로 표현하였습니다. 여기에 사용된 헬라어 '소조$\sigma\omega\zeta\omega$'는 구원을 의미하는 명사 '소테리아'의 동사형입니다. 즉 베드로는 병자인 앉은뱅이가 앉은뱅이 상태로부터 그의 육체가 치유된 것을 구원받은 것으로 설명한 것입니다.

'소테리아'의 두 번째 의미는 '영적 구원'입니다. 나사렛의 마리아가 성령님의 능력으로 예수 그리스도를 잉태했을 때, 주의 사자가 마리아의 약혼자였던 요셉에게 나타나 말했습니다.

아들을 낳으리니 이름을 예수라 하라 이는 그가 자기 백성을 그들의 죄에서 구원할 자이심이라(마 1:21).

주의 사자는 예수님을 '인간을 죄에서 구원하시는 분'으로 소개하였습니다. 여기에 사용된 헬라어 단어 역시 '소테리아'의 동사형 '소조'로, 죄로부터의 구원은 곧 영적 구원을 뜻합니다.

이처럼 베드로가 언급한 '소테리아'는 육적 치유와 영적 구원의 의미를 동시에 지니고 있습니다. 따라서 베드로가 유대교 최고 지도자들을 향해 '예수 아닌 그 누구 안에도 구원은 없다'고 선포한 것은, 하나님의 대리인을 자처하는 너희 안에는 육적 치유도, 영적 구원도, 절대로 있을 수 없다는 말이었습니다. 베드로는 왜 예수 그리스도 안에 있는 이 육적 치유와 영적 구원이, 예수 그리스도 아닌 다른 사람 안에는 절대로 없다고 단정했겠습니까?

사람의 육체가 병들었다는 것은 육체의 생명이 병들었음을 의미합니다. 병든 생명은 바른 생명에 의해서만 치유됩니다. 그리고 죄의 삯은 사망이기에 죄로부터의 구원은 사망으로부터의 구원이요, 그 역시 참되고 바른 생명으로만 가능합니다. 한마디로 육적 치유도, 영적 구원도 참된 생명의 문제란 말입니다. 따라서 베드로가 '다른 이로써는 구원받을 수 없다'고 말한 것은, 오직 예수 그리스도 안에만 그 생명이 있고 다른 이 속에는, 유대교 최고 지도자 속에도 전무하다는 말이었습니다. 왜 그 생명이 오직 예수 그리스도 안에만 있습니까? 우리는 베드로의 일관된 설교 내용 속에서 그 해답을 찾아볼 수 있습니다.

사도행전 1장 22절에 의하면 베드로는, 예수 그리스도를 배신하고 자살한 가룟 유다를 대신할 사도를 보선補選하기 위해 설교하면서 사도의 역할을 이렇게 밝혔습니다.

항상 우리와 함께 다니던 사람 중에 하나를 세워 우리와 더불어 예수께서 부활하심을 증언할 사람이 되게 하여야 하리라.

베드로는 사도의 가장 중요한 역할을 예수의 부활을 증언하는 것으로 규정하였습니다. 복음의 핵심이 예수 그리스도의 부활이라는 의미에서였습니다.

그런가 하면 오순절 날 성령님께서 임하신 이후 베드로는, 성령 충만한 제자들을 가리켜 새 술에 취했다고 조롱하는 사람들에게 설교하며 예수 그리스도를 다음과 같이 소개하였습니다.

그가 하나님께서 정하신 뜻과 미리 아신 대로 내준 바 되었거늘 너희가 법 없는 자들의 손을 빌려 못박아 죽였으나 하나님께서 그를 사망의 고통에서 풀어 살리셨으니 이는 그가 사망에 매여 있을 수 없었음이라(행 2:23-24).

성전 미문 앞에서 앉은뱅이 걸인을 예수 그리스도의 이름으로 치유해 준 뒤 솔로몬의 행각에서 행한 베드로의 설교 내용도 동일합니다.

너희가 거룩하고 의로운 이를 거부하고 도리어 살인한 사람을 놓아주기를 구하여 생명의 주를 죽였도다 그러나 하나님이 죽은 자 가운데서 그를 살리셨으니 우리가 이 일에 증인이라(행 3:14-15).

그리고 본문 속 산헤드린 의회에서도 베드로는 유대교 최고 지도자들을 향해 동일한 내용을 되풀이하였습니다.

너희와 모든 이스라엘 백성들은 알라 너희가 십자가에 못박고 하나님이 죽은 자 가운데서 살리신 나사렛 예수 그리스도의 이름으로 이 사람이 건강하게 되어 너희 앞에 섰느니라(10절).

이처럼 베드로가 일관되게 증언한 것은 예수님의 부활, 즉 너희들이 못박아 죽인 예수 그리스도를 하나님께서 다시 살리셨다는 것이었습니다. 예수 그리스도, 그분은 죽음의 권세를 깨뜨리신 생명의 구주시란 것이었습니다. 바로 이것이 베드로가 육적 치유와 영적 구원이 예수 그리스도 안에만 있다고 증언한 이유였습니다. 이 세상에서 죽음을 깨뜨리고 부활하신 참생명은 오직 예수 그리스도 한 분뿐이시기 때문입니다. 이것이 베드로가 유대교 최고 지도자들을 향하여, 너희 속에는 구원이 없다고 단정한 까닭이었습니다. 죽음을 코끝에 매달고 다니는 그들 속에 죽음 이외의 것이 있을리 만무한 탓이었습니다. 그래서 베드로는 주저 없이 이렇게 결론을 맺었습니다.

다른 이로써는 구원을 받을 수 없나니 천하 사람 중에 구원을 받을 만한 다른 이름을 우리에게 주신 일이 없음이라(12절).

하나님께서 죽음 가운데에서 일으키시어, 인간을 영육 간에 치유하고 구원하실 참생명으로 세우신 분은 오직 예수 그리스도 한 분뿐이시기 때문이었습니다. 바로 그 예수 그리스도의 생명 안에서 베드로가 죄와 사망으로부터 구원을 얻었고, 앉은뱅이 걸인이 육적 치유를 받았음은 두말할 나위도 없습니다.

중요한 것은 위에서 살펴본 것처럼 베드로의 설교 장소와 베드로의 설교를 듣는 대상이 매번 달랐음에도, 베드로는 계속하여 '너희가 예수를 십자가에 못박아 죽였다'고 선포함으로 대상을 구별하지 않고 언제나 동일시했다는 사실입니다. 일차적으로는 당시 대제사장들을 포함한 유대교 지도자들을 비롯하여 예루살렘에 살던 유대인들 대부분이 예수님을 못박아 죽인 주범 아니면 공범이었던 탓이지만, 궁극적으로는 죄의 삯은 사망인 인간의 죗값을 대신 치러 주시기 위해 주님께서 돌아가셨기에 모든 인간이 실은 주님을 십자가에 못박아 죽인 장본인이기 때문입니다. 그러므로 베드로가 '너희가 예수를 십자가에 못박아 죽였다'고 외칠 때, '너희' 속에 우리 역시 포함되어 있음은 물론입니다. 예수님께서는 결코 2천 년 전 유대인들에 의해서만 돌아가신 것이 아닙니다. 오늘을 사는 우리가, 아니 내가 예수 그리스도를 십자가에 못박아 죽였고, 주님께서는 죽을 수밖에 없는 죄인인 나를 살리시기 위해 십자가 죽음의 수모를 마다치 않으셨습니다.

사도 바울은 로마서 5장 7-8절을 통해 다음과 같이 증언하고 있습니다.

> 의인을 위하여 죽는 자가 쉽지 않고 선인을 위하여 용감히 죽는 자가 혹 있거니와 우리가 아직 죄인 되었을 때에 그리스도께서 우리를 위하여 죽으심으로 하나님께서 우리에 대한 자기의 사랑을 확증하셨느니라.

얼마나 적절한 표현인지 모르겠습니다. 이 세상에 의인을 위해 대신 죽어 주는 사람은 없습니다. 일제 강점기에 신사참배에 맞서다 순교하신 주기철 목사님은 한국의 모든 그리스도인이 추앙하는 한국 교회의 의인이십니다. 그 주기철 목사님께서 여기 우리와 함께 계시고, 우리 가운데 한 사람이 우리 모두를 위해 죽지 않으면 안 되는 상황에 우리가 처했다고 가정해 보십시다. 그때 누군가 "주 목사님은 의인이시니 그냥 가만히 계십시오. 제가 죽겠습니다" 하고 나서는 사람이 있겠습니까? 결코 없을 것입니다. 우리는 모두 의인이신 주기철 목사님을 간절한 눈빛으로 바라보면서, 주 목사님께서 우리를 대표하여 죽어 주시기를 바랄 것입니다. 사람들이 의인에게는 오히려 더 큰 희생을 기대할 뿐, 의인을 대신해 죽어 주는 사람은 없습니다.

바울은 또 '선인을 위하여 용감히 죽는 자가 혹 있다'고 했습니다. 여기에서 선인이란 악한 사람의 반대 개념으로 일반적 의미에서의 선량한 사람을 칭합니다. '선인을 위하여 용감히 죽는 자가 혹 있다'는 구절의 무게와 중심은 '용감히'라는 단어에 있습니다. 우리말 '용감히'로 번역된 헬라어 '톨마오 $\tau o \lambda \mu \acute{a} \omega$'는 '생각'보다 '행동'이 앞서는 상태를 의미합니다. 간혹 지하철 선로에 떨어지거나 급류에 휩쓸린 선량한 시민을 구하느라 자신이 희생되는 사람의 미담이 우리의 가슴을 뭉클하게 합니다. 지하철 선로에 사람이 떨어져 있는 것을 보는 순간, 열차가 들어오고 있음에도 본능적으로 선로에 뛰어들 수 있습니다. 누군가가 급류에 휩쓸려 가는 것을 보는 순간 이것저것 따지지 않고 일단 물속으로 뛰어드는 사람이 있을 수도 있습니다. 생각보다 행동이 앞설 때 그것은 충분히 있을 수 있는 일입니다. 그러나 생각이 앞설 경우라면, 그런 행동일랑 거의 불가능합니다. 자신이 선로에 뛰어내려 떨어진 사람을 구하는 데 소요되는 시간과 열차가 달려오는 시간을 계산한 뒤, 자신이 죽을 것을 뻔히 확인하고서도 감히 행동으로 옮기는 사람이 있겠습니까? 모든 것을 휩쓸어 가는 급류의 속도와 자기 힘을 비교한 결과 자신이 턱없이 부족함을 알고서도 급류 속으로 뛰어드는 사람이 있겠습니까?

생각 없이라면 모르지만, 생각하고서는 사실상 불가능한 일입니다.

이렇듯 의인을 대신하여 죽어 주는 사람도, 선인을 위해 죽어 주는 사람도 없다면, 하물며 더러운 죄인을 죄인으로 확인하고서야 그 죄인을 위해 죽어 주는 이는 더더욱 없지 않겠습니까? 그러나 주님께서는 우리가 의인이었거나 선인이어서 우리를 위해 돌아가신 것이 아닙니다. 우리가 아직 죄인이었을 때, 벌레만도 못한 추악한 죄인인 우리를 위해 돌아가셨습니다. 주님께서 아무 생각도 없이, 그저 일시적 충동으로 돌아가신 것이 아닙니다. 주님께서는 사지가 못박혀 죽어야 하는 십자가 죽음의 고통이 얼마나 혹독한지 잘 알고 계셨습니다. 그래서 겟세마네 동산에서 땀에 피가 배어나기까지 기도하며 심사숙고하셨습니다. 그리고 기꺼이 그 참혹한 십자가의 죽음을 받아들이셨습니다. 우리를, 아니 나를 살려 주시기 위함이었습니다. 의인을 대신하여 죽어 주는 사람이 없고 선인을 위해 죽어 주는 사람도 없는 이 세상에서, 죄인 중에 괴수인 나를 사랑하시어 나의 죗값을 대신 치러 주시기 위함이었습니다. 그래서 2천 년 전 베드로의 고백은 오늘 우리 각자의 고백이기도 합니다.

> 다른 이로써는 구원을 받을 수 없나니 천하 사람 중에 구원을 받을 만한 다른 이름을 우리에게 주신 일이 없음이라.

영육 간에 진정한 치유와 구원은 오직 예수 그리스도 안에만 있습니다. 예수 그리스도 이외의 그 누구 안에도 구원은 없습니다. 우리를 살리려 죽으신 분도 예수 그리스도뿐이시요, 죽음을 깨뜨리고 부활하신 분도 예수 그리스도뿐이시기에 예수 그리스도 안에만 진정한 생명이 있고, 예수 그리스도께서 그 생명 자체시기 때문입니다.

평생 존경받는 신학자와 목회자로 살아온 영남신학대학교의 김치영 목사님이 말기 간암 선고를 받은 것은 그분의 연세 76세 되던 2000년 6월 5일이었고, 그분의 코끝에서 호흡이 멎은 날은 그해 10월 7일이었습니다. 76년을 살아온 한 인간의 생애가 병이 드러난 지 불과 4개월 만에 막을 내린 것이었습니다. 그러나 그 4개월이 김 목사님에겐 절망과 좌절과 실패를 의미하지 않았습니다. 그분에게 그 기간은 이 땅에서의 삶을 매듭짓고 새로운 여정을 시작하는 감격과 소망의 시간이었습니다. 4개월간 그분이 가족들과 나눈 대화와 그분이 죽음을 맞는 모습은 아들 김동건 교수에 의해 기록으로 남겨졌고, 김 교수는 그 책에 '빛, 색깔, 공기'라는 제목을 붙였습니다. 죽음을 죽음으로 여기지 않던 아버지는 사람들이 무심코 스쳐 버리는 세상의 빛, 색깔, 공기 속에서도 새로운 생명을 호흡했기 때문입니다.

그 책에 의하면 김치영 목사님은 병이 드러난 지 3개월 반 만인 2000년 9월 21일, 당신의 팔에 꽂혀 있던 링거 주삿바늘을 가족에게 뽑게 했습니다. 김 목사님은 평소 성도 간의 교제와 성도에 대한 봉사가 불가능하게 될 시점이 주님의 부르심을 받을 때란 믿음으로 살았습니다. 따라서 가족과의 대화도 불가능한 그때를 주님의 부르심에 순종할 때로 받아들인 것이었습니다. 그것은 자살이 아니었습니다. 자살이란 생을 포기하는 것인 데 반해, 그분이 주삿바늘을 뽑게 한 것은 새로운 생명을 누리기 위해 반드시 거쳐야 할 관문인 육체의 죽음을 수용하기 위함이었습니다. 가족들은 목사님의 뜻을 존중하여 링거 바늘을 뽑았고 그로부터 16일 후, 가족과의 작별인사를 끝으로 육체의 호흡을 멈춘 그분은 예수 그리스도 안에서 영원한 생명을 호흡하게 되었습니다. 장례식장에서는 김 목사님이 조문객을 위해 생전에 작성해 두었던 설교문이 낭독되었고, 김 목사님의 당부에 따라 조문객들은 모두 손에 손을 잡고 찬송가 580장을 힘차게 불렀습니다.

삼천리 반도 금수강산 하나님 주신 동산
삼천리 반도 금수강산 하나님 주신 동산
이 동산에 할 일 많아 사방에 일꾼을 부르네
곧 이날에 일 가려고 그 누가 대답을 할까
일하러 가세 일하러 가 삼천리 강산 위해
하나님 명령 받았으니 반도 강산에 일하러 가세

그것은 장례식이 아니라 새로운 사명을 부여받은 사람들의 출정식과도 같았습니다. 이것이 가능할 수 있었던 것은 예수 그리스도 안에 있는 구원, 죽음을 깨뜨리시고 부활하신 예수 그리스도 안에만 있는 생명으로 인함이었습니다. 이처럼 예수 그리스도 안에 있는 생명은 죽음의 의미마저 새롭게 해줍니다. 그렇다면 그분 안에서 살아생전 우리 인생의 의미는 또 얼마나 새로워지겠습니까?

사랑하는 교우 여러분!

그분이 지금 우리와 함께 계십니다. 그분 안에서, 그분의 생명 안에서, 영육 간에 치유와 구원을 얻으십시오. 그분을 여러분 인생의 주춧돌로 삼으십시오. 날마다 그분의 말씀 안에서 여러분의 인생을 구축하십시오. 그 순간부터 그동안 무심코 스쳐 지나온 세상의 빛, 색깔, 공기가 달라져 보일 것입니다. 예수 그리스도 안에 있는 사람에게는 죽음마저 죽음일 수 없을진대 세상의 무엇인들 새로워지지 않겠습니까? 죽음을 품은 사람에게는 세상의 모든 것이 죽음의 그림자에 지나지 않듯이, 예수 그리스도의 생명 안에 있는 사람에게는 풀 한 포기에서부터 돌멩이 하나에 이르기까지 세상의 어느 것 하나 생명 아닌 것이 없습니다.

'다른 이로써는 구원을 받을 수 없나니 천하 사람 중에 구원을 받을 만한 다른 이름을 우리에게 주신 일이 없음이라.'

의인을 대신하여 죽어 주는 사람이 없고, 선인을 위해 죽어 주는 사람도 없습니다. 죄인을 위해 죽어 주는 사람은 더더욱 없습니다. 그렇지만 주님께서는 벌레보다 더 더러운 죄인인 나를 살려 주기 위해 돌아가셨고, 또 죽음을 깨뜨리시고 부활하셨습니다. 그래서 오직 주님 안에만 구원과 생명이 있음을 고백합니다. 그러나 이제껏 이 사실을 망각한 채 물질 속에서, 사람 속에서 구원과 생명을 갈구해 온 나의 어리석음을 회개하오니, 용서하여 주옵소서.

오직 예수 그리스도 안에만 있는 그 생명 속에서, 우리 모두 육적 치유와 영적 구원을 날마다 얻고 누리게 하옵소서. 그 생명으로 인해 이 세상의 모든 것들, 무심코 스쳐 지나온 세상의 빛, 색깔, 공기마저도 새로운 의미로 승화되게 하옵소서. 우리의 코끝에 호흡이 있는 동안 우리의 삶을 통해 그 생명이 동서남북으로 스며들게 하시고, 우리의 코끝에서 호흡이 멎는 그날이 죽음의 날이 아니라 새로운 삶을 향한 벅찬 출정식이 되게 하옵소서. 아멘.

16. 이상히 여기며

사도행전 4장 5-14절

이튿날 관리들과 장로들과 서기관들이 예루살렘에 모였는데 대제사장 안나스와 가야바와 요한과 알렉산더와 및 대제사장의 문중이 다 참여하여 사도들을 가운데 세우고 묻되 너희가 무슨 권세와 누구의 이름으로 이 일을 행하였느냐 이에 베드로가 성령이 충만하여 이르되 백성의 관리들과 장로들아 만일 병자에게 행한 착한 일에 대하여 이 사람이 어떻게 구원을 받았느냐고 오늘 우리에게 질문한다면 너희와 모든 이스라엘 백성들은 알라 너희가 십자가에 못박고 하나님이 죽은 자 가운데서 살리신 나사렛 예수 그리스도의 이름으로 이 사람이 건강하게 되어 너희 앞에 섰느니라 이 예수는 너희 건축자들의 버린 돌로서 집 모퉁이의 머릿돌이 되었느니라 다른 이로써는 구원을 받을 수 없나니 천하 사람 중에 구원을 받을 만한 다른 이름을 우리에게 주신 일이 없음이라 하였더라 그들이 베드로와 요한이 담대하게 말함을 보고 그들을 본래 학문 없는 범인으로 알았다가 **이상히 여기며** 또 전에 예수와 함께 있던 줄도 알고 또 병 나은 사람이 그들과 함께 서 있는 것을 보고 비난할 말이 없는지라 성전 미문 앞에서 구걸하던 선천성 앉은뱅이가 일어나 걷게 된 것과 관련하여 베드로와 요한이 솔로몬의 행각에서 설교하고 있을 때였습니다. 느닷없이 현장에 나타난 유대교 지도자 집단은 두 사도를 체포하여 감옥에 구금해 버렸습니다. 그리고 이튿날, 유대교 최고 의사결정기구인 산헤드린 의회는 두 사도를 소환하여 대체 무슨 권세와 누구의 이름으로 앉은뱅이를 걷게 하고 예수 부활을 전했는지 엄히 추궁하였습니다. 베드로는 조금도 두려워함이 없이 당당하게 답변하였고, 우리는 그 내용을 2주에 걸쳐 상세히 살펴보았습니다.

본문 13절은 베드로의 답변이 끝났을 때의 상황을 밝혀 주고 있습니다.

> 그들이 베드로와 요한이 담대하게 말함을 보고 그들을 본래 학문 없는 범인으로 알았다가 이상히 여기며.

산헤드린 의회, 다시 말해 산헤드린 법정을 구성하고 있는 유대교 최고 지도자들이 모두 '이상히 여겼다'고 본문이 증언하고 있습니다. 헬라어 '다우마조 $\theta\alpha\nu\mu\acute{\alpha}\zeta\omega$'는 '놀라다 to be astonished', '경탄하다 to marvel, to wonder'라는 의미입니다. 그들은 자신들의 허락도 없이 거룩한 성전에서 경거망동한 두 사도를 엄히 다스리기 위해 법정에 세웠습니다. 그러나 두 사도의 답변이 끝났을 때 그들은 깜짝 놀라며 경탄을 금치 못했습니다. 그 첫 번째 이유는 두 사도가 너무나도 담대하게 말했기 때문입니다.

당시 대제사장 안나스와 가야바 가문이 장악하고 있던 산헤드린 의회는 진리와 진실을 규명하는 곳이 아니었습니다. 산헤드린 의회를 구성하고 있는 유대교 최고 지도자들이 자신들의 기득권을 고수하기 위해 이용하는 제도적 수단에 지나지 않았습니다. 조금이라도 자신들의 입지를 뒤흔드는 사람이 있으면 율법을 도구 삼아 하나님의 이름으로 가차없이 제거해 버렸습니다. 그 좋은 예가 그들이 앞장서서 예수님을 십자가 사형에 처한 것입니다. 고작 나사렛 빈민 주제에 하나님의 독생자를 자칭하는 예수를, 그들은 기층민을 선동하여 자신들의 기득권을 보장해 주는 기존 사회체제와 질서를 전복하려는 위험인물로 간주한 탓이었습니다. 그것이 그들이 두 사도를 구금하고 산헤드린 법정으로 소환한 이유이기도 했습니다. 자신들이 신성모독죄로 제거한 나사렛 예수가 다시 살아났다고 두 사도가 떠드는 것을 묵과할 수 없었기 때문입니다.

이처럼 자신들의 기득권에 도전하는 것으로 간주된 사람은 이유 여하를 막론하고 제거해 버리는 산헤드린 의회였기에, 일단 그 법정에 소환되기만 하면 누구든지 주눅이 들어 산헤드린 의원들의 심기를 건드리지 않으려 조심할 수밖에 없었습니다. 소위 '알아서 기어야'만 했습니다. 그러나 베드로와 요한은 전혀 달랐습니다.

8절에 의하면, 베드로는 산헤드린 의원들을 "백성의 관리들과 장로들"이라고 불렀습니다. '관리'로 번역된 헬라어 '아르콘 $\check{\alpha}\rho\chi\omega\nu$'은 일반적으로 대제사장과 그에 걸맞은 최고위직에 대한 호칭이었습니다. 그리고 '장로'는 유대 지파나 지역의 대표 혹은 원로에 대한 호칭이었습니다. 베드로가 산헤드린 의원을 '백성의 관리들과 장로들'이라고 부른 것은 물론 그들에 대한 예의의 표시였습니다. 중요한 사실은 베드로가 그들에게 예의를 갖추면서도 '존경하는 관리들과 장로들'이라 부르지 않고, 문법상 소유격 형식을 사용하여 '백성의 관리들과 장로들'이라고 불렀다는 점입니다. 그것은 참으로 놀랍고도 대담한 표현이었습니다. 대제사장을 비롯한 산헤드린 의원들은 백성의 주인이 되어 백성 위에 군림하고 있었습니다. 그들에게 백성이란 단지 자신들의 목적 성취를 위해 필요한 수족에 지나지 않았습니다. 그런데 그들을 향해 베드로는 '백성의 관리들과 장로들'이라 부른 것입니다. 너희들은 백성의 주인이 아니라 백성에게 속한, 백성을 위해 존재하는 사람들이란 의미요, 하나님께서 너희들을 관리와 장로로 세우신 것은 당신의 백성을 섬기게 하시기 위함임을 일깨워 주려는 의도였습니다.

그리고 계속된 베드로의 답변 역시 정곡을 찌르는 내용이었습니다. 그들은 애초 베드로에게 무슨 권세와 누구의 이름으로 앉은뱅이를 걷게 하고 예수 부활을 가르쳤는지를 물었습니다. 그들의 관심은 오직 결과였습니다. 그들은 결과에 대한 책임 추궁에만 혈안이 되어 있을 뿐, 그 결과에 이르기까지의 동기와 과정 속에 내포된 문제의 핵심이 무엇인지에 대해서는 전혀 관심이 없었습니다. 그러나 그들에 대한 베드로의 답변은 가히 압권이었습니다.

본문 10절을 주목해 보시겠습니다.

> 너희와 모든 이스라엘 백성들은 알라 너희가 십자가에 못박고 하나님이 죽은 자 가운데서 살리신 나사렛 예수 그리스도의 이름으로 이 사람이 건강하게 되어 너희 앞에 섰느니라.

베드로는 결과에 대한 책임 추궁에만 관심이 있는 그들에게, 예수 그리스도의 권세와 이름으로 그런 결과가 초래되었다고 결과에 대해서만 언급한 것이 아니었습니다. 베드로는 '너희가 십자가에 못박고 하나님이 죽은 자 가운데서 살리신 나사렛 예수 그리스도의 이름으로' 그와 같은 결과가 초래되었음을 밝힘으로, 문제의 핵심을 정확하게 지적해 주었습니다.

즉 너희는 예수 그리스도를 십자가에 못박아 죽인 죄인이라는 것이었습니다. 너희들이 아무리 거룩한 성의를 입고 거룩한 직책을 지니고 있어도,

너희들은 하나님을 대적한 죄인에 지나지 않는다는 것이었습니다. 너희는 예수 그리스도를 못박아 죽였지만, 하나님께서 그분을 다시 살리셨다는 것입니다. 너희가 아무리 진리를 못박고 멸절하려 해도, 하나님 안에서 진리는 영원하다는 것입니다. 너희들이 아무리 하나님을 대적해도, 결코 하나님을 이길 수는 없다는 것입니다. 너희들이 예수 그리스도를 아무리 부정하려 해도, 부활하신 그분만 영원한 생명의 구주시라는 것입니다. 그 예수 그리스도께서, 너희가 앉은뱅이라는 이유로 이스라엘 회중에 넣어 주지도 않던 그 걸인을 영육 간에 치유하고 구원해 주셨다는 것입니다. 예수 그리스도의 생명 안에서는 누구든지 구원을 얻을 수 있다는 것입니다. 예수 그리스도를 말미암지 않고는, 너희들도 결코 참구원과 참생명을 얻고 누릴 수 없다는 것이었습니다.

믿음은 각자 자기에게 주어진 자리를 바르게 지키는 것입니다. 베드로는 하나님과 백성을 받들어 섬겨야 할 관리와 장로들이 스스로 자기 자리를 이탈하여 하나님과 백성 위에 군림하고 있는 그들의 잘못을 담대하게 지적한 것이었습니다. 죄인을 심문하는 법정에서, 유대교 최고 지도자들이 죄인으로 간주한 사람으로부터 도리어 자신들의 잘못을 공개적으로 지적당하리라고는 상상해 본 적도 없었을 것입니다. 그것은 평생 처음 경험하는 일로서, 어쩌면 베드로의 지적에 그들의 간담이 써늘해졌는지도 모릅니다. 어쨌든 그들은 깜짝 놀라며 경탄을 금할 수 없었습니다.

베드로의 답변으로 인해 그들이 깜짝 놀라며 경탄했던 또 다른 이유는, 그들이 두 사도를 "본래 학문 없는 범인"으로 속단하고 있었기 때문입니다. 우리말 '학문 없는'으로 번역된 헬라어 '아그람마토스 $\dot{\alpha}\gamma\rho\dot{\alpha}\mu\mu\alpha\tau o\varsigma$'는 부정을 의미하는 접두어 '아 α'와 성경을 가리키는 '그람마 $\gamma\rho\dot{\alpha}\mu\mu\alpha$'가 합쳐진 합성어로서, 성경 말씀을 모른다는 뜻입니다. 그리고 '범인凡人'으로 번역된 '안드로포스 이디오타이$i\delta\iota\hat{\omega}\tau\alpha\iota\ \ \ddot{\alpha}\nu\theta\rho\omega\pi os$'는 '개인' 혹은 '서민'을 뜻하기도 하지만, 본문에서는 '무식꾼'이란 의미로 사용되었습니다. 하나님의 말씀을 자신들의 전유물로 여기고 있던 유대교 최고 지도자들은, 갈릴리 빈민 출신의 두 사도를 하나님의 말씀을 알지도 못하는 무식꾼으로 멸시하고 있었습니다. 두 사도가 황당한 예수 부활을 외치는 것은 그들이 하나님의 말씀에 대해 무지한 탓이라 속단한 것입니다.

그러나 유대교 최고 지도자들의 잘못을 담대하게 지적한 베드로는 그의 답변을 다음과 같이 결론지었습니다.

> 이 예수는 너희 건축자들의 버린 돌로서 집 모퉁이의 머릿돌이 되었느니라 다른 이로써는 구원을 받을 수 없나니 천하 사람 중에 구원을 받을 만한 다른 이름을 우리에게 주신 일이 없음이라(11-12절).

하나님께서 예수 그리스도 이외의 구원자를 허락하신 일이 없음을 밝히면서, 베드로는 구약성경 시편 118편 22절 말씀을 정확하게 인용하였습니다. 유대교 최고 지도자들로서는 예수님께서 하셨던 그 말씀을 또다시 듣게 되리라고는 생각해 보지도 않았을 것입니다. 그러나 자신들이 못박아 죽인 예수를 하나님께서 정말 생명의 구주로 다시 살리셨다면, 그것은 '건축자가 버린 돌이 집 모퉁이의 머릿돌이 되었다'는 시편 118편 22절 말씀과 딱 맞아 떨어지는 상황이 아닐 수 없었습니다. 하나님의 말씀에 통달한 사람이 아니고서는 하나님의 말씀을 그토록 정확하고도 적절하게 인용할 수는 없는 일이었습니다. 그래서 그들은 마음속으로 깜짝 놀라며 경탄하지 않을 수 없었습니다. 그들이 성경 말씀에 무지한 무식꾼으로 속단했던 두 사도가, 실은 말씀의 전문가를 자처하는 자신들 위에 있었기 때문입니다. 아마 내색은 하지 않았지만, 그것은 그들에게는 엄청난 충격이었을 것입니다.

자, 이제 본문의 상황을 머릿속에서 다시 찬찬히 그려 보십시다. 대제사장을 비롯한 유대교 최고 지도자들이 성전에서 함부로 예수 부활을 증언한 두 사도를 산헤드린 법정에 세웠습니다. 두 사도를 엄히 다스려 다시는 경거망동하지 못하도록 하기 위함이었습니다. 그러나 두 사도는 조금도 두려워함이 없이 도리어 하나님과 사람 앞에서 자기 자리를 이탈한 그들의 잘못을 공개적으로 지적하고, 그들 역시 예수 그리스도를 말미암지 않고는 결코 구원 얻을 수 없음을 천명하면서 하나님의 말씀을 정확하게 인용하였습니다. 유대교 최고 지도자들은 두 사도의 용기와 예리한 지적, 그리고 영적 통찰력에 깜짝 놀라 경탄을 금치 못합니다. 그렇다면 바로 그 상황 속에서, 유대교 최고 지도자들이 두 사도로 인해 경탄한 것보다 더 경탄한 사람이 있었을 것임을 알게 됩니다. 베드로와 요한, 두 사도 자신이었을 것입니다.

베드로와 요한은 이스라엘 변방, 빈민촌 갈릴리의 어부 출신이었습니다. 평소의 그들이라면 유대교 최고 의사결정기구인 산헤드린 법정에 피고로 소환되었을 경우, 그 분위기와 권위에 압도되어 숨도 제대로 쉬지 못했을 것입니다. 그러나 그들은 평생 처음 산헤드린 법정에 소환되었지만 조금도 위축되거나 주눅 들지 않았습니다. 자신들은 단 한 번도 수사학이나 논리학을 익혀 본 적이 없었습니다. 그렇지만 자신들은 유대교 최고 지도자들이 지닌 문제의 핵심을 정확하게 파악하고, 또 논리 정연하게 지적할 수 있었습니다. 자신들은 율법사나 서기관들처럼 전문 기관에서, 당시의 성경이던 구약 말씀을 신학적으로나 체계적으로 배워 온 적이 없었습니다. 그런데도 답변 도중 하나님의 말씀까지도 적절하게 인용할 수 있었습니다. 그리고 자신들의 답변으로 인해 유대교 내에서 최고의 학식과 권력을 지닌 산헤드린 의원들이 경탄의 빛을 감추지 못하고 있습니다. 그것은 자신들이 미처 예상치 못한 일이었습니다. 그 상황 속에서 누구보다도 베드로와 요한 자신이 그 상황에 대해 더욱 경탄했을 것임은 능히 짐작할 수 있습니다.

그렇다면 유대교 최고 지도자들은 말할 것도 없고 베드로와 요한 스스로도 경탄하지 않을 수 없는 그 일이 어떻게 가능할 수 있었겠습니까?
본문 8절이 그 해답을 제시해 주고 있습니다.

이에 베드로가 성령이 충만하여 이르되 백성의 관리들과 장로들아.

해답은 두 사도가 성령 충만한 상태에 있었다는 것입니다. 바꾸어 말하면 그들이 성령님의 빛 속에 있었기 때문입니다. 성령님의 빛은 만물의 실상과 허상을 바르게 분별해 줍니다. 대제사장을 비롯한 산헤드린 의원들은 백성의 생사여탈권을 쥐고 있는 유대교 최고의 권력자들이었습니다. 그래서 누구든지 그 앞에서는 기가 꺾일 수밖에 없었습니다. 그러나 성령님의 빛 속에 투영된 그들은 전혀 두려움의 대상이 아니었습니다.

몸은 죽여도 영혼은 능히 죽이지 못하는 자들을 두려워하지 말고 오직 몸과 영혼을 능히 지옥에 멸하실 수 있는 이를 두려워하라(마 10:28).

성령님의 빛에 비추어 볼 때 산헤드린 의원들은 고작 사도들 자신들의 육체에만 위해를 가할 수 있을 뿐, 자신들의 영혼에는 손가락 하나 건드릴 수 없는 허상에 지나지 않았습니다. 오히려 하나님과 사람 위에 군림하고 있는 그들은 까멸당해 마땅한 하나님의 심판의 대상일 뿐이었습니다. 그래서 베드

이상히 여기며

로는 추호의 두려움도 없이 그들의 잘못을 당당하게 지적할 수 있었습니다.

> 너희를 넘겨줄 때에 어떻게 또는 무엇을 말할까 염려하지 말라 그때에 너희에게 할 말을 주시리니 말하는 이는 너희가 아니라 너희 속에서 말씀하시는 이 곧 너희 아버지의 성령이시니라(마 10:19-20).

베드로가 단 한 번도 수사학이나 논리학을 익혀 본 적이 없었지만, 그들이 지닌 문제의 핵심을 그토록 논리 정연하게 피력할 수 있었던 것 또한 성령님의 도우심이었습니다.

> 보혜사 곧 아버지께서 내 이름으로 보내실 성령 그가 너희에게 모든 것을 가르치고 내가 너희에게 말한 모든 것을 생각나게 하리라(요 14:26).

베드로가 율법사처럼 전문 기관에서 구약성경을 신학적으로나 체계적으로 배운 적이 전혀 없었음에도, 주님께서 시편 118편 22절의 말씀을 인용하여 타락한 유대교 지도자들을 질타하신 마태복음 21장 42절 말씀, 즉 '건축자들이 버린 돌이 모퉁이의 머릿돌이 되었다'는 주님의 말씀을 정확하게 재인용할 수 있었던 것 역시 주님의 말씀을 기억나게 하시는 성령님 덕분이었습니다.

학문적 지식과 세상의 지위와는 거리가 멀어도 한참 멀었던 베드로와 요한이 이렇듯 타인은 말할 것도 없이 자기 스스로도 경탄하지 않을 수 없었으리라고 여겨질 만큼 지혜로운 사람이 될 수 있었던 것은, 그들이 전적으로 의지한 성령님의 도우심으로 인함이었습니다.

다음은 사도 바울의 고백입니다.

나는 사도 중에 가장 작은 자라 나는 하나님의 교회를 박해하였으므로 사도라 칭함 받기를 감당하지 못할 자니라(고전 15:9).

이것은 주님의 대적이 되어 그리스도인들을 핍박하던 수치스런 과거에 대한 고백이었습니다. 그러나 바울의 고백은 이것으로 멈추지 않았습니다. 그의 고백은 고린도전서 15장 10절에 이르러 현재의 고백으로 이어집니다.

그러나 내가 나 된 것은 하나님의 은혜로 된 것이니 내게 주신 그의 은혜가 헛되지 아니하여 내가 모든 사도보다 더 많이 수고하였으나 내가 한 것이 아니요 오직 나와 함께하신 하나님의 은혜로라.

과거의 관점으로 볼 때, 현재 바울 자신의 모습은 자기 스스로 경탄하지 않을 수 없는 기적 중의 기적이었습니다. 그것은 전적으로 하나님의 은혜요, 성령님의 인도하심의 결과였습니다. 주님의 대적이었던 그는 성령님의 도우심과 인도하심 속에서 주님의 사도로 거듭날 수 있었고, 성령님의 빛 속에서 만물의 허상과 실상을 바르게 분별할 수 있었고, 성령님의 빛 속에서 말씀만 좇는 용기 있는 그리스도인으로 살 수 있었고, 성령님의 빛 속에서 그의 말은 모두 신약성경이 되었습니다. 성령님의 역사가 아니고는 결코 있을 수 없는 일이었습니다.

그래서 바울은 성령님에 대해 다음과 같이 증언하고 있습니다.

오직 하나님이 성령으로 이것을 우리에게 보이셨으니 성령은 모든 것 곧 하나님의 깊은 것까지도 통달하시느니라(고전 2:10).

우리가 이것을 말하거니와 사람의 지혜가 가르친 말로 아니하고 오직 성령께서 가르치신 것으로 하니 영적인 일은 영적인 것으로 분별하느니라(고전 2:13).

이제, 여러분이 주님을 알기 전 여러분의 과거로 되돌아가 보십시오. 어떻습니까? 차마 입에 담기조차 민망할 정도로 수치스런 과거가 아닙니까? 그 과거의 관점으로 현재의 여러분을 조망해 보십시오. 여러분 스스로 놀랄 정도로 변화된 여러분 자신을 확인하실 수 있지 않습니까?

저 역시 마찬가지입니다. 과거의 저는 허랑방탕한 인간이었습니다. 그때의 관점으로 오늘을 본다면, 이 시간에 제가 이런 모습으로 이 자리에 서 있다는 것은 기적 중의 기적이 아닐 수 없습니다. 그동안 저는 여러 권의 책을 썼습니다. 그 책들을 다시 접할 때마다 저는 온몸이 감전되는 것과 같은 전율을 느끼곤 합니다. 그 책들이 저의 실력으로 써진 것이 아님을 매번 확인하기 때문입니다. 저는 누구보다 제 실력을 정확하게 알고 있습니다. 제 실력으로는 절대로 그런 책을 쓸 수 없습니다.

이와 같이 우리가 모두 과거의 관점으로 현재의 우리를 조망해 볼 때 우리 자신에 대해 놀라지 않을 수 없는 것은 성령님의 은혜로 인함입니다. 바울의 고백처럼, 우리가 우리 된 것은 하나님의 은혜로 된 것입니다. 그렇다고 우리가 일상생활 속에서 늘 성령님을 의식하며 산 것도 아닙니다. 오히려 성령님을 잊고 산 적이 더 많았습니다. 그럼에도 성령님께서 우리 자신이 놀랄 정도로 우리를 변화시켜 주셨다면 우리가 베드로처럼, 사도 바울처럼, 오직 성령님의 빛 속에서 성령 충만한 삶을 추구할 때, 어찌 성령님께서 우리의 삶을 통해 이 시대의 신新사도행전을 엮어 가시지 않겠습니까?

사랑하는 성도 여러분!

오늘도 성령님께서 우리를 불러 주셨습니다. 우리 모두 우리와 함께 계시는 성령님께 우리 심령의 초점을 맞추십시다. 성령님의 빛 속에서, 만물의 허상과 실상을 구별하십시다. 성령님의 빛 속에서, 두려워할 것과 두려워하지 말 것을 분별하십시다. 성령님의 빛 속에서 말씀으로 생각하고, 성령님의 빛 속에서 말씀으로 말하고, 성령님의 빛 속에서 말씀으로 살아가는 용기 있는 그리스도인이 되십시다. 그때 우리의 삶을 통해 드러나는 성령님의 빛으로 인해 세상이 경탄할 것이요, 무엇보다 우리의 삶 속에서 역사하시는 성령님으로 인해 우리 자신이 경탄할 것입니다.

잊지 마십시오. 우리가 그리스도 안에서 우리 자신의 삶에 대해 경탄하기 전까지는, 우리는 결코 행복한 그리스도인일 수는 없습니다. 그리스도인의 행복은, 그리스도인으로서 추구해야 할 것과 자신의 삶이 일치할 때 주어지는 하나님의 선물입니다.

'모든 육체는 풀과 같고 그 모든 영광은 풀의 꽃과 같으니 풀은 마르고 꽃은 떨어지되 오직 주의 말씀은 세세토록 있도다.'
주님, 이것은 위대한 시인이나 대문호의 말이 아닙니다. 이것은 무식한 갈릴리의 어부 베드로의 입에서 나온 말입니다. 그러나 베드로가 성령님의 빛 속에서 성령님의 인도하심을 따라 말했을 때, 이 말은 베드로전서 1장 24-25절에 기록되어 신약성경의 말씀이 되었습니다. 베드로가 성령님만을 좇았을 때 그는 자신의 입을 봉하려는 유대교 최고 지도자들을 오히려 경탄케 했고, 그 역시 자신의 삶 속에서 역사하시는 성령님으로 인해 경탄하지 않을 수 없었을 것입니다. 그에게 비록 세상의 은과 금은 없었지만, 그가 주님 앞에서 얼마나 행복한 그리스도인이었는지를 이 시간 일깨워 주셔서 감사합니다.

사도 바울은 주님의 대적이었던 과거의 관점으로 현재의 자신을 보며, 내가 나 된 것은 하나님의 은혜로 된 것이라고 경탄했습니다. 그의 일평생은 비록 고난과 핍박의 연속이었지만, 용기 있게 진리만을 좇았던 그 또한 성령님의 빛 속에서 행복한 그리스도인이었습니다. 그렇지 않았던들 그가 주님을 위해 순교하지는 못했을 것입니다.

오늘도 성령님께서 우리를 불러 주시고, 언제나 우리와 함께 계심을 다시 확인시켜 주심을 감사드립니다. 이제부터 우리 심령의 초점을 성령님께 고정하게끔 도와주십시오. 말씀 안에서 우리의 영혼이 언제나 성령님을 향해 깨어 있게 해주십시오. 성령님의 빛 속에서 말씀으로 생각하고, 성령님의 빛 속에서 말씀으로 말하고, 성령님의 빛 속에서 말씀을 좇아 살아가게 해주십시오. 내가 나 된 것은 하나님의 은혜로 된 것이라는 바울의 경탄의 고백이 우리 자신의 고백이 되게 해주십시오. 그리하여 우리의 코끝에 호흡이 있는 동안 타인과 자신을 동시에 경탄케 하는, 성숙한 그리스도인 됨의 행복을 날마다 누리게 해주십시오. 아멘.

17. 예수와 함께 창립 1주년 기념 예배

사도행전 4장 13-22절

그들이 베드로와 요한이 담대하게 말함을 보고 그들을 본래 학문 없는 범인으로 알았다가 이상히 여기며 또 전에 **예수와 함께** 있던 줄도 알고 또 병 나은 사람이 그들과 함께 서 있는 것을 보고 비난할 말이 없는지라 명하여 공회에서 나가라 하고 서로 의논하여 이르되 이 사람들을 어떻게 할까 그들로 말미암아 유명한 표적 나타난 것이 예루살렘에 사는 모든 사람에게 알려졌으니 우리도 부인할 수 없는지라 이것이 민간에 더 퍼지지 못하게 그들을 위협하여 이후에는 이 이름으로 아무에게도 말하지 말게 하자 하고 그들을 불러 경고하여 도무지 예수의 이름으로 말하지도 말고 가르치지도 말라 하니 베드로와 요한이 대답하여 이르되 하나님 앞에서 너희의 말을 듣는 것이 하나님의 말씀을 듣는 것보다 옳은가 판단하라 우리는 보고 들은 것을 말하지 아니할 수 없다 하니 관리들이 백성들 때문에 그들을 어떻게 처벌할지 방법을 찾지 못하고 다시 위협하여 놓아주었으니 이는 모든 사람이 그 된 일을 보고 하나님께 영광을 돌림이라 이 표적으로 병 나은 사람은 사십여 세나 되었더라 성전 미문 앞에서 구걸하던 선천성 앉은뱅이가 일어나 걷게 된 것과 관련하여, 베드로와 요한이 예루살렘 성전의 솔로몬 행각에서 설교하고 있을 때였습니다. 느닷없이 현장에 나타난 유대교 지도자 집단이 두 사도를 체포하여 감옥에 구금해 버렸습니다. 이튿날이 되자 그들은 유대교 최고 의사결정 기구인 산헤드린 의회를 소집하였습니다. 그들은 두 사도를 소환하여 대체 무슨 권세와 누구의 이름으로 앉은뱅이를 고치고 예수 부활을 가르쳤는지 엄히 추궁했습니다. 성령 충만한 두 사도는 추호의 두려움도 없이, 너희들이 십자가에 못박아 죽였으나 하나님께서 다시 살리신 예수 그리스도에 의해 그 모든 일이 가능하였으며, 하나님께서 부활하신 예수 그리스도 이외의 구원자를 이 땅에 허락하신 일이 없음을 천명하면서 시편 118편 22절 말씀을 인용하였습니다.

두 사도의 답변이 끝났을 때 유대교 최고 지도자들의 반응을 본문 13절 상반절이 증언해 주고 있습니다.

> 그들이 베드로와 요한이 담대하게 말함을 보고 그들을 본래 학문 없는 범인으로 알았다가 이상히 여기며.

이스라엘 변방의 빈촌 갈릴리 어부 출신인 두 사도를 본래 하나님의 말씀에 무지한 무식꾼으로 속단했던 유대교 최고 지도자들은 자신들의 잘못마저 거리낌없이 지적하는 두 사도의 담대함과, 하나님의 말씀을 정확하게 인용하는 그들의 영적 통찰력에 깜짝 놀라 경탄의 빛을 감추지 못했습니다. 이에 대해서는 지난 시간에 깊이 생각해 보았습니다.

이 시간 유의하고자 하는 말씀은 본문 13절 하반절에서 14절까지의 내용입니다.

또 전에 예수와 함께 있던 줄도 알고 또 병 나은 사람이 그들과 함께 서 있는 것을 보고 비난할 말이 없는지라.

유대교 최고 지도자들은 자신들이 신성모독죄로 십자가에 못박아 죽인 예수가 부활했다고 떠드는 두 사도를 엄히 다스려, 다시는 예수 부활 운운할 엄두도 내지 못하게 하기 위해 산헤드린 법정까지 열었습니다. 하지만 두 사도의 답변이 끝나자 그들은 두 사도를 비난할 말을 잃고 말았습니다.

본문은 그 첫 번째 이유를 유대교 최고 지도자들이, 두 사도가 "전에 예수와 함께 있던 줄" 알기 때문이라고 밝히고 있습니다. 이것은 유대교 최고 지도자들이 두 사도가 과거에 예수님과 함께 다녔다는 사실 자체를 알았다는 의미가 아닙니다. 무식한 갈릴리 어부 출신인 두 사도가 상상을 초월할 정도로 정확하게 문제를 파악하고, 논리 정연하게 표현하며, 하나님의 말씀까지 적확하게 인용하는 것으로 미루어, 두 사도와 함께했던 예수가 어떤 존재인지 짐작할 수 있게 되었다는 의미입니다. 바꾸어 말하면, 두 사도의 언행으로 보아 그들이 주장하는 예수 부활을 생판 거짓말로 매도할 수만은 없게 된 것이었습니다.

그러나 두 사도가 예전에 '예수와 함께 있었다'는 것만으로는, 유대교 최고 지도자들이 두 사도를 엄히 다스리려던 자신들의 뜻을 철회할 필요충분조건이 될 수 없었습니다. 만약 그 이유뿐이었다면 그들은 예수님을 신성모독죄로 십자가에 처형했듯, 무슨 수를 써서든 두 사도에게 제재를 가하고 말았을 것입니다.

하지만 그들이 그렇게 할 수 없었던 또 하나의 결정적인 이유가 있었습니다. "병 나은 사람"이 두 사도와 함께 있는 것이었습니다. '병 나은 사람'이란 두말할 것도 없이 예수 그리스도의 이름으로 치유받은, 성전 미문 앞의 앉은뱅이 걸인이었습니다. 그 걸인은 피고가 아니었습니다. 산헤드린 법정에 의해 소환된 사람이 아니었다는 말입니다. 그런데도 그가 방청객 자격으로 그 법정에 출두하여 두 사도 곁에 서 있었습니다. 그것은 참으로 중요한 의미를 지니고 있었습니다.

그 걸인의 입장에서 당시의 상황을 생각해 보십시다. 평생 구걸하던 앉은뱅이 걸인은 베드로를 통해 자신을 찾아오신 예수 그리스도에 의해 치유함을 받았습니다. 전혀 뜻밖의 은총에 그는 감격해하며 성전 안으로 뛰어 들어가 하나님을 찬미하였습니다. 그 소리가 얼마나 컸던지, 성전 안에서 기도하던 사람들의 시선이 일제히 걸인에게 집중되었습니다. 조금 전까지 미문 앞에서 구걸하던 선천성 앉은뱅이가 멀쩡하게 서서 하나님을 찬미하는 것을 본 사람들이 모두 의아해하며 이게 대체 어떻게 된 일이냐는 표정을 짓자, 걸인은 두 사도에게 다가가 가만히 어깨에 매어달리듯 끌어안았습니다. 이들로 인해 나음을 입었다는 표시였습니다. 그와 동시에 누가 먼저랄 것도 없이 성전에서 기도하던 사람들과 두 사도는 성전 마당에 있는 솔로몬의 행각으로 몰려갔습니다. 사람들은 걸인이 끌어안은 두 사도로부터 자초지종 설명을 듣기 위함이었고, 두 사도는 그 기회를 이용하여 예수 그리스도의 복음을 전하기 위함이었습니다. 두 사도는 솔로몬의 행각에서 유대인이 못박아 죽인 예수 그리스도를 하나님께서 다시 살리셨고, 부활하신 예수 그리스도께서 앉은뱅이 걸인을 치유해 주셨으며, 누구든지 회개하고 예수 그리스도에게 돌아서기만 하면 죄사함과 새 생명을 얻을 수 있음을 설교하였습니다.

그때 느닷없이 유대교 지도자 집단이 나타나 두 사도를 구금해 버리고 말았습니다. 이유인즉 사도행전 4장 2절의 지적처럼, 그들이 제거한 예수의 부활을 두 사도가 증언했기 때문이었습니다. 그런데 단지 그 이유만으로 두 사도가 구금되었다면, 두 사도가 부활하신 예수 그리스도에 의해 치유함을 받았다고 증언한 걸인 자신 또한 무사할 수 없지 않겠습니까? 만약 두 사도가 예수 부활을 이유로 해를 당한다면, 그 해는 예수 부활의 최대 수혜자인 자신에게까지 응당 미치지 않겠습니까? 그렇다면 그 걸인이 바보가 아닌 바에야, 그는 두 사도를 구금한 유대교 최고 지도자들 앞에 얼씬도 말아야 합니다. 두 발로 걷게 된 만큼 앉은뱅이 걸인의 삶을 청산하고, 이제부터 자기 살길을 궁리하는 것이 마땅하지 않겠습니까?

그럼에도 그는 이튿날 산헤드린 법정에 방청객으로 나타났습니다. 아무도 몰래 제일 뒷자리에 숨어 있었던 것이 아닙니다. 예수 그리스도의 부활을 증언하는 두 사도 곁에, 그 또한 부활하신 예수 그리스도로부터 치유받은 증인으로 두 사도와 함께 서 있었습니다. 만약 두 사도가 그들이 전한 예수 부활로 인해 해를 당한다면, 자신 또한 기꺼이 당하겠다는 의지의 표출이었습니다. 누구의 강압이나 권유에 의해서가 아닌, 전적으로 자발적인 행위였습니다. 그것은 그 걸인이 앉은뱅이 상태로부터 단지 육체적 치유만을 받은 것이 아니라, 예수 그리스도 안에서 영적으로 구원 얻고 예수 그리스도의 생명 속에 있음의 증거였습니다. 다시 말해 그것은 두 사도와 걸인이 과거에만 예수님과 함께 있었던 것이 아니라, 지금 현재에도 그들이 예수님과 함께 있고, 예수님께서도 그들과 함께 계심의 증거였습니다. 그 증거 앞에서 나는 새도 떨어뜨릴 정도의 절대적 종교 권력을 장악한 유대교 최고 지도자들조차도, 두 사도가 단지 예수 부활을 증언한다는 이유만으로 그들에게 유죄 판결을 내릴 수는 없었습니다.

정치 · 종교 · 사법의 기능을 전담하면서 '최고법원'으로 불리던 산헤드린 의회는 총 71명의 의원으로 구성되어 있었습니다. 그들은 명실공히 유대교 최고 지도자들이었습니다. 그들에 비하면 그들 가운데 서 있는 두 사도와 걸인은 수적으로나, 사회적 지위로나, 학력과 경력의 측면으로나 초라하기 짝이 없었습니다. 그러나 예수 그리스도의 생명은 볼품없는 그 세 사람 속에만 있었습니다. 71명에 달하는 산헤드린 의원들은 모든 것을 소유한 것 같았지만, 정작 중요한 참생명을 결여한 껍데기에 지나지 않았습니다. 그렇기에 생명을 결여한 그들의 수가 사도와 걸인의 20배 이상에 달했지만 그 수는 허수요, 그들의 위세는 허세요, 그들이 소유한 모든 것은 영원을 상실한 허상에 지나지 않았습니다. 언뜻 보기에는 그들이 세상을 좌지우지하는 것 같았지만 막상 하나님의 역사는 그들이 아닌 소수의 세 사람, 즉 예수 그리스도의 생명을 지닌 두 사도와 걸인을 통해 이루어지고 있었고, 예수 그리스도의 생명을 지닌 그 세 사람 앞에서 71명에 달하는 유대교 최고 지도자들은 비난할 말이나 트집거리를 찾을 수 없었습니다. 이것이 창립 1주년을 맞는 오늘, 주님께서 우리에게 주시는 메시지입니다.

지난 5월 통계청이 발표한 '2005년 인구주택 총 조사' 결과에 의하면, 2005년 말 현재 개신교인 수는 861만 명으로 밝혀졌습니다. 10년 전인 1995년에 비해 1.6퍼센트 감소된 수치입니다. 같은 기간 동안 천주교인이 74.4퍼센트, 원불교인 49.6퍼센트, 불교인이 3.9퍼센트 증가하는 등, 전체 종교 인구가 10.5퍼센트 증가한 반면에 유독 개신교만 1.6퍼센트 감소했다는 것은 참으로 수치스러운 결과가 아닐 수 없습니다. 2003년 '한신대학 신학연구소'의 조사 결과에 따르면 과거에 종교인이었던 사람 중에 현재 그 종교를 떠난 사람의 50퍼센트 이상이 개신교인이고, 그 비율은 불교와 천주교를 떠난 사람의 3배 이상에 달하는 것으로 밝혀졌습니다. 이것이 오늘날 한국 개신교의 참담한 현실이요, 실상이며, 실체입니다. 그런데도 한국 교회는 그동안 '1,200만 성도', '1,300만 성도' 운운하며 자화자찬하고 있었으니, 이 땅의 교회가 얼마나 허세와 허수 그리고 허상에 빠져 있었는지를 여실히 알게 됩니다. 그리고 이 땅의 교회가 왜 세상으로부터 비판과 비난의 대상이 되었는지도 짐작할 수 있습니다. 어떤 분야에서든 허세를 부리는 개인이나 단체의 공통점이 그 속에 참생명이 없는 것임을 감안하면, 같은 그리스도인으로서 서글픈 마음을 금할 수 없습니다.

이와 같은 상황 속에서 하나님께서는 1년 전, 한국 개신교 성지인 양화진외국인선교사묘원과 용인 순교자기념관을 보존하고, 선교 100년의 신앙과 정신을 계승하면서, 선교 200년을 향한 초석을 다지기 위한 100주년기념교회를 이곳에 세우셨습니다. 1년 전 당시의 제 심정을 솔직하게 말씀드리면, 마치 끝도 없는 사막 위에 홀로 떨어진 것 같은 느낌이었습니다. 양화진외국인선교사묘원의 법적 소유자인 100주년기념사업협의회로부터 양화진 관리를 위한 전적인 권한을 위임받았음에도, 100주년기념교회는 창립 당시 양화진 내에 단 1평의 사무실이나 공간도 허락받지 못했습니다. 저 자신을 제외하곤 교역자 역시 한 명도 없었습니다. 그에 반하여 100주년기념교회의 출현을 달가워하지 않는 도전들로 가득 찬 이곳 양화진은, 허세와 허수 그리고 허상에 빠진 한국 교회의 축소판 같았습니다. 이곳과는 아무 연관이 없으면서도 자기 이름을 내세우려는 국내인과 외국인 그리고 단체의 기념비가 그 누구의 제재도 없이 세워졌습니다. 자기 단체를 홍보하는 외부 기관의 플래카드도 시도 때도 없이 묘역에 내걸렸습니다. 묘역 참배 에티켓에 대한 최소한의 오리엔테이션도 없이, 상업적인 선교회에서 돈을 받고 무분별하게 단체 참배객들을 불러들여 묘역을 심각하게 훼손하였습니다. 소위 선교회의 가이드가 묘석 위에 올라서서 안내를 하는 판이었으니 그 가이드가, 묘역을 짓밟는 참배객과 심지어 무덤과 무덤 사이에서 어린아이 오줌을

뉘는 여인을 어찌 제지할 수 있겠습니까? 그런가 하면 그동안 무주공산과도 같던 이곳을 통해 유무형의 이득을 보던 개인이나 단체로부터 입에 담을 수 없는 모욕과, 소화에 장애가 일어나고 밤에 잠을 자기 어려울 정도의 거짓 모함을 받기도 했습니다.

그러나 하나님께서는 원근 각처로부터 신실한 당신의 종들을 보내 주셨고, 그분들의 도움으로 양화진을 성지로 보존하기 위한 정화 작업을 시작할 수 있었습니다. 요한복음 2장 13-16절은 공생애를 시작하신 예수님에 대하여 다음과 같이 증언하고 있습니다.

> 유대인의 유월절이 가까운지라 예수께서 예루살렘으로 올라가셨더니 성전 안에서 소와 양과 비둘기 파는 사람들과 돈 바꾸는 사람들이 앉아 있는 것을 보시고 노끈으로 채찍을 만드사 양이나 소를 다 성전에서 내쫓으시고 돈 바꾸는 사람들의 돈을 쏟으시며 상을 엎으시고 비둘기 파는 사람들에게 이르시되 이것을 여기서 가져가라 내 아버지의 집으로 장사하는 집을 만들지 말라 하시니.

요한 사도의 증언에 의하면, 그리스도의 공생애를 시작하신 예수님께서 가장 먼저 행하신 일 중의 하나가 성전 정화였습니다. 거룩하신 하나님 아버지의 집을 자기 이득과 자기 허세의 도구로 전락시킨 사람들을 내쫓으신 것입니다. 그 정화 작업이 선행되지 않고서는 성전을 성전으로 지키실 수 없기 때문이었습니다. 우리 교회 역시 지난 1년 동안, 우리에게 맡겨진 양화진을 성지로 지키기 위해 반드시 선행되어야만 했던 정화 작업이 가능하게끔 많은 교우님들이 수고와 헌신의 땀을 흘렸습니다. 그 결과 자기 이득이나 허세를 위해 이곳을 부당하게 이용하거나 훼손하던 이들로부터 이제는 적어도 이곳을 지켜 낼 수 있게는 되었습니다. 이를테면 양화진을 성지로 보존하기 위한 정지整地 작업이 겨우 끝난 셈입니다. 그러나 본격적인 시작은 지금부터입니다.

이제부터 우리는 우리가 예수님과 함께 있음을, 예수님께서 우리와 함께 계심을 세상을 향해 보여 주어야 합니다. 바꾸어 말해 부활하신 예수님의 생명이 우리를 통해 이 양화진 동산으로부터 온 사방으로 스며들게 해야 합니다. 이것이 주님께서 예수 부활, 예수 구원, 예수 생명을 전하다가 이 땅에 묻힌 선교사들의 묘원에 100주년기념교회를 세우신 까닭이요, 그것만이 허세와 허수 그리고 허상에 빠진 이 땅의 교회를 소생케 하는 길이요, 교회에 대한 세상의 비난과 비판을 잠재우는 유일한 대책입니다.

그릇된 목적을 지닌 단체나 개인으로부터 양화진을 지켜 내고, 철책과 안내판을 세워 양화진을 보존하는 일은 돈만 주면 용역업체도 할 수 있습니다. 그러나 참된 기독교 성지는 그런 외형적인 것만으로 이루어지지 않습니다. 오직 부활하신 예수님의 생명이 현재진행형으로 흐를 때에만 진정한 기독교 성지가 될 수 있고, 그것은 아무나 할 수 있는 일이 아닙니다. 황송하게도 주님께서는 부족한 우리를 믿으시고 우리에게 그 막중한 일을 맡기셨습니다.

그렇다면 우리가 어떻게 예수 그리스도의 생명을 드러낼 수 있겠습니까? 예수님께서는 당신과 동행하는 사람을 당신의 생명의 통로로 삼으십니다. 다시 말해 예수 그리스도를 위해 헌신하는 사람을 통로로 삼아 당신의 생명을 드러내십니다. 유대인의 기도 시간에 맞추어 성전을 찾은 베드로가 미문 앞에서 구걸하는 앉은뱅이를 보고 그 앞에 멈추어 서서 자기 손을 내밀어 예수 그리스도의 이름으로 그를 일으켜 세운 것은, 그 앉은뱅이를 사랑하시는 예수 그리스도를 위한 베드로의 헌신이었습니다. 베드로의 그 헌신을 통로로 삼아 예수님의 생명이 앉은뱅이 걸인에게 흘러들었음은 두말할 나위가 없습니다. 나음을 입은 걸인이 자신에게 해가 미칠 수 있었음에도 자진하여 산헤드린 의회에 출두하여 예수 부활을 증언하는 두 사도의 증인이 되었던 것 역시, 두 사도를 사랑하시는 예수 그리스도를 위한 걸인의 헌신이었습니다. 그리스도 안에서 두 사도의 헌신과 걸인의 헌신이 맞부딪칠 때 그들을 통해 분출되는 예수님의 생명 앞에 유대교 최고 지도자들조차 비난의 말을 잃고 말았습니다. 그들이 진정으로 예수님과 함께하는 사람들이었기 때문입니다.

주님과 교회를 위해 누구보다 앞장서서 헌신하는, 개인적으로 제가 존경하는 성도님으로부터 받은 메일을 당사자의 허락을 받아 읽어 드리겠습니다.

며칠 전 있었던 아름다운 이야기를 목사님과 나누려 합니다. 지난 2월 23일 목요일, 교회에서 봉사자 모임 후 뒷정리를 마치고 예배당을 나선 시간은 오후 9시 30분경, 막바지 겨울 칼바람이 기승을 부리는 밤이었습니다. 원래 카풀로 함께 동행하기로 했던 집사님의 차가 예기치 않은 사정으로 인해 다른 행선지로 출발하게 되었습니다. 어쩔 수 없이 대중교통을 이용하기 위해 교회 주차장을 막 나서려 할 때였습니다. 평소 열심을 다해 봉사하시는 집사님이 막 당신의 차에 오르시는 모습이 보였습니다. 저는 집사님께 집사님의 댁이 어딘지, 혹 행선지의 방향이 같으면 중간에 어디서든 내려 주실 수 있는지를 여쭈었습니다(그분은 당신의 존함을 밝히는 것을 원치 않을 것이기에 목사님께 그분의 실명을 말씀드리지 않겠습니다). 제 말에, 그 집사님께서는 저의 목적지가 어딘지를 물으셨습니다. 저는 역삼역 근처지만, 그 중간 어디라도 상관없다고 말씀드렸습니다. 집사님께서는 흔쾌히 타라고 말씀하셨습니다. 게다가 제 집 근처에 사시는 다른 집사님께도 전화를 걸어 동승하도록 배려까지 하셨지만 그분은 이미 다른 차에 동승하신 뒤라, 저만 집사님의 차를 타고 양화진을 출발하였습니다.

교회에서는 자주 뵈었지만 개인적인 만남이 아니라 늘 바쁜 시간 중의 만남인지라 한 번도 그렇듯 소담스러운 시간을 가질 수 없었기에, 집사님과 둘이서 오붓하게 교회의 이런저런 이야기로 즐거운 시간을 나누는 사이에 어느새 자동차는 강북 강변도로와 반포대교를 지나 강남성모병원 앞을 지나고 있었습니다. 저는 제가 어디서 내려야 할지를 알아야 하였기에, 집사님의 댁이 어딘지 여쭈어 보았습니다. 집사님께서 "예, 조금만 더 가면 됩니다" 하시기에, 우리는 하던 이야기를 계속하였습니다. 잠시 후 자동차가 서초동 교보타워 사거리에 이르렀을 때, 저는 제가 어디서 내리면 될지를 집사님께 다시 여쭈어 보았습니다. 집사님께서 "걱정 마세요, 제가 역까지 모셔다 드리겠습니다" 하시기에 저는, 그렇게 하시면 너무 큰 폐를 끼치게 되므로 집사님께 편한 곳에 내려 주실 것을 당부드렸습니다. 그러는 사이 자동차는 역삼역 근처에 당도했고, 집사님께서는 저의 정확한 목적지를 물으셨습니다. 저는 제 목적지를 말씀드리면서 집사님 댁은 어딘지를 여쭤 보았습니다. 집사님께서는 "여기서 멀다"고 말씀하시기에, 제가 "아, 그럼 분당 근처인가 보지요?" 하고 반문했습니다. 그랬더니 집사님께서 빙그레 웃으시더니 놀랍게도 양화진에서 5분 거리에 사신다는 것이었습니다. 저는 너무나도 놀라고 또 미안한 마음에, 본의 아니게 큰 폐를 끼쳐 죄송하다고 말씀드렸습니다. 집사님께서는 도리어 "항상 열심히 사시는 집사님께 하나님께서 주시는 깜짝 선물로 생각하세요" 하시면서 저를 위로해 주셨습니다. 그리고 이렇게 오순

도순 즐겁게 대화하는 시간을 가질 수 있어서 당신이 더 기쁘다고 하시면서, 이따금 멀리 돌고 돌아서 집으로 간다고 농담도 하셨습니다.

그날 밤 저는, 지난 세월 동안 제가 어떻게 살아왔는지를 되돌아보았습니다. 그리고 항상 이기적인 마음으로 나 자신만을 우선하며 살아왔음을 깊이 반성하였습니다.

가슴이 뭉클할 정도로 감동적인 이야기입니다. 저는 양화진에서 불과 5분 거리에 살면서도 강남 역삼동까지 아무 말 없이 기쁘게 동료 교인을 태워다 준 분이 누구인지 알지 못합니다. 그러나 그분은 100주년기념교회 교인이 어떤 자세로 살아야 하며, 주님께서 친히 양화진으로 부르시어 100주년기념교회를 이루게 하신 우리에게 요구하시는 것이 무엇인지 깨닫게 해줍니다. 그것은 예수님과 함께 동행하는 삶, 즉 예수님을 위해 헌신하는 삶입니다. 양화진에서 5분 거리에 사는 분이 역삼동에 사는 집사님을 즐거운 마음으로 모셔다 드린 것은, 역삼동에서 이곳까지 와서 주님을 위해 헌신하는 그 집사님을 사랑하시는 주님을 위한 헌신이었습니다. 그래서 이 글은 우리의 마음을 예수님의 생명에 젖어들게 해주고 있습니다.

사랑하는 교우 여러분!
우리 다 함께 예수님과 동행하십시다. 언제 어디서나 예수 그리스도를 위해 서로서로 헌신하는 사람들이 되십시다. 그때 우리를 통해 스며나는 예수님의 생명으로 인해 이곳 양화진은 진정한 성지가 될 것이요, 우리를 불러내어 100주년기념교회를 이루게 하신 주님의 뜻이 우리의 삶을 통해 아름답게 결실될 것입니다.

지난 1년을 되돌아보건대, 모든 것이 주님의 은총이었습니다. 우리에게 선교 100년의 믿음과 정신을 계승하는 막중한 사명을 주셨으니, 우리의 부족함을 아시는 주님께서 앞으로도 주님의 은총으로 채워 주실 것을 믿고 감사드립니다.

이제부터 성령님의 인도하심 속에서 우리 모두 주님과 동행하게 하옵소서. 우리를 구원하신 주님을 위해, 우리 모두 서로서로 헌신하게 도와주옵소서. 주님을 위해 헌신하는 우리의 삶을 통해 주님의 생명이 온 사방으로 흘러나오게 하옵소서. 우리로 인해 이곳 양화진이 진정한 성지가 되게 하옵시고, 100주년기념교회로 인해 이 땅의 교회가 소생되게 하옵시며, 교회를 향한 세상의 비난이 종식되게 해주옵소서. 우리를 친히 불러 주시고 100주년기념교회를 이루게 하신 주님의 뜻이 우리의 삶 속에서 온전히 이루어지게 하옵소서.

지난 1년 동안 주님의 몸 된 교회를 위해 수고하고 헌신한 주님의 종들에게, 주님의 위로와 격려가 충만케 하여 주옵소서. 아멘.

18. 판단하라

사도행전 4장 13-22절

그들이 베드로와 요한이 담대하게 말함을 보고 그들을 본래 학문 없는 범인으로 알았다가 이상히 여기며 또 전에 예수와 함께 있던 줄도 알고 또 병 나은 사람이 그들과 함께 서 있는 것을 보고 비난할 말이 없는지라 명하여 공회에서 나가라 하고 서로 의논하여 이르되 이 사람들을 어떻게 할까 그들로 말미암아 유명한 표적 나타난 것이 예루살렘에 사는 모든 사람에게 알려졌으니 우리도 부인할 수 없는지라 이것이 민간에 더 퍼지지 못하게 그들을 위협하여 이후에는 이 이름으로 아무에게도 말하지 말게 하자 하고 그들을 불러 경고하여 도무지 예수의 이름으로 말하지도 말고 가르치지도 말라 하니 베드로와 요한이 대답하여 이르되 하나님 앞에서 너희의 말을 듣는 것이 하나님의 말씀을 듣는 것보다 옳은가 **판단하라** 우리는 보고 들은 것을 말하지 아니할 수 없다 하니 관리들이 백성들 때문에 그들을 어떻게 처벌할지 방법을 찾지 못하고 다시 위협하여 놓아주었으니 이는 모든 사람이 그 된 일을 보고 하나님께 영광을 돌림이라 이 표적으로 병 나은 사람은 사십여 세나 되었더라 전문 기사棋士가 아닌 일반인들이 재미 삼아 두는 바둑판에는 으레 훈수꾼이 끼어들기 마련입니다. 훈수꾼이란 가만히 입을 다물고 있지 못하고 남의 바둑판에 끼어들어 이래라저래라, 간섭하는 사람입니다. 재미있는 사실은 바둑을 두는 두 대국자보다 실력이 모자라는 사람도 훈수꾼의 위치에서는 더 높은 수를 읽을 수 있다는 점입니다. 바둑을 두고 있는 대국자와 직접 맞붙을 경우 판판이 질 정도로 실력 차가 나는 사람도, 일단 대국자가 아닌 제삼자의 입장에서 바둑판을 내려다보면 자기 실력 이상의 수를 읽을 수 있습니다. 왜 바둑을 직접 둘 때보다 훈수꾼이 되었을 때 더 높은 수를 읽을 수 있습니까?

전문 기사가 아닌 일반인의 경우, 바둑판에 앉으면 스스로 자기 수에 갇혀 버리고 맙니다. 자기 수에만 골몰하느라 상대가 방금 놓은 돌의 의미도, 바둑 전체 판도 놓쳐 버리는 것입니다. 반면에 제삼자의 입장인 훈수꾼은 자기 수에 몰입하거나 스스로 갇힐 필요가 없기에, 두 대국자의 의도를 바둑판 전체의 관점에서 자기 실력 이상으로 쉽게 읽을 수 있습니다. 그런데도 막상 경기에 임하고 있는 당사자들은 그것을 모르고 있으니 답답해서 훈수하지 않을 수 없게 됩니다.

우리는 여기에서 전문 기사와 단순한 바둑 애호가의 근본적인 차이를 알게 됩니다. 전문 기사는 스스로 자신의 수에 갇히지 않습니다. 자신의 관점으로만 바둑판을 보지 않는다는 말입니다. 전문 기사는 마치 훈수꾼처럼 제삼자의 입장에서 객관적으로 바둑판을 내려다봅니다. 언제나 바둑판 전체의 판세 속에서 상대방이 놓은 돌과 자신이 놓으려는 돌의 의미를 파악하고 분석하는 것입니다. 따라서 바둑판에 앉은 사람이 누구든 자신이 두는 바둑판을 객관적으로 내려다볼 수 있기 전까지는 진정한 기사가 될 수는 없습니다.

2003년 2월 25일 제16대 대통령에 취임한 노무현 대통령은 5년간 자신이 이끌 새 정부를 '참여정부'라고 명명하였습니다. 국민들의 자발적인 모금과 선거 운동이 대통령 선거에서 승리하는 데 중요한 역할을 하였을 뿐 아니라, 향후의 국정 운영에서도 국민의 참여가 핵심 역할을 할 것이라는 뜻이었습니다. 그래서 참여정부가 지향하는 정부를 "정의롭고 효율적인 사회를 위한 합리적인 개혁정부, 국가적 갈등 구조를 해결하는 국민통합정부, 국민과 수평적·쌍방향적으로 소통하는 열린 정부, 모든 국민에게 꿈과 용기를 주는 희망의 정부"라고 밝혔습니다. 그러나 참여정부가 출범한 지 3년 5개월이 되어 가는 지금, 우리의 현실은 참여정부의 지향점과는 너무나도 동떨어져 있습니다. 참여정부 2년 만에 공무원의 수가 무려 2만 2천 명이나 급증하여 합리적인 개혁정부란 말이 무색게 되었고, 국민통합정부를 내세웠지만 국민 갈등과 대립은 이미 위험수위를 넘어섰습니다. 배타적인 코드 인사와 코드정책으로 열린 정부가 아니라 스스로 닫힌 정부가 되어 버렸고, 꿈과 용기를 주는 희망의 정부와 얼마나 거리가 멀었으면 대통령과 집권 여당에 대한 지지도가 역대 최저치를 매번 갱신하고 있겠습니까?

우리가 잘 아는 바와 같이 참여정부는 출범 초기부터 권력의 요직에 소위 '민주화 세력'을 포진하였습니다. 독재 권력, 절대 권력의 암울했던 시기에 민주 사회를 이루기 위해 자기 몸을 바쳐 투쟁하는 것은, 그릇된 권력은 아무리 난공불락인 것처럼 보여도 그 자체의 부패로 인해 반드시 스스로 붕괴하기 마련이고, 비록 연약하기 짝이 없어 보여도 정의는 기필코 승리한다는 굳은 신념과 통찰력 없이는 불가능한 일입니다. 그렇다면 그런 신념과 통찰력을 지닌 사람들에 의해 장악된 참여정부는 가장 이상적인 정부, 이를테면 명실상부하게 합리적인 개혁정부, 국민통합정부, 열린 정부, 희망의 정부가 되어야 하지 않겠습니까? 그런데도 왜 현실은 그와 정반대의 양상을 드러내고 있습니까?

그것은 민주화 세력이 권력을 장악한 뒤 권력에 대한 객관성을 상실했기 때문입니다. 민주화 세력이 민주 투쟁 시절, 자기 몸을 던지면서까지 독재 권력에 맞설 수 있었던 것은 권력의 한계를 냉철하게 판단하는 객관적인 눈을 지니고 있었던 까닭입니다. 하지만 집권 이후 그들은 그 객관적인 눈을 상실해 버리고 말았습니다. 항상 바둑판 전체를 내려다보는 전문 기사처럼 민족과 역사의 큰 틀에서 권력의 의미를 객관적으로 판단하고 행사하는 것이 아니라, 매사를 권력의 관점으로만 판단하는 것입니다. 바꾸어 말해 스스로 위임받은 권력에 갇혀 버리고 만 것입니다. 그 결과 국민의 눈에는, 참여정부 출범 3년 반 만에 그들이 투쟁의 대상으로 삼았던 이들과 그들 사이에서 아무런 차이점을 발견할 수 없게 되고 말았습니다.

한마디로 오늘날 이 땅에는 자기 개인의 정치적 신념이나 정치적 야망을 성취하기 위해 정치를 업으로 선택한 정치업자는 많지만, 국민으로부터 위임받은 권력과 그 권력을 행사하는 자신을 국민과 역사의 눈으로 객관화시켜, 권력의 선한 청지기로 국민을 위해 헌신하는 진정한 정치인을 만나 보기란 쉽지 않습니다. 이것이 이 시대가 당면한 최대의 불행입니다. 그러나 이것은 비단 바둑판이나 정치에만 국한된 이야기가 아닙니다.

성전 미문 앞에서 구걸하던 선천성 앉은뱅이가 일어나 걷게 된 것과 관련하여 베드로와 요한이 솔로몬의 행각에서 설교하고 있을 때였습니다. 느닷없이 현장에 나타난 유대교 지도자 집단은 두 사도를 체포하여 구금해 버렸습니다. 이튿날 그들은 유대교 최고 의사결정기구인 동시에 최고법원인 산헤드린 의회를 소집하였습니다. 그들은 두 사도를 소환하여 대체 무슨 권세와 누구의 이름으로 앉은뱅이를 걷게 하고 예수 부활을 가르쳤는지 엄히 추궁하였습니다. 성령 충만한 두 사도는 추호의 두려움도 없이, 너희들이 십자가에 못박아 죽였으나 하나님께서 다시 살리신 예수 그리스도에 의해 그 모든 일이 가능하였으며, 하나님께서 부활하신 예수 그리스도 이외의 구원자를 이 땅에 주신 일이 없음을 천명하면서 시편 118편 22절 말씀을 인용하였습니다.

유대교 최고 지도자들은 이스라엘 변방, 빈촌 갈릴리 출신의 두 사도를 하나님의 말씀에 무지한 무식꾼으로 속단하고 있었습니다. 그러나 두 사도의 답변이 끝났을 때 유대교 최고 지도자들은 자신들의 잘못마저 거리낌 없이 지적하는 두 사도의 담대함과, 그들이 생각지도 못한 하나님의 말씀을 정확하게 인용하는 두 사도의 영적 통찰력에 놀라 경탄의 빛을 감추지 못했습니다. 두 사도가 증언하는 예수 부활이 사실이 아니고는 무식한 갈릴리 어부들의 진술이 그토록 논리 정연하면서도 영적일 수는 없는 노릇이었습니다.

더욱이 두 사도가 부활하신 예수 그리스도께서 치유해 주셨다고 증언한, 선천성 앉은뱅이였던 미문 앞 걸인이 멀쩡한 몸으로 두 사도 곁에 증인으로서 있음으로 인해 유대교 최고 지도자들은 더 이상 두 사도를 비난하거나 트집 잡을 수가 없게 되고 말았습니다. 그 걸인의 출현은 예수 부활의 결정적인 단서였던 것입니다.

그 상황에서 유대교 지도자들이 어떤 반응을 보였는지 본문이 증언해 주고 있습니다.

> 또 병 나은 사람이 그들과 함께 서 있는 것을 보고 비난할 말이 없는지라 명하여 공회에서 나가라 하고 서로 의논하여 이르되(14-15절).

그들은 두 사도와 걸인을 법정에서 잠시 내보낸 뒤, 함께 머리를 맞대고 향후 대책을 논의하였습니다.

> 이 사람들을 어떻게 할까 그들로 말미암아 유명한 표적 나타난 것이 예루살렘에 사는 모든 사람에게 알려졌으니 우리도 부인할 수 없는지라(16절).

두 사도가 부활하셨다고 증언한 예수 그리스도에 의해 선천성 앉은뱅이가 일어나 걷게 되었다는 소문이 하룻밤 사이에 온 예루살렘에 퍼져 있었습니다. 그리고 두 사도를 소환하여 심문한 유대교 최고 지도자들조차도 앉은뱅이 상태에서 예수 그리스도의 이름으로 치유함을 받은 증인이 있는 한, 그 사실을 부인할 수는 없었습니다. 그렇다면 유대교 최고 지도자들이 할 수 있는 일은 한 가지였습니다. 두 사도를 함부로 구금하고, 더욱이 법정으로 소환하여 피고로 다룬 것에 대해 두 사도에게 정중히 사과하는 것이었습니다. 그랬더라면 그들은 진정한 종교 지도자로 추앙받았을 것입니다. 하지만 그들이 내린 결정은 엉뚱하기 짝이 없었습니다.

> 이것이 민간에 더 퍼지지 못하게 그들을 위협하여 이후에는 이 이름으로 아무에게도 말하지 말게 하자 하고 그들을 불러 경고하여 도무지 예수의 이름으로 말하지도 말고 가르치지도 말라 하니(17-18절).

최고의 학식과 경륜을 자랑하는 유대교 최고 지도자들이 머리를 맞대고 찾아낸 방책이라는 것이 고작, 제자들을 불러 다시는 예수의 이름을 거론치 말라고 위협한 것이었습니다. 발 없는 말이 천 리를 간다고 하지 않습니까? 부활하신 예수 그리스도께서 선천성 앉은뱅이를 치유해 주셨다는 소문이 하룻밤 사이에 이미 온 예루살렘에 퍼졌다면, 유대교 최고 지도자들이 단지 두 사도를 위협하는 것으로 그 소문을 잠재울 수 있겠습니까? 설령 두 사도가 그들의 위협에 굴복하여 입을 다문다고 할지언정, 그 순간에도 사람의 입에서 입으로 퍼지고 있는 소문을 막아 낼 수 있겠습니까? 생각할수록 그것은 어처구니없는 결정이었습니다.

그들의 위협에 대한 두 사도의 응답은 다음과 같았습니다.

> 베드로와 요한이 대답하여 이르되 하나님 앞에서 너희의 말을 듣는 것이 하나님의 말씀을 듣는 것보다 옳은가 판단하라 우리는 보고 들은 것을 말하지 아니할 수 없다 하니(19-20절).

베드로와 요한은 유대교 최고 지도자들을 향해, 너희들의 그릇된 위협에 굴복하는 것과 하나님의 말씀을 듣는 것 중 어느 쪽이 옳은지 너희들 스스로 판단하라고 대답했습니다. 구구절절 옳은 말입니다. 그렇다면 유대교 최고 지도자들은, 두 사도를 위협하여 예수의 이름을 거론치 못하게 하려던 자신들의 어리석은 계획을 이번에는 겸손하게 거두어야만 합니다. 그러나 본문 21절은 정반대의 사실을 전해 주고 있습니다.

> 관리들이 백성들 때문에 그들을 어떻게 처벌할지 방법을 찾지 못하고 다시 위협하여 놓아주었으니 이는 모든 사람이 그 된 일을 보고 하나님께 영광을 돌림이라.

이미 예수 부활의 소문을 들은 백성들로 인해 두 사도를 처벌할 방도를 달리 찾을 수 없었던 유대교 최고 지도자들은, 예수의 이름을 입에 올리지 못하도록 한 번 더 위협하는 것으로 사도들을 무죄 석방시켜 주었습니다. 하나님의 말씀을 신봉하는 두 사도에게 자신들의 위협이 통하지 않음을 방금 확인하고서도 재차 두 사도를 헛되이 위협한 그들이야말로 최고 지도자이기는커녕 가장 어리석은 인간의 표본이었습니다.

그날 그 자리에서 베드로와 요한만 하나님의 말씀을 믿는 사람이었던 것은 아닙니다. 하나님의 말씀에 관한 한, 적어도 외견상으로는 대제사장을 비롯한 유대교 최고 지도자들을 필적할 사람이 없었습니다. 그들은 모두 하나님의 말씀을 자신의 업으로 삼은 말씀의 전문가들이었습니다. 그들에 비한다면 무식한 갈릴리 어부 출신인 두 사도가 그들 앞에서 하나님의 말씀을 운운한다는 것 자체가 어불성설인 것처럼 보입니다. 그런데도 어떻게 그들은 "너희의 말을 듣는 것이 하나님의 말씀을 듣는 것보다 옳은가 판단하라"는 베드로의 지적을 듣고서도 두 사도를 또다시 위협하는 어리석음을 되풀이했고, 유대교 최고 지도자들에 비해 내세울 것이라고는 아무것도 없는 두 사도는 어떻게 그들의 위협에 굴하지 않을 수 있었겠습니까?

유대교 최고 지도자들이 그처럼 어리석음을 반복한 것은, 그들은 하나님의 말씀 앞에서 자기 자신과 하나님께서 자신에게 맡겨 주신 권세를 객관적으로 판단하려 하지 않았기 때문입니다. 말씀 앞에서 자신의 객관화를 상실했을 때, 그들은 자신들에게 주어진 권세에 스스로 갇혀 버리고 말았습니다. 매사를 자기 권세와 기득권의 관점에서만 판단하는 그들에게 하나님의 말씀은 더 이상 하나님의 말씀이 아니라, 자신과 자신의 것들을 지키고 확장시키는 수단과 도구에 지나지 않았습니다. 한마디로 그들은 하나님의 말씀을 이용하여 자신의 이득만을 꾀하는 종교업자였을 뿐, 진정한 신앙인이 아니었습니다.

반면에 베드로와 요한이 나는 새도 떨어뜨릴 정도의 막강한 권세를 지닌 유대교 최고 지도자들의 위협에 전혀 굴하지 않을 수 있었던 것은, 두 사도는 하나님의 말씀 앞에서 자기 객관화를 행할 줄 알았기 때문입니다. 하나님 말씀의 관점에서 객관적으로 판단해 볼 때 무식한 갈릴리 어부 출신인 자신들이나, 산헤드린 의원석에 앉아 있는 유대교 최고 지도자들이나, 하나님의 말씀 앞에서 죽을 수밖에 없는 죄인이기는 매한가지요, 보잘것없는 미물에 지나지 않음에는 아무런 차이가 없었습니다. 오히려 하나님께서 약속하셨던 메시아, 예수 그리스도를 부정하는 유대교 최고 지도자들이야말로 세상에서 가장 어리석고 불쌍한 인간들이었습니다. 그래서 두 사도는 '너희의 말을 듣는 것이 하나님의 말씀을 듣는 것보다 옳은가 판단하라'고 오히려 그들을 질타할 수 있었습니다. 말씀에 의한 자기 객관화를 행할 줄 알았던 베드로와 요한이야말로 진정한 신앙인이요, 참된 그리스도인이었습니다. 그리고 그들을 통해 주님께서 인류의 역사를 새롭게 하신 것은 조금도 이상한 일이 아니었습니다.

그리스도인치고 말씀의 중요성을 모르는 사람은 없습니다. 그러나 그리스도인이 성숙한 말씀의 사람으로 살아간다는 것이 구체적으로 무엇을 의미하는지를 아는 사람은 그리 흔치 않습니다. 말씀은 그리스도인에게 자기 목적을 성취하기 위한 수단이나 통로가 아닙니다. 그리스도인에게 말씀은 자신을 객관화시키는 거울입니다. 말씀의 거울 앞에서만 인간은 항상 자신의 형편없는 실상을 객관적으로 판단하면서, 변함없이 주님만을 자기 인생의 사공으로 모시게 됩니다. 말씀의 거울 앞에서 자신을 객관화시킬 때에만 그리스도인은 자신이나 자신의 것에 갇힘이 없이, 그것으로부터 자유하는 주님의 선한 청지기로 살 수 있습니다. 말씀의 거울 앞에서 자신을 객관화시킬 때에만 그리스도인은 세상의 그 누구 그 무엇 앞에서도 비굴함이 없을 수 있고, 그 어떤 상황 속에서도 하나님과 맞서려는 어리석음에 빠지지 않을 수 있습니다. 말씀의 거울 앞에서 자신과 자신의 것을 객관화시킬 때에만 세상의 유혹이나 위협, 그리고 하나님의 말씀 중에서 어느 쪽을 따르는 것이 영원의 관점에서 옳은지 바르게 판단하며 살아가는 진정한 그리스도인이 될 수 있습니다. 그와 같은 사람을 도구 삼아 주님께서 당신의 역사를 펼치심은 두말할 나위가 없습니다.

산다는 것은 대단히 쉬운 일입니다. 가만히 있어도 24시간만 지나면 하루를 산 셈이 됩니다. 늙는 것도 어렵지 않습니다. 세월이 흐르면 노력하지 않아도 절로 늙기 마련입니다. 죽는다는 것 또한 전혀 힘든 일이 아닙니다. 지금 내뿜는 숨을 들이켜지 못하면 그것이 죽음입니다. 사는 것도, 늙는 것도, 죽는 것도, 그 어느 것도 어려울 것이 없습니다. 그러나 바르게 사는 것은 쉬운 일이 아닙니다. 바르게 늙는 것도 쉽지 않습니다. 죽음 자체가 가장 위대한 메시지가 될 수 있도록 바르게 죽는 것 또한 쉽지 않습니다. 하나님 말씀의 거울 앞에서 늘 자신과 자신이 지닌 것의 의미를 객관적으로 판단하며 살지 않고는 바르게 살 도리가 없고, 바르게 살지 않는 한 바르게 늙을 수는 더욱 없고, 바르게 늙지 못한 사람의 죽음이 시체 이상의 의미를 지닐 수는 없습니다.

소설가 이청준 선생은 "인간이 태어나서 60세가 되기까지는 철이 드는 시기이고, 60세를 넘어서면 철이 없어지는 시기"라고 말했습니다. 참 많은 것을 생각하게 하는 말입니다. 한 인간이 평생 바르게 살면서, 바르게 늙고, 바르게 죽기란 쉽지 않다는 의미일 것입니다.

사는 것은 쉽지만, 바르게 사는 것은 쉽지 않습니다. 가만히 있어도 늙어가지만, 바르게 늙는 것은 어렵습니다. 모두 다 죽기 마련이지만, 바르게 죽는 것 또한 어렵습니다. 그러나 우리는 할 수 있습니다. 하나님께서 주신 말씀이 우리에게 있고, 성령님께서 우리와 함께하시기 때문입니다. 우리 모두 성령님의 빛 속에서 하나님의 말씀을 거울삼아 우리 자신을, 우리가 지닌 것의 의미를 객관적으로 바르게 판단하며 살아가십시다. 그 어떤 경우에도 나 자신과 나 자신의 것에 스스로 갇혀 사는 어리석은 사람이 되지 마십시다. 언제나 말씀에 의한 자기 객관화로 바르게 살고, 바르게 늙고, 바르게 죽는 진정한 신앙인, 참된 그리스도인이 되십시다. 그때 주님께서 친히 우리 인생의 사공이 되시어, 이 시대를 위한 당신의 도구로 우리를 마음껏 사용하실 것입니다.

그저 24시간이 지났기에 하루를 사는 것이 아니라, 매일매일 바르게 살고 싶습니다. 세월이 흘렀기에 아무 생각 없이 절로 늙는 것이 아니라, 날마다 바르게 늙어 가기를 원합니다. 단지 때가 되어 그냥 죽는 것이 아니라, 하나님께서 작정하신 때에 하나님과 사람 앞에서 부끄럼 없이 세상을 떠나 하나님 앞에 서기를 소망합니다.
언제나 우리와 함께하시는 성령님의 빛 가운데서 주님의 말씀을 거울삼아, 우리 자신과 우리 자신의 것들의 의미를 바르게 판단하며 살아가게 하옵소서. 말씀의 거울 앞에서 죽을 수밖에 없는 죄인인 우리의 실상을 바르게 판단하여, 우리 인생의 참된 사공은 우리 자신이 아니라, 오직 길이요 진리요 생명이신 예수 그리스도뿐이심을 매순간 확인하게 하옵소서. 세상과 타인을 판단하려 하기 전에 하나님의 말씀 앞에서 나 자신과 내가 행할 바를 먼저 객관적으로 판단함으로, 세상과 타인에 대한 우리의 판단이 자기 오류에 빠지는 모순을 범치 않게 해주옵소서. 오직 말씀의 거울 앞에서 바르게 살고, 바르게 늙고, 바르게 죽는 진정한 그리스도인이 되어, 이 시대를 위한 주님의 도구로 마음껏 쓰임 받게 하옵소서. 아멘.

19. 사십여 세나

사도행전 4장 13-22절

그들이 베드로와 요한이 담대하게 말함을 보고 그들을 본래 학문 없는 범인으로 알았다가 이상히 여기며 또 전에 예수와 함께 있던 줄도 알고 또 병 나은 사람이 그들과 함께 서 있는 것을 보고 비난할 말이 없는지라 명하여 공회에서 나가라 하고 서로 의논하여 이르되 이 사람들을 어떻게 할까 그들로 말미암아 유명한 표적 나타난 것이 예루살렘에 사는 모든 사람에게 알려졌으니 우리도 부인할 수 없는지라 이것이 민간에 더 퍼지지 못하게 그들을 위협하여 이후에는 이 이름으로 아무에게도 말하지 말게 하자 하고 그들을 불러 경고하여 도무지 예수의 이름으로 말하지도 말고 가르치지도 말라 하니 베드로와 요한이 대답하여 이르되 하나님 앞에서 너희의 말을 듣는 것이 하나님의 말씀을 듣는 것보다 옳은가 판단하라 우리는 보고 들은 것을 말하지 아니할 수 없다 하니 관리들이 백성들 때문에 그들을 어떻게 처벌할지 방법을 찾지 못하고 다시 위협하여 놓아주었으니 이는 모든 사람이 그 된 일을 보고 하나님께 영광을 돌림이라 이 표적으로 병 나은 사람은 **사십여 세나** 되었더라 프랑스의 위대한 시인이자 비평가인 동시에 사상가였던 폴 발레리Paul Valéry는 20세기 전반기 프랑스 지성계의 거목입니다. 대문호 앙드레 지드 André Gide와 필생의 친구였던 폴 발레리의 프랑스 국민에 대한 지적 영향력이 얼마나 컸던지, 1945년 그가 세상을 떠났을 때 드골 정부가 국장으로 그를 예우해 주었을 정도입니다. 그가 남긴 수많은 금언 가운데 이런 말이 있습니다.

그대가 용기를 내어 생각하는 대로 살지 않으면, 머지않아 그대는 사는 대로 생각하게 되리라.

얼마나 가슴에 와 닿는 말인지 모르겠습니다. 폴 발레리의 관점에서 우리는 이 세상 사람을 크게 두 부류로 구별할 수 있습니다. 생각하는 대로 사는 사람과, 사는 대로 생각하는 사람입니다. 우리는 이 두 부류 가운데 어느 쪽에 속해 있습니까. 아니, 진정한 그리스도인은 어느 부류에 속해야 하겠습니까? 참된 그리스도인은 사는 대로 생각하는 것이 아니라, 용기를 내어 주님 안에서 생각하는 대로 사는 사람이어야 합니다.

하나님께서는 십계명 제7계명을 통해 '간음하지 말라'고 명령하셨습니다. 단지 욕구가 치솟는다는 이유만으로 자기 배우자에 대한 살인 행위와도 같은 간음을 거리끼지 않는 사람은, 타인과 불륜을 저지르는 악을 악으로 여기지 않는 악의 사고방식으로부터 벗어날 도리가 없고, 그렇게 살고 그렇게 생각해서는 단 한 번뿐인 인생을 망칠 수밖에 없기 때문입니다. 하나님께서 제8계명을 통해 '도둑질하지 말라', 제9계명을 통해 '거짓 증거 하지 말라', 그리고 제10계명에서 '남의 것을 탐내지 말라'고 명하시는 것 역시 같은 이유에서입니다. 우리를 사랑하시는 하나님께서는 우리가 아무렇게나

사는 대로 아무렇게나 생각하는 것이 아니라, 하나님의 말씀 앞에서 바르게 생각하는 대로 바르게 사는 바른 사람이 되기를 원하시는 까닭입니다.

이것이 폴 발레리가 '그대가 생각하는 대로 살지 않으면'이라 말하지 않고, '그대가 용기를 내어 생각하는 대로 살지 않으면'이라고 말한 이유입니다. 바르게 생각하고, 또 바르게 생각한 대로 살기 위해서는 용기가 필요하다는 의미입니다.

지난 시간에 사는 것도 쉽고 늙는 것도 어렵지 않지만, 바르게 살고 바르게 늙는 것은 쉬운 일이 아니라고 했습니다. 가만히 있어도 24시간만 지나면 하루를 산 셈이 되고, 노력하지 않아도 인간은 절로 늙기 마련입니다. 이처럼 사는 것도, 늙는 것도 전혀 어렵지 않은데, 왜 바르게 살고 바르게 늙는 것은 쉽지 않습니까? 바르게 살고 바르게 늙기 위해서는 먼저 바른 생각이 선행되어야 합니다. 바른 생각이 선행되지 않고서는 바른 삶이란 아예 불가능합니다. 그러나 바른 생각만으로는 안 됩니다. 아무리 바른 생각이라 해도 행동으로 드러나지 않으면 의미가 없습니다. 그렇다고 바른 생각이 저절로 행동으로 이어지는 것은 아닙니다. 바른 생각이 행동으로 이어지기 위해서는 반드시 용기가 수반되어야 하는데, 대부분의 사람들이 이 용기를 외면하는 탓에 바르게 살고 바르게 늙는 것이 어려운 일이 되고 맙니다.

여기에는 그리스도인도 예외가 아닙니다. 대부분의 그리스도인들이 삶의 현장에서 그리스도인으로 마땅히 지녀야 할 바른 생각이 무엇인지 알기는 하면서도, 막상 그 생각을 삶으로 용기 있게 실천하기는 주저하거나 두려워합니다. 그것은 그 용기의 출처를 자기 자신으로 착각하기 때문입니다. 잠깐 불의와 타협하는 것으로 떼돈을 벌 수 있는 사람이 자신의 의지와 신념만으로 불의의 유혹을 물리치는 것은 쉬운 일이 아닙니다. 혹 한두 번 그런 용기를 낼 수 있을지는 모르지만, 본래 타락한 본성을 지닌 인간 자신의 힘으로 일평생 그렇게 산다는 것은 불가능한 일입니다.

그러나 그것이 그리스도인에게는 가능한 것은, 그리스도인에게 그 용기의 출처는 자기 자신이 아니라, 천지를 창조하신 삼위일체 하나님이시기 때문입니다. 다시 말해 그리스도인이 주님의 말씀을 좇아 바르게 생각하고, 바르게 생각하는 대로 사는 용기를 주저하지 않는 것은, 전능하신 하나님께서 그 삶의 결과를 책임져 주심을 알고, 또 믿는 까닭입니다. 그래서 겉으로는 볼품없고 연약하기 짝이 없어 보이는 그리스도인조차도 천하를 호령하는 장수보다 더 용기로운 삶을 살 수 있습니다. 이것이 우리가 19주째 살펴보고 있는 성전 미문 앞의 걸인, 선천성 앉은뱅이였다가 예수 그리스도에 의해 구원받은 그 걸인의 이야기로부터 들을 수 있는 마지막 메시지입니다.

유대인 최고 의사결정기구이자 최고법원인 산헤드린 의회는, 예수 그리스도의 이름으로 선천성 앉은뱅이를 일으키고 성전에서 예수 부활을 증언한 베드로와 요한을 엄히 다스리기 위해 그들을 소환하여 심문했지만, 오히려 두 사도의 당당한 답변 내용으로 인해 더 이상 비난할 말을 잊고 말았습니다. 더욱이 두 사도가 부활하신 예수 그리스도께서 치유해 주셨다고 증언한, 선천성 앉은뱅이였던 걸인이 멀쩡한 몸으로 두 사도 옆에 증인으로 서 있는 바에야 달리 어떻게 할 도리가 없었습니다. 할 수 없이 산헤드린 의원들은 대책을 협의한 뒤, 다시는 예수의 이름을 입에 담지도 말라고 두 사도를 위협하였습니다. 그러나 그 위협에 굴할 베드로와 요한이 아니었습니다. 두 사도는 도리어 '하나님 앞에서 너희의 말을 듣는 것이 하나님의 말씀을 듣는 것보다 옳은가 판단하라. 우리는 보고 들은 것을 말하지 않을 수 없다'고 그들을 질타하였습니다. 두 사도가 보기에, 하나님의 말씀 앞에서 자기 객관화를 상실한 유대교 최고 지도자들은 자신의 이득을 위해 하나님의 말씀을 이용하는 종교업자였을 뿐 진정한 신앙인은 아니었습니다.

그리고 본문 21절이 그 결과를 전해 주고 있습니다.

> 관리들이 백성들 때문에 그들을 어떻게 처벌할지 방법을 찾지 못하고 다시 위협하여 놓아주었으니 이는 모든 사람이 그 된 일을 보고 하나님께 영광을 돌림이라.

달리 두 사도를 처벌할 방도를 찾지 못한 유대교 최고 지도자들은 헛일인 줄 알면서도 두 사도를 재차 위협하는 것으로 석방시켜 주었습니다. 본문은 그 까닭을, 그 된 일을 보고 하나님께 영광을 돌리는 백성들로 인함이었음을 증언해 주고 있습니다. 그 백성이란 하룻밤 사이에, 부활하신 예수 그리스도께서 앉은뱅이를 치유해 주셨다는 소문을 들은 예루살렘 사람을 포함하여, 두 사도가 재판받는 산헤드린 의회에 참관한 방청객들이었습니다. 하나님께 영광을 돌리는 그들의 눈과 귀가 있는 한 유대교 최고 지도자들은 두 사도가 아무리 미워도 차마 판결을 굽게 할 수는 없었습니다. 물론 방청객들은 자신들이 들은 소문과 산헤드린 법정에서 지켜본 두 사도의 태도와 답변 내용으로 인해 하나님께 영광을 돌렸습니다. 그러나 본문 22절은 백성들이 하나님께 영광을 돌린 보다 구체적인 이유를 밝혀 주고 있습니다.

> 이 표적으로 병 나은 사람은 사십여 세나 되었더라.

한글 성경에는 번역이 빠져 있지만, 헬라어 원문에는 이유를 나타내는 접속사 '가르 $\gamma\acute{\alpha}\rho$', 즉 '왜냐하면'이 붙어 있습니다. 앉은뱅이였던 걸인과 관련하여 재판정 안팎의 사람들이 모두 하나님께 영광을 돌렸는데, 왜냐하면 그 걸인의 나이가 40여 세나 되었기 때문이었습니다. 사람들이 하나님께 영광을 돌린 가장 큰 이유가 40여 세나 된 그의 나이에 있었습니다. 왜 그의 나이가 하나님께 영광을 돌리는 이유가 되었겠습니까?

선천성 앉은뱅이였던 그 걸인은 어린아이가 아니었습니다. 만약 그가 어린아이였다면, 사람들은 앉은뱅이 아이를 보며 다소 발육이 늦어 아직 일어서지 못한다고 생각할 수도 있었을 것입니다. 그 앉은뱅이는 십대 청소년이 아니었습니다. 만약 십대 청소년이었다면, 사람들은 그가 훈련을 통해 일어설 수 있을 것이라는 희망을 가졌을는지도 모릅니다. 그러나 그의 나이는 40여 세나 되었습니다. 40여 세란 40세 이상이었다는 말입니다. 2천 년 전 로마제국 당시의 평균수명이 40세 미만이었음을 감안하면, 그는 이미 인간의 평균수명을 넘긴 사람이었습니다. 따라서 40세가 넘기까지 앉은뱅이였다면, 그가 일어나 걸을 수 있는 확률은 전무하였습니다. 그런데 그 앉은뱅이가, 40여 세나 되는 나이에 일어나 멀쩡하게 걷게 된 것입니다. 그것은 인간으로서는 상상조차 할 수 없는 일이었습니다. 그 상상할 수 없는 일이 자신들 앞에서 예수 그리스도의 이름으로 실제로 벌어진 것입니다. 그래서 백성들은 40여 세나 되는 그의 나이에 놀라며 하나님께 영광을 돌렸습니다.

그뿐만이 아니었습니다. 백성들이 그의 나이로 인해 하나님께 영광을 돌린 보다 중요한 이유가 있었습니다. 병 나은 사람이 40여 세나 되는 나이에 보여 준 용기로 인함이었습니다. 그의 나이가 당시의 평균수명을 넘긴 40여 세나 되었다는 것은, 그의 남은 수명이 하루 이틀밖에 없을 수도 있다는 말이었습니다. 그런 상황에서 선천성 앉은뱅이였던 그가 느닷없이 일어나 걷게 되었다면 그에게 보고 싶은 것이 얼마나 많고, 가고 싶은 곳이 얼마나 많으며, 또 하고 싶은 일이 얼마나 많았겠습니까? 평생 앉은뱅이로 살았고, 또 이미 평균수명을 넘긴 만큼 그는 그 나이에 누구보다도 자신만 생각하는 이

기적인 삶을 살기가 십상이었을 것입니다.

그런데 그가 두 사도가 재판받는 산헤드린 법정에 나타났습니다. 누구의 권유나 강압에 의해서가 아니었습니다. 부활하신 예수 그리스도가 자신을 구원해 주셨다고 증언한 두 사도의 증인이 되어 주기 위해 자발적으로 법정을 찾은 것이었습니다. 그는 솔로몬의 행각에서, 자신이 치유받은 것과 관련하여 두 사도가 예수 부활을 언급했다는 이유로 유대교 지도자 집단에 체포되어 구금당하는 것을 자신의 눈으로 직접 목격하였습니다. 그렇다면 2주 전에 말씀드린 것처럼, 그는 두 사도를 재판하는 산헤드린 법정에는 얼씬도 하지 말아야 합니다. 두 사도가 예수 부활을 증언했다는 이유만으로 산헤드린 법정의 피고가 되었다면, 예수 부활의 최대 수혜자인 자신 역시 그 법정에서 무사할 리가 만무하기 때문이었습니다.

그럼에도 그가 산헤드린 법정에 자진 출두한 것은 용기였습니다. 예수 부활을 증언하는 두 사도의 증인이 됨으로 인해 어떤 생명의 위해를 당해도 좋다는 용기였습니다. 40여 세나 되기까지 앉은뱅이로 살다가 일어나 걷게 된 지 아직 만 하루가 지나지도 않았지만, 그리고 이미 평균수명을 넘긴 자신이 앞으로 얼마나 살지 알 수 없었지만, 자신을 치유해 주신 예수 그리스도를 위해서라면, 자신이 경험한 진리를 위해서라면, 하루 만에 그 생명을 잃어도 상관없다는 용기였습니다. 그것은 평균수명 고작 40세 미만의 시대에 40여 세나 된 사람이 나음을 입은 지 하루 만에 선뜻 낼 수 있는 용기가 아니었습니다. 그래서 사람들은 40여 세나 된 그의 나이를 생각하며 하나님께 영광을 돌리지 않을 수 없었습니다.

이제 40여 세나 된 그를 다시 생각해 보십시다. 그는 태어나서부터 40년 이상을 앉은뱅이로 살았습니다. 평생 앉은뱅이로 산 만큼, 걸을 수 없다는 절망과 좌절과 자학 속에서 살고, 또 그렇게 사는 대로 만사를 부정적으로 생각했을 가능성이 큽니다. 그에게 긍정적이거나 맑고 소망에 찬 생각, 그리고 남을 배려하는 생각은 거의 불가능했을 것입니다.

그런데 주님으로부터 치유받은 뒤 그는 자기 생명의 위험을 감수하면서까지 두 사도를 위해, 예수 그리스도를 위해, 산헤드린 법정에 자진 출두하였습니다. 예수 그리스도 안에서 그의 삶의 태도가 바뀐 것입니다. 그저 아무렇게나 사는 대로 생각하는 것이 아니라, 생각하는 대로 살게 된 것입니다. 먼저 그의 생각이 새로워졌고, 새로워진 생각이 그의 삶을 통해 드러났습니다. 그것은 말처럼 쉬운 일이 아니었습니다. 폴 발레리의 표현을 빌리자면, 용기를 내어 생각한 대로 살게 된 것입니다.

어제까지 앉은뱅이의 생각에 갇혀 있던 사람이 하루아침에 그것을 버린다는 것은 용기 없이는 불가능한 일입니다. 새로운 생각을 당장 삶으로 실천한다는 것은 더더욱 용기를 필요로 합니다. 하지만 그는 그 일을 해내었습니다. 그래서 하루 전까지 미문 앞 거지였던 그의 몰골이 산헤드린 법정에서 가장 보잘것없었지만, 그는 두 사도와 함께 그 법정 안의 누구보다도 용기 있는 사람이었습니다. 그 용기의 출처는 두말할 것도 없이 자신을 구원해 주신 예수 그리스도셨습니다. 자신을 구원해 주신 예수 그리스도를 위해 자기 삶을 던질 때 그것이 세상적으로는 아무리 미련해 보여도, 평균수명마저 넘긴 자신을 일으켜 주신 주님께서 자기 삶의 결과를 책임져 주실 것을 확신했기 때문입니다. 그리고 그의 믿음은 조금도 헛되지 않았습니다. 주님께서는 그의 삶이 하늘나라에서뿐 아니라, 사도행전 본문을 통해 2천 년이 지난 오늘날 우리 가운데서도 살아 있게 하셨습니다.

이처럼 용기 있는 그리스도인들의 이야기는 단지 성경 속에만 국한된 것이 아닙니다. 이덕주 교수가 쓴 《한국 교회 처음 이야기》는 한국 교회 초기 시절, 용기 있게 살았던 우리의 신앙 선조 이야기를 감동적으로 전해 주고 있습니다.

일례를 들어 1900년 초 강화읍 교회에 '과부 교인' 김씨 할머니가 있었습니다. 자식도 없이 혼자 된 할머니였지만 남편이 남겨 준 재산이 적지 않아 복섬이란 이름의 여종을 부리고 있었습니다. 팔십이 넘어 주님을 영접한 김씨 할머니는 교회에 나가면서 한글을 깨우쳐, 집에서도 혼자 성경을 읽을 수 있게 되었습니다. 어느 날 마태복음 18장을 읽다가, 18절 말씀 앞에서 더 이상 앞으로 나아갈 수가 없었습니다.

진실로 너희에게 이르노니 무엇이든지 너희가 땅에서 매면 하늘에서도 매일 것이요 무엇이든지 땅에서 풀면 하늘에서도 풀리리라.

김씨 할머니는 이 구절을 주님께서 자신에게 주시는 명령으로 받아들였습니다. 즉 하나님께서 당신의 형상을 좇아 창조하신 복섬이를 자기 몸종으로 부리는 것을, 자신이 땅에서 매지 말아야 할 것을 잘못 매고 있는 것으로 이해한 것이었습니다. 그다음 주일, 김씨 할머니는 예배당에서 예배드린 후 전도사님과 교인들을 자기 집으로 초청하였습니다. 그리고 복섬이를 방 안으로 불러들이고는 좌중을 향해 말했습니다.

"성경 말씀을 보니 우리 주인은 하늘에 계시고 우리는 다 같은 형제라, 어찌 내가 하나님 앞에서 사람의 주인 노릇을 할 수 있겠소? 내가 복섬이를 내 몸종으로 부리는 것은 매지 말아야 할 것을 땅에서 매는 것인즉, 그러고서야 내가 어찌 하늘에서 풀리는 하나님의 복을 받을 수 있겠소?"

그와 동시에 김씨 할머니는 문갑에서 복섬이의 노비 문서를 꺼내어 교인들과 복섬이가 보는 앞에서 불살라 버린 뒤 복섬이에게 선포했습니다.

"복섬아, 지금 이후 너는 내 종이 아니다. 너는 자유의 몸이 되었으니 이제 내 집을 나가도 된다."

김씨 할머니의 선포에 누구보다도 놀란 복섬이가 울면서, 제발 이 집에서 나가게만 하지 말아 달라며 김씨 할머니께 매달렸습니다. 결국 김씨 할머니는 그 자리에 증인으로 앉아 있던 전도사님의 조언을 따라 눈물로 매달리는 복섬이를 양녀로 받아들였습니다. 예수 그리스도로 인해 순식간에 종에서 양녀로 신분이 바뀐 복섬이는 김씨 할머니를 친어머니 이상으로 지성을 다해 섬겼고, 뜻하지 않게 늘그막에 딸을 얻은 김씨 할머니 역시 복섬이를 더 없이 사랑하였습니다. 그리고 김씨 할머니로 인해 복섬이 역시 독실한 그리스도인이 되었음은 물론입니다.

사람이 사람의 주인이 되어, 사람이 당연한 듯 사람을 종으로 부리며 사는 기존의 생각을 벗어던지고, 하나님 앞에서 자신이나 복섬이나 다 같은 주님의 지체란 생각을 삶으로 실천한 김씨 할머니는 진정 용기 있는 그리스도인이었고, 그 용기의 출처는 그녀가 믿었던 주님이셨습니다. 주님에 대한 확고한 믿음이 없었던들 엄연히 노비 제도가 상존하던 그 시절, 태어날 때부터 자신과는 신분이 다른 종으로 간주해 온 복섬이를 자신의 딸로 맞아들인다는 것은 불가능한 일이었습니다. 그리고 김씨 할머니의 용기의 출처였던 주님께서는 우리가 본받아야 할 신앙의 표상으로 그녀를 우뚝 세워 주셨습니다.

지금부터 100여 년 전, 한국 초대교회 교인들은 이처럼 사는 대로 생각하는 것이 아니라 주님 안에서 생각하는 대로 살아가는 용기 있는 그리스도인이었고, 그분들의 그 용기 있는 신앙에 의해 어둠에 묻혔던 이 땅의 역사는 모든 면에 걸쳐 새로운 전기를 맞을 수 있었습니다. 그렇다면 선교 100년의 신앙과 정신을 계승하기 위해 세워진 100주년기념교회를 이루고 있는 우리가 해야 할 일이 무엇인지 자명해집니다. 언제부턴가 한국 교회가 상실한 신앙의 용기를 회복하는 것입니다. 그리스도인이면서도 자신의 욕구를 좇아 사는 대로 생각하는 것이 아니라, 주님 안에서 용기를 다해 생각하는 대로 사는 것입니다. 그것만이 우리의 가정과 일터, 그리고 이 시대를 살리는 길입니다. 주님께서는 아무렇게나 사는 대로 생각하는 사람이 아니라, 주님 안에서 용기를 내어 생각하는 대로 사는 사람을 통해 역사하시기 때문입니다.

폴 발레리의 금언 "바람이 분다. 살아야겠다"를 인용해 남진우 시인이 쓴 시구가 있습니다.

> 바람이 분다. 살아야겠다. 바람이 불지 않는다. 그래도 살아야겠다.

참으로 의미심장한 말입니다. 바람이 불든 불지 않든, 다시 말해 어떤 상황이 주어지든, 사는 대로 생각하는 것이 아니라 용기를 내어 생각하는 대로 바르게 살겠다는 의미입니다. 앉은뱅이에서 나음을 입은 본문 속 걸인의 심정이 이와 같지 않았겠습니까? 예수 그리스도의 생명을 그 나이에 온몸으로 체험한 이상 본문 이후에도 바람이 불든 불지 않든, 산헤드린 법정에서든 시장 바닥에서든, 이미 40여 세나 되었기에 앞으로 하루를 살든 이틀을 살든, 계속 주님 안에서 용기를 내어 생각하는 대로 살지 않았겠습니까? 우리 역시 이와 같이 살아야 하지 않겠습니까? 영적 앉은뱅이였던 우리를 주님께서 먼저 찾아오시어 당신의 생명으로 우리를 일으켜 세워 주시지 않았습니까? 그렇다면 우리는 영적 앉은뱅이의 절망적이고도 부정적인 사고방식을 벗어던지고, 용기를 내어 주님 안에서 생각하는 대로 살아야 하지 않겠습니까? 그것이 가능할 수 있도록 우리 용기의 원천이신 주님께서 지금 우리와 함께 계시지 않습니까?

　사랑하는 교우 여러분!

　바람이 불든 말든, 40세 이상이든 미만이든, 이 시대의 평균수명을 이미 넘었든 아니든, 오직 주님만을 전적으로 의지하십시다. 그분의 말씀을 좇아 생각하고 행동하는 용기 있는 그리스도인이 되십시다. 그때 바람이 불든 불지 않든, 우리로 하여금 100주년기념교회를 이루게 하신 주님의 뜻이 우리의 삶 속에 아름답게 결실될 것입니다.

　'그대가 용기를 내어 생각하는 대로 살지 않으면, 머지않아 그대는 사는 대로 생각하게 되리라.'

　영적 앉은뱅이였던 우리를 주님께서 이미 오래전에 일으켜 주셨건만, 우리는 그동안 여전히 영적 앉은뱅이의 부정적인 사고방식에서 벗어나지 못했습니다. 그 결과, 우리가 주님을 믿는 그리스도인임에도 이 어둔 세상을 밝히고 맑히는 빛과 소금이 되지는 못하였습니다. 그런데도 주님께서는 우리를 포기하시지 않고, 이 시간에도 우리와 함께 계심을 진심으로 감사드립니다.

　한 번밖에 없는 인생을 계속 허망하게 탕진하는 어리석음에서 벗어나게 하옵소서. 우리와 함께 계시는 주님을 온전히 의지하게 하옵소서. 나의 코끝에서 생명이 멎는 순간, 나를 책임져 주실 유일한 구원자이신 주님께 우리의 생을 던지게 하옵소서. 바람이 불든 말든, 40세 이상이든 미만이든, 평균수명을 이미 넘었든 아니든, 어떤 상황 속에서든, 아무렇게나 사는 대로 생각하는 것이 아니라, 주님 안에서 용기를 내어 바르게 생각하고, 바르게 생각한 대로 살아가는 용기 있는 그리스도인이 되게 하옵소서. 믿음은 용기요, 용기의 원천은 우리 자신이 아니라, 길이요 진리요 생명이신 예수 그리스도이심을 잊지 말게 하옵소서. 그리하여 우리로 하여금 선교 100년의 믿음과 정신을 계승하게 하신 주님의 귀한 뜻이, 우리의 삶을 통해 이 시대의 역사 속에 아름답게 결실되게 하옵소서. 아멘.

20. 대주재여

사도행전 4장 23-31절

사도들이 놓이매 그 동료에게 가서 제사장들과 장로들의 말을 다 알리니 그들이 듣고 한마음으로 하나님께 소리를 높여 이르되 **대주재여** 천지와 바다와 그 가운데 만물을 지은 이시요 또 주의 종 우리 조상 다윗의 입을 통하여 성령으로 말씀하시기를 어찌하여 열방이 분노하며 족속들이 허사를 경영하였는고 세상의 군왕들이 나서며 관리들이 함께 모여 주와 그의 그리스도를 대적하도다 하신 이로소이다 과연 헤롯과 본디오 빌라도는 이방인과 이스라엘 백성과 합세하여 하나님께서 기름 부으신 거룩한 종 예수를 거슬러 하나님의 권능과 뜻대로 이루려고 예정하신 그것을 행하려고 이 성에 모였나이다 주여 이제도 그들의 위협함을 굽어보시옵고 또 종들로 하여금 담대히 하나님의 말씀을 전하게 하여 주시오며 손을 내밀어 병을 낫게 하시옵고 표적과 기사가 거룩한 종 예수의 이름으로 이루어지게 하옵소서 하더라 빌기를 다하매 모인 곳이 진동하더니 무리가 다 성령이 충만하여 담대히 하나님의 말씀을 전하니라 이런 가정을 한번 해보십시다. 자신에게 주어진 사명을 위해 이른 아침부터 밤늦게까지 최선을 다하는 사람이 있습니다. 어느 날 해질 무렵이었습니다. 그날도 물론 하루 종일 열심히 일했습니다. 그런데 그가 단지 자신의 일에 충실했다는 이유로 자신을 모함하는 사람들에 의해 체포되어 유치장에 구금되었습니다. 밤새 편히 잠이 올 리가 없습니다. 이튿날 법정에 끌려 나간 그는 자신의 무죄를 스스로 변호해야만 했습니다. 법정에서 하루 종일 시달린 끝에 오후 늦게야 재판관들의 협박을 받는 것으로 석방되었습니다. 24시간 이상 계속된 긴장과 고통의 굴레에서 겨우 풀려난 것입니다. 만약 우리 자신이 그와 같은 경우를 당했다면 법정에서 풀려나는 즉시 무엇을 가장 먼저 하겠습니까? 저 같으면 밤새 유치장에서 뜬눈으로 밤을 샌 만큼 곧장 집으로 향하거나, 만약 그럴 형편이 아니라면, 찜질방을 찾아 잠시 눈을 붙이며 일단 지칠 대로 지친 육체부터 먼저 추스를 것입니다. 아마 대부분의 사람이 이와 같을 것입니다. 그러나 베드로와 요한은 달랐습니다.

오순절 날 성령세례를 받은 베드로와 요한은 사도의 직무를 감당하기 위해 날이면 날마다 쉴 틈 없이 헌신하였습니다. 그날도 아침부터 바쁘게 직무를 수행하던 두 사도가 성전에서 기도하는 유대인들에게 복음을 전하기 위해 예루살렘 성전을 찾았다가, 미문 앞에서 구걸하는 선천성 앉은뱅이를 예수 그리스도의 이름으로 일으킨 시각은 오후 3시였습니다. 그 이후 두 사도는 성전에 모여 있던 사람들을 위해 솔로몬의 행각에서 땅거미가 지기까지 설교하였습니다. 사도행전 4장 4절은, 두 사도의 설교를 듣고 그 자리에서 주님을 영접한 사람의 수가 남자 장정만 해도 약 5천 명이었음을 밝혀 주고 있습니다. 따라서 그날 두 사도의 설교를 듣고서도 주님을 영접하지 않은 남자들, 그리고 여자들과 아이들을 포함하면 그 현장에는 엄청난 대군중이 운집해 있었음을 알게 됩니다. 그때는 지금처럼 확성기가 없던 시절입니다. 단지 자신의 육성만으로 그 엄청난 대군중에게 장시간 설교를 하였으니 두 사도의 진이 다 빠지고 말았을 것입니다.

그 상태에서 두 사도는 느닷없이 체포되어 구금당하고 말았습니다. 유치장에서의 잠자리가 편할 리 만무했습니다. 이튿날이 되자 이번에는 산헤드린 법정에 피고로 소환되었습니다. 심문과 진술과 정회停會, 그리고 유대교 최고 지도자들의 두 번에 걸친 위협과 협박 끝에 비로소 풀려났습니다. 그 순간이야말로 지칠 대로 지친 두 사도에게는 그 어느 때보다도 자기 자신을 추슬러야 할 시간이었습니다. 그러나 본문 23절은 전혀 다른 사실을 증언하고 있습니다.

사도들이 놓이매 그 동료에게 가서 제사장들과 장로들의 말을 다 알리니.

베드로와 요한은 석방되는 순간, 가장 자기중심적이기 쉬운 그 순간에 동료들이 모여 있는 곳으로 갔습니다. 동료들이란 말할 것도 없이 다른 사도들과 초대 교인들이었습니다. 두 사도는 동료들에게 지난 하루 사이에 겪은 일들, 그리고 유대교 최고 지도자들의 협박 내용을 소상하게 전하였습니다. 그것은 단순히 억울한 일을 당한 사람의 한풀이도 아니었고, 단지 보고를 위한 보고도 아니었습니다. 24절 상반절은 사도들이 그렇게 한 까닭을 이렇게 밝혀 주고 있습니다.

그들이 듣고 한마음으로 하나님께 소리를 높여 이르되.

베드로와 요한이 어느 때보다도 자기중심적이기 쉬운 그 순간에 동료들을 찾아가 자신들이 겪은 일을 알린 까닭은, 동료들과 함께 한마음으로 하나님께 소리 높여 기도드리기 위함이었습니다. 베드로와 요한에게는 지칠 대로 지친 그 순간에 자신의 몸을 추스르거나, 동료들과 대책 회의를 갖는 것보다 기도하는 것이 더 중요했던 것입니다. 한마디로 그들은 기도의 사람이었습니다. 왜 그들에게 기도는 자기 몸이나 안일함보다 더 중요했겠습니까? 그것은 기도 자체에 주술적이고도 마술적인 힘이 있거나 기도 그 자체가 신앙생활의 목적이었기 때문이 아닙니다. 그들에게 기도가 중요했던 것은 기도의 대상이신 하나님 때문이었습니다. 기도라고 다 같은 기도가 아닙니다. 기도의 대상일 수 없는 대상을 향한 기도나, 기도의 대상에 대한 바른 인식이 결여된 기도는 단순한 공기의 진동 이상의 의미를 지닐 수는 없습니다. 그렇다면 본문 속 사도들과 초대 교인들은 기도의 대상이신 하나님을 어떻게 인식하고 있었겠습니까?

그들이 듣고 한마음으로 하나님께 소리를 높여 이르되, 대주재여(24절 상).

그들은 하나님을 "대주재"라고 불렀습니다. 우리말 '대주재大主宰'로 번역된 헬라어 '데스포테스$\delta\epsilon\sigma\pi\acute{o}\tau\eta\varsigma$'의 원뜻은 '소유자', '절대 통치자'입니다. 이 얼마나 놀라운 믿음이요, 선포입니까? 당시 눈에 보이는 세상은 온통 로마 황제의 소유요, 로마 황제와 야합한 유대교 지도자들의 것처럼 보였습니다. 사람들은 온 세상이 그들에 의해 좌지우지된다고 생각했습니다. 그러나 사도들과 초대 교인들은 로마 황제나 유대교 지도자들을 이 세상의 소유자나 절대 통치자로 여기지 않았습니다. 사도들과 초대 교인들은 로마 황제와 유대교 지도자 너머에서 이 세상을 실제로 소유하고 통치하시는 대주재가 따로 계심을 알고 또 믿었기 때문입니다. 그 대주재는 바로 그들이 믿는 여호와 하나님이셨습니다. 베드로와 요한이 나는 새도 떨어뜨릴 산헤드린 의원들의 위협에도 추호의 굴함이 없었던 것은 그들에게는 오직 여호와 하나님만 대주재셨기 때문입니다.

왜 사도들과 초대 교인들은 오직 여호와 하나님만을 이 세상을 소유하고 통치하시는 대주재로 믿었겠습니까?

> 대주재여, 천지와 바다와 그 가운데 만물을 지은 이시요(24절 하).

그들에게 하나님만 대주재신 것은, 하나님만 천지 만물을 지으신 창조주시기 때문이었습니다. 우리는 성경의 제일 첫머리인 창세기 1장 1절이 "태초에 하나님이 천지를 창조하시니라"는 말씀으로 시작되고 있음을 잘 알고 있습니다. 이것은 인간이 하나님을 창조주로 믿는 것으로부터 하나님과 인간의 관계가 시작됨을 일깨워 주고 있습니다. 인간이 하나님을 창조주로 믿는다는 것은 자신을 하나님의 피조물로 자각하는 것을 뜻합니다. 하나님께서 창조주시요 자신은 하나님의 피조물임을 자각한 사람은, 하나님의 말씀을 모든 피조물이 절대 순종해야 할 삶의 법칙으로 받아들이게 됩니다. 따라서 하나님을 창조주로 믿지 않고서는 하나님에 대한 바른 믿음은 애당초 불가능합니다.

하지만 창조주시라는 것만으로는 하나님께서 이 세상을 소유하고 절대적으로 통치하는 대주재시라고 선포하기에는 역부족입니다. 만든 자와 소유자는 얼마든지 다를 수 있기 때문입니다. 가령 우리가 A자동차 회사의 자동차를 구입했다고 치십시다. 우리는 우리가 구입한 자동차의 메이커, 곧 제작사가 A사라는 것을 잘 압니다. 그래서 A사가 제공한 자동차 사용설명서의 내용을 절대적으로 신뢰하고 따릅니다. 그렇다고 그 자동차가 여전히 A사의 소유인 것은 아닙니다. A사가 만든 것은 틀림없지만, 그 자동차를 구입하는 순간부터 자동차의 소유권과 사용권은 우리 자신에게 귀속됩니다. 이처럼 이 세상에는 만든 자와 소유자가 다른 경우가 더 많습니다. 그러므로 하나님께서 천지 만물을 창조하셨다는 것만으로는, 하나님께서 온 세상을 소유하고 통치하시는 대주재라고 선포할 수는 없습니다. 이것이 사도들의 기도가 다음과 같이 이어지는 이유입니다.

> 또 주의 종 우리 조상 다윗의 입을 통하여 성령으로 말씀하시기를 어찌하여 열방이 분노하며 족속들이 허사를 경영하였는고 세상의 군왕들이 나서며 관리들이 함께 모여 주와 그의 그리스도를 대적하도다 하신 이로소이다(25-26절).

이것은 다윗이 지은 시편 2편 1-2절의 인용입니다. 본문 속의 "주"는 하나님, "열방"은 하나님을 믿지 않는 이방 국가, "족속"은 하나님의 선민을 자처하는 유대 민족, "군왕들"은 로마 황제를 비롯한 지배자들, "관리들"은 유대교 지도자들을 의미합니다. 즉 하나님께서는 예수 그리스도께서 이 땅에 오시기 1천 년 전에 다윗의 입을 통하여, 이 세상의 모든 인간들이 함께 야합하여 하나님과 하나님께서 보내신 그리스도를 대적할 것을 이미 계시하셨다는 것입니다. 한마디로 사도들과 초대 교인들에게 하나님은, 인간의 역사 속에서 언제나 당신을 계시하시는 계시자셨습니다. 그뿐만이 아니었습니다.

> 과연 헤롯과 본디오 빌라도는 이방인과 이스라엘 백성과 합세하여 하나님께서 기름 부으신 거룩한 종 예수를 거슬러 하나님의 권능과 뜻대로 이루려고 예정하신 그것을 행하려고 이 성에 모였나이다(27-28절).

갈릴리의 분봉왕이었던 헤롯 안티파스와 유대 총독이었던 본디오 빌라도가 세상 사람들과 합세하여 예수 그리스도를 십자가에 못박아 죽인 것은, 하나님께서 당신의 권능과 뜻을 따라 이루려고 예정하신 일이었다는 것입니다. 헤롯 안티파스와 본디오 빌라도 같은 악인들은 자기 욕망에 기인한 이해득실을 좇아 예수 그리스도를 못박아 죽였지만, 그것이 하나님의 거대한 역사의 수레바퀴 속에서는 하나님의 구원을 성취하는 하나님의 신비로운 섭리였다는 것입니다. 즉 사도들과 초대 교인들에게 하나님은 당신의 권능으로 당신의 뜻을 반드시 이루시는 섭리자셨습니다.

사도들과 초대 교인들이 하나님을, 천지 만물을 소유하고 주관하시는 대주재로 믿고 고백했던 것은 하나님께서는 이처럼 창조주인 동시에 계시자시요, 섭리자셨기 때문입니다. 한때 우리나라 최대의 자동차 메이커는 '신진자동차'였습니다. 신진자동차의 전성기에 신진자동차에 의해 만들어진 차량이 얼마나 많았는지는 짐작조차 할 수 없습니다. 그러나 이미 오래전에 사라진 신진자동차는 이제 더 이상 존재하지 않습니다. 여호와 하나님께서는 신진자동차처럼, 과거에 천지 만물을 창조하기만 했던 과거의 유물이 아닙니다. 하나님께서는 오늘도 만물을 새롭게 하시는 창조자시요, 인간의 삶과 역사 속에서 언제나 당신을 계시하시는 계시자시요, 당신의 권능으로 당신의 섭리를 이루어 가시는 섭리자이십니다.

한마디로 살아 계신 하나님께서는, 유일하시고도 전능하신 대주재십니다. 그래서 사도들과 초대 교인들은 로마 황제나 산헤드린 의원이 아니라, 오직 여호와 하나님만 천지의 대주재로 믿고 선포하였으며, 세상 권력자들의 온갖 핍박과 위협 속에서도 추호의 굴함이 없이 마음을 다해 하나님께 기도드렸습니다. 기도를 통해 대주재이신 하나님께서 자신들과 함께 계심을 확인하는 이상 이 세상에서 그 누구도, 그 무엇도 두려워할 것이 없었던 것입니다.

동방의 의인이었던 욥에게 뜻하지 아니한 시련이 닥쳤습니다. 욥은 처음에는 의인답게 의연하게 대처했습니다. 그러나 아무리 시간이 흘러도 시련의 터널의 끝이 보일 기미가 없자, 마침내 욥의 믿음이 흔들리기 시작했습니다. 절망 속에서 하나님에 대한 원망과 불평이 움트기 시작한 것입니다. 그때 폭풍우 가운데 나타나신 하나님께서 욥에게 하신 말씀을 욥기 38장이 상세하게 전해 주고 있습니다. 그중에서 몇 구절을 새번역 성경으로 읽어 드리겠습니다.

내가 땅의 기초를 놓을 때에, 네가 거기에 있기라도 하였느냐? 네가 그처럼 많이 알면, 내 물음에 대답해 보아라. 누가 이 땅을 설계하였는지, 너는 아느냐? 누가 그 위에 측량줄을 띄웠는지, 너는 아느냐?(욥 38:4-5) 바닷물이 땅속 모태에서 터져 나올 때에, 누가 문을 닫아 바다를 가두었느냐? 구름으로 바다를 덮고, 흑암으로 바다를 감싼 것은, 바로 나. 바다가 넘지 못하게 금을 그어 놓고, 바다를 가두고 문 빗장을 지른 것은, 바로 나다. "여기까지는 와도 된다. 그러나 더 넘어서지는 말아라! 도도한 물결을 여기에서 멈추어라!" 하고 바다에게 명한 것이 바로 나다. 네가 지금까지 살아오면서 네가 아침에게 명령하여, 동이 트게 해본 일이 있느냐? 새벽에게 명령하여, 새벽이 제자리를 지키게 한 일이 있느냐?(욥 38:8-12).
해가 뜨는 곳에 가본 적이 있느냐? 동풍이 불어오는 그 시발점에 가본 적이 있느냐? 쏟아진 폭우가 시내가 되어서 흐르도록 개울을 낸 이가 누구냐? 천둥과 번개가 가는 길을 낸 이가 누구냐? 사람이 없는 땅, 인기척이 없는 광야에 비를 내리는 이가 누구냐? 메마른 거친 땅을 적시며, 굳은 땅에서 풀이 돋아나게 하는 이가 누구냐? 비에게 아버지가 있느냐? 누가 이슬방울을 낳기라도 하였느냐? 얼음은 어느 모태에서 나왔으며, 하늘에서 내리는 서리는 누가 낳았느냐? 물을 돌같이 굳게 얼리는 이, 바다의 수면도 얼게 하는 이가 누구냐?(욥 38:24-30)

[네가] 하늘을 다스리는 질서가 무엇인지 아느냐? 또 [네가] 그런 법칙을 땅에 적용할 수 있느냐?(욥 38:33)

이처럼 하나님께서 욥에게 상기시켜 주신 것은 창조자인 동시에 계시자시며 섭리자이신 하나님, 한마디로 대주재이신 하나님이었습니다. 그리고 거기서부터 욥의 믿음은 다시 시작되었습니다. 하나님께서 천하 만물을 소유하고 절대적으로 주관하는 대주재이신 이상 자신에게 시련을 주신 분도 대주재시기에, 대주재이신 하나님께서 그 결과를 반드시 선으로 귀결해 주실 것을 확신할 수 있었습니다. 대주재이신 하나님을 믿는 믿음 속에서 욥이 처음보다 더욱 의롭고 존귀한 사람이 되었음은 두말할 나위가 없습니다. 하나님께서 대주재이심을 믿는 믿음은 이렇듯 중요합니다.

우리가 서양인의 국적을 쉽게 분간하지 못하듯, 서양인 역시 아시아인을 제대로 구별하지 못합니다. 지금부터 8년 전 제가 프랑스어를 사용하는 스위스 제네바에 갔을 때 이런 이야기를 들었습니다. 프랑스어권의 유럽인들이 외모가 번듯한 아시아인은 일본인으로 여기고 친절하게 대하는 반면, 그렇지 못한 아시아인은 대개 베트남 사람으로 간주하여 함부로 대한다는 것입니다. 프랑스어권 사람들이 베트남 사람과 관련하여 그런 편견을 가지고 있는 것은 아마도 베트남이 프랑스의 식민지였기 때문일 것입니다. 그런데 그게 공연한 이야기가 아님을 제가 직접 체험하는 일이 있었습니다.

제네바에 둥지를 튼 지 약 6개월 여가 지난 어느 날 전차를 탔습니다. 마침 눈에 띄는 빈자리에 앉고 보니 옆 승객은 스위스인 할머니였습니다. 눈이 마주쳐 제가 먼저 인사말을 건네자, 대뜸 할머니가 '베트남 사람'이냐고 묻는 것이었습니다. 한국 사람이라고 대답하자 북한인지 남한인지 확인한 다음, 한국에도 외국 관광객이 더러 오는지 물었습니다. 일 년에 수백만 명의 외국 관광객이 한국을 찾는다고 대답하자, 입으로 '푸' 하고 헛바람을 내뿜으며, 웬 거짓말이냐는 시늉을 했습니다. 잠시 후 할머니가 시간을 물었습니다. 저는 제 시계를 들여다보며 '오후 4시 30분'이라고 대답했습니다. 할머니는 그럴 리가 없다고, 이제 겨우 3시밖에 안 되었을 텐데 무슨 4시 30분이냐며 제게 다시 시계를 보라고 요구했습니다. 저는 4시 30분을 가리키고 있는 제 시계를 할머니께 보여 드렸습니다. 할머니는 손가락으로 제 시계를 가리키며, 이 시계 스위스 거냐고 물었습니다. 제가 한국제라고 하자 할머니가 제 눈을 빤히 들여다보면서, 한국제 시계도 제대로 가느냐고 물었습니다. 물론 그렇다고 대답했지만 할머니는 믿지 않았습니다. 제 시계가 가리키는 4시 30분보다, 3시라고 짐작하는 자신의 직관을 더 미더워하였습니다. 이윽고 할머니는 고개를 뒤로 돌려, 스위스 시계를 차고 있는 스위스 승객으로부터 4시 30분이라는 말을 듣고서야 더 이상 시간에 대해 말하지 않았습니다.

    그때 제 손목에 채워져 있던 시계는 현대전자에서 만든 시계였습니다. 당시 현대전자라면 스위스가 만들 엄두조차 못 내는 반도체를 생산하는 세계 굴지의 전자 회사였습니다. 그런 굴지의 회사가 만든 시계라면, 혹 스위스의 롤렉스에는 못 미칠지 모르지만 어찌 터무니없기야 하겠습니까? 그런데도 그 할머니는 아예 믿으려 하지 않았습니다. 그 이유는 간단했습니다. 애당초 저를 볼품없는 베트남 사람으로 간주했기 때문입니다. 제가 한국인인 것을 알고 난 이후에도 저에 대한 자신의 편견을 버리지 못했을 때 할머니는 저의 말도, 시계도 믿지 못했습니다. 그 결과 그 할머니는 한국인인 제 곁에 앉아 한국인인 저와 한동안 이야기를 나누었지만, 그것이 한국과 한국인과 관련하여 그 할머니에게는 아무런 도움이 되지 못했습니다.

혹 그 할머니의 모습이 하나님 앞에서 우리 자신의 모습인 것은 아닙니까? 성경과 역사를 통해 당신을 계시하시는 하나님이 아니라, 우리 각자의 생각이 빚어낸 하나님의 우상을 섬기느라 정작 하나님과는 무관한 삶을 살고 있지는 않습니까? 하나님을 믿는다면서도 하나님께서 대주재이심을 믿지는 못해 막상 삶의 현장에서는 하나님의 말씀을 믿지도 좇지도 못한 채, 하나님의 말씀과 동떨어진 삶을 살고 있는 것은 아닙니까? 대체 우리에게 하나님은 어떤 분이시며, 또 기도의 의미는 무엇입니까? 하나님은 단지 나의 필요를 채워 주시는 분이시요, 기도는 그 수단에 지나지 않는 것은 아닙니까? 그렇다면 타 종교인과 우리의 믿음 사이에 무슨 근본적인 차이가 있을 수 있겠습니까? 그러고도 과연 우리의 삶이 신사도행전으로 엮어질 수 있고, 우리의 기도가 이 혼탁한 세상을 변화시킬 수 있겠습니까?

사랑하는 교우 여러분!

하나님께서는 태초에 천지를 창조하셨을 뿐 아니라, 오늘 이 순간에도 당신의 뜻을 따라 만물을 새롭게 빚어 가시는 창조주이심을 잊지 마십시다. 우리의 삶과 역사의 현장 속에서 언제나 당신을 계시해 주시는 계시자이심을 기억하십시다. 칠흑 같은 어둠 속에서도 당신의 신비로운 섭리의 바퀴를 한 치의 오차도 없이 돌리고 계시는 섭리자이심을 명심하십시다. 오직 하나님만 천하 만물을 소유하시고 절대적으로 주관하시는 대주재이심을 믿으십시다. 그 믿음 속에서만, 하늘이 땅보다 높음같이 나의 생각보다 높은 그분의 생각에 우리의 삶을 온전히 의탁할 수 있습니다. 그 믿음으로만, 어떤 상황 속에서든 나에게 필요한 것을 위해 기도하는 것이 아니라, 그 상황 속에서도 대주재이신 하나님께 필요한 존재가 되기 위해 기도하는 진정한 그리스도인이 될 수 있습니다. 그 믿음에 의해서만, 본문 속 사도들과 초대 교인들처럼 이 세상의 어떤 위협이나 유혹에도 굴하지 않고 이 어둔 세상 속에서 빛과 소금의 사명을 다할 수 있습니다. 무엇보다도 하나님께서 대주재이심을 믿을 때에만 유한한 우리의 삶이 영원한 가치로 승화될 수 있습니다.

기도는 그 대주재께서 언제나 내 곁에 계심을 확인하는 감동과 감격의 시간입니다.

우리는 하나님께서 태초에 천지를 창조하셨음을 믿습니다. 그러나 하나님께서 변함없는 계시자시며, 언제나 우리를 위한 섭리자이심을 믿지는 않았습니다. 그 결과 우리는 하나님을 늘 과거에만 묶어 둔 채, 하나님을 믿는다면서도 막상 삶의 현장에서는 하나님과 무관한 삶을 사는 어리석음을 범해 왔습니다.

이제 우리 모두 본문 속 사도들과 초대 교인들의 믿음을 본받게 하여 주옵소서. 오늘도 당신의 뜻에 따라 만물을 새롭게 창조하시며, 우리의 삶과 역사 속에서 당신을 계시해 주시며, 칠흑 같은 어둠 속에서도 당신의 신비로운 섭리의 수레바퀴를 돌리고 계시는 하나님, 천하 만물을 소유하고 주관하시는 대주재이신 하나님을 믿게 하옵소서. 어떤 상황 속에서든 나의 필요를 위해 기도하는 것이 아니라, 그 상황 속에서도 대주재이신 하나님께 필요한 존재가 되기 위해 기도하게 하옵소서. 어떤 상황을 맞든, 그 상황을 내게 주신 대주재께서 모든 것을 합력하여 선을 이루실 것을 믿어 의심치 않게 하옵소서. 대주재이신 하나님께서 나와 함께 계시매, 이 세상의 그 어떤 위협이나 유혹에도 굴함이 없게 하옵소서.

오직 기도를 통해 대주재이신 하나님과 우리의 관계가 날로 더욱 깊어지게 하옵소서. 아멘.

21. 진동하더니

사도행전 4장 23-31절

사도들이 놓이매 그 동료에게 가서 제사장들과 장로들의 말을 다 알리니 그들이 듣고 한마음으로 하나님께 소리를 높여 이르되 대주재여 천지와 바다와 그 가운데 만물을 지은 이시요 또 주의 종 우리 조상 다윗의 입을 통하여 성령으로 말씀하시기를 어찌하여 열방이 분노하며 족속들이 허사를 경영하였는고 세상의 군왕들이 나서며 관리들이 함께 모여 주와 그의 그리스도를 대적하도다 하신 이로소이다 과연 헤롯과 본디오 빌라도는 이방인과 이스라엘 백성과 합세하여 하나님께서 기름 부으신 거룩한 종 예수를 거슬러 하나님의 권능과 뜻대로 이루려고 예정하신 그것을 행하려고 이 성에 모였나이다 주여 이제도 그들의 위협함을 굽어보시옵고 또 종들로 하여금 담대히 하나님의 말씀을 전하게 하여 주시오며 손을 내밀어 병을 낫게 하시옵고 표적과 기사가 거룩한 종 예수의 이름으로 이루어지게 하옵소서 하더라 빌기를 다하매 모인 곳이 **진동하더니** 무리가 다 성령이 충만하여 담대히 하나님의 말씀을 전하니라

2주 전 각 언론 매체는 기도와 관련하여 희한한 사건을 보도하였습니다. 제주도에 살고 있는 52세의 한 남자가 5년 전 자기 집에 기도방을 만들었습니다. 특별히 집 안에 별도의 기도방을 만들 정도라면 당사자의 신심이 보통이 아님을 쉽게 짐작할 수 있습니다. 하지만 막상 그 자신은 기도하지 않았습니다. 그 대신 그는 당시 8세, 9세이던 두 딸로 하여금 자신이 만든 기도방에서 기도하게 했습니다. 어린 두 딸이 원해서거나, 두 딸에게 특별한 영적 훈련을 시키기 위함이 아니었습니다. 자신의 두 딸이 남달리 영험하다고 믿는 그 남자가 두 딸의 기도를 통해 경마에서 우승마를 미리 알기 위함이었습니다. 아버지의 강요에 따라 열 살도 되지 않은 어린 두 딸은 매일 새벽 5시부터 자정까지 하루 평균 7~8시간을 기도방에서 '우승 경주마를 알아맞히게 해달라'고 기도해야만 했고, 우승마를 알아맞히지 못할 경우 아버지로부터 심한 폭력을 당해야만 했습니다. 2년 전부터 두 딸은 아예 학업도 포기한 채 상상을 초월할 정도의 끔찍한 생활을 기도방에서 강요당하던 중, 이번에 아버지가 아동학대 등의 혐의로 제주지방경찰청에 구속됨과 동시에 겨우 자유의 몸이 되었습니다. 참으로 어처구니없는 사건이요, 그 어린 두 딸이 지난 5년 동안 입었을 영육 간의 상처가 치유되기 위해서는 얼마나 오랜 세월이 소요될까를 생각하면 가슴 아프기 짝이 없습니다.

  그러나 곰곰이 생각해 보면, 경마에서 우승마를 알아맞히기 위해 기도방을 만들고 두 딸에게 기도를 강요했던 그 한심한 남자가, 실은 하나님 앞에서 우리 모두의 모습임을 깨닫게 됩니다. 그 남자에게 기도는 고작 우승마를 알아맞히기 위한 수단에 지나지 않았습니다. 요행으로 우승마를 알아맞히면 그날의 기도는 응답된 것이요, 알아맞히지 못하면 응답받지 못한 기도였습니다. 그처럼 인간 욕구 성취의 수단에 불과한 기도를 5년이 아니라 50년을 계속한다 한들, 기도하는 당사자나 그런 기도를 강요한 사람의 삶이 거룩하게 변화될 리는 만무합니다.

　그런데 우리의 기도 역시 마찬가지인 것은 아닙니까? 그 남자가 자신이 빠진 경마의 우승마를 알아맞히기 위해 기도를 수단으로 삼았던 것처럼 우리 또한 기도를, 우리가 몰입하고 있는 것이나 우리의 염원을 얻고 이루기 위한 수단으로만 간주하고 있는 것은 아닙니까? 만약 이것이 사실이라면, 그 남자가 자신의 두 딸에게 대신 기도하게 했다는 것 이외에 그와 우리 사이에 무슨 본질적인 차이가 있을 수 있겠습니까? 우리의 기도에 응답해 주시지 않는다고 하나님께 불평하는 우리 자신이나, 우승마를 알아맞히지 못했다고 두 딸에게 폭력을 행사한 그 남자나, 근본적으로는 다를 바가 전혀 없지 않겠습니까? 우리가 한심하게 여기는 그 남자나 우리 자신이나, 하나님 보시기에는 다 똑같지 않겠습니까? 그런 기도가 세상은 고사하고 우리 자신마저 소생시키지 못할 것임은 불을 보듯 뻔하지 않습니까?

　이런 관점에서 오늘의 본문 속 사도들은 기도가 무엇인지, 우리가 무엇을 위해 기도해야 할 것인지 명료하게 일깨워 주고 있습니다.

　밤새 감옥에 구금되어 있다가, 날이 밝자 장시간에 걸친 재판 끝에 겨우 산헤드린 법정에서 풀려난 베드로와 요한은 지칠 대로 지친 자신의 육체를 먼저 추스르려 하지 않았습니다. 두 사도는 무엇보다도 먼저 동료들을 찾아가 한마음으로 하나님께 기도드렸습니다. 베드로와 요한에게는 육체의 피로가 극에 달한 그 순간, 자신들의 몸을 보살피거나 향후 대책 회의를 갖는 것보다도 하나님께 기도하는 것이 더 중요했습니다. 그것은 기도 자체에 주술적이고도 마술적인 힘이 있거나, 기도 그 자체가 목적이었기 때문이 아니었습니다. 그들에게 기도가 가장 중요했던 것은 기도의 대상이신 하나님으로 인함이었습니다.

그들에게 하나님은 태초에 천지를 창조하기만 한 과거의 유물이 아니었습니다. 그들에게 하나님은 현재진행형으로 만물을 새롭게 하고 계시는 창조주시요, 인간의 역사와 삶 속에서 언제나 당신을 계시하시는 계시자시요, 칠흑 같은 흑암 속에서도 당신의 뜻을 따라 신비스런 섭리의 바퀴를 한 치의 오차도 없이 돌리고 계시는 섭리자셨습니다. 한마디로 그들에게는 오직 여호와 하나님만 천하 만물을 소유하시고 절대적으로 통치하시는 '데스포테스', '대주재'셨습니다. 이것이 그들이 세상 권력자들의 핍박과 위협에도 굴하지 않을 수 있었던 이유요, 산헤드린 법정에서 풀려나자마자 가장 먼저 하나님께 기도드렸던 까닭이었습니다. 지난 시간에 살펴본 것처럼 기도를 통해 대주재이신 하나님께서 자신들과 함께하심을 확인하는 이상 이 세상에서 그 누구도, 그 무엇도 두려울 것이 없었던 것입니다.

오늘 이 시간에는 사도들이 대주재께 드린 기도의 내용을 주목해 보기로 하겠습니다.

> 주여 이제도 그들의 위협함을 굽어보시옵고 또 종들로 하여금 담대히 하나님의 말씀을 전하게 하여 주시오며 손을 내밀어 병을 낫게 하시옵고 표적과 기사가 거룩한 종 예수의 이름으로 이루어지게 하옵소서(29-30절).

사도들이 대주재이신 하나님께 간구한 기도의 요지는 세 가지였습니다. 첫째, 자신들에 대한 유대교 지도자들의 위협을 굽어살펴 달라는 것이요, 둘째, 하나님의 말씀을 담대하게 전할 수 있게 해달라는 것이요, 마지막으로 예수 그리스도의 이름으로 병자를 고치며 표적과 기사가 나타나게 해달라는 것이었습니다.

우리는 이와 같은 사도들의 기도 속에서 대단히 이상한 점을 발견하게 됩니다. 이 기도는 사도들이 주님을 만난 초기에 드린 기도가 아닙니다. 주님의 부활 승천 이후, 그러니까 오순절 날 성령세례 받은 제자들이 사도의 길에 접어든 이후의 기도였습니다. 그리고 이 기도를 드리기 직전 사도들의 행적이 어떠했는지, 우리는 이미 잘 알고 있습니다. 베드로와 요한을 체포하고 구금한 유대교 최고 지도자들이 두 사도를 산헤드린 법정에 소환하여 다시는 예수의 이름으로 말하지 말라고 위협했을 때, 두 사도는 추호의 굴함도 없이 오히려 이렇게 맞섰습니다.

하나님 앞에서 너희의 말을 듣는 것이 하나님의 말씀을 듣는 것보다 옳은가 판단하라 우리는 보고 들은 것을 말하지 아니할 수 없다(19-20절).

이를테면 두 사도는 나는 새도 떨어뜨릴 정도로 막강한 권세를 지닌 유대교 최고 지도자들의 위협을 전혀 위협으로 느끼지 않고 있었습니다. 게다가 그들은 벌써 하나님의 말씀을 담대하게 전하고 있었습니다. 예수님을 죽음으로 몰아넣은 유대인들과 유대교 최고 지도자들을 향해, '너희가 못박아 죽인 예수를 하나님이 다시 살리셨다'고 서슴없이 질타했습니다. 어찌 그보다 더 담대하게 하나님의 말씀을 전할 수 있겠습니까? 그뿐만이 아니었습니다. 그들은 예수 그리스도의 이름으로 성전 미문 앞에서 구걸하던 앉은뱅이를 일으켰습니다. 태어난 이래 무려 40여 년이나 앉은뱅이로 살았던 선천성 병자를 낫게 해준 것입니다. 세상에 그보다 더 크고 확실한 표적과 기사가 달리 또 어디에 있겠습니까?

이 모든 일은 아득히 먼 옛날에 있었던 과거의 이야기가 아니었습니다. 이것은 모두 불과 조금 전에, 혹 길어야 24시간 이내에 그들의 삶 속에서 그들이 직접 행한 일들이었습니다. 그런데도 그들은 마치 그 모든 사실을 까맣게 잊은 듯 자신들을 향한 유대교 지도자들의 위협을 굽어살펴 달라고, 담대히 하나님의 말씀을 전할 수 있게 해달라고, 그리고 예수 그리스도의 이름으로 병을 낫게 하며 표적과 기사가 나타나게 해달라고 대주재이신 하나님께 간구하였습니다. 그들이 방금 전에 그들의 삶 속에서 일어났던 일조차 기억할 수 없을 정도로 천치나 백치가 아닌 바에야, 우리는 그들이 드린 기도의 참되고도 심오한 의미를 깨닫게 됩니다.

사도들의 기도는 단순히 자신들의 개인적인 필요나 염원을 충족시키기 위한 내용으로 이루어지지 않았습니다. 그들의 기도는, 자신들이 유대교 지도자들의 위협에 맞서 '하나님 앞에서 너희 말 듣는 것이 하나님의 말씀을 듣는 것보다 옳은가 판단하라'고 당당하게 맞설 수 있었던 것도, 예수님의 죽음을 결의했던 산헤드린 의원들을 향해 '너희가 십자가에 못박아 죽인 예수를 하나님께서 다시 살리셨다'고 담대하게 증언할 수 있었던 것도, 예수 그리스도의 이름으로 선천성 앉은뱅이를 낫게 하는 표적과 기사를 행할 수 있었던 것도, 모두 천지의 대주재이신 하나님께서 자신들과 함께해 주셨기에 가능할 수 있었음을 감사하는 찬양이었습니다. 나아가 앞으로도 대주재이신 하나님께서 자신들과 함께하시는 한 그 누구의 위협에도 굴하지 않을 수 있고, 어떤 상황 속에서도 담대하게 하나님의 말씀을 전할 수 있으며, 예수 그리스도의 이름으로 예수 그리스도의 능력을 드러내는 사도가 될 수 있음을 확신하는 신앙고백이었습니다. 한마디로 그들의 기도는 자신들의 삶 속에서 자신들과 함께 계시는 하나님에 대한 재확인이자, 그 하나님에 대한 완전한 자기 의탁이었습니다.

그래서 그들은 그 위급한 상황 속에서도 자신들의 개인적인 필요나 염원을 위해 기도하지 않고, 오직 주님께로부터 부여받은 사도의 직무를 감당할 수 있기 위해 기도했습니다. 주님께서 부여하신 사명과 책임에 충실한 한, 나머지 모든 것은 천지의 대주재이신 하나님께서 하나님의 방법으로 책임져 주실 것이기 때문이었습니다.

그 기도의 결과를 본문 31절이 밝혀 주고 있습니다.

> 빌기를 다하매 모인 곳이 진동하더니 무리가 다 성령이 충만하여 담대히 하나님의 말씀을 전하니라.

그들의 기도가 끝남과 동시에 그들이 모여 있던 곳이 진동하였습니다. '진동하다'라는 의미의 헬라어 동사 '살류오 $\sigma\alpha\lambda\epsilon\acute{\iota}\omega$'는, 바다의 큰 파도를 뜻하는 헬라어 '살로스 $\sigma\acute{\alpha}\lambda o\varsigma$'에서 유래된 단어입니다. 기도를 통하여 천지의 대주재이신 하나님께서 자신들과 함께 계심을 확인하고, 기도를 통해 그 하나님께 자신들의 삶을 온전히 의탁한 사도들의 심령과 삶의 터전에 어찌 하나님께로부터 비롯되는 은혜의 파도, 생명의 파도, 능력의 파도, 진리의 파도가 넘실거리지 않았겠습니까?

잊지 마십시오. 위대한 사도들이 기도했다고 그들을 둘러싸고 있던 가난과 핍박과 위협이 사라진 것은 결코 아니었습니다. 그들이 기도했음에도 그들은 여전히 가난했고, 그들이 한마음으로 간구하였지만 그들을 위협하던 대적들은 도처에 도사리고 있었습니다. 그들이 기도하였다고 그들의 상황 자체가 바뀐 것은 아무것도 없었습니다. 기도하기 전이나 기도한 이후나, 그들이 처한 상황은 본래 그대로였습니다.

그러나 그들이 천지의 대주재이신 하나님께 기도하는 한, 그들을 둘러싸고 있는 부정적인 상황은 전혀 문제 되지 않았습니다. 가난도, 핍박도, 환난도, 결코 사도의 길을 걷는 그들의 발목을 잡는 올무가 될 수 없었습니다.

오히려 사도들을 둘러싸고 있는 그 어려운 현실은, 사도들로 하여금 하나님과 더욱 동참하게 하는 신비로운 은총이었습니다. 대주재이신 하나님께서 사도들이 처한 바로 그 상황 속에서 사도들을 정금처럼 새롭게 빚으시는 창조주시요, 바로 그 상황 속에서 당신을 더욱 뚜렷이 보고 느끼고 체험하게 하시는 계시자시요, 바로 그 상황 속에서 당신의 오묘한 섭리를 이루어 가시는 섭리자셨기 때문입니다. 그런즉 기도를 통해 그 사실을 재확인할 때 그들의 상황은 그대로였지만, 그 상황을 맞는 그들의 심령과 삶의 터전 속에 어찌 하나님의 은혜와 생명, 그리고 능력과 진리의 파도가 넘실거리지 않았겠습니까?

그 결과 무리가 다 성령 충만하여 담대히 하나님의 말씀을 전했다는 본문 31절의 결론은 조금도 이상하거나 놀랄 일이 아닙니다. '담대히 하나님의 말씀을 전했다'는 것은 단순히 입으로 말하기만 했다는 뜻이 아니라, 말씀대로 살았다는 의미입니다. 즉 사도들은 자신들의 개인적인 필요나 염원을 위해 기도하지 않고 말씀에 순종하기 위해 기도했고, 기도를 통해 그들은 어떤 상황 속에서든 말씀의 삶을 이루어 갈 수 있었습니다. 말씀에 순종하는 한, 말씀이신 하나님께서 그 삶의 결과를 책임져 주셨기 때문입니다. 그와 같은 사도들의 심령 속에 은혜와 생명, 능력과 진리의 파도가 넘실거리지 않았다면, 천지의 대주재이신 하나님을 믿는 사람에게 도리어 그것이 이상한 일이 아니겠습니까?

기도는 하나님을 향한 인간의 넋두리가 아닙니다. 자기 자신을 위한 자기최면이나 자기 수양도 아닙니다. 기도는 천지의 대주재이신 하나님 아버지와의 만남입니다. 기도는 나의 삶 한가운데에서 나와 함께하고 계시는 대주재이신 하나님을 재확인하고, 그분의 음성에 귀 기울이는 시간입니다. 기도는 유한하고 유치하기 짝이 없는 나의 생각을 내려놓고, 땅보다 하늘이 높음같이 나의 생각보다 높으신 하나님의 뜻과 말씀에 전적으로 순종하는 결단입니다. 기도는, 기도를 통해 하나님의 말씀에 순종함으로 모든 것을 책임져 주시는 하나님의 은혜와 생명, 능력과 진리의 파도를 체험하기 시작하는 새로운 시발점입니다.

제가 쓴 《회복의 신앙》이란 책에는 설거지용 고무장갑과 관련된 일화가 소개되어 있습니다. 1998년 9월 22일 스위스 제네바에 도착한 제가 막 자취 생활을 시작했을 때입니다. 하루는 한국에서 가져간 고무장갑을 끼고 설거지를 하며 가위를 씻던 중, 그만 실수로 고무장갑이 찢어져 버렸습니다. 장갑을 말린 뒤, 찢어진 자리를 테이프로 붙였지만 그래도 물이 스며들었습니다. 그때는 모든 것이 생소할 때인지라, '어디 가서 고무장갑을 사야 하지?' 하고 잠시 생각하는데 현관 벨이 울렸습니다. 문을 열자 우편배달부가 미국에서 어느 성도님이 보낸 등기 소포를 전해 주었는데, 놀랍게도 그 속에는 고무장갑 한 세트가 들어 있었습니다. 제가 실수로 찢어 버린 고무장갑과 색깔까지 똑같은 노란색 고무장갑이었습니다. 그러나 이것은 제가 제네바에서 경험한 것에 비하면 빙산의 일각에 지나지 않습니다.

제네바에 도착한 지 7개월째에 접어든 1999년 4월 하순이었습니다. 아침 식사 후에 마지막 남은 한국산 녹차를 마셨습니다. 한국에서 준비해 간 녹차가 그것으로 동이 난 것이었습니다. 슈퍼마다 수십 종에 이르는 서양 차가 진열되어 있지만, 적어도 제 입에는 한국 녹차를 능가할 서양 차가 없었습니다. 그러나 한국산 녹차가 동이 난 이상 어쩔 도리가 없었습니다. 점심 식사 후에 서양 차를 마시기 위해 막 물을 끓이려는 순간, 이번에는 서울에서 한 성도님이 발송한 속달우편물이 배달되었습니다. 내용물은 물론 한국산 녹차였습니다. 시중에서 돈만 주면 구입할 수 있는 상품이 아니라, 그해 제주도 다원에서 처음으로 딴 잎을 직접 가공하여 보낸 특별한 차였습니다. 미국에서 노란색 고무장갑을 보내 준 성도님도, 한국에서 녹차를 보냈던 성도님도, 모두 100주년기념교회에서 우리와 함께 신앙생활을 하고 계십니다.

제네바에 있는 저의 고무장갑이 찢어졌을 때 대서양 건너 미국으로부터 똑같은 색깔의 고무장갑이, 녹차가 떨어졌을 때에는 지구 반대쪽 한국으로부터 녹차가 단 1초의 오차도 없이 정확하게 도착했습니다. 그것을 보낸 분들이 바로 그 시각에 제 고무장갑이 찢어지고 녹차가 동이 났음을 알기라도 했겠습니까? 아니 설령 알았던들 그렇듯 정확하게 시간을 맞추어 우편물이 도착하게 할 수 있겠습니까? 이것이 사람이 하려 한다고 해서 될 법이나 한 일입니까? 그런데도 어떻게 이런 일이 실제로 일어날 수 있었겠습니까? 천지의 대주재이신 하나님께서 역사해 주셨기 때문입니다.

저는 찢어진 고무장갑이나 떨어진 녹차를 위해 단 한 번도 기도한 적이 없었습니다. 창립 이후 20년 동안이나 전임 목회자를 청빙할 수 없었을 정도로 미약한 미자립 상태의 제네바한인교회를 섬기기 위해 제가 가족과 떨어져 홀로 제네바로 향했던 것은, 가장 작은 자를 섬기라는 주님의 명령에 순종하기 위함이었습니다. 그때 대주재이신 하나님께서는 천지를 창조하신 당신의 능력으로 제 삶을 굽어살피시면서 대수롭지 않아 보이는 설거지용 고무장갑과 녹차를 위해서도 그렇듯 치밀하게 역사해 주셨고, 그와 같은 신비스런 역사가 3년 내내 밤낮으로 이어졌습니다. 그래서 쉰이 넘은 나이에 객지에서 3년간 홀로 밥 짓고 빨래하며 살아야 하는 저의 상황에는 전혀 변함이 없었지만, 오히려 그 상황 속에서 저는 떨어지는 잎새를 보면서도, 심지어는 몰아치는 폭풍우를 보면서도, 제 가슴속에 출렁이는 은혜와 생명 그리고 능력과 진리의 파도를 체험하면서, 그 파도를 힘입어 제게 주어진 사명을 완수할 수 있었습니다.

사랑하는 교우 여러분!

우리의 하나님은 성화 속의 그림이 아닙니다. 돌이나 대리석으로 빚어진 조각도 아닙니다. 우리의 하나님은 천지를 소유하시고 절대적으로 주관하시는 살아 계신 대주재십니다. 그 대주재께서 지금 우리와 함께하고 계십니다. 그분께서 주신 현재의 상황이 자신의 계획이나 예상과 어긋난다고 회피하지 마십시다. 바로 그 상황 속에서 하나님의 말씀에 순종하기 위해, 하나님께서 부여하신 사명을 완수하기 위해 기도하십시오. 그때 우리의 심령 속에는 하나님께로부터 비롯되는 은혜와 생명, 능력과 진리의 파도가 넘쳐 날 것이요, 그 파도의 썰물과 밀물에 의해 우리는 진정한 말씀의 사람으로 가다듬어질 것입니다. 마치 사도들이 주어진 상황을 피하지 않고 그 상황 속에서 바른 증인 되기를 기도함으로, 갈릴리의 무식한 빈민이었던 그들이 새 역사의 막을 여는 사도행전의 주역이 된 것처럼 말입니다.

하나님께서 우리를 창조하셨기에, 오직 하나님만 우리 각자의 체질과 성정을 정확하게 아시고, 또 우리 각자의 연약하고 그릇된 부분을 온전히 치유하실 수 있습니다. 그래서 하나님께서는 우리를 새로이 빚으시기에 합당한 삶의 상황을 우리 각자의 체질과 형편에 맞게 주셨습니다.
천지의 대주재이신 하나님 아버지! 하나님께서 우리 자신을 위해 주신 삶의 상황을 회피하려는 어리석음을 버리게 하여 주옵소서. 지금 우리에게 주어진 삶의 자리와 상황 속에서, 날마다 말씀의 증인으로 살기 위해 기도하는 사람이 되게 하여 주옵소서. 어떤 상황 속에서든 말씀에 순종하며 살아갈 때, 대주재이신 하나님께서 천지를 창조하신 당신의 능력으로 우리 각자의 삶을 굽어살피시고, 또 온전히 책임져 주심을 믿음으로 확인하게 하여 주옵소서. 그리하여 우리의 삶 속에서 은혜와 생명 그리고 능력과 진리의 파도가 날마다 출렁이게 하옵소서. 우리의 삶을 통해 넘쳐 나는 그 생명의 파도로 인해, 사막과도 같이 황량한 이 세상이 생명의 바다로 소생하게 하옵소서. 아멘.

22. 사도들의 발 앞에

사도행전 4장 32-37절

믿는 무리가 한마음과 한뜻이 되어 모든 물건을 서로 통용하고 자기 재물을 조금이라도 자기 것이라 하는 이가 하나도 없더라 사도들이 큰 권능으로 주 예수의 부활을 증언하니 무리가 큰 은혜를 받아 그중에 가난한 사람이 없으니 이는 밭과 집 있는 자는 팔아 그 판 것의 값을 가져다가 **사도들의 발 앞에** 두매 그들이 각 사람의 필요를 따라 나누어 줌이라 구브로에서 난 레위족 사람이 있으니 이름은 요셉이라 사도들이 일컬어 바나바라(번역하면 위로의 아들이라) 하니 그가 밭이 있으매 팔아 그 값을 가지고 **사도들의 발 앞에** 두니라

마르틴 루터에 의해 종교개혁의 횃불이 타오르기 시작한 16세기가 독일 역사상 영적으로 가장 빛나는 시기였다면, 20세기 히틀러 치하의 독일은 영적으로 가장 어두운 시기였습니다. 독일 교회는 전통적으로 목회자가 정부로부터 봉급 받는 국가교회State Church입니다. 모든 목회자가 나라의 녹을 먹는 공무원인 셈이다 보니, 목회자들과 교회 역시 절대 권력을 장악한 광

기의 독재자 히틀러의 지배로부터 자유로울 수 없었습니다. 그 결과 독일 교회는 예수 그리스도의 몸이 아니라, 불행하게도 히틀러를 위한 사당으로 전락해 버리고 맙니다. 독일 교회의 수치인 동시에 아픔이었습니다.

그러나 어느 시대에든 바른 신앙 양심을 지닌 그리스도인은 늘 있는 법입니다. 비록 소수일망정 독일에도 교회가 나치에 의해 장악되는 것을 반대하는 참된 그리스도인들이 있었고, 그 가운데 대표적인 인물이 디트리히 본회퍼Dietrich Bonhoeffer 목사였습니다. 그는 고백교회Confessing Church의 태동에 주도적으로 참여하였습니다. 고백교회란 나치의 선전 도구에 불과한 독일국가교회German Christian Church에 맞서 오직 하나님만을 교회의 주인으로 고백하는 신앙부흥운동으로, 고백교회의 목사는 나치 정부로부터 봉급을 받지 않고 전적으로 교인들의 헌금에 의존하였습니다. 나치의 부당한 간섭을 물리치기 위함이었습니다.

그런 고백교회를 히틀러가 가만히 내버려 둘 리가 없었습니다. 고백교회 지도자들이 체포되었고, 제2차 세계대전 발발과 동시에 고백교회 목회자들과 교인들이 전선으로 징집되면서 고백교회는 외형적으로는 와해되고 맙니다. 그러나 본회퍼 목사를 비롯한 남은 사람들의 지하활동은 중단 없이 계속되었습니다. 1939년 본회퍼는, 예전에 자신이 수학했던 미국 뉴욕 유니언 신학교를 방문하였습니다. 그를 아끼는 많은 사람들이 그에게, 이왕 미국에 온 김에 망명할 것을 권유했습니다. 물론 본회퍼 자신도 미국 망명 권유를 심각하게 생각하지 않은 것은 아니었습니다. 그러나 그는 그의 후원자였던 라인홀드 니버Reinhold Niebuhr 교수에게 "만일 지금 내 동포와 함께 시련을 당하지 않는다면 나는 전쟁이 끝난 뒤 독일에서 그리스도인의 삶을 재건하는 일에 참여할 권리가 없게 될 것입니다"라는 편지를 남기고, 오직 핍박과 고난만 자신을 기다리고 있는 나치 독일로 자진하여 되돌아갔습니다.

결국 그는 1943년 4월 나치에게 체포되었고, 2년 후인 1945년 4월 9일 히틀러의 특명에 의해 교수형에 처해졌습니다. 광기의 권력자 히틀러가 베를린의 지하 벙커에서 그의 정부情婦였던 에바 브라운과 함께 권총으로 스스로 목숨을 끊기 불과 3주 전의 일이었습니다. 그때 디트리히 본회퍼는 겨우 39세, 너무나도 아까운 젊은 나이였습니다. 그러나 그의 신앙과 주님을 향한 절개가 전후 독일 교회 재건의 밑거름이 되었음은 두말할 나위가 없습니다.

메리 글래즈너Mary Glazener가 쓴 《진노의 잔The Cup Of Wrath》은, 상류 가정 출신에다 천재 신학자와 교수로 미래가 보장되어 있던 본회퍼가 39세의 젊은 나이에 순교하기까지 그의 삶을 일관했던 신앙정신이 무엇이었는지를 보여 주고 있습니다. 그것은 그리스도인으로서 두 주인을 섬길 수 없다는 것이었습니다. 독일국가교회 지도자나 교인처럼 하나님과 히틀러를 동시에 섬길 수 없다는 것이었습니다. 자신의 주인은, 자신을 위해 십자가에 못박혀 돌아가신 예수 그리스도 안에서 오직 하나님뿐이시라는 것이었습니다. 그는 이 정신으로 39세를 살았고, 이 믿음을 위해 39세에 순교했고, 그 믿음의 정신이 한 알의 밀알이 되어 전후 독일 교회가 재건될 수 있었습니다.

주님께서 말씀하셨습니다.

> 한 사람이 두 주인을 섬기지 못할 것이니 혹 이를 미워하고 저를 사랑하거나 혹 이를 중히 여기고 저를 경히 여김이라 너희가 하나님과 재물을 겸하여 섬기지 못하느니라(마 6:24).

여기에서 "재물"이란 돈, 권력, 명예를 포함하여 인간이 탐하는 이 세상 모든 것의 통칭입니다. 30대의 젊은 본회퍼 목사가 죽기까지 두 주인을 섬기지 않으려 했던 것은 그 자신의 신념이 아니었습니다. 그것은 주님의 명령이었습니다. 그리스도인이란 예수 그리스도 안에서 하나님만을 주인으로 모시고 살아가는 사람입니다.

오늘날의 관점에서 2천 년 전을 되돌아보면, 정치적으로나 경제적으로나 사회적으로나 그때는 오늘날과는 비교 자체가 불가능할 정도로 모든 면에 걸쳐 낙후된 시대였습니다. 만약 우리에게 시대를 선택할 권리가 있다면, 21세기를 경험한 사람 중에 그 누구도 2천 년 전을 자기 시대로 선택하지는 않을 것입니다. 그런데도 2천 년이 지난 오늘날까지 교회만은 언제나 2천 년 전 초대교회가 교회의 원형으로, 교회 역사상 가장 이상적이었던 교회로 기려지고 있습니다. 2천 년 전 초대교회는 기념비적인 예배당을 지니고 있었던 것도 아니고, 수백만 명에 달하는 교인들이 있었던 것도 아닙니다. 오늘날의 교회 규모와 개념에 비한다면, 2천 년 전 초대교회는 교회라 부르기가 민망할 정도로 초라하고 연약했습니다. 그런 미약한 초대교회가 어떻게 교회 역사상 가장 이상적인 교회로 세워질 수 있었겠습니까? 초대교회를 이루고 있던 초대 교인들이 본회퍼처럼, 두 주인을 섬기지 않고 오직 하나님만 주인으로 모셨기 때문입니다. 오늘 본문이 그 좋은 증거입니다.

> 믿는 무리가 한마음과 한뜻이 되어 모든 물건을 서로 통용하고 자기 재물을 조금이라도 자기 것이라 하는 이가 하나도 없더라 사도들이 큰 권능으로 주 예수의 부활을 증언하니 무리가 큰 은혜를 받아 그 중에 가난한 사람이 없으니 이는 밭과 집 있는 자는 팔아 그 판 것의 값을 가져다가 사도들의 발 앞에 두매 그들이 각 사람의 필요를 따라 나누어 줌이라(32-35절).

지난 2주 동안 살펴본 것처럼 사도를 포함한 초대 교인들에게 세상 권세자들의 위협과 핍박은 상존하고 있었지만, 기도를 통하여 창조주시자 계시자시며 섭리자이신 하나님, 천지의 대주재이신 하나님께서 자신들과 함께 하심을 확인하는 이상 그들은 조금도 두려워하지 않았습니다. 도리어 그들은 모두 예수 그리스도 안에서 한마음과 한뜻이 되어 서로 가진 것을 나누어 쓰는 이른바 유무상통有無相通의 삶을 살았습니다. 초대 교인들의 삶 속에서 유무상통의 삶이 본문에 이르러 처음 등장한 것은 아닙니다. 오순절 성령강림 이후에 이미 사도행전 2장 44절에서부터 유무상통의 삶이 시작되었고, 6개월 전 해당 본문을 살펴볼 때 우리는 유무상통의 삶과 관련하여 깊이 생각해 보았습니다.

이 시간에 우리가 유의하고자 하는 것은, 당시 초대 교인들이 인식하고 있었던 물질의 위치입니다. 본문 35절에 의하면, 그들은 자신들의 재물을 주님의 이름으로 바치면서 그것을 "사도들의 발 앞에" 두었습니다. 사도들은 교인들이 헌납하는 재물을 그들의 발치에 내려놓게 했고, 교인들은 아무 이의 없이 그렇게 했습니다. 재물 혹은 물질은 인간이 탐하는 세상 모든 것의 통칭이라고 했습니다. 사도들과 초대 교인들은 그것이 있어야 할 위치가 인간의 발치, 인간의 발아래임을 바르게 알고 있었습니다. 그것이야말로 그들이 두 주인을 섬기지 않는다는 증거였습니다.

인간의 삶은 하나님과의 관계, 사람과의 관계, 그리고 물질과의 관계 속에서 영위되고 있습니다. 이 세 관계의 위치를 어떻게 설정하느냐에 따라 삶의 내용과 질, 그리고 결과가 달라집니다.

많은 사람들이 물질의 위치를 머리 위에 두고 살아갑니다. 물질로 대변되는 세상의 돈이나 권력, 명예를 자기 인생의 주인으로 섬기며 사는 것입니다. 물질이 사람의 머리 위에 자리 잡으면, 그 물질의 지배 아래에서 사는 인간은 비인격적인 물질의 노예가 되고 맙니다. 본래 인격이 있을 리 없는 비인격적인 물질을 머리 위에 두었으니, 그 아래에 있는 인간이 비인격적인 존재로 전락하는 것은 당연한 이치 아니겠습니까? 그 결과 그는 어쩔 수 없이 비인격적인 물질을 위해 인격체이신 하나님과 사람을 자기 발치에 두고 도구로 이용하는 뒤틀린 삶을 살 수밖에 없습니다.

참된 믿음의 사람은 하나님을 머리 위에 모시고 살아갑니다. 하나님을 머리 위에 모신 그는 말할 것도 없이 하나님의 인격에 의해 지배받습니다. 그러므로 그는 하나님의 인격을 힘입어 자신이 만나는 모든 사람을 자신과 대등한 관계에서 인격적으로 대하게 됩니다. 하나님을 머리로 삼은 이에게 인간은 경배의 대상도 아니요, 자기 욕망의 도구도 아닌, 함께 교제하며 살아야 할 형제자매이기 때문입니다. 나아가 하나님을 모신 이의 삶 속에서만 물질은 비로소 인간의 발치, 즉 바른 자기 자리를 찾게 됩니다. 하나님을 머리 위에 모신 이에게 물질이란 하나님과 사람을 섬기기 위한 도구에 지나지 않는 까닭입니다.

그뿐 아니라 인간이 하나님을 머리 위에 모시고 물질을 발아래에 둘 때, 비인격적인 물질 또한 인격을 지니게 됩니다. 물질 위에 서 있는 사람의 인격이 그 사람을 타고 발아래의 물질로 흘러내리기 때문입니다. 사도들의 주머니 속에 동전 한 닢이 있다고 가정해 보십시다. 그리고 로마제국 네로 황제의 수중에도 똑같은 동전이 있다고 하십시다. 두 동전 모두 동일한 액면의 동전입니다. 크기도 모양도 정확하게 일치합니다. 그렇다고 두 동전의 가치와 의미마저 동일하겠습니까? 그럴 리가 없습니다. 한 사람은 물질 아래에서 물질을 주인으로 섬기는 물질의 노예요, 또 한 사람은 물질 위에서 물질을 도구로 부리는 물질의 주인이기에 그 의미와 가치는 결코 같을 수 없습니다. 한 사람의 동전이 사람을 비인격화시키는 비인격적인 물체라면, 또 한 사람의 동전은 주인의 인격이 담긴 사랑과 생명의 결정체입니다. 이처럼 같은 물질이라 할지라도 물질을 지닌 사람이 그 물질의 위치를 어디로 설정하느냐에 따라 그 의미와 최종적 가치는 달라지기 마련입니다.

본문 속 사도들과 초대 교인들은 예수 그리스도 안에서 오직 하나님만 자기 인생의 주인으로 모시고 살아가는 진정한 그리스도인이었습니다. 그렇기에 그들은 모두 한마음과 한뜻으로 물질에 매임이 없이, 물질을 발치에 두고 그 위에 서는 물질의 주인이 될 수 있었고, 그들이 지닌 물질은 사람을 살리는 사랑과 생명의 도구로 승화될 수 있었습니다.

젊은 본회퍼가 지니고 있던 출신 배경, 학위와 직위 및 직책은, 세상적인 관점으로 본다면 반드시 지켜야 할 엄청난 재산이었습니다. 그렇다면 본회퍼 역시 당시 대부분의 독일 그리스도인이 그렇게 했던 것처럼, 자신의 재산을 지키기 위해 나치와 타협하거나 하나님과 히틀러를 동시에 섬겨야만 했습니다. 하지만 그가 자신이 주인으로 모신 하나님을 위해 39세의 나이에 순교하기까지 그 모든 것을 미련 없이 포기할 수 있었던 것은, 자신이 지닌 것들은 섬겨야 할 주인이 아니라 발치에 두고 그 위에 자신이 서야 할 도구에 지나지 않음을 바르게 알았기 때문입니다. 그와 같은 본회퍼의 믿음과 인격이 배인 그의 신학 사상과 글들은 사랑과 생명의 빛으로 승화되어, 오늘날 주님을 좇는 우리의 길까지 밝혀 주고 있습니다. 하나님보다 자신의 것들을 더 섬기느라 스스로 나치의 도구로 전락하기를 마다하지 않았던 신학자들의 글들이 이미 휴지 조각으로 버려진 것과는 너무나도 큰 대조를 이루고 있습니다.

본문 속 초대 교인들이나 본회퍼나, 만약 그들이 자신들이 지닌 것들을 머리 위에 두고 주인으로 섬기는 사람들이었다면 그것들이 사람을 살리는 사랑과 생명의 도구로 승화될 수는 없었을 것입니다. 비인격적인 물질의 지배 아래 있는 이는 자기 주인인 물질을 위해, 사람을 자기 발아래 두고 짓밟는 비인격적인 인간이 될 수밖에 없기 때문입니다.

현재 프랑스의 군사박물관으로 사용되고 있는 파리의 앵발리드 기념관 Hôtel des Invalides은 프랑스어 '앵발리드invalide'가 '부상자'를 뜻하는 바와 같이, 본래 루이 14세가 전쟁 부상자들을 위해 병원으로 건립한 건물이었습니다. 그 앵발리드 기념관이 유명한 것은 그곳에 나폴레옹의 유물들이 전시되어 있고, 앵발리드 기념관 옆 앵발리드 성당에 나폴레옹의 관이 안치되어 있는 까닭입니다.

프랑스혁명의 와중에서 포병 장교였던 나폴레옹이 정치적 주도권을 장악한 1799년부터 스스로 황제의 자리에 오른 1804년을 거쳐 1815년 워털루전투에서 영국의 웰링턴 장군에 의해 몰락하기까지, 불과 16년 동안 나폴레옹 한 사람의 야욕을 위해 목숨을 잃은 유럽인의 수는 무려 100만 명에 달했습니다. 나폴레옹과 같은 국적의 프랑스인만 해도 50만 명이 죽었으니, 당시 프랑스 인구가 고작 300만 명이었음을 감안하면 다섯 사람 건너 한 명, 다시 말해 평균 한 가정당 한 명꼴로 목숨을 잃은 셈입니다. 생각하면 할수록 끔찍하기 짝이 없는 일입니다. 몰락한 나폴레옹은 남대서양의 고도 세인트헬레나 섬에 유배되었다가, 52세의 나이로 죽어 그곳에 매장되었습니다. 20년이 지나 그의 사면 복권이 이루어지자 그의 추종자들이 세인트헬레나 섬에서 그의 시신을 발굴하여 화장한 뒤, 남은 재를 파리로 가져와 앵발리드 성당의 거대한 대리석 관 속에 안치하였습니다. 시신도 없이 한 줌의 재만 들어 있을 뿐인 그 거대한 관이야말로, 자기 욕망에 눈먼 그의 일생이 얼마나 허구에 찬 것이었는지를 여실히 보여 주고 있습니다.

앵발리드 기념관에는 나폴레옹 군대의 온갖 깃발과 군복, 각종 무기들, 나폴레옹이 타던 황금색 마차, 심지어는 박제된 나폴레옹의 애마와 함께 그 말의 황금 갑옷까지 일목요연하게 전시되어 있습니다. 그러나 그 모든 것은 한 인간이 자신의 야망을 위해 얼마나 많은 사람을 죽음으로 몰아넣었는지를 역설적으로 웅변해 주고 있습니다. 나폴레옹이 100만 명에 이르는 사람의 생명을 서슴없이 희생시킨 것은, 그가 세상의 것들을 주인으로 섬겼기 때문입니다. 세상의 것들을 머리 위에 모시고 살아갈 때 자신을 제외한 모든 인간은 자기 발아래 있는 하찮은 수단에 지나지 않았고, 그의 손에 들어 있는 것은 무엇이든 사람을 죽이는 도구로 쓰일 수밖에 없었습니다.

앵발리드 기념관의 마지막 전시실에는 나폴레옹이 세인트헬레나에 유배당했을 때의 유물들이 전시되어 있습니다. 나폴레옹의 머리카락과 손톱을 비롯하여 그가 죽을 때까지 살았던 거처의 가구 등으로, 그것들은 황제 시절의 것에 비하면 참으로 초라하기 그지없는 것들입니다. 그 마지막 전시실의 마지막 전시품이 무엇인지 아십니까? 그것은 나폴레옹의 추종자들이 세인트헬레나 섬에서 그의 시신을 화장한 뒤에 남은 한 줌의 재를 담았던 검은 색의 작은 유골 상자, 그리고 그 유골 상자를 파리로 옮겼던 관입니다. 스스로 이 세상에서 가장 강한 황제가 되기 원했던 그의 인생은 불과 52세의 나이에 유배지에서 그렇게 허망하게 끝나 버리고 말았습니다. 생전의 나폴레옹이 자신의 생이 그토록 허망하게 끝날 줄 알았던들, 세상의 것들을 주인으로 섬기느라 그 많은 사람의 피를 흘리게 하지는 않았을 것입니다. 그 대신 그는 영원하신 하나님을 주인으로 모시고, 자신의 것들로 사람을 살리는 생명의 삶을 살았을 것입니다. 그 마지막 전시실 마지막 유골 상자 앞에서 탄식하는 나폴레옹을 연상한 것은, 저 혼자만의 느낌은 아니었을 것입니다.

그의 허망한 일생을 보여 주는 유물이 전시된 기념관과, 그의 텅 빈 관이 안치된 성당의 이름이 '앵발리드'란 것은 얼마나 크나큰 교훈인지 모릅니다. 프랑스어 앵발리드는 영어의 '인벌리드invalid'와 같은 말로, 부상자라는 뜻과 동시에 '무효'라는 의미를 지니고 있습니다. 이 얼마나 놀라운 메시지입니까? 세상의 것들을 머리 위에 올려놓고 주인으로 섬기느라 100만 명에 이르는 사람을 죽음으로 몰아넣은 나폴레옹 자신이 세상의 것들에 짓눌린 앵발리드─부상자였고, 그와 같은 그의 삶 자체가 하나님 앞에서 앵발리드─무효일 수밖에 없었습니다. 하나님만 머리 위에 모시고 사느라 교수형을 당하고서도 세상의 빛이 된 본회퍼의 '밸리드valide'의 삶과는 정반대였습니다. 프랑스어 발리드는 영어 '벨리드valid'와 같은 단어로, '건강하다'는 뜻과 함께 '유효하다'는 의미입니다. 스스로 황제의 자리에 앉아 100만 명의 사람을 죽음의 구렁텅이로 몰아넣는 나폴레옹은 언뜻 얼마나 화려하고 대단해 보입니까? 그러나 그는 병들고 무효인 앵발리드에 지나지 않았습니다. 하나님만 섬기다가 교수형을 당한 본회퍼는 얼마나 처참하고 불쌍해 보입니까? 그러나 그야말로 그리스도 안에서 영원히 건강하고 유효한 발리드였습니다.

고개를 들어 동서남북을 바라보십시오. 이 세상 자체가 거대한 앵발리드입니다. 세상 모든 것의 통칭인 물질을 섬기느라 비인격적인 물질에 짓눌려 신음하는 앵발리드들invalides, 그 앵발리드들에 의해 유린당한 또 다른 앵발리드들로 가득 차 있습니다. 세상 사람들이 온통 물질에 병든 부상자들이요, 이 세상이 온통 부상자 수용소란 말입니다. 그와 같은 인간의 삶 또한 하나님 앞에서 허구에 찬 앵발리드─ 무효일 수밖에 없습니다. 중요한 것은 앵발리드의 삶은 당사자의 코끝에서 호흡이 멈추는 순간, 결코 유골 상자를 뛰어넘을 수 없다는 사실입니다.

사랑하는 교우 여러분!

믿음은 위치를 바르게 설정하는 것임을 잊지 마십시다. 천지의 대주재이신 하나님을 인생의 주인으로 우리 머리 위에 모십시다. 물질을 우리의 발아래에 두고, 그 위에 물질의 주인으로 서십시다. 우리 발아래의 물질 위로 그리스도인인 우리의 믿음과 인격이 흘러내리게 하십시오. 그 물질로 우리 앞에 있는 사람을 살리는 사랑과 생명의 도구로 승화되게 하십시오. 그때 우리의 일생은 물질로 인해 얼마나 많은 사람을 다치게 했는지를 보여 주는 병들고 무효의 앵발리드가 아니라, 한 사람이 자신이 지닌 것으로 얼마나 많은 사람을 살릴 수 있는지를 증거하는 건강하고 유효한 발리드가 될 것입니다. 건강한 발리드만 병든 앵발리드를 살릴 수 있고, 그리스도 안에서 유효한 발리드의 삶만 유골 상자를 뛰어넘을 수 있습니다.

주님! 그동안 나는 하나님을 믿는다면서도 인간이 탐하는 세상 모든 것의 통칭인 물질을 머리 위에 주인으로 모시고 사느라, 나의 지난 삶이 온통 앵발리드 성당의 나폴레옹 관처럼 텅 빈 허구요, 앵발리드였음을 고백합니다. 앵발리드인 나로 인해 나의 가정, 나의 일터, 내가 속해 있는 이 사회 또한 앵발리드가 될 수밖에 없었음을 이 시간 회개드립니다.

이제 우리 모두 본문 속의 사도들과 초대 교인들처럼, 히틀러 치하의 본회퍼처럼, 한마음 한뜻으로 하나님을 우리 머리 위의 주인으로 모시고 살기를 원합니다. 더 이상 물질 아래에 짓눌린 물질의 노예가 아니라, 물질을 발아래에 둔 물질의 주인으로 살아가게 하옵소서. 우리의 믿음과 인격이 흘러내린 우리의 물질이, 우리 앞에 있는 사람을 살리는 생명과 사랑의 도구로 승화되게 하옵소서.

그리하여 우리의 삶이 이 시대의 병든 앵발리드를 치유하는 건강한 발리드가 되게 해주시고, 우리의 생명이 다하는 날 유골 상자를 뛰어넘는, 예수 그리스도 안에서 영원히 유효한 발리드의 삶이 되게 해주옵소서. 아멘.

23. 바나바라 하니

사도행전 4장 32-37절

믿는 무리가 한마음과 한뜻이 되어 모든 물건을 서로 통용하고 자기 재물을 조금이라도 자기 것이라 하는 이가 하나도 없더라 사도들이 큰 권능으로 주 예수의 부활을 증언하니 무리가 큰 은혜를 받아 그중에 가난한 사람이 없으니 이는 밭과 집 있는 자는 팔아 그 판 것의 값을 가져다가 사도들의 발 앞에 두매 그들이 각 사람의 필요를 따라 나누어 줌이라 구브로에서 난 레위족 사람이 있으니 이름은 요셉이라 사도들이 일컬어 **바나바라**(번역하면 위로의 아들이라) **하니** 그가 밭이 있으매 팔아 그 값을 가지고 사도들의 발 앞에 두니라

사도 바울이 예수 그리스도 안에서 하나님을 얼마나 사랑했는지는 그의 행적을 밝혀 주는 사도행전과, 그가 기록한 신약성경의 서신서들 속에 잘 나타나 있습니다. 그의 일생이 하나님의 사랑 안에서, 하나님의 사랑에 의해, 하나님의 사랑을 힘입어 일구어졌고, 그래서 그의 삶 자체가 오늘날까지 하나님을 사랑하는 모든 그리스도인의 본으로 우뚝 서 있습니다. 그 사

도 바울이 에베소서 1장 3-4절을 통해, 하나님께서 창세전에 그리스도 안에서 우리를 하나님의 자녀로 택하시는 신령한 복을 거저 주셨다고 증언하고 있습니다. 하나님께서 태초에 천지 만물과 인간을 창조하시기도 전에 우리를 당신의 자녀로 이미 선택하셨다는 것입니다. 오늘날 21세기의 첨단 과학 기술로도 태초가 과연 언제인지는 정확하게 알지 못하지 않습니까? 하물며 2천 년 전 사도 바울이, 자신이 언급한 '창세전'이 대체 언제를 뜻하는지 알기라도 했겠습니까? 하나님을 향한 그의 사랑에는 의심의 여지가 없지만, 아무리 그래도 하나님께서 창세전부터 우리를 택해 주셨다는 것은 너무 심한 과장이 아니겠습니까?

그러나 그 표현이 전혀 근거도 없는, 허무맹랑한 과장이기만 하다면, 그것이 과연 하나님의 말씀인 성경의 일부가 될 수 있었겠습니까? 그것이 성경 속에 기록되었다는 것 자체가 그 표현의 진실성을 입증하는 것 아니겠습니까? 그렇다면 사도 바울은 어떻게 하나님께서 창세전에 우리를 택해 주셨다는, 그런 엄청난 증언을 할 수 있었겠습니까? 오늘의 본문이 이 질문에 대한 해답을 제시해 주고 있습니다.

> 믿는 무리가 한마음과 한뜻이 되어 모든 물건을 서로 통용하고 자기 재물을 조금이라도 자기 것이라 하는 이가 하나도 없더라 사도들이 큰 권능으로 주 예수의 부활을 증언하니 무리가 큰 은혜를 받아 그중에 가난한 사람이 없으니 이는 밭과 집 있는 자는 팔아 그 판 것의 값을 가져다가 사도들의 발 앞에 두매 그들이 각 사람의 필요를 따라 나누어 줌이라(32-35절).

초내 교인들은 자신들의 밭과 집을 처분한 재물을 사도들의 발 앞에 두었습니다. 지난 시간에 살펴본 것처럼, 초대 교인들은 인간이 탐하는 이 세상 모든 것의 통칭인 물질을 두어야 할 위치는 인간의 발아래임을 바르게 알고 있었습니다. 믿음은 위치를 바르게 설정하는 것이라고 했습니다. 초대 교인들은 물질을 주인으로 머리 위에 모시고 비인격적인 물질의 종으로 사는 어리석음에서 탈피하여, 물질 위에 물질의 주인으로 서서 물질을 하나님과 사람을 위한 도구로 사용하는 진정한 그리스도인이었습니다. 초대 교인들이 그런 삶을 살 수 있었던 것은 본문 33절에 의하면, 그들이 하나님께로부터 큰 은혜를 받았기 때문이었습니다. 은혜 받는다는 것은 일시적으로 가슴이 뭉클해지거나, 잠시 눈시울이 뜨거워지는 감정의 변화를 의미하지 않습니다. 은혜는 물질의 노예로 비인격적인 삶을 사는 인간으로 하여금, 예수 그리스도 안에서 물질의 주인이 되어 인격적인 삶을 살게끔 하나님께서 내려 주시는 하나님의 선물인 동시에 능력입니다.

그래서 본문 속 초대 교인들은 모두 익명으로 처리되어 있습니다. 만약 요즈음 자신의 전 재산을 교회에 바친 교인이 있다면 교회가 어떻게 하겠습니까? 헌납자의 이름과 헌납 금액을 온 교회에 공표하여 뭇사람의 박수와 칭송을 받게 할 것입니다. 그러나 전 재산을 바친 초대교회 교인들 중 이름이 밝혀진 사람은 아무도 없었습니다. 그들이 그런 삶을 살 수 있었던 것은 그들 자신이 위대해서가 아니라, 주님께서 그들로 하여금 그런 아름다운 삶을 살 수 있도록 은혜를 베풀어 주셨기 때문입니다. 그 일로 인해 칭송받으실 분은 하나님이시지, 인간이 아니었던 것입니다.

그런데 이상한 것은 본문 36-37절이, 그들 가운데 유독 한 사람의 이름만은 공개하고 있다는 사실입니다.

> 구브로에서 난 레위족 사람이 있으니 이름은 요셉이라 사도들이 일컬어 바나바라(번역하면 위로의 아들이라) 하니 그가 밭이 있으매 팔아 그 값을 가지고 사도들의 발 앞에 두니라.

이름이 밝혀진 주인공은 "바나바"였습니다. 바나바는 헬라어 이름으로, 그의 히브리 이름은 요셉이었습니다. 바나바가 무슨 특별한 일을 행한 것은 아니었습니다. 그 역시 다른 교인들처럼 자신의 전 재산을 처분하여 사도들의 발 앞에 내려놓았을 뿐입니다. 그런데도 모든 교인이 익명으로 처리된 데 반해, 왜 유독 바나바만 기명으로 처리되었겠습니까? 그가 헌납한 금액이 교인들 중에 가장 많았기 때문이겠습니까? 만약 그것이 이유였다면 본문이 그 금액까지 정확하게 적시하였겠지만, 본문에 금액이 전혀 언급되어 있지 않은 것으로 보아 그런 까닭이 아님을 알 수 있습니다. 그렇다면 과연 무슨 이유에서이겠습니까? 이 이후 사도행전의 내용을 계속 살펴보면, 왜 본문이 바나바의 이름만을 의도적으로 거명하였는지 그 연유를 알게 됩니다.

본문에서 네 장을 건너뛰어 사도행전 9장에 이르면, 그 유명한 바울의 회심이 일어납니다. 예수 그리스도를 부정하고 초대교회에 대한 최대 박해자였던 그가 다마스쿠스 도상에서 주님의 부르심을 받았습니다. 자신이 부정하던 예수 그리스도가 살아 계신 성자 하나님이심을 확인한 것입니다. 다마스쿠스에 입성한 그는 그 놀라운 사실을 전하기 시작했습니다. 그리스도인을 박해하던 그가 도리어 그리스도인이 된 것이었습니다. 그러자 유대교인들이 그를 죽이려 하였습니다. 유대교인의 입장에서 보면, 바울은 하루아침에 유대교를 배신한 배교자였기 때문입니다. 유대교인들의 위협에서 벗어난 바울은 아라비아 광야에서 3년에 걸친 경건 훈련을 거쳐 예루살렘으로 올라갔습니다. 사도들을 만나 함께 복음을 전하기 위함이었습니다. 그러나 사도들과 예루살렘 교인들 중 그를 환영하는 사람은 없었습니다. 그리스도인들을 핍박하던 그의 전력을 익히 알고 있는 예루살렘 교인들이 그의 회심을 믿지 않았기 때문입니다. 이를테면 그들은 바울의 회심을, 교회를 일망타진하기 위한 위장 전술로 간주한 것이었습니다. 그때 바울이 진심으로 회심하고, 진정한 그리스도인이 되었음을 보증해 준 사람이 바로 바나바였습니다. 당시 초대교회에서 이미 주요 역할을 담당하고 있던 바나바의 신원보증에 의해 바울은 비로소 예루살렘 교회의 문턱을 넘어설 수 있었습니다.

그러나 예루살렘에 있는 유대교인들 역시 가만히 있지 않았습니다. 그들도 유대교를 배신한 바울의 목숨을 노렸습니다. 어쩔 수 없이 바울은 고향인 다소로 내려가 그곳에서 무려 13년간이나 칩거해야만 했습니다. 전도유망하던 청년이 어느 날 낙향하여 아무 일도 없이 13년이나 칩거한다면, 그의 인생은 그것으로 끝난 것이나 다름없습니다. 마치 인생 실패자와도 같던 바울을 새로운 인생의 길, 즉 목회자의 길로 인도해 낸 사람 역시 바나바였습니다. 안디옥교회 담임목사였던 바나바가, 교회 목회에 관한 한 전혀 무경력자인 바울을 자신의 동역자로 불러 준 것이었습니다. 그뿐이 아니었습니다. 바나바와 바울 일행이 주님의 명령을 좇아 기독교 역사상 최초로 세계 선교의 첫발을 내디딜 때, 그 일행의 팀장이 바나바였습니다. 이처럼 바나바는 바울의 인생에서, 그것도 인생의 가장 중요한 길목에서마다 바울에게 없어서는 안 될 절대적인 존재였습니다. 만약 바울의 인생 무대에 바나바란 인물이 등장하지 않았더라면, 바울은 결코 우리가 아는 그 위대한 사도 바울이 되지는 못했을 것입니다.

그렇다면 모든 사람이 익명으로 처리되어 있는 오늘의 본문 속에서, 유독 바나바의 이름만 공개되어 있는 이유를 이제 우리는 확연하게 깨달을 수 있습니다. 바울이 예수 그리스도를 믿기도 전에, 믿기는커녕 도리어 예수 그리스도를 부정하며 대적하고 있을 때, 그때 하나님께서는 바울을 위해 오래전부터 그의 인생 앞길에 이미 바나바를 예비해 두셨음을 바울로 하여금 알게 해주시기 위함이었습니다. 나아가 2천 년이 지난 오늘 우리를 위해서도 하나님께서는 그렇게 역사하고 계심을 일깨워 주시기 위함입니다.

이제 바울의 입장에서 생각해 보십시다. 하나님께서 바울을 하나님의 자녀로 선택하신 것은 바울이 성자 하나님이신 예수 그리스도를 먼저 믿었거나, 잘 믿었기 때문이 아니었습니다. 바울이 누구보다도 집요하게 예수 그리스도를 부정하고 교회와 그리스도인에 대해 가장 악랄한 박해자였던 시절, 그때 하나님께서는 이미 바울을 당신의 자녀로 선택해 두고 계셨습니다. 선택하기만 하신 것이 아니라, 선택하신 바울을 위해 오래전부터 바나바를 예비해 두기까지 하셨습니다. 그것이 하나님께 가능한 것은, 하나님께서는 시간과 공간을 초월하는 분이시기 때문이었습니다. 시간과 공간을 초월하는 초월자시기에, 바울이 삼위일체 하나님을 알기도 전에 하나님께서는 이미 그의 앞길까지 훤히 내다보고 계셨습니다. 그 사실을 뒤늦게 깨달은 바울의 감격과 감동이 얼마나 컸겠습니까? 그렇다면 에베소서 1장 3-6절이 전하는 바울의 증언이 전혀 과장이 아님을 알게 됩니다.

찬송하리로다 하나님 곧 우리 주 예수 그리스도의 아버지께서 그리스도 안에서 하늘에 속한 모든 신령한 복을 우리에게 주시되 곧 창세전에 그리스도 안에서 우리를 택하사 우리로 사랑 안에서 그 앞에 거룩하고 흠이 없게 하시려고 그 기쁘신 뜻대로 우리를 예정하사 예수 그리스도로 말미암아 자기의 아들들이 되게 하셨으니 이는 그가 사랑하시는 자 안에서 우리에게 거서 주시는 바 그의 은혜의 영광을 찬송하게 하려는 것이라.

시간과 공간을 초월하시는 하나님이시라면, 그 하나님께 한 시간 전과 창세전이 무슨 차이가 있겠습니까? 시간과 공간의 지배하에 있는 인간에게는 그 차이가 무한대에 이르지만, 초월자이신 하나님께는 한 시간 전이나 창세전이나 똑같은 시간적 개념일 수밖에 없습니다. 따라서 자신이 삼위일체 하나님을 알기도 전에 하나님께서 먼저 자신을 선택하시고 자신을 위해 바나바를 예비해 두신 하나님의 은혜를 확인한 바울이, 하나님께서 창세전에 그리스도 안에서 우리를 선택하시는 신령한 복을 거저 주셨다고 선언한 것은 과장이 아니라, 하나님의 선행적 구원의 은총을 정확하게 표현한 위대한 영적 통찰력이 아닐 수 없습니다.

본문 36절은 바나바란 이름의 뜻이 "위로의 아들"임을 밝혀 주고 있습니다. 우리말 '위로'로 번역된 헬라어 '파라클레시스$παράκλησις$'는 '격려'의 의미도 지니고 있습니다. 자신이 주님을 알기도 전에, 아니 창세전에 시간과 공간을 초월하여 자신을 먼저 선택해 주시고, 자신의 인생 앞길에 바나바까지 미리 예비해 두셨던 하나님의 오묘하신 사랑을 나중에 확인한 바울에게 그보다 더 큰 하나님의 위로와 격려는 없었습니다.

그래서 사도 바울은 고린도전서 2장 9절을 통하여 다음과 같이 고백하고 있습니다.

> 기록된바 하나님이 자기를 사랑하는 자들을 위하여 예비하신 모든 것은 눈으로 보지 못하고 귀로 듣지 못하고 사람의 마음으로 생각하지도 못하였다 함과 같으니라.

그렇지 않습니까? 창세전부터 하나님께서 자신을 당신의 자녀로 택하시고, 자신을 위해 이미 오래전에 바나바를 예비해 두셨다는 것을 어찌 꿈속에선들 상상이나 할 수 있었겠습니까? 하나님의 그 은혜를 생각할 때마다 그는 '하나님께서 자신을 위해 예비하신 모든 것은 눈으로 보지 못하고, 귀로 듣지 못하고, 사람의 마음으로 생각하지도 못한 것'이라고 고백하지 않을 수 없었고, 하나님께서 그에게 베푸신 그 은혜는 그리스도인으로 이 어둔 세상을 살아가는 그에게 가장 큰 격려요, 위로가 되었습니다.

이것이 사도 바울이 다음과 같이 고백하고 있는 이유입니다.

> 누가 우리를 그리스도의 사랑에서 끊으리요 환난이나 곤고나 박해나 기근이나 적신이나 위험이나 칼이랴 기록된바 우리가 종일 주를 위하여 죽임을 당하게 되며 도살당할 양같이 여김을 받았나이다 함과 같으니라 그러나 이 모든 일에 우리를 사랑하시는 이로 말미암아 우리가 넉넉히 이기느니라 내가 확신하노니 사망이나 생명이나 천사들이나 권세자들이나 현재 일이나 장래 일이나 능력이나 높음이나 깊음이나 다른 어떤 피조물이라도 우리를 우리 주 그리스도 예수 안에 있는 하나님의 사랑에서 끊을 수 없으리라(롬 8:35-39).

바울이 도살장으로 끌려가는 양과 같은 극한적인 상황 속에서도 오직 하나님만을 주인으로 모시고 살 수 있었던 것은, 하나님께서 이미 베푸셨고, 지금 베풀고 계시며, 앞으로도 계속 베풀어 주실 하나님의 위로와 격려로 인함이었습니다. 창세전에 자신을 이미 당신의 자녀로 선택해 주시고, 자신이 주님을 믿기도 전에 자신의 앞길에 필요한 바나바를 미리 예비해 주신 위로와 격려의 하나님이시라면, 자신이 하나님을 주인으로 섬기며 살아갈 때 그 어떤 절망적인 상황 속에서도 하나님께서 더 크신 위로와 격려로 자신을 책임져 주실 깃임을 확신하였기 때문입니다.

작년 7월 마지막 주일에 사도행전 1장 1-2절을 살펴볼 때 말씀드린 것과 같이, 거의 대부분의 그리스도인들이 하나님에 대한 인간의 믿음을 절대시합니다. 물론 하나님에 대한 인간의 믿음이 중요하지 않은 것은 아니지만, 그것이 결코 절대적일 수 없는 것은, 인간이 하나님을 믿기 전에 하나님께서 먼저 인간을 믿어 주셨기 때문입니다. 생각해 보십시오. 하나님께서 죄에 찌든 더러운 인간을 먼저 믿어 주시지 않았다면, 어떻게 인간을 위해 당신의 독생자를 이 추악한 세상에 보내셨겠습니까? 예수 그리스도께서 인간을 먼저 믿어 주시지 않았던들, 어떻게 인간을 살리시기 위해 당신 자신을 십자가의 제물로 내어놓으셨겠습니까? 인간이 하나님을 믿기 이전에, 인간을 믿으시는 삼위일체 하나님의 믿음이 인간을 위한 십자가의 구원을 완성하셨습니다. 하나님의 그 믿음이 창세전에 바울을 선택하셨고, 하나님의 그 믿음이 바울이 주님을 알기도 전에 바울의 앞길에 바나바를 예비해 주셨습니다. 바울이 비록 하나님의 대적일망정 하나님께서 그를 먼저 당신의 자녀로 선택해 주고 필요한 바나바의 은혜를 베풀어 주기만 하면, 그가 하나님의 자녀답게 살아가리란 하나님의 믿음이었습니다.

따라서 우리는 인간의 믿음이 무엇인지 그 정의를 바르게 내릴 수 있습니다. 믿음은, 인간이 하나님을 알기도 전에 하나님께서 먼저 인간을 믿어 주신 하나님의 믿음에 대한 인간의 응답입니다. 인간이 하나님을 믿을 수 있는 유일한 토대이자 동력은 인간 자신이 아니라, 인간을 먼저 믿어 주신 하나님의 믿음입니다. 이 사실을 깨달은 사람에게 남은 것은, 자신을 먼저 믿어 주신 하나님의 믿음에 부응하는 믿음의 삶으로 응답하는 것입니다. 바로 여기에서부터 참된 그리스도인의 삶이 시작됩니다.

바울이 위대한 것은 그가 이 사실을 깨닫는 즉시, 평생 자신에 대한 하나님의 믿음에 부응하는 믿음의 삶으로 일관하였다는 데 있습니다. 그는 빌립

보서 4장 12-13절을 통해 다음과 같이 고백하였습니다.

> 나는 비천에 처할 줄도 알고 풍부에 처할 줄도 알아 모든 일 곧 배부름과 배고픔과 풍부와 궁핍에도 처할 줄 아는 일체의 비결을 배웠노라 내게 능력 주시는 자 안에서 내가 모든 것을 할 수 있느니라.

풍부에 처하든, 비천과 궁핍의 나락으로 떨어지든, 바울에게 상황은 전혀 문제가 되지 않았습니다. 어떤 상황에 처하든, 그 상황은 창세전부터 자신을 믿고 계시는 하나님에 의해 주어진 상황이요, 자신의 할 일은 바로 그 상황 속에서 자신의 믿음으로 하나님께 응답하는 것이었습니다. 즉 어떤 상황에서든, 그 상황 속에서 자신이 만나는 사람에게 이번에는 자신이 그를 위한 생명의 통로, 다시 말해 바나바가 되어 주는 것이었습니다. 하나님께서 자신을 먼저 믿어 주신 까닭이 거기에 있었기 때문입니다. 바울은 그 사명을 창세전부터 자신을 믿고 선택해 주신 하나님의 은총 속에서, 그리고 자신이 주님을 믿기도 전에 자신을 위해 바나바를 예비해 주셨던 하나님의 위로와 격려 속에서 완수할 수 있었습니다. 극심한 가난과 핍박 그리고 육체적으로는 불치의 병을 안고 살던 바울이 루스드라에서 앉은뱅이를 살린 것도, 빌립보에서 루디아를 살린 것도, 빌립보 감옥에서 간수와 그 가족을 살린 것도, 환락의 도시 고린도에서 숱한 사람을 살린 것도, 모두 하나님의 격려와 위로 속에서만 가능한 일이었습니다.

사랑하는 교우 여러분!

바울의 하나님이 바로 우리의 하나님이심을 믿으십니까? 우리가 하나님을 알기도 전에 하나님께서 먼저 우리를 믿어 주셨음을 믿으십니까? 시간과 공간을 초월하시는 하나님께서 우리가 태어나기도 전에, 아니 창세전부터 우리를 믿으시고 당신의 자녀로 선택해 주셨음을 믿으십니까? 우리를 믿으시는 하나님께서 우리가 하나님을 알기도 전에, 우리의 인생길에 반드시 있어야 할 숱한 바나바들을 예비해 두셨던 것을 믿으십니까? 우리를 향한 하나님의 그 미쁘신 믿음과 오묘하신 은총으로 인해 오늘 이 시간 우리가 하나님의 자녀로, 구원받은 그리스도인으로 이 자리에 있게 되었음을 믿으십니까? 우리를 믿으시는 하나님께서 앞으로도 당신의 위로와 격려로 우리의 삶을 영원토록 책임져 주실 것을 믿으십니까?

그렇다면, 이제 우리 모두 우리를 향한 하나님의 믿음에 우리의 믿음으로 응답하십시다. 풍부에 처했다고 하나님이 필요 없노라 자만하지 말고, 비천과 궁핍에 처했다고 절망하거나 근심하지 마십시다. 내게 어떤 상황이 주어졌든, 현재의 상황이야말로 창세전부터 나를 믿으시는 하나님께서 현재의 나에게 반드시 필요한 상황이기에 주셨음을 믿으십시다. 바로 그 상황 속에서 누군가를 위한 생명의 통로, 누군가를 위한 바나바가 되어 주기 위해 우리의 삶을 하나님께 드리십시다. 우리가 우리를 믿으시는 하나님의 믿음에 우리의 믿음으로 응답하는 한, 하나님께서는 우리 삶의 결과가 이 시대를 위한 사도행전이 되게끔 반드시 책임져 주실 것입니다. 그래서 우리는 그 어떤 상황에도 구애받음 없이 당당하게 고백하게 될 것입니다.

"내게 능력 주시는 자 안에서 내가 모든 것을 할 수 있느니라."

우리는 천지를 창조하신, 전능하신 하나님을 믿는 그리스도인들입니다. 그럼에도 우리는 조그만 일을 당해도 근심과 걱정에서 벗어나지 못합니다. 결국 우리는 하나님을 믿노라 입으로만 고백할 뿐, 중심으로는 하나님을 믿지 못하는 불신자에 지나지 않고, 그 원인이 우리 자신의 믿음을 절대시하는 우리의 그릇된 신앙관에 있었음을 회개합니다.

우리가 하나님을 알기도 전에, 하나님께서 우리를 먼저 믿어 주셨음을 감사드립니다. 우리가 하나님을 믿기도 전에, 하나님께서 우리에게 필요한 바나바들을 오래전부터 예비해 주셨기에, 우리가 오늘 이 자리에 구원받은 그리스도인으로 앉아 있을 수 있음으로 인해 하나님을 찬양합니다. 지금 우리가 어떤 상황에 처해 있든 그것이 우리에게 필요하기에, 우리를 믿으시는 하나님께서 우리에게 주신 상황임을 잊지 말게 도와주옵소서. 바로 그 상황 속에서 누군가를 위한 생명의 통로, 누군가를 위한 바나바가 됨으로, 하나님의 믿음에 우리의 믿음으로 응답하게 하여 주옵소서. 그와 같은 삶 속에서, 우리를 격려하시고 위로하시는 하나님의 능력을 날마다 체험하게 하옵소서. 그리하여 위대한 사도 바울의 고백이, 가장 평범한 우리 모두의 고백이 되게 하여 주옵소서.

'나는 비천에 처할 줄도 알고 풍부에 처할 줄도 알아 모든 일, 곧 배부름과 배고픔과 풍부와 궁핍에도 처할 줄 아는 일체의 비결을 배웠노라. 내게 능력 주시는 자 안에서 내가 모든 것을 할 수 있느니라.' 아멘.

사도행전 5장

투옥당하고 채찍질까지 당한 사도들은 항거하거나 원망하지 않았습니다.
그들은 이 어둠의 세상에서 진리를 전하는 데엔 반드시 능욕이 수반됨을
당연한 일로 받아들였을 뿐 아니라, 자신들이 그 일에 합당한 사람으로
주님에 의해 선택받았음을 도리어 기뻐했습니다.

24. 얼마를 감추매

사도행전 5장 1-11절

아나니아라 하는 사람이 그의 아내 삽비라와 더불어 소유를 팔아 그 값에서 **얼마를 감추매** 그 아내도 알더라 얼마만 가져다가 사도들의 발 앞에 두니 베드로가 이르되 아나니아야 어찌하여 사탄이 네 마음에 가득하여 네가 성령을 속이고 땅 값 얼마를 감추었느냐 땅이 그대로 있을 때에는 네 땅이 아니며 판 후에도 네 마음대로 할 수가 없더냐 어찌하여 이 일을 네 마음에 두었느냐 사람에게 거짓말한 것이 아니요 하나님께로다 아나니아가 이 말을 듣고 엎드러져 혼이 떠나니 이 일을 듣는 사람이 다 크게 두려워하더라 젊은 사람들이 일어나 시신을 싸서 메고 나가 장사하니라 세 시간쯤 지나 그의 아내가 그 일어난 일을 알지 못하고 들어오니 베드로가 이르되 그 땅 판 값이 이것뿐이냐 내게 말하라 하니 이르되 예 이것뿐이라 하더라 베드로가 이르되 너희가 어찌 함께 꾀하여 주의 영을 시험하려 하느냐 보라 네 남편을 장사하고 오는 사람들의 발이 문 앞에 이르렀으니 또 너를 메어 내가리라 하니 곧 그가 베드로의 발 앞에 엎드러져 혼이 떠나는지라 젊은 사람들이 들어와 죽은 것을 보고 메어다가 그의 남편 곁에 장사하니 온 교회와 이 일을 듣는 사람들이 다 크게 두려워하니라 어떤 종교든 자신이 택한 종교에 열심인 사람을 가리켜 일반적으로, "저 분은 종교심이 깊다"고 표현합니다. 그리고 이 표현을 그리스도인에게 적용 하기도 합니다. 그리스도인의 믿음을 종교심과 동일시하는 것입니다. 그러 나 성경이 가르치는 믿음과 종교심은 원천적으로 다른 의미입니다. 성경이 말하는 믿음과 종교심은 아예 출발점부터 다릅니다.

우리말 사전은 종교심을 "신 또는 초월자에 대한 귀의歸依에서 우러나오 는 경건한 마음의 상태"라 풀이하고 있습니다. 신에 대한 인간의 귀의, 즉 인간이 먼저 신을 찾는 것으로부터 종교심이 시작된다는 것입니다. 다시 말 하면 종교심의 출발점이 인간에게 있습니다. 인간 자신이 종교심의 출발점 이므로, 어딘가에 있을 신을 찾고 좇는 전 과정이 인간의 테두리를 벗어날 수 없고, 결과적으로 종교심의 종착점 역시 인간 자신일 수밖에 없게 됩니 다. 결국 인간이 종교의 이름으로 자기 자신으로부터 시작하여, 자기 자신 을 거쳐, 자기 자신에게 되돌아오는 전 과정을 한 단어로 표현한 것이 종교 심입니다. 이처럼 종교심은 그 주체가 인간이므로, 특정 종교에 대해 깊은 종교심을 지닌 사람도 어렵지 않게 종교를 바꿀 수 있습니다. 종교심의 주 체인 인간에게 절대적인 것은 자기 자신이요, 종교는 언제든지 선택하거나 폐기할 수 있는 상대적 가치이기 때문입니다.

반면에 성경이 가르치는 믿음의 출발점은 인간이 아닙니다. 인간이 믿음 의 주체가 아니라는 말입니다. 성경이 가르치는 믿음의 주체는 철저하게 하 나님이십니다. 지난 시간에도 말씀드린 바와 같이, 인간이 하나님을 알기도 전에 인간을 먼저 믿어 주신 하나님께서 인간을 선택하여 불러 주심으로 인 간의 믿음은 시작됩니다. 믿음의 출발점도, 종착점도, 오직 하나님이신 것 입니다.

주님께서 말씀하셨습니다.

너희가 나를 택한 것이 아니요 내가 너희를 택하여 세웠나니 이는 너희로 가서 열매를 맺게 하고 또 너희 열매가 항상 있게 하여 내 이름으로 아버지께 무엇을 구하든지 다 받게 하려 함이라 (요 15:16).

결코 우리가 먼저 하나님을 선택한 것이 아닙니다. 우리가 하나님을 알기도 전에 하나님께서 더러운 죄인에 지나지 않은 우리를 먼저 예수 그리스도 안에서 선택해 주셨습니다. 비록 죄인일망정 하나님께서 먼저 선택하여 당신의 자녀로 부르시면, 하나님의 자녀답게 진리의 열매를 맺으며 하나님과 바른 관계 속에서 살아갈 것이라는 하나님의 믿음으로 인함이었습니다.

우리에 대한 하나님의 믿음이 단지 우리를 당신의 자녀로 먼저 선택하여 부르시는 것으로 그친 것은 아닙니다. 만약 그러셨다면, 우리는 하나님의 자녀로 부르심을 받고서도 고아처럼 내팽개쳐져 진리의 열매를 결실하는 삶을 살지 못할 것입니다.

여호와께서 너희 앞에서 행하시며 이스라엘의 하나님이 너희 뒤에서 호위하시리니 너희가 황급히 나오지 아니하며 도망하듯 다니지 아니하리라 (사 52:12).

우리를 먼저 택하여 불러 주신 하나님께서는 시간과 공간을 초월하시는 분이시기에, 우리의 앞에서 우리를 인도하심과 동시에 우리의 뒤에서 우리를 호위하심으로 우리를 지켜 주십니다.

볼지어다 내가 문밖에 서서 두드리노니 누구든지 내 음성을 듣고 문을 열면 내가 그에게로 들어가 그와 더불어 먹고 그는 나와 더불어 먹으리라

(계 3:20).

언제나 우리와 함께 계시는 하나님께서는 우리가 때로 곁길로 갈 때, 당신의 말씀으로 우리의 양심과 영혼을 두드려 깨우시고 바른길을 걷도록 인도해 주십니다.

우리를 먼저 믿어 주신 하나님께서는 이렇듯 우리를 먼저 택하여 불러 주시고, 우리를 먼저 찾아오시고, 우리와 함께 동행하시면서 우리의 삶을 바로 세워 주십니다. 하나님의 그 믿음에 대한 인간의 응답이 인간의 믿음입니다. 믿음의 출발점도, 믿음의 과정도, 믿음의 종착점도, 철저하게 하나님이십니다. 믿음의 주체가 삼위일체 하나님이시요, 인간은 그 객체에 지나지 않는 것입니다. 그래서 하나님의 자녀로 부르심을 받은 그리스도인은 믿음의 대상을 바꾸지 않습니다. 아니, 바꿀 수 없습니다. 믿음의 객체인 인간에게 믿음의 주체이신 하나님은 상대적 존재가 아니라, 절대 순종해야 할 절대자시기 때문입니다.

기독교를 가리켜 은혜의 종교라 말하는 것은, 위에서 살펴본 것처럼, 인간과 하나님의 관계가 인간의 종교심에서 시작하는 것이 아니라 하나님의 믿음에 기인하고 있기 때문입니다. 따라서 그리스도인이 바른 믿음의 삶을 살기 위해서는 반드시 발상의 대전환이 선행되지 않으면 안 됩니다. 믿음의 출발점이 인간이 아니라 하나님이시라는 발상의 대전환이 결여된 믿음은 성경이 가르치는 믿음이 아니라, 단지 인간의 종교심일 뿐입니다.

인간의 종교심은 깊어지면 깊어질수록 인간의 의와 자랑거리가 됩니다. 종교심의 출발점이 인간인 탓입니다. 그러나 그리스도인의 믿음은 아무리 깊어져도 그 자체가 그리스도인의 의나 자랑거리가 될 수 없습니다. 그리스도인의 믿음의 출발점은, 인간을 먼저 믿어 주신 하나님의 은혜이기 때문입니다. 하나님의 그 은혜를 아는 믿음이 깊어질수록 도리어 더 겸손해질 수밖에 없습니다. 믿음이 깊어질수록 자랑할 것은 자신의 믿음이 아니라, 자신으로 하여금 생명의 근원이신 거룩하신 하나님을 믿을 수 있도록 자신을 먼저 믿고 불러 주신 하나님의 은혜임을 절감하지 않을 수 없기 때문입니다. 우리가 하나님을 알기도 전에 하나님께서 우리를 먼저 믿어 주신 것은 말할 것도 없고, 우리가 하나님의 부르심을 받은 이후에도 얼마나 많은 잘못과 허물을 범했습니까? 그럼에도 하나님께서 변함없이 우리를 믿고 베풀어 주신 하나님의 은혜를 생각하면, 우리가 어찌 그 은혜 앞에서 교만할 수 있겠습니까? 그 은혜 앞에서 우리 자신의 것 중 대체 무엇을 자랑할 수 있겠습니까?

> 내게는 우리 주 예수 그리스도의 십자가밖에는, 자랑할 것이 아무것도 없습니다. 그리스도로 말미암아, 내 쪽에서 보면 세상이 죽었고, 세상 쪽에서 보면 내가 죽었습니다(갈 6:14, 새번역).

사도 바울에게는 가문, 학력, 경력 등 자랑할 것이 많았습니다. 그러나 하나님의 구원의 은혜를 깨닫고 보니 자신에게는 아무것도 자랑할 것이 없었습니다. 하나님께서 예수 그리스도 안에서 자신을 먼저 택하여 부르시는 은혜를 베풀어 주시지 않았던들, 자신은 죄 가운데서 영영 멸망당하고 말았을 것이기 때문이었습니다. 우리가 하나님을 알기도 전에 하나님께서 먼저 우리를 믿고 불러 주신 은혜를 믿는다면, 바울의 고백이 우리의 고백이 되지 않겠습니까? 우리에게는 자랑할 것이 아무것도 없음을 깨달아, 예수 그리스도의 십자가 안에서 오직 하나님의 은혜만을 자랑하는 겸손한 그리스도인으로 살아가지 않겠습니까?

나아가 우리가 하나님을 먼저 찾아 나서는 것이 아니라 하나님께서 이미 우리를 찾아와 계심을 믿을 때에만, 우리는 늘 하나님에 대해 깨어 있는 그리스도인으로 살아갈 수 있습니다.

인간이 신을 찾아 나서는 종교심은 인간이 필요할 때에만 신을 찾게 합니다. 자신이 신을 필요로 하지 않을 때에는 신을 의식하지도 않습니다. 그런 종교심으로 자신이 믿는 신과 제한된 관계를 맺을 수 있을 뿐, 진정한 연합은 아예 불가능합니다. 그러나 그리스도인은 하나님을 찾아 나서지 않습니다. 하나님께서 이미 자신을 찾아와 계심을 알기 때문입니다. 우리가 하나님을 알기도 전에 먼저 우리를 찾아오신 하나님께서는 우리 앞에서 우리를 인도하시고, 우리의 뒤에서 우리를 호위하시며, 우리 안에서 우리와 더불어 계십니다. 우리가 하나님을 의식하든 않든 하나님께서는 우리와 함께하십니다. 우리가 하나님을 필요로 하지 않고 하나님을 망각했을 때에도 하나님께서는 우리와 함께 계십니다. 시편 121편 4절 말씀처럼, 우리가 곤히 잠자는 동안에도 하나님께서는 졸지도 주무시지도 않고 우리와 함께하고 계십니다. 그러므로 이 사실을 믿는 사람이라면, 하나님 앞에 항상 깨어 있을 수밖에 없습니다.

다음은 다윗의 시입니다.

> 주님, 주께서 나를 샅샅이 살펴보셨으니, 나를 환히 알고 계십니다. 내가 앉아 있거나 서 있거나 주께서는 다 아십니다. 멀리서도 내 생각을 다 알고 계십니다. 내가 길을 가거나 누워 있거나, 주께서는 다 살피고 계시니, 내 모든 행실을 다 알고 계십니다. 내가 혀를 놀려 아무 말 하지 않아도 주께서는 내가 하려는 말을 이미 다 알고 계십니다(시 139:1-4, 새번역).

우리 곁에 계신 하나님께서는 우리의 모든 생각과 행실을 다 아시고, 우리가 입 밖으로 발설치 않은 입속의 말까지 다 알고 계십니다. 이 사실을 믿는 사람이 어찌 하나님 앞에서 늘 깨어 있는, 진정한 그리스도인으로 살아가지 않겠습니까?

우리가 참된 그리스도인으로 살아가기 위해서는 반드시 발상의 대전환이 선행되지 않으면 안 되는 까닭이 여기에 있습니다. 믿음의 출발점이 인간이 아니라 하나님이시라는 발상의 대전환 속에서만, 우리는 겸손하고 깨어있는 그리스도인으로 살아갈 수 있습니다. 발상의 대전환이 수반되지 않은 믿음은 종교심과 구별될 수 없고, 종교심이 깊어지면 깊어질수록 인간은 실은 하나님과 더욱 무관한 존재가 되고 맙니다. 오늘의 본문이 주는 메시지가 바로 이것입니다.

본문 1절이 이렇게 시작되고 있습니다.

> 아나니아라 하는 사람이 그의 아내 삽비라와 더불어 소유를 팔아.

우리는 이미 초대교회 교인들의 물질관에 대해 알고 있습니다. 그들은 자신들의 물질을 처분하여 사도들의 발 앞에 내려놓았습니다. 물질을 머리 위에 주인으로 모시고 비인격적인 물질의 노예로 사는 어리석음을 탈피하여, 물질 위에 물질의 주인으로 서서 물질을 하나님과 사람을 위한 도구로 사용하겠다는 결단의 표시였습니다. 그들이 자신들의 머리 위에 주인으로 모셔야 할 분은 자신들을 먼저 믿어 주신 하나님 아버지뿐이셨기 때문입니다. 그 초대 교인들 가운데 아나니아와 삽비라 부부가 있었습니다. 그들 역시 자신들의 소유를 처분하였습니다. 이 점에서는 다른 교인들과 마찬가지였습니다. 그러나 그 이후의 행동은 다른 교인들과 같지 않았습니다.

그 값에서 얼마를 감추매 그 아내도 알더라 얼마만 가져다가 사도들의 발 앞에 두니(2절).

그들은 자신들의 소유를 처분한 돈이 막상 수중에 들어오자, 그만 마음이 변하고 말았습니다. 그들은 돈의 일부를 감춘 뒤에 나머지 금액만을, 마치 그것이 전부인 것처럼 사도들의 발 앞에 내려놓았습니다. 그들은 자신들의 거짓된 행위를 아무도 모르리라고 생각했습니다. 그러나 그들의 거짓된 행위는 즉각 들통 났고, 다음 시간에 상세히 살펴보겠습니다만, 그로 인해 그들이 생명을 잃고 말았다는 것이 오늘 본문의 요지입니다. 따라서 자칫 본문의 뜻을 오해하기 쉽습니다. 아나니아 부부가 생명을 잃은 것이, 자신들의 소유를 하나님께 모두 바치지 않았기 때문인 것처럼 말입니다. 좀더 적나라하게 표현하면, 하나님께서는 인간의 전 재산이나 탐하시는 분인 것처럼 오해할 수도 있습니다. 그러나 하나님께서 본문을 통해 우리에게 주시고자 하는 메시지는 전혀 그런 것이 아닙니다.

사도 베드로가 아나니아의 잘못을 꾸짖은 내용을 본문 3-4절이 밝혀 주고 있습니다.

베드로가 이르되 아나니아야 어찌하여 사탄이 네 마음에 가득하여 네가 성령을 속이고 땅값 얼마를 감추었느냐 땅이 그대로 있을 때에는 네 땅이 아니며 판 후에도 네 마음대로 할 수가 없더냐 어찌하여 이 일을 네 마음에 두었느냐 사람에게 거짓말한 것이 아니요 하나님께로다.

아나니아 부부의 잘못은 자신들의 전 재산을 모두 바치지 않은 것이 아니었습니다. 그들의 잘못은 하나님을 속일 수 있다고 착각한 것이었습니다. 초대 교인들이 자신들의 전 재산을 사도들의 발 앞에 내려놓은 것은 누구의 강요나 강압에 의해서가 아니라, 전적으로 교인들의 자발적인 행위였습니다. 누군가가 그렇게 하지 않는다고 해도 그 누구도 탓할 사람이 없었습니다. 더욱이 아나니아 부부의 재산에 대한 처분권은 그들 자신들이 갖고 있었습니다. 그들이 설령 전 재산을 바치기로 결심했을지라도 그 후에 심경의 변화를 일으켜 일부를 다른 용도에 쓰기로 했다면, 그 사실을 하나님께 고하고 물질 위에 물질의 주인으로 서서 하나님의 이름으로 사용하면 될 일이었습니다. 하나님께서 우리에게 요구하시는 것은 우리 주머니 속의 물질이 아니라, 하나님을 주인으로 모시고 살아가는 우리의 중심이기 때문입니다. 그러나 불행히도 아나니아는 거짓 행위로 대신하였습니다. 하나님 앞에서 무엇인가 감추어도 하나님께서는 전혀 모르시리라 생각한 것이었습니다.

인간이 감추는 것을 전혀 알지 못하고, 인간이 자신의 거짓 행위로 완벽하게 속일 수 있는 하나님이라면, 그런 하나님이 어찌 전능하고 무소부재한 하나님일 수 있겠습니까? 그런 하나님이라면 믿어야 할 까닭이 없지 않겠습니까? 그런데도 아나니아 부부는 하나님 앞에서 무엇이든 감출 수 있다고 믿었고, 그 결과로 생명을 잃고 말았습니다. 하나님을 속일 수 있다고 믿는 생명이란, 이 세상에서 생명으로 존재할 가치조차 없다는 의미였습니다. 거짓 행위로 하나님을 속일 수 있다고 여기는 생명은 그 자체가 생명의 허상에 불과한, 헛생명에 지나지 않기 때문입니다.

이제 아나니아 부부에 대하여 좀더 깊이 생각해 보십시다. 그들은 교회

밖 사람들이 아니었습니다. 그들은 교회의 영원한 모형인 초대교회 교인들이었습니다. 믿음이 없었던들 결코 초대교회의 일원이 될 수는 없었을 것입니다. 그들 역시 다른 교인들처럼 자신들의 전 재산을 처분하였습니다. 그 역시 믿음이 없고서는 애당초 불가능하였을 것입니다. 그 후에 비록 땅값의 일부는 감추었을망정, 나머지는 분명히 사도들의 발 앞에 내려놓았습니다. 하나님을 믿지 않는 사람이었다면 나머지마저 바치지 않았을 것입니다. 따라서 그들 역시 믿는 사람임에 틀림없어 보입니다. 그런데도 그들은 하나님 앞에서 무엇이든 감출 수 있고, 하나님을 완벽하게 속일 수 있다고 믿어 의심치 않았습니다.

여기에서 우리는 대단히 중요한 사실을 깨닫게 됩니다. 아나니아 부부가 하나님에 대해 지니고 있던 믿음은 성경이 가르치는 믿음이 아니라, 인간의 종교심에 불과했다는 사실입니다. 그 종교심의 출발점도, 과정도, 종착점도 그들 자신이었습니다. 그들은 필요할 때에는 자신들의 전 재산을 미련 없이 처분할 정도로 하나님을 좇는 데 열심이었지만, 그들에게 불리하다고 여겨지자 하나님 앞에서 서슴없이 거짓 행위를 하고서도 하나님께서 그 사실을 알지 못하시리라고 확신하였습니다. 종교심의 주체가 자신들이기에 절대자는 자신들이요, 하나님은 상대적인 객체에 지나지 않았던 것입니다. 만약 그들이 믿음의 출발점은 인간이 아니라 하나님이시라는 발상의 대전환 속에 있었더라면 결코 범할 수 없는 어리석은 교만이었습니다. 그리고 그로 인해 그들이 생명을 잃었다는 것은, 인간이 주체인 종교심으로는 허망하게 자신의 생명을 스스로 갉아먹을 뿐, 하나님께서 주시는 참생명은 결코 누릴 수 없다는 소중한 교훈이 아닐 수 없습니다.

어떻습니까? 이 어리석은 아나니아와 삽비라 부부가 실은 우리들의 자화상인 것은 아닙니까? 우리 자신이나 우리 자신의 믿음을 절대시하느라, 막상 믿음의 대상이신 하나님을 상대적인 존재로 격하시키고 있는 것은 아닙니까? 내가 먼저 하나님을 찾아가는 것을 믿음으로 착각하여 내가 필요할 때는 열심을 다해 하나님을 찾지만, 필요로 하지 않을 때는 아예 하나님을 의식조차 않는 것은 아닙니까? 그래서 온갖 거짓 행위와 불의를 행하고서도, 사람은 말할 것도 없고 하나님께서도 모르시리라 확신하고 있는 것은 아닙니까? 그렇다면 우리의 믿음은 믿음이 아니라, 저급한 종교심일 뿐이지 않겠습니까? 그것이 사실이라면 어리석은 아나니아 부부와 우리 사이에 무슨 근본적인 차이가 있을 수 있겠습니까? 그런 종교심으로는 아나니아 부부처럼, 결국 우리 자신들의 생명을 허망하게 스스로 갉아먹는 자해 행위밖에 더 하겠습니까? 이런 관점에서 인간의 종교심과 믿음을 동일시하는 것보다 더 큰 비극은 없습니다.

사랑하는 교우 여러분!

발상의 대전환이 선행되지 않고는 참된 믿음이 시작될 수 없음을 잊지 마십시오. 믿음의 출발점과 종착점은 인간이 아니라 오직 하나님이심을 기억하십시오. 내가 하나님을 알기도 전에 나를 믿으신 하나님께서 먼저 나를 불러 주셨고, 내가 하나님을 찾기도 전에 하나님께서 이미 나를 찾아오시어 내 곁에 계심을 믿으십시오. 그때에만 우리는 오직 하나님만을 자랑하는 겸손한 그리스도인이 될 수 있고, 하나님 앞에서 항상 깨어 있는 진정한 그리스도인으로 살아갈 수 있습니다. 그 결과 언젠가 한줌의 흙으로 끝나 버릴 유한한 우리의 뜻이 아니라, 우리를 통해 결실될 것을 믿으시고 우리를 먼저 불러 주신 하나님의 뜻과 계획이 우리의 삶 속에서 아름답게 결실될 것입니다.

우리는 사람들 앞에서 많은 것을 감추고 살아갑니다. 진실을 감추고, 우리의 양심과 허물을 감추면서 사람을 속입니다. 위정자가 국민을 속이고, 상인이 고객을 속이고, 선생이 학생을 속입니다. 때로는 남편과 아내가 서로 속이고, 부모와 자식이 서로 속이며, 형제와 형제가 서로 속이고, 이웃이 이웃을 속이기도 합니다. 우리의 거짓 행위에 사람들이 속기에, 우리는 하나님 앞에서도 무엇이든 감출 수 있고, 하나님마저도 속일 수 있다는 착각 속에서 살고 있습니다. 이 모든 어리석음이 우리의 그릇된 종교심에 기인하고 있음을 이 시간 일깨워 주셔서 감사합니다. 우리 자신을 출발점으로 삼는 종교심으로는, 자신의 생명을 스스로 갉아먹은 어리석은 아나니아 부부와 전혀 다를 바가 없음을 일깨워 주심도 감사합니다.

이제 우리 모두 그리스도 안에서 발상의 대전환을 갖게 하여 주옵소서. 내가 하나님을 알기도 전에 하나님께서 나를 먼저 믿어 불러 주셨고, 내가 하나님을 찾기도 전에 하나님께서 이미 나를 찾아와 나와 함께 계심을 온전히 믿게 하여 주옵소서. 하나님의 그 은혜로 인해 하나님만 자랑하는 겸손한 그리스도인이 되게 하시고, 언제나 하나님을 향해 깨어 있는 그리스도인으로 살게 하옵소서. 그리하여 우리의 뜻이 아니라, 우리를 통해 이루어질 것을 믿고 우리를 부르신 하나님의 귀한 뜻과 계획이 우리의 삶을 통해 멋지게 결실되게 하옵소서. 아멘.

25. 함께 꾀하여

사도행전 5장 1-11절

아나니아라 하는 사람이 그의 아내 삽비라와 더불어 소유를 팔아 그 값에서 얼마를 감추매 그 아내도 알더라 얼마만 가져다가 사도들의 발 앞에 두니 베드로가 이르되 아나니아야 어찌하여 사탄이 네 마음에 가득하여 네가 성령을 속이고 땅값 얼마를 감추었느냐 땅이 그대로 있을 때에는 네 땅이 아니며 판 후에도 네 마음대로 할 수가 없더냐 어찌하여 이 일을 네 마음에 두었느냐 사람에게 거짓말한 것이 아니요 하나님께로다 아나니아가 이 말을 듣고 엎드러져 혼이 떠나니 이 일을 듣는 사람이 다 크게 두려워하더라 젊은 사람들이 일어나 시신을 싸서 메고 나가 장사하니라 세 시간쯤 지나 그의 아내가 그 일어난 일을 알지 못하고 들어오니 베드로가 이르되 그 땅 판 값이 이것뿐이냐 내게 말하라 하니 이르되 예 이것뿐이라 하더라 베드로가 이르되 너희가 어찌 **함께 꾀하여** 주의 영을 시험하려 하느냐 보라 네 남편을 장사하고 오는 사람들의 발이 문 앞에 이르렀으니 또 너를 메어 내가리라 하니 곧 그가 베드로의 발 앞에 엎드러져 혼이 떠나는지라 젊은 사람들이 들어와 죽은 것을 보고 메어다가 그의 남편 곁에 장사하니 온 교회와 이 일을 듣는 사람들이 다 크게 두려워하니라 지난 시간에 살펴본 것처럼 아나니아와 삽비라 부부의 잘못은 자신들의 전 재산을 바치지 않은 것이 아니라, 하나님을 믿는다면서도 얼마든지 하나님을 속일 수 있다고 착각한 것이었습니다. 자신들이 하나님 앞에서 무엇을 감추어도 하나님께서 모르시리라 확신한 것이었습니다. 그들은 믿음의 출발점과 종착점이 하나님이심을 알지 못했습니다. 결국 그들의 믿음은 성경이 가르치는 믿음이 아니라, 그들 자신들을 출발점으로 삼은 인간의 종교심에 지나지 않았습니다. 그로 인해 그들이 생명을 잃었다는 것은, 인간의 종교심으로는 하나님께서 주시는 참생명을 누릴 수 없다는 소중한 교훈이었습니다.

구약성경 여호수아 7장은 아간의 범죄 사실을 전해 주고 있습니다. 아간이 하나님의 명령을 어기고 취해서는 안 될 재물을 착복했습니다. 그는 자기 장막 바닥의 땅을 파고, 그 속에 훔친 물건을 깊이 감춘 뒤 다시 흙으로 덮어 버렸습니다. 그리고 그는 자신의 행위를, 사람들은 말할 것도 없고 하나님께서도 전혀 모르시리라고 믿었습니다.

주전 250년경 구약성경을 최초로 헬라어로 번역한 '70인역 성경LXX Bible'은, 아간이 훔친 물건을 감춘 행위를 헬라어 동사 '노습피조$\nu o \sigma \phi i \zeta \omega$'로 표현하였습니다. 그런데 오늘 본문 2절에서 아나니아가 '얼마를 감춘' 행위 역시 원문에는 '노습피조'로 기록되어 있습니다. 아간이 훔친 물건을 땅속 깊이 감추었듯이, 아나니아 또한 얼마를 아무도 모르는 곳에 깊이깊이 감추었다는 의미입니다. 그리고 아나니아는 사람과 하나님을 동시에 감쪽같이 속였다고 믿어 의심치 않았습니다.

베드로가 아나니아를 꾸짖었습니다.

아나니아야 어찌하여 사탄이 네 마음에 가득하여 네가 성령을 속이고 땅

값 얼마를 감추었느냐(3절).

베드로는 성령님을 속이고 돈의 일부를 감춘 아나니아를 가리켜, 그의 마음에 사탄이 가득하다고 질타했습니다. 그렇다면 아나니아에게는 아무 책임이 없는 것처럼 여겨집니다. 아나니아가 그처럼 그릇된 행동을 한 것은 그 자신의 잘못이라기보다는, 그의 마음속에 가득한 사탄의 짓으로 돌려 버릴 수 있기 때문입니다. 그러나 베드로가 그런 뜻으로 말한 것이 아님을 본문 4절이 밝혀 주고 있습니다.

땅이 그대로 있을 때에는 네 땅이 아니며 판 후에도 네 마음대로 할 수가 없더냐 어찌하여 이 일을 네 마음에 두었느냐 사람에게 거짓말한 것이 아니요 하나님께로다.

베드로는 "어찌하여 이 일을 네 마음에 두었느냐"고 꾸짖음으로 문제의 책임을 아나니아에게 물었습니다. 아나니아의 마음이 사탄에게 빼앗긴 것은 사탄의 책임이 아니라, 자신의 마음을 스스로 사탄에게 내어 준 아나니아의 책임이라는 것입니다.

요한1서 5장 18절은 다음과 같이 증언하고 있습니다.

하나님께로부터 난 자는 다 범죄하지 아니하는 줄을 우리가 아노라 하나님께로부터 나신 자가 그를 지키시매 악한 자가 그를 만지지도 못하느니라.

참된 그리스도인은 "하나님께로부터 나신 자", 즉 예수 그리스도께서 지켜 주시므로 "악한 자", 곧 사탄이 만질 수도 없다는 것입니다. 이 땅에 오신 예수 그리스도께서 공생애를 시작하시기 전에 먼저 행하신 일이 광야에서 당신을 시험하는 사탄을 제압하신 것입니다. 그러므로 사탄이 아무나 공략할 수 있는 것은 결코 아닙니다. 사탄을 제압하신 예수 그리스도 안에 있는 사람에게는 사탄은 감히 근접조차 못합니다.

사탄의 공략 대상은 언제나 그 마음이 욕망으로 가득 찬 인간입니다. 인간의 욕망보다 더 좋은 사탄의 먹이는 없습니다. 욕망은 인간을 가장 손쉽게 파멸시키는 가장 확실한 도구이기 때문입니다. 그래서 인간의 욕망과 사탄은 불가분의 관계에 있습니다. 인간의 욕망이 난무하는 곳에 언제나 사탄이 역사하고, 사탄이 역사하는 곳에서 인간은 예외 없이 욕망의 노예로 전락합니다. 결국 인간의 욕망이 사탄을 스스로 불러들이는 것입니다. 이것이 베드로가 아나니아를 "어찌하여 이 일을 네 마음에 두었느냐"고 꾸짖은 이유였습니다. 사탄을 자기 마음속으로 불러들인 장본인이 욕망에 이미 눈먼 아나니아 자신이었기 때문입니다. 그로 인해 아나니아가 생명을 잃었다는 것은, 욕망에 사로잡힌 인간은 스스로 불러들인 사탄에 의해 자신의 생명마저 노략질당하고 만다는 중요한 사실을 일깨워 주고 있습니다.

본문 7절을 주목해 보시겠습니다.

세 시간쯤 지나 그의 아내가 그 일어난 일을 알지 못하고 들어오니.

세 시간여가 지나 아나니아의 아내 삽비라가 아무것도 알지 못하고 들어왔습니다. 그녀가 알지 못한 것이란 구체적으로 무엇이었습니까? 욕망에 사로잡혀 하나님마저 속이려는 사람의 생명은 결국 사탄의 노략질을 당하고 만다는, 결코 몰라서는 안 될 진리를 그녀는 알지 못하고 있었습니다. 본문 2절은 남편 아나니아가 얼마를 감춘 것을 아내인 삽비라도 알고 있었다고 증언하고 있습니다. 그녀는 남편이 행한 악한 일, 다시 말해 세상의 악에 대하여는 훤히 알고 있었습니다. 그러나 그보다 더 중요한 사실, 욕망에 눈먼 사람은 사탄의 먹이가 되고 만다는 사실은 모르고 있었습니다. 몰라도 상관없는 것에는 해박하였는데, 결코 몰라서는 안 될 생명의 법칙에 대해서는 무지하였습니다. 그래서 그녀의 생명 역시 사탄의 노략질로부터 자유로울 수 없었습니다.

> 베드로가 이르되 그 땅 판 값이 이것뿐이냐 내게 말하라 하니 이르되 예 이것뿐이라 하더라(8절).

베드로가 삽비라에게 아나니아가 사도들의 발 앞에 내려놓은 것을 가리키며, 이것이 전부냐고 물었습니다. 그것은 삽비라에게는 사탄의 노략질로부터 자신의 생명을 지킬 수 있는 마지막 기회였습니다.

아간이 하나님의 것을 훔친 뒤에 이스라엘은 아이 성의 전투에서 큰 패배를 당했습니다. 당연히 이겨야 할 전투에서 참패를 당한 까닭이 누군가가 하나님의 것을 훔쳤기 때문임을 알게 된 이스라엘 백성은, 하나님의 명령에 따라 제비뽑기를 통해 범인을 색출하기 시작했습니다. 먼저 이스라엘 열두 지파의 대표가 제비 뽑은 결과, 아간이 속한 유다 지파가 걸렸습니다. 유다 지파에 속한 족장들이 제비 뽑은 결과, 역시 아간이 속한 세라 족속이 뽑혔습니다. 세라 족속에 속한 모든 가문의 대표들이 제비를 뽑았습니다. 이번에도 아간이 속한 삽디 가문이 뽑혔습니다. 하나님께서 범인 아간을 단번에 지목하시지 않고 제비뽑기를 시행하게 하신 그 과정 자체가 아간에게는 생명의 기회였습니다. 아간의 입장에서 보면 제비뽑기가 진행될수록 자기 지파, 자기 족속, 자기 가문으로 점점 범위가 좁아지고 있습니다. 그렇다면 제비뽑기의 결과가 자신을 겨냥하고 있음을 깨달아, 아간은 스스로 자신의 허물을 고하고 용서를 빌어야만 했습니다. 하지만 그는 자기 가문의 모든 남자들이 제비를 뽑아 자신이 걸려드는 마지막 순간까지 그렇게 하지 않았습니다. 자신이 훔친 물건을 아무도 몰래 땅속 깊이 파묻어 두었기에, 제비뽑기를 통해 자신이 걸려들리라고는 상상치도 않았기 때문입니다. 결국 아간은 그로 인해 목숨을 잃었습니다. 그 역시 자기 욕망을 섬기느라 스스로 불러들인 사탄에게 자기 생명을 노략질당한 어리석은 인간이었습니다. 사람들은 그가 죽은 골짜기를 '아골 골짜기'라 불렀습니다. 히브리어 '아코르 עכור'는 '괴로움'이란 의미입니다. 사탄에게 노략질당한 그의 인생은 괴로움의 골짜기를 벗어날 수 없었던 것입니다.

하나님을 믿기에 아간의 이야기를 익히 알고 있었을 삽비라는 아간의 전철을 밟지 말아야 했습니다. 베드로를 통해 자신에게 주어진 마지막 생명의 기회를 반드시 붙잡아야만 했습니다. 그러나 그녀는 그것이 전부라고 거짓으로 대신했습니다. 그녀 역시 하나님을 속일 수 있다는 착각 속에서 마지막 기회를 스스로 내던지고 말았습니다. 그때 그녀의 심정은, 자신이 아무도 모르게 깊이깊이 감추어 둔 것을 그 누구도 알지 못하리라 확신한 아간과 같았을 것입니다.

마침내 베드로가 결론을 내렸습니다.

> 너희가 어찌 함께 꾀하여 주의 영을 시험하려 하느냐 보라 네 남편을 장사하고 오는 사람들의 발이 문 앞에 이르렀으니 또 너를 메어 내가리라 하니 곧 그가 베드로의 발 앞에 엎드러져 혼이 떠나는지라(9-10절 상).

자기 욕망을 섬기느라 하나님마저 대수롭지 않게 여겼던 삽비라의 생명 또한 자신이 불러들인 사탄에게 끝내 빼앗기고 말았습니다.

인간의 욕망은 쇠의 녹과 같다고 했습니다. 쇠에서 나온 녹이 도리어 쇠를 갉아먹듯, 인간의 마음속에서 나온 욕망이 인간을 잡아먹습니다. 인간의 욕망이 인간 파멸을 목적으로 하는 사탄을 스스로 불러들이는 까닭이 여기에 있습니다. 자기 욕망에 눈멀어 스스로 불러들인 사탄에게 생명을 노략질 당한 아나니아와 삽비라 부부야말로, 자기 욕망으로 자기 생명을 스스로 갉아먹고 있는 어리석은 현대인의 표상이 아닐 수 없습니다.

우리가 이 시간 좀더 깊이 생각해 보고자 하는 것은, 베드로의 마지막 꾸짖음입니다. 그 내용은 다음과 같습니다.

너희가 어찌 함께 꾀하여 주의 영을 시험하려 하느냐.

남편 아나니아와 아내 삽비라 가운데 어느 한쪽만 하나님을 속이려 한 것이 아니었습니다. 그들은 "함께 꾀하여" 하나님을 속이려 들었습니다. 우리말 '함께 꾀하여'로 번역된 헬라어 '쉼프호네오 $\sigma\upsilon\mu\varphi\omega\nu\acute{\epsilon}\omega$'는, '함께'란 의미의 전치사 '쉰 $\sigma\acute{\upsilon}\nu$'과 '소리 지르다'라는 의미의 동사 '프호네오 $\varphi\omega\nu\acute{\epsilon}\omega$'가 합쳐진 합성어로, 직역하면 '함께 소리 지르다'라는 말입니다. 이를테면 두 사람의 마음이 완전히 일치하여 행하는 '합심의 행동'을 의미합니다. 아나니아와 삽비라는 어느 한쪽의 주도권에 의해서가 아니라, 둘이 합심하여 하나님을 속였던 것입니다.

그래서 본문 1절이 이렇게 시작되고 있습니다.

아나니아라 하는 사람이 그의 아내 삽비라와 더불어 소유를 팔아 그 값에서 얼마를 감추매 그 아내도 알더라(1-2절 상).

이 문장만을 놓고 보면 남편 아나니아가 먼저 주도적으로 얼마를 감추었고, 아내 삽비라는 뒤늦게 피동적으로 그 사실을 알게 된 것처럼 여겨집니다. 그러나 헬라어 원문에는, 우리말 '알더라'로 번역된 동사가 '쉬네이돈 συνεῖδον'으로 기록되어 있습니다. 이 단어 역시 '함께'를 뜻하는 전치사 '쉰'과 '보다, 알다'라는 의미의 동사 '에이도'가 합쳐진 합성어로, '함께 알다', '함께 보다'라는 뜻입니다. 더욱이 이 동사가 원문에 완료형으로 쓰여 있습니다. 처음부터 아내 삽비라가 모든 것을 익히 보고, 알고 있었다는 의미입니다. 한마디로 본문은, 아나니아와 삽비라 부부가 처음부터 공모하여 하나님을 속였다는 사실을 강조하고 있습니다.

하나님께서는 남자를 돕는 배필로 여자를 만드시고, 그 둘이 한 몸을 이루게 하셨습니다. 남자는 여자의 바른 도움 속에서만 그 인생이 완성되고, 여자가 남자의 인생이 완성되도록 돕는 것은 그 남자와 한 몸을 이루는 여자 자신의 완성을 의미합니다. 따라서 남편 아나니아가 하나님을 속이려 한다면, 아내 삽비라는 응당 남편의 앞을 가로막고 그가 바른길을 가도록 바르게 도왔어야만 했습니다. 그것이 남편과 자신의 인생을 함께 완성하는 길이었습니다. 그러나 삽비라는 악을 행하는 남편을 악으로 도왔습니다. 그들은 누가 먼저랄 것도 없이 함께 악을 꾀하였고, 그 결과 천하보다 더 귀한 자신들의 생명을 사탄에게 노략질당하고 말았습니다. 그렇다면 우리는 오늘의 본문을 거울삼아 세 가지 사실을 점검해 볼 필요가 있습니다.

첫째, 이미 결혼한 사람이라면 지금 남편과 아내가 무엇을 함께 꾀하고 있는가 하는 것입니다. 둘이서 한 인생을 살아가는 부부가 예수 그리스도 안에서 함께 진리를 꾀하는 훈련을 거듭하지 않으면, 겉으로 아무리 학식과 교양을 갖춘 부부라도 결국엔 사탄의 노략질 속에서 불의와 거짓의 공범자가 될 수밖에 없습니다. 그것이 타락한 인간의 본성이기 때문입니다. 오직 욕망을 위해 그릇된 삶을 거리낌 없이 살아가는 남자 곁에는 대부분의 경우, 하나님을 대수롭지 않게 여기며 자기 욕망으로 남편을 돕는 그릇된 아내가 있음을 잊어서는 안 됩니다. 그런 사람들이 세상에서 좀더 화려하게 살 수는 있겠지만, 그것은 아나니아와 삽비라처럼 자기 생명을 스스로 갉아 먹는 자해 행위에 지나지 않습니다.

둘째, 만약 결혼을 앞둔 미혼자라면 배우자의 가장 큰 조건을 무엇으로 삼고 있느냐는 것입니다. 함께 꾀하여 예수 그리스도를 좇는 믿음이 아니라면, 소위 세상 사람들이 좋은 조건이라 여기는 외형적인 것만을 가장 좋게 여긴다면, 그 조건이 충족될수록 당사자들은 사탄의 노략질을 더 쉽게 당할 것입니다. 외형적 조건을 절대시하는 만큼, 그 조건이 충족될수록 당사자들은 하나님을 상대적인 존재, 대수롭지 않은 존재로 여길 것이기 때문입니다.

셋째, 일터에서는 대체 사람들과 무엇을 꾀하고 있느냐는 것입니다. 정부가 허가한 사행성 게임장과 상품권의 폐해로 최근에 온 나라가 떠들썩하였습니다. 현재 사행성 게임으로 인해 재산을 탕진하거나, 가정이 파탄에 이르렀거나, 심각한 중독 증세를 보이는 사람이 전국적으로 약 300만 명에 달하는 것으로 알려지고 있습니다. 사행성 게임을 개발하고, 허가하고, 운영한 사람들은, 결과적으로 함께 꾀하여 그 많은 사람들의 생명을 해치고 인생을 망친 셈입니다. 이것은 비단 사행성 게임만의 이야기가 아닙니다. 어떤 일터든 그곳에서 일하는 사람들이 궁극적으로 함께 꾀하여 사람에게 헌신하고 봉사하려 하지 않으면, 이 세상의 일터는 사람들이 함께 꾀하여 사람을 해치는 범죄지로 얼마든지 전락할 수 있습니다. 지금 우리 사회에 불량 식품과 불량 상품, 유해 식품과 유해 상품이 얼마나 많은지 모릅니다. 향락업소와 퇴폐업소는 또 얼마나 많습니까? 결국 그 일을 주도하는 이들은 온갖 지혜를 다하여 사람을 해치는 일을 함께 꾀하고 있습니다. 그렇다면 비록 그들이 의식하지 못할지라도 그들은 사탄의 노략질을 당하고 있음이 분명합니다. 사탄에게 자기 생명을 노략질당하는 사람이 아니고는, 감히 타인의 생명을 해치며 돈을 벌려는 생각은 아예 하지도 않을 것입니다.

같은 날, 같은 장소에서 함께 생명을 잃은 아나니아와 삽비라의 시신을 교인들이 장사 지내 주었습니다. 아나니아와 삽비라의 시신이 나란히 누워 있는 무덤을 머릿속에 그려 보십시오. 무덤은 죽은 사람을 위해 만들어지지만, 그러나 무덤 속의 시체는 이내 썩어 없어져 버리기에, 무덤이란 오히려 살아 있는 사람을 위한 메시지로 남게 됩니다. 이런 의미에서 아나니아와 삽비라의 무덤이 우리에게 주는 메시지는 무엇이겠습니까?

히브리 이름 '하나냐חנניה'를 헬라어로 음역한 것이 우리말 '아나니아'로 번역된 '아나니아스 Ἀνανίας'인데, 그 이름 자체가 보통명사가 되어 거짓말쟁이의 상징으로 굳어지고 말았습니다. 영어 사전에서 'Ananias'를 찾으면 아예 '거짓말쟁이'라고 되어 있습니다. 거짓말로 하나님을 거리낌 없이 속이려 했던 아나니아는, 불행하게도 이 세상에서 영원한 거짓말쟁이의 표징으로 전락해 버렸습니다. 아나니아 개인에게 그보다 더 큰 치욕이 있을 수 없습니다. 그렇다고 해서 그의 아내 삽비라에게는 면책의 특권이 주어지는 것입니까? 결코 아닙니다. 아나니아와 한 몸을 이루었던 삽비라 역시 아나니아와 똑같은 공범이었습니다. 그렇다면 그 두 거짓말쟁이의 시체가 누워 있는 무덤이 우리에게 던져 주는 하나님의 메시지가 무엇이겠습니까? 물거품

같은 욕망에 눈이 멀어 하나님 앞에서 함께 꾀하여 거짓을 행하는 사람들의 인생은, 사탄의 노략질 속에서 허망하게 끝나 버리고 만다는 것입니다.

우리가 예배드리고 있는 이곳 양화진 동산에도 무덤들이 있습니다. 우리 교회가 주님 오시는 날까지 대를 이어 가며 지켜야 할 선교사님들의 무덤입니다. 우리가 귀한 물질과 시간, 그리고 정성을 들여 저 무덤들을 지켜야 할 이유가 무엇입니까? 저 무덤의 주인공들이 함께 꾀하여 이 어둔 세상에 생명의 빛을 던져 준 분들이기 때문입니다. 그렇기에 저 무덤들은 단순한 무덤이나 흙무더기가 아닙니다. 저 무덤들이야말로, 예수 그리스도 안에서 세상을 향해 생명의 빛을 던져 주기를 함께 꾀하는 사람들을 주님께서 영원히 영화롭게 하신다는 주님의 메시지들이 아닐 수 없습니다.

언젠가 우리가 이 세상을 떠나면, 살아 있는 사람들이 우리를 장사 지내 줄 것입니다. 매장으로 우리의 무덤이 남든, 화장하여 아예 무덤이 없든, 무덤의 유무와 상관없이 우리의 죽음 그 자체가 하나의 메시지로 산 사람들에게 남게 될 것입니다. 그때 우리 각자의 죽음은 과연 무슨 메시지로 남겨지겠습니까? 그 해답은, 지금 내가 내 곁에 있는 사람들과 무엇을 함께 꾀하고 있느냐에 달려 있습니다.

사랑하는 교우 여러분!

우리의 코끝에 호흡이 있는 지금 우리의 가정에서 사랑하는 가족들과, 우리의 일터에서 동료들과, 우리의 교회에서 교우들과, 함께 꾀하여 생명의 빛을 전하는 삶을 살아가십시다. 그때 우리가 세상을 떠난 뒤에, 우리는 보잘것없어도, 주님께서 우리의 삶과 죽음을 또 하나의 양화진으로 아름답게 승화시켜 주실 것입니다.

욕망에 눈먼 욕망의 노예가 스스로 사탄을 불러들이고, 자신이 불러들인 사탄에게 자신의 생명을 노략질당하는 어리석은 아나니아가 됨을 깨닫게 해주셔서 감사합니다. 아나니아의 삶이 비록 세상에서는 화려하게 보일지언정, 하나님 보시기에는, 스스로 자기 생을 허망하게 갉아먹는 미련한 거짓말쟁이에 지나지 않음을 기억하게 하옵소서. 그런 사람을 위해 살아 있는 사람들이 설령 왕릉 같은 무덤을 조성해 준다 한들, 하나님 앞에서는 단지 치욕의 상징에 지나지 않음을 잊지 말게 하옵소서.

우리의 가정이, 온 가족이 예수 그리스도 안에서 진리 좇기를 함께 꾀하는 아름다운 믿음의 공동체가 되게 하옵소서.

우리의 일터가, 모든 동료들이 사람들에게 헌신하고 봉사하기를 함께 꾀하는 생명의 진원지가 되게 하옵소서.

우리의 교회가, 모든 교우들이 더불어 세상을 향해 생명의 빛을 던지기를 함께 꾀하는 진리의 전당이 되게 하옵소서.

우리가 이 세상을 떠나는 날, 우리 무덤의 유무에 상관없이 우리의 삶과 죽음 자체가, 살아 있는 사람들의 심령에 또 하나의 아름다운 양화진으로 새겨지게 하옵소서. 아멘.

26. 젊은 사람들

사도행전 5장 1-11절

아나니아라 하는 사람이 그의 아내 삽비라와 더불어 소유를 팔아 그 값에서 얼마를 감추매 그 아내도 알더라 얼마만 가져다가 사도들의 발 앞에 두니 베드로가 이르되 아나니아야 어찌하여 사탄이 네 마음에 가득하여 네가 성령을 속이고 땅 값 얼마를 감추었느냐 땅이 그대로 있을 때에는 네 땅이 아니며 판 후에도 네 마음대로 할 수가 없더냐 어찌하여 이 일을 네 마음에 두었느냐 사람에게 거짓말한 것이 아니요 하나님께로다 아나니아가 이 말을 듣고 엎드러져 혼이 떠나니 이 일을 듣는 사람이 다 크게 두려워하더라 **젊은 사람들**이 일어나 시신을 싸서 메고 나가 장사하니라 세 시간쯤 지나 그의 아내가 그 일어난 일을 알지 못하고 들어오니 베드로가 이르되 그 땅 판 값이 이것뿐이냐 내게 말하라 하니 이르되 예 이것뿐이라 하더라 베드로가 이르되 너희가 어찌 함께 꾀하여 주의 영을 시험하려 하느냐 보라 네 남편을 장사하고 오는 사람들의 발이 문 앞에 이르렀으니 또 너를 메어 내가리라 하니 곧 그가 베드로의 발 앞에 엎드러져 혼이 떠나는지라 **젊은 사람들**이 들어와 죽은 것을 보고 메어다가 그의 남편 곁에 장사하니 온 교회와 이 일을 듣는 사람들이 다 크게 두려워하니라

젊은 사람들 317

한 번 흘러간 강물은 다시는 되돌아오지 않습니다. 양화진 앞을 흐르고 있는 한강을 보십시오. 지금 이 시간 한강 줄기를 따라 흐르는 물은 어제의 강물이 아닙니다. 어제 흐르던 물은 이미 서해로 빠져나가 망망대해의 일부가 되었습니다. 똑같은 이치로, 오늘 흐르는 물이 내일의 강물일 수는 없습니다. 내일 흐르는 물은 오늘의 강물과는 또 다른 물일 것입니다. 태백산맥에서 시작하여 강원도, 충청북도, 경기도, 서울을 거쳐 서해에 이르는 514킬로미터의 한강 줄기는 수천 년 동안 언제나 변함없이 그 자리에 있지만, 정작 강을 이루는 물은 시시각각 다른 물입니다.

인생도 이와 똑같습니다. 인간은 어제나 오늘이나 늘 똑같은 존재인 것 같습니다. 그러나 인간이 매순간 맞고 있는 시간은 같은 시간이 아닙니다. 시간 역시 유일회적입니다. 우리는 오늘 또 하루를 맞았지만, 오늘은 어제와 같은 날이 아닙니다. 어제, 그러니까 2006년 9월 16일은 영원히 흘러가 버리고 말았습니다. 우리 생애에 그 시간은 다시는 되돌아오지 않습니다. 이 순간 우리가 맞고 있는 시간도 마찬가지입니다. 지금 우리의 시계 위에서 열심히 흘러가고 있는 1초 1초 역시, 결코 되돌아오지 않습니다. 이런 관점에서 시간과 강물은 구별되지 않습니다.

그러나 시간과 강물 사이에는 본질적인 차이가 있습니다. 한 번 흘러간 시간은 강물처럼 다시는 되돌아오지 않지만, 그러나 흘러간 시간의 의미와 가치는 강물과는 달리 각자의 인생 속에 반드시 축적되어 남습니다. 우리가 이 땅에 태어난 이래 우리 각자가 그동안 맞았던 시간의 길이는 다 다르겠지만, 한 가지 공통점은 그 지나간 시간의 의미와 가치는 우리 각자의 모습 속에 고스란히 축적되어 있다는 것입니다. 한마디로 우리가 지난 시간을 어떻게 가꾸었는지의 결과가 곧 현재 우리 자신의 모습입니다. 현재 나의 인격, 품행, 품위, 사고방식, 삶의 스타일, 믿음의 정도 등이, 지난 시간 동안

내가 어떤 삶을 살아왔는지를 스스로 증명해 주고 있다는 말입니다. 지난 시간을 아무 의미 없이 그릇 사용한 사람의 현재 모습이 알찰 수 없고, 그간의 시간을 성실하게 가꾼 사람의 현재 모습이 공허할 수도 없습니다.

따라서 우리에게 언제나 중요한 것은 지금, 바로 이 순간입니다. 우리가 그리스도 안에서 매 순간순간을 바르게 맞는다는 것은 미래의 나를 바르게 가꾸는 것이요, 그릇된 과거의 유산인 현재의 나를 그리스도 안에서 교정하고 만회하는 것입니다. 특히 젊은이들이 현재의 시간을 바르게 가꾸는 삶의 중요성은 아무리 강조해도 지나침이 없습니다. 젊은이란 이제껏 살아온 날보다도, 앞으로 살아갈 날이 상대적으로 더 많은 존재입니다. 젊은이가 지금부터 매 순간 자신의 시간을 그리스도 안에서 바르게 건져 올리는 것은 남아 있는 그 긴 시간을 바르게 건져 올리는 것이요, 그런 젊은이들이 많은 사회가 건강하고 이상적인 사회입니다. 그런 젊은이들이 많다는 것은 그들이 속해 있는 사회의 미래가 밝고 긍정적인 방향으로 보장되어 있음을 뜻하기 때문입니다.

우리가 3주째 살펴보고 있는 본문 속의 아나니아와 삽비라는, 하나님을 믿는다면서도 얼마든지 하나님을 속일 수 있다고 착각한 사람들이었습니다. 그들의 믿음은 하나님을 출발점인 동시에 종착점으로 삼는 바른 믿음이 아니라, 그들 자신으로부터 시작하는 인간의 종교심에 지나지 않았습니다. 그로 인해 그들이 생명을 잃었다는 것은, 인간의 저급한 종교심으로는 하나님께서 주시는 참생명을 누릴 수 없다는 소중한 교훈이었습니다.

본문 5-6절을 주목해 보시겠습니다.

아나니아가 이 말을 듣고 엎드러져 혼이 떠나니 이 일을 듣는 사람이 다 크게 두려워하더라 젊은 사람들이 일어나 시신을 싸서 메고 나가 장사하니라.

아나니아가 숨을 거둔 직후의 장면입니다. 아나니아는 병원이나 자기 집 안방에서 숨을 거둔 것이 아닙니다. 초대 교인들이 함께 모이던 공개 장소에서 갑자기 죽었습니다. 지금 교인들 앞에 아나니아의 시체가 누워 있습니다. 세상에 죽은 이의 시신을, 그것도 하나님을 속이다가 저주받은 이의 시신을 달가워할 사람이 어디에 있겠습니까? 이런 경우에 당장 장의사를 부를 형편이 아니라면, 시신의 처리는 대개 인생의 경륜이 깊은 나이 든 사람들의 몫이 됩니다. 불과 몇십 년 전 우리나라에서도 가난한 동네에서 사람이 죽으면, 그 동네의 나이 든 분들이 시신을 염殮해 주곤 했습니다. 젊은이들은, 시신과 관련된 일은 자신들과는 무관하다고 여기는 탓입니다.

놀라운 사실은, 초대교회에서는 정반대의 현상이 일어났다는 것입니다. 아나니아가 죽자, 그의 시신을 수습한 사람들은 나이 든 교인들이 아니었습니다. 그 궂은일을 감당한 사람들은 젊은 사람들, 즉 청년들이었습니다. 본문은 청년들의 행동을 네 개의 동사로 표현하였습니다. 첫째, 청년들이 일어났고, 둘째, 시신을 쌌고, 셋째, 시신을 메고 나갔으며, 넷째, 장사하였다는 것입니다. 그런데 이 네 개의 동사가 헬라어 원문에 모두 능동형으로 기술되어 있습니다. 그 젊은이들이 그렇게 한 것은 누가 시켜서라거나 누구의 강압에 의해서가 아니었습니다. 그들은 아나니아가 죽는 순간, 시신의 뒷수습은 응당 자신들의 몫이라고 생각했습니다. 그들은 자발적으로 일어나, 자발적으로 아나니아의 시신을 염했습니다. 여기까지는 우리가 했으니, 이제부터는 다른 사람이 하라고 말하지 않았습니다. 그들은 자발적으로 시신을 메고 나가, 자발적으로 장사까지 지냈습니다. 그러나 그들의 헌신이 그것으로 끝난 것은 아니었습니다.

> 베드로가 이르되 너희가 어찌 함께 꾀하여 주의 영을 시험하려 하느냐 보라 네 남편을 장사하고 오는 사람들의 발이 문 앞에 이르렀으니 또 너를 메어 내가리라 하니 곧 그가 베드로의 발 앞에 엎드러져 혼이 떠나는지라 젊은 사람들이 들어와 죽은 것을 보고 메어다가 그의 남편 곁에 장사하니(9-10절).

젊은이들이 아나니아의 시신을 예루살렘에서 가장 가까운 기드론 골짜기에 장사 지냈다고 해도, 시신을 염하고 모든 장례 절차를 마치기까지는 꽤 시간이 걸렸을 것이고, 또 몸도 지쳤을 것입니다. 그런 상태에서 그들이 예배 처소로 돌아와 보니, 이번에는 아나니아의 아내 삽비라가 죽어 있었습니다. 아나니아를 방금 장사 지낸 그 젊은이들이, 이번에는 다른 사람이 나서라며 삽비라의 시신을 외면한들 누구도 그들을 비난할 수 없는 상황이었습니다. 그런데도 그 젊은이들은 삽비라의 시신을 보자마자 다시 자발적으로 그녀의 시신을 염하고, 자발적으로 그 시신을 메고 나가, 자발적으로 그녀의 시신을 남편 시신 곁에 안치해 주었습니다. 직업이 장의사가 아닌 젊은이들이 전시戰時도 아닌 평상시에, 그것도 단 몇 시간 만에 두 사람의 시신을 연거푸 장사 지내 준다는 것은 결코 흔한 일도, 쉬운 일도 아니었습니다.

하지만 그 젊은이들은 조금도 거리낌 없이 자발적으로 그 일을 감당했습니다. 2천 년 전 보잘것없는 초대교회가 인류 역사를 새롭게 하는 주님의 위대한 도구로 쓰임 받을 수 있었던 것은, 그 교회에 바로 이런 젊은이들이 있었기 때문입니다.

본문 역시 이 젊은이들을 단순히 일반적인 의미의 젊은이들로 호칭하지 않습니다. 헬라어로 젊은이를 가리키는 단어는, 젊다는 의미의 형용사 '네오스*νέος*'에서 파생된 '네아니아스*νεανίας*'입니다. 그런데 처음 아나니아의 시신을 장사 지낸 젊은이들을 헬라어 원문은 '네오스'의 비교급인 '네오테로스*νεώτερος*'로 표기하였습니다. 단순히 젊은이가 아니라, 보다 젊은이들이란 의미입니다. 그리고 그들이 삽비라의 시신을 또다시 장사 지냈을 때 헬라어 원문은, 청년을 의미하는 '네아니아스'의 지소사指小辭인 '네아니스코스*νεανίσκος*'로 그들을 표기하였습니다. 문법 용어인 지소사는 본래의 것보다 작은 뜻이나 개념을 나타내는 단어입니다. 예를 들면 바이올린은 비올라의 지소사입니다. 비올라와 같은 모양이지만 비올라보다 작게 만든 것이 바이올린이기 때문입니다. 개의 지소사는 강아지고, 송아지는 소의 지소사입니다. 따라서 삽비라의 시신을 장사 지낸 청년들을 지소사 '네아니스코스'로 표기한 것은, 그들이 젊은이들 중의 젊은이들이라는 뜻입니다.

그렇다면 우리는 본문이 전하는 정황을 좀더 분명하게 이해할 수 있습니다. 처음 아나니아가 죽었을 때 그 현장에는 많은 사람들이 있었고, 그들 가운데는 젊은이들도 많았습니다. 그러나 젊은이들이 모두 아나니아의 시신을 치우려고 나선 것은 아니었습니다. 젊은이들 중 일부의 젊은이들이 자발적으로 나서서 그 일을 감당하였습니다. 그래서 사도행전의 기록자인 누가는, 그들을 다른 젊은이들과 구별하여 비교급 '네오테로스'로 표기하였습니다. 그들이 진짜 젊은이들이었다는 의미였습니다. 그리고 그들이 아나니아에 이어 삽비라의 시신까지 메고 나가자, 누가는 이번에는 그들을 비교급 '네오테로스'보다 더 젊은이를 의미하는 지소사 '네아니스코스'로 표기하였습니다. 그들이야말로 명실상부하게 젊은이다운 젊은이들이요, 젊은이들 중의 젊은이들이요, 진정한 기독 청년이었음을 강조하기 위함이었습니다.

주석을 가하자면, 단지 나이가 젊다는 것만으로는 참된 기독 청년일 수 없다는 것입니다. 기독 청년다운 의식과 행동이 수반된 때에만 참된 기독 청년일 수 있다는 것입니다.

코끝에서 호흡이 멎어 버린 시체는 더 이상 빛을 볼 수 없기에, 시체는 죽음과 어둠의 상징입니다. 더욱이 하나님을 속이다가 죽은 아나니아와 삽비라의 시신은, 그 자체로 거짓과 불의의 덩어리였습니다. 2천 년 전 초대교회에서 그 죽음과 어둠, 거짓과 불의의 잔재를 치우는 일은 기독 청년들의 몫이었습니다. 누구의 지시에 의해서가 아니라 전적으로 그들 자신들의 자발적인 행위였습니다.

여기에서 우리는 그 청년들이 다른 청년들과는 달리, 평소에도 그런 삶을 살았음을 알게 됩니다. 서두에 말씀드린 것처럼, 한 인간의 현재 모습은 지난 시간의 축적판이기 때문입니다. 만약 그들이 평소에 죽음과 어둠, 거짓과 불의의 잔재를 쓸어 내는 일에 관심조차 없는 사람들이었다면, 2천 년 전 본문 속의 그날 자발적으로, 그것도 두 번씩이나, 거짓과 불의의 덩어리인 아나니아와 삽비라의 시신을 연거푸 치우려 하지는 않았을 것입니다. 이 청년들의 본문 속 모습이 과거의 축적판이기에, 이들은 이 이후에도 이렇게 살았을 것입니다. 이처럼 청년 중의 청년, 진정한 기독 청년들이 굳건히 자리를 지키고 있는 초대교회를 통해 주님께서 죽음과 어둠, 거짓과 불의에 찬 인류의 역사를 새롭게 하신 것은 조금도 놀라운 일이 아니었습니다.

이제 우리는 오늘의 본문 앞에서 세 가지를 깊이 생각하게 됩니다.

먼저, 청년에 대해서입니다. 청년기는 생명이 가장 왕성한 시기입니다. 청년기 이전은 생명이 여무는 시기요, 청년기 이후부터는 생명이 쇠퇴하기 시작하기에, 청년은 생명의 정점에 서 있는 존재입니다. 생명이 가장 왕성한 생명의 정점에 서 있는 청년들이 거짓과 불의와 타협하지 않고 맞서 싸우는 것은 지극히 당연한 생명의 의무요 책임입니다. 그러나 단지 육체적 생명이 젊다는 것만으로는 부족합니다. 육체적으로 젊기 때문에 육체의 젊음을 의지하여 불의와 맞서는 청년들은, 그 싸움에서 크게 승리할수록 이내 권력의 시녀로 전락하고 만다는 사실을 지난 역사와 우리의 현실이 여실히 입증해 주고 있습니다. 젊은이의 생명이 길이요 진리요 생명이신 예수 그리스도의 생명에 접촉될 때에만 진리 안에서 이 세상을 새롭게 하는 참된 생명의 도구, 진정한 기독 청년이 될 수 있습니다.

최근 우리 교회에 출석하고 있는 교우님들의 통계를 내어 보았습니다. 총 838세대 1,655명이 출석하는바, 20세 미만의 어린이와 학생이 235명, 20세 이상의 성인이 1,420명입니다. 성인 가운데 20대가 361명 그리고 30대가 323명으로 청년의 총수가 684명, 즉 전체 성인의 48.2퍼센트를 차지하고 있습니다. 일반적으로 청년이 많은 교회를 장래성이 있는 교회, 좋은 교회라 합니다. 그렇다면 청년이 성인의 48.2퍼센트를 점하고 있는 우리 교회는, 적어도 외형적으로는 좋은 교회의 요건을 갖춘 셈입니다. 그러나 단지 육체적으로 젊은이가 많다는 것만으로는 안 됩니다. 긴 안목에서 보면, 오늘의 청년이란 실은 내일의 노인과 구별되지 않습니다.

사랑하는 청년 여러분!

여러분의 육체적 생명이 가장 왕성한 지금, 그 생명으로 예수 그리스도의 생명을 추구하십시오. 말씀 안에서 예수 그리스도의 생명에 접속하십시오. 예수 그리스도의 생명 안에서 여러분의 삶의 자리에서부터, 가장 사소해 보이는 일에서부터, 거짓과 불의의 잔재를 쓸어 내는, 본문이 증언하는 2천 년 전 초대교회의 젊은이들이 되십시오. 그때 여러분은 이 세상을 새롭게 하면서도 세상을 분열시키지 않고 그리스도의 생명으로 통합하는 진정한 그리스도의 도구, 참된 기독 청년들이 될 것입니다.

오늘의 본문 앞에서 두 번째로, 현재 청년을 자식으로 둔 부모를 생각하게 됩니다. 본문 속의 청년들은 자발적으로 아나니아와 삽비라의 시신을 연거푸 치웠습니다. 생각할수록 그들은 참 대단한 청년들이었습니다. 그러나 좀더 깊이 생각해 보면, 그 청년들보다 실은 그들의 부모가 더욱 대단함을 알게 됩니다. 그 청년들이 그렇게 할 수 있었던 것은 그들의 부모가 그들을 스스로 생각하고, 스스로 판단하고, 옳다고 여기는 일을 위해 스스로 자신을 던질 줄 아는 자립인으로 키웠기 때문입니다. 만약 그들이 부모의 과잉보호 속에서 일일이 부모의 지시를 받아 가며 자랐더라면 본문 속의 자랑스러운 젊은이들이 되지는 못했을 것입니다.

우리나라 부모 가운데 자식 사랑이 정상적인 선을 넘어선 부모가 많습니다. 자식이 이 세상 속에서 스스로 바르게 살 수 있도록 도와주는 것이 아니라, 부모 자신의 분신으로 만들려는 부모가 얼마나 많은지 모릅니다. 자식이 어릴 때는 말할 것도 없고, 성인이 된 후에도 자식이 내려야 할 결정을 부모가 대신 내리는 경우가 허다합니다. 그 결과, 자식이 성인이 되어서도 자신 인생을 위한 결단 하나 스스로 내리지 못하게 만듭니다. 자식 교육의 명분으로 부부가 따로 떨어져 사는 것도 세계에서 한국 부모가 유일합니다. 부모의 전적인 부담으로 자식을 결혼시키는 것도 모자라, 결혼 이후에도 자식의 부모 의존을 당연시합니다. 그래서 결혼하여 자식을 낳고 부모가 되고서도 부모의 도움 없이는 못 사는 자식들이 의외로 많습니다. 그렇게 의존적이고도 의타적인 인간으로 장성한 자식이 과연 이 사회에 기여하는 책임 있는 사회인으로 살아갈 수 있을지, 그리스도를 위한 자발적인 도구로 세상의 빛이 될 수 있을 것인지는 의문입니다.

사랑하는 교우 여러분!

진정으로 자식을 사랑하신다면, 여러분의 사랑하는 자식이 실패하는 것을 두려워하지 마십시오. 자식은 실패를 통해 홀로 서는 법을 배우게 됩니다. 부모가 자식이 죽을 때까지 자식을 뒷바라지해 줄 수 없는 것이 하나님의 생명의 법칙이라면, 사랑하는 자식을 이 땅에 남겨 두고 먼저 세상을 떠나야 하는 부모가 자식에게 줄 수 있는 최대의 선물은 자식을 그리스도 안에서 홀로 설 줄 알게 해주는 것입니다. 홀로 설 줄 아는 자식만 본문 속 청년들처럼, 세상의 어둠과 불의를 종식시키는 진정한 주님의 도구로 쓰임 받을 수 있습니다.

본문 앞에서 마지막으로, 청년기 이후의 교우님들을 생각하게 됩니다. 요즈음은 나이가 들어 갈수록 도리어 젊어 보이려고 애쓰는 경향이 있습니다. 그러나 나이와 함께 가지 않는 외모와 언행은 도리어 추하고 경박해 보일 수도 있습니다. 하지만 몸과 마음이 함께 늙어 가면서도 젊게 사는 방법이 있습니다. 예수 그리스도의 생명 안에 거하는 것입니다.

사랑하는 교우 여러분! 예수 그리스도의 말씀 안에서, 예수 그리스도의 생명으로 살아가십시오. 인간의 생명은 날이 갈수록 쇠하여지지만, 예수 그리스도의 영원한 생명은 결코 쇠함이 없습니다. 그래서 사도 바울의 고백처럼, 겉사람은 날로 후패朽敗하나 속사람은 날이 갈수록 더욱 강건해지는 영적 젊은이로 살 수 있습니다. 그뿐 아니라 신앙의 연륜이 깊어 갈수록 더더욱 세상을 밝히는 더 밝은 진리의 빛이 될 수 있습니다. 그 빛은 젊은이들이 도저히 흉내 낼 수 없는, 오직 신앙의 연륜 속에서만 가능한 진리의 농익은 빛입니다.

아나니아와 삽비라의 시신을 연거푸 메고 나간 본문 속 젊은이들을 머릿속에 그려 보십시오. 그들이 그 두 사람의 시신을 메고 나가면서 무슨 생각을 했을는지 짐작하는 것은 전혀 어려운 일이 아닙니다. 하나님을 속이려 했던 불의한 아나니아와 삽비라만은 절대로 닮지 않겠다는 생각 아니었겠습니까? 자신들은 어떤 경우에도 하나님 앞에서 바른 그리스도인으로 살아가겠다는 결단 아니었겠습니까?

혹 돌아가신 분의 관을 운구運柩해 본 적이 있으십니까? 그때 여러분은 관 속에 누워 있는 분에 대해 무슨 생각을 하셨습니까? 그분처럼 살다가 그분처럼 떠나겠다는 생각이었습니까, 아니면 이런 분의 삶은 절대로 본받지 않겠다는 다짐이었습니까? 언젠가 여러분의 생이 끝났을 때, 누군가가 여러분의 관을 운구하리란 생각을 해본 적이 있으십니까? 그때 그 운구 위원들이 관 속에 누워 있는 여러분을 위해 무슨 생각을 해주기를 바라십니까?

예수 그리스도의 생명 안에 거하십시오. 예수 그리스도의 생명으로 가장 작은 일에서부터 어둠과 불의를 쓸어 내는 생명의 빛이 되십시오. 그때 여러분은 예수 그리스도의 생명 안에서 영원한 젊은이로 살 것이요, 언젠가 여러분의 호흡이 멎은 뒤에 여러분의 관을 운구하는 사람들이 여러분처럼 살기를 결단할 것입니다.

장례식은 죽은 사람이 살아 있는 사람에게 남겨 주는 가장 위대한 메시지입니다.

지금 이 시간, 남녀노소가 다 함께 주님 앞에 머리를 숙였습니다. 나이에 상관없이 우리 모두 주님의 생명 안에 거하게 하여 주옵소서. 주님의 말씀 안에서, 주님의 생명으로 살아가게 하옵소서. 어둠과 죽음, 거짓과 불의의 잔재를 씻어 내는 진정한 기독 청년들이 되게 하옵소서. 그리스도 안에서 자식을 홀로 서게 하는 믿음의 부모가 되게 하옵소서. 겉사람은 날로 후패해지나, 결코 쇠함이 없는 주님의 생명 속에서 속사람은 날이 갈수록 더욱 강건한 영적 젊은이로 살아가게 하옵소서.

그리하여 언젠가 우리의 코끝에서 호흡이 멎을 때, 우리의 관을 운구하는 사람들이 진정으로 닮고 싶어 하는, 참믿음의 이정표가 되게 하여 주옵소서. 아멘.

27. 다 나음을

사도행전 5장 12-16절

사도들의 손을 통하여 민간에 표적과 기사가 많이 일어나매 믿는 사람이 다 마음을 같이하여 솔로몬 행각에 모이고 그 나머지는 감히 그들과 상종하는 사람이 없으나 백성이 칭송하더라 믿고 주께로 나아오는 자가 더 많으니 남녀의 큰 무리더라 심지어 병든 사람을 메고 거리에 나가 침대와 요 위에 누이고 베드로가 지날 때에 혹 그의 그림자라도 누구에게 덮일까 바라고 예루살렘 부근의 수많은 사람들도 모여 병든 사람과 더러운 귀신에게 괴로움 받는 사람을 데리고 와서 **다 나음을** 얻으니라

한 성도님이 믿음의 어려움을 하소연했습니다. 자신은 하나님이 계시다는 사실 자체는 의심하지 않지만, 세상을 보면 하나님이 너무나도 잔인하게만 여겨져 성경이 전하는 하나님을 곧이곧대로 믿을 수 없다는 것이었습니다. 그리고 그분이 든 단적인 예가 동물 세계의 먹이사슬이었습니다. 먹이사슬은 철저하게 잔인한 약육강식의 법칙 위에서 이루어지고 있습니다. 크

고 강한 짐승이 작고 약한 짐승을 먹이로 삼아 생존합니다. 그 짐승 역시 자기보다 더 센 짐승을 위한 제물이 되는 것은 물론입니다. 작은 짐승일수록 귀엽고 사랑스럽습니다. 그 예쁘고도 여린 생명이 단지 약하다는 이유만으로 강한 것의 생존을 위한 제물이 되어야 한다면, 그와 같은 잔인한 약육강식의 먹이사슬 속에 동물의 세계를 만드신 하나님은 애당초 잔인한 분이시지 않겠습니까? 그 성도님은 텔레비전을 통해 동물의 세계를 볼 때마다 하나님의 잔인성이 너무나 두드러져 보여 그런 프로그램을 끝까지 볼 수가 없다고 했습니다. 그래서 그분은 성경 말씀은 말할 것도 없고, 하나님의 사랑이니 자비니 하는 말들을 도저히 믿을 수 없다며 제 도움을 요청했습니다.

그 성도님의 지적에는 확실히 일리가 있습니다. 동물 세계의 먹이사슬을 보면서 하나님의 잔인성을 한 번도 생각해 보지 않은 사람이 있다면, 어쩌면 그 사람이 이상한 사람인지도 모를 일입니다.

이사야 선지자는 이 세상의 마지막 날, 다시 말해 하나님에 의한 '새 하늘과 새 땅'이 도래하는 날의 특징을 설명하는 가운데 다음과 같이 증언하였습니다.

> 그때에 이리가 어린 양과 함께 살며 표범이 어린 염소와 함께 누우며 송아지와 어린 사자와 살진 짐승이 함께 있어 어린아이에게 끌리며 암소와 곰이 함께 먹으며 그것들의 새끼가 함께 엎드리며 사자가 소처럼 풀을 먹을 것이며 젖 먹는 아이가 독사의 구멍에서 장난하며 젖 뗀 어린아이가 독사의 굴에 손을 넣을 것이라(사 11:6-8).

한마디로 그날이 오면, 사자를 비롯한 모든 육식동물이 초식동물이 되어 동물 세계의 먹이사슬이 해체된다는 말입니다. 그래서 어린 양과 어린 염소 그리고 송아지가 맹수와 함께, 젖 먹는 아이가 독사와 함께 어울리게 된다는 것입니다. 생각만 해도 아름답고 평화로운 광경입니다. 그러나 여기에서도 여전히 질문은 계속됩니다. 왜 하나님께서는 역사의 종말이 있고서야 동물의 세계에서 먹이사슬을 해체하시는 것입니까? 왜 하나님께서는 세상을 창조하실 때부터 동물의 세계에 아예 먹이사슬이 없게 하시지는 않았습니까? 왜 창조하실 때에는 여린 것이 거친 것의 제물이 되지 않을 수 없도록 잔인하게 만드셨습니까?

일견 타당해 보이는 이 질문들에 대한 해답은 한마디면 족합니다. 그런 질문 자체가 적절하지 않다는 것입니다. 하나님께서 태초에 천지를 창조하실 때 물을 하늘 위의 물과 하늘 아래의 물로 나누셨습니다. 하늘 아래의 바다와는 별도로 하늘 위에도 물을 두신 것입니다. 쉽게 말하자면 하늘의 대기권 밖을 두터운 물층이 뒤덮고 있어, 지구가 태양의 직사광선에 직접 노출되지 않는 형국이었습니다. 그리고 그와 같은 상태의 지구 위에 사람과 동물을 살게 하셨습니다. 창세기에 등장하는 사람들의 수명이 수백 년에 달했던 것은, 그처럼 특수한 자연 조건 속에서 가능한 일이었습니다. 그리고 하나님께서 말씀하셨습니다.

> 또 땅의 모든 짐승과 하늘의 모든 새와 생명이 있어 땅에 기는 모든 것에게는 내가 모든 푸른 풀을 먹을거리로 주노라(창 1:30).

하나님께서 창조하신 모든 짐승의 먹이는 애당초 풀이었습니다. 모든 짐승이 예외 없이 초식동물이었다는 말입니다. 하늘의 대기권을 물이 감싸고 있는 조건하에서는 육식동물이 존재할 수도, 존재할 필요도 없었던 것입니다. 육식동물이 없다는 것은 먹이사슬이 없다는 말이기에 하나님께서 천지를 창조하실 때에 모든 동물들이, 그리고 어린아이와 독사가 한데 어울렸을 것임은 두말할 나위가 없습니다.

그러나 인간의 타락과 범죄, 그리고 하나님의 말씀을 계속 거부하는 인간의 완악함은 끝내 하나님의 심판을 초래하였습니다. 물, 즉 홍수에 의한 심판이었습니다. 그 무서운 심판 속에서도 하나님께서는 하나님을 경외하던 노아로 하여금 구원의 방주를 짓게 하시고, 노아의 여덟 식구 그리고 땅 위의 모든 짐승과 하늘의 모든 새 둘씩을 방주 속에서 살아남게 하셨습니다. 그때 하나님께서 노아로 하여금 짐승과 새의 먹이로 미리 준비하게 하신 양식 역시 풀이었습니다. 그때까지도 모든 짐승이 초식동물이었던 것입니다. 만약 그때 동물의 세계에 지금과 같은 먹이사슬이 있었다면 사자와 호랑이처럼 강한 동물 이외에는 노아의 방주 속에서 모조리 죽었을 것이요, 짐승들에게 그 방주는 구원의 방주가 아니라 잔인한 죽음의 방주가 되고 말았을 것입니다. 그 방주가 모든 짐승에게도 구원의 방주일 수 있었던 것은, 당시의 모든 짐승이 초식동물이었기 때문입니다.

드디어 하나님의 심판인 홍수가 터지기 시작했습니다. 그때 40일 동안 밤낮 쉬지 않고 내렸던 비는 하늘의 구름에서 생성된 비가 아니었습니다. 창세기 7장 11절의 증언처럼, 하나님께서 하늘의 창문들을 여시고 대기권을 감싸고 있던 하늘 위의 물을 쏟아부으신 것이었습니다. 그 결과 살아남은 인간과 짐승들은 태양의 직사광선을 피할 수 없게 되었습니다. 직사광선과 지구의 생물 사이에서 차단막 구실을 하던 하늘의 물층이 사라져 버린 탓이었습니다. 그 엄청난 자연계의 변동이 수반한 가장 두드러진 두 가지 특징은 그 이후 인간의 수명이 단축되었다는 것과, 동물 가운데 육식을 하지 않고는 생존할 수 없는 동물이 나타났다는 것입니다. 다시 말해 동물 세계에 드디어 먹이사슬이 시작된 것입니다. 그 모든 현상은 직사광선의 폐해를 차단해 주던 보호막이 상실된 결과였습니다.

그렇다면 오늘날 약육강식의 먹이사슬 속에 있는 잔인한 동물의 세계는 하나님의 책임이 아닙니다. 그것은 본래 있던 자연환경의 파괴를 초래한 인간의 죄 탓이기에, 결국 인간의 책임입니다. 인간의 죄가 생태계와 평화스럽던 동물 세계의 질서를 파괴한 것입니다. 따라서 이사야 선지자가 새 하늘과 새 땅이 도래할 때 약한 동물과 맹수가, 그리고 어린아이와 독사가 함께 어울릴 것이라 예언한 것은, 그때가 되어서야 하나님께서 먹이사슬을 해체하신다는 뜻이 아니라, 하나님께서 원래 창조하신 대로 동물 세계를 회복시키신다는 의미임을 알게 됩니다.

어떤 사람들은 왜 하나님께서는 인간을 병들게 만들고, 인간을 질병 가운데 내버려 두시느냐고 하나님을 원망하기도 합니다. 그러나 그 또한 적절한 질문이 아닙니다. 하나님께서는 인간을 본래 죽지 않는 존재로 만드셨습니다. 죽지 않는다는 것은 병들지 않는 존재라는 말입니다. 그러나 인간의 죄가 죽음을 자초하였습니다. 거룩하신 하나님 앞에서는 티끌만 한 죄도 용납되지 않기 때문입니다. 죽지 않는 존재로 창조된 인간이 죄로 인해 죽을 수밖에 없는 존재가 되었다는 것은, 병과 무관하던 인간의 육체가 병의 지배 하에 놓이게 되었음을 의미합니다. 그래서 인간은 살아 있는 동안에도 각종 질병에 시달리고, 또 병으로 죽어 가고 있습니다. 그렇다면 그것 역시 하나님의 책임이 아님을 알 수 있습니다.

병은 전적으로 인간의 죄가 초래한 결과이므로, 그 역시 인간의 책임입니다. 이 말의 의미를 오해하지 마십시오. 지금 누군가가 어떤 병으로 시달리고 있다면 바로 그 특정 병의 원인이 그 당사자의 죄에 있다거나, 그가 다른 사람보다 죄가 많다는 의미가 아닙니다. 병들지 않아야 할 인간이 병들게 된 근본 원인이 최초의 인간인 아담과 하와의 범죄로 인함이기에, 그 근본 책임 또한 하나님이 아닌 인간에게 있다는 뜻입니다.

제2차 세계대전 당시 독일에서의 일입니다. 오늘날 독일 기독교의 양심이라 불리는 본회퍼 목사가 히틀러에게 저항하다가 교수형을 당하기 전, 본회퍼와 연인 사이였던 마리아라는 여성이 있었습니다. 그녀의 아버지와 오빠가 히틀러의 나치군에 강제 징집되었다가, 둘 다 전장에서 목숨을 잃고 말았습니다. 졸지에 사랑하는 아버지와 오빠를 동시에 잃은 마리아, 미치광이에 지나지 않는 히틀러에게 사랑하는 그 두 사람을 빼앗긴 마리아는 그리스도인으로서 도저히 그 현실을 받아들일 수 없었습니다. 그래서 마리아는 본회퍼 목사에게, 왜 하나님께서는 우리에게서 가장 사랑하는 사람의 생명을 그토록 무자비하게 빼앗아 가시느냐고 물었습니다. 본회퍼 목사가 그녀에게 이렇게 대답했습니다.

> 사람을 죽이는 것은 세상과 인간의 증오와 악입니다. 하나님께서는 언제나 세상과 인간이 죽인 사람을 살리십니다. 하나님께서 당신의 아버지와 오빠의 삶을 마치게 하신 것이 아니라, 그분들로 하여금 새로운 삶을 시작하게 하셨습니다.

이 얼마나 감동적인 말입니까? 하나님의 구원과 사랑을 어찌 이보다 더 간결하고도 적절하게 표현할 수 있겠습니까? 오늘날 이 세상에서 인간이 안고 있는 모든 문제의 근본적인 원인과 책임은 인간에게 있습니다. 인간의 죄가 낙원을 상실케 했고, 생태계와 동물 세계의 질서를 파괴했으며, 스스로 죽음과 질병을 초래하였습니다.

그러나 하나님께서는 인간이 저지른 문제투성이의 세상을 포기하지 않으십니다. 인간이 파괴한 생태계 속에서 당신의 피조 세계를 당신의 능력으로 보존하고 계십니다. 질병의 노예 된 인간에게 의학의 진보라는 선물을 주셔서 질병을 극복하게 하시고, 때로는 초월적인 당신의 능력으로 치유해 주시기도 합니다. 그뿐 아니라 당신의 독생자이신 예수 그리스도를 이 땅에 보내 주시어 우리의 죗값을 치르게 하심으로 우리의 죄를 용서해 주시고, 영원한 생명을 주심과 동시에 잃어버린 낙원 대신에 그보다 더 좋은 영원한 하나님의 나라를 주셨습니다.

예수님께서 말씀하셨습니다.

> 건강한 자에게는 의사가 쓸데없고 병든 자에게라야 쓸데 있느니라 나는 의인을 부르러 온 것이 아니요 죄인을 부르러 왔노라 (막 2:17).

우리가 영육 간에 병들지 않는 존재라면, 우리에겐 치유자가 필요 없습니다. 우리가 우리의 생이 공동묘지에서 끝날 수밖에 없는 죄인이 아니라면, 우리에게는 구원자가 필요 없습니다. 하지만 우리는 영육 간에 병들고, 우리의 결국이 죽음일 수밖에 없는 죄인이기에 우리를 영육 간에 살려 주시기 위해 이 땅에 오신 구원자, 치유자가 곧 예수 그리스도이십니다. 우리 스스로 야기한 모든 문제에도 불구하고 그 문제로부터 우리를 살리기 위해 오신 분이 예수 그리스도이신 것입니다. 오늘의 본문이 강조하는 바가 바로 이것입니다.

하나님을 속이려 했던 아나니아와 삽비라 부부의 사건 이후의 일을 본문 12-13절이 전해 주고 있습니다.

사도들의 손을 통하여 민간에 표적과 기사가 많이 일어나매 믿는 사람이 다 마음을 같이하여 솔로몬 행각에 모이고 그 나머지는 감히 그들과 상종하는 사람이 없으나 백성이 칭송하더라.

사도들을 통하여 주님의 능력이 계속 드러났고, 믿는 사람들은 솔로몬의 행각에 모여 하나님의 말씀을 배웠습니다. 믿는 사람들과 상종하지 않는 불신자들조차도 교인들의 변화된 삶을 칭송하였습니다.

믿고 주께로 나아오는 자가 더 많으니 남녀의 큰 무리더라 심지어 병든 사람을 메고 거리에 나가 침대와 요 위에 누이고 베드로가 지날 때에 혹 그의 그림자라도 누구에게 덮일까 바라고(14-15절).

많은 사람들이 예수 그리스도를 영접하는 가운데, 스스로 운신조차 불가능한 중환자를 침대와 요에 누인 채로 사도들을 찾아왔습니다. '침대'로 번역된 헬라어 '클리나리온$\chi\lambda\iota\nu\acute{\alpha}\rho\iota o\nu$'은 본래 침대를 가리키는 '클리네$\kappa\lambda\acute{\iota}\nu\eta$'의 지소사입니다. 지소사는 본래의 개념보다 작은 것을 의미한다고 했습니다. 이를테면 본문이 언급한 침대는 정상적인 침대로 분류될 수 없는 간이용 침상을 의미합니다. 또 '요'로 번역된 '크라바토스$\kappa\rho\acute{\alpha}\beta\beta\alpha\tau o\varsigma$'는 거적자리를 뜻합니다.

본문 속 사람들은 평소에 침대로 분류될 수도 없는 간이용 침상이나 거적자리를 사용하는 가난한 사람들이었습니다. 그런 형편에 환자의 병세가 아무리 중해도 의사를 찾을 수는 없었을 것입니다. 그중에는 치료비로 재산을 다 날리고도 병이 낫지 않은 사람들도 있었을 것입니다. 그런 사람들이 환자를 간이용 침상이나 거적자리에 누인 채로 사도들을 찾았습니다. 그러나 너무나도 많은 사람들이 운집해 있어 사도들 앞으로 나아간다는 것은 불가능해 보였습니다. 그들은 환자의 침상이나 거적자리를 베드로가 지나가는 길목에 두었습니다. 혹 지나가는 베드로의 그림자라도 환자에게 덮인다면 환자가 나을 것이란 믿음으로 인함이었습니다. 이것은 그들이 베드로 개인을 우상으로 여긴 것이 아니라, 사도들이 전한 예수 그리스도의 능력을 그만큼 간절히 믿었음을 의미합니다. 가난하기 짝이 없었던 그들의 믿음이 얼마나 간절했을 것인지는 능히 짐작할 수 있습니다.

본문 16절이 그 결과를 전해 주고 있습니다.

> 예루살렘 부근의 수많은 사람들도 모여 병든 사람과 더러운 귀신에게 괴로움 받는 사람을 데리고 와서 다 나음을 얻으니라.

베드로의 그림자라도 덮이기를 바랐던 사람들은 말할 것도 없고, 사도들을 찾은 모든 병자들과, 심지어는 귀신 들렸던 사람까지도 다 나음을 얻었습니다. 다 나음을 얻었다는 문장이 원문에는 물론 수동태로 기록되어 있습니다. 그들 스스로 나은 것이 아니라, 사도들을 통해 역사하신 주님에 의해 치유받았음을 정확하게 표현하기 위함이었습니다.

중요한 사실은 '나음을 얻다'라는 동사 '데라퓨오 $\theta\epsilon\rho\alpha\pi\epsilon\acute{u}\omega$'가 본래 '섬기다 to serve'라는 의미라는 것입니다. 예수 그리스도의 섬김에 의해 그들은 영육 간에 다 나음을 얻었습니다. 여기에서 우리는 귀한 깨달음을 얻게 됩니다. 주님께서는 마태복음 20장 28절을 통해, 주님께서 이 땅에 오신 것은 인간으로부터 섬김을 받으시기 위함이 아니라 도리어 인간을 섬기시기 위함임을 밝히셨습니다. 따라서 주님께 나아온 병자들이 다 나음을 얻었다는 본문을 통해, 우리는 주님께서 인간을 섬기신 섬김의 주요 내용이 병 고침,

즉 치유였음을 알게 됩니다. 주님께서는 영육 간에 병들어 죽어 가는 죄인을 살리시기 위해 이 땅에 오신 구원자시기 때문입니다.

본문 속 사람들이 다 나음을 입었다고 해서, 성경에 등장하는 모든 사람들의 육체적 질병이 다 나았던 것은 아닙니다. 위대한 사도 바울도 평생 병자로 살았고, 구약에서 수많은 기적을 행하였던 기적의 선지자 엘리사도 병으로 죽었습니다. 왜 그들의 병은 낫지 않았겠습니까? 그들의 믿음이 부족하거나, 다른 사람보다 죄가 많아 주님께서 치유해 주시지 않은 것입니까? 그렇지 않습니다. 그들의 육체적 약함으로 인해 더욱 주님의 은혜 속에 거하는 겸손한 영적 지도자로 평생 살게 해주시려는 주님의 배려였습니다. 저 역시 폐와 허리 그리고 왼쪽 무릎에 지병을 지니고 있지만, 그로 인해 저의 영혼이 늘 주님의 은혜 속에서 살지 않을 수 없음을 주님께 감사드리고 있습니다. 그러므로 우리가 병들었을 때 주님께서 우리의 육체적 질병을 치유해 주실 수도 있고, 우리로 하여금 질병을 지닌 채로 살게 하실 수도 있습니다. 주님께서 우리에게 궁극적으로 주시고자 하는 것은 언젠가 썩어 없어질 육체만의 강건함이 아니라 영원한 생명이요, 영원한 하나님의 나라이기 때문입니다. 따라서 육체의 질병이 낫든 혹은 낫지 않든, 그 어느 쪽이든, 하나님께서 우리를 영원히 살리시고 우리의 영혼을 더욱 강건케 해주시기 위함임은 두말할 나위도 없습니다.

그렇다면 모든 병자가 다 나음을 얻었다는 오늘 본문을 맞는 이 시간, 하나님 앞에서 우리의 자세는 어떠해야 하겠습니까? 66권으로 이루어져 있는 성경은 총 1,754페이지에 달하는 방대한 분량으로, 성경 전체의 절수는 무려 31,173절이나 됩니다. 참으로 어마어마한 양입니다. 그 반면에 오늘, 2006년 9월 네 번째 주일을 맞아 하나님께서 우리에게 주신 말씀은 사도행전 5장 12절부터 16절까지 불과 다섯 절에 지나지 않습니다. 성경에 기록된 31,173개의 구절 중에서 주일예배 시간에 이 다섯 구절을 만날 수 있는 확률은 6,235분의 1밖에 안 됩니다. 0.016퍼센트의 확률밖에 없는 이 다섯 구절의 말씀을 하나님께서 오늘 우리에게 주셨다는 것은, 바로 이 본문 속에 우리를 향한 하나님의 뜻이 있기 때문이 아니겠습니까? 주님께서는 누구든지 당신께 나아가는 사람을 영육 간에 살려 주시는 치유자이심을 믿게 해주시기 위함이 아니겠습니까? 아니, 이 말씀을 믿는 우리 모두로 하여금 영적으로든 육적으로든, 다 나음을 얻게 해주시기 위함이 아니겠습니까?

지금 우리에게는 우리가 붙잡아야 할 주님의 옷자락이나 사도들이 없습니다. 우리를 덮어 줄 베드로의 그림자도 없습니다. 그러나 그런 것은 전혀 문제가 되지 않습니다. 살아 계신 주님의 영이, 2천 년 전 주님께 나아갔던 본문의 병자들을 다 낫게 하셨던 그 주님의 영이, 지금 우리를 섬기시기 위해 우리와 함께하고 계십니다. 우리가 주님을 믿음으로 우리의 손을 주님께 내밀 때, 주님께서는 우리의 손을 당신의 도구로 사용하실 것입니다. 갈릴리의 어부였던 베드로의 거친 손을 당신의 도구로 쓰신 것처럼 말입니다.

사랑하는 교우 여러분!

이제 우리 모두 우리의 오른손을 가슴 위에 올리십시오. 그리고 병든 우리의 영혼을 고쳐 주시고, 연약한 우리의 영혼을 강건하게 해주시기를 기도하십시오. 세상의 의술로 치료할 수 없는 지병을 지닌 분들은 자신의 환부에 또 다른 손을 얹고, 주님께서 다 나음을 얻게 해주시기를 간구하십시오. 그리고 그 결과는 주님께 맡기십시오. 사도 바울처럼 육체의 질병은 나음을 얻지 못할지라도, 도리어 그로 인해 우리의 영혼을 더욱 강건케 하시는 주님께 감사드리십시오. 그때 영적으로든 육적으로든, 오늘은 우리 모두에게 진정한 치유의 날이 될 것입니다.

우리의 죄가 낙원을 상실케 했고, 자연환경과 동물 세계의 질서를 파괴했으며, 그것도 모자라 온갖 질병과 죽음마저 초래하였습니다. 난마亂麻처럼 얽혀 있는 이 세상 모든 문제의 원인과 책임이 전적으로 우리에게 있습니다. 그러나 하나님께서는 우리를 버리지 않으시고, 우리가 야기한 모든 문제로부터 우리를 살려 주시기 위해 예수 그리스도를 보내시어 우리를 영육 간에 고쳐 주시고, 영원한 생명과 영원한 하나님의 나라를 주심을 감사드립니다. 더욱이 오늘 주님께서, 주님을 찾은 사람들이 다 나음을 얻었다는 본문의 말씀으로 우리를 섬겨 주시기 위해 이 시간 우리 가운데 계심을 감사드립니다.

우리 모두 우리의 가슴에 손을 얹고 기도합니다. 병들고 연약한 우리의 영혼을 고쳐 주시옵소서. 그리하여 이 어둔 세상 속에서 우리의 영혼이 샛별처럼 빛나게 하여 주옵소서. 세상의 의술이 고칠 수 없는 우리의 환부에 우리의 또 다른 손을 얹고 기도드립니다. 우리의 손을 주님의 손으로 덮어 주옵소서. 주님의 능력의 손으로 우리의 환부를 만져 주시어, 우리 모두 다 나음을 얻게 하여 주옵소서.

우리를 고치시고, 우리를 살리시고, 우리를 섬기시기 위해 오신 주님!

오늘이 영적으로든, 육적으로든, 우리 모두에게 진정한 치유의 날이 되게 하여 주옵소서. 아멘.

28. 밤에 옥문을 열고

사도행전 5장 17-32절

대제사장과 그와 함께 있는 사람 즉 사두개인의 당파가 다 마음에 시기가 가득하여 일어나서 사도들을 잡아다가 옥에 가두었더니 주의 사자가 **밤에 옥문을 열고** 끌어내어 이르되 가서 성전에 서서 이 생명의 말씀을 다 백성에게 말하라 하매 그들이 듣고 새벽에 성전에 들어가서 가르치더니 대제사장과 그와 함께 있는 사람들이 와서 공회와 이스라엘 족속의 원로들을 다 모으고 사람을 옥에 보내어 사도들을 잡아 오라 하니 부하들이 가서 옥에서 사도들을 보지 못하고 돌아와 이르되 우리가 보니 옥은 든든하게 잠기고 지키는 사람들이 문에 서 있으되 문을 열고 본즉 그 안에는 한 사람도 없더이다 하니 성전 맡은 자와 제사장들이 이 말을 듣고 의혹하여 이 일이 어찌 될까 하더니 사람이 와서 알리되 보소서 옥에 가두었던 사람들이 성전에 서서 백성을 가르치더이다 하니 성전 맡은 자가 부하들과 같이 가서 그들을 잡아 왔으나 강제로 못함은 백성들이 돌로 칠까 두려워함이더라 그들을 끌어다가 공회 앞에 세우니 대제사장이 물어 이르되 우리가 이 이름으로 사람을 가르치지 말라고 엄금하였으되 너희가 너희 가르침을 예루살렘에 가득하게 하니 이 사람의 피를 우리에게로 돌리고자 함이로다 베드로와 사도들이 대답하여 이르되 사람보다 하나님께 순종하는 것이 마땅하니라 너희가 나무에

> 달아 죽인 예수를 우리 조상의 하나님이 살리시고 이스라엘에게 회개함과 죄사함을 주시려고 그를 오른손으로 높이사 임금과 구주로 삼으셨느니라 우리는 이 일에 증인이요 하나님이 자기에게 순종하는 사람들에게 주신 성령도 그러하니라 하더라

우리말 사전에서 문화의 의미를 찾아보면, "한 사회의 학문, 예술, 문학, 도덕, 종교 등의 정신적 소득" 또는 "정신적 가치와 아름다움에 관계되는 사회적 분야나 활동"이라고 정의하고 있습니다. 한마디로 문화와 인간 정신은 불가분의 관계에 있습니다. 인간이 자연 상태에서 벗어나 이상적인 삶과 사회를 구현하기 위한 모든 활동 과정과, 그 과정에서 이룩해 낸 물질적 소득을 포함한 모든 정신적 소득을 통틀어 이르는 말이 문화이기 때문입니다. 이처럼 문화가 보다 나은 이상을 추구하는 인간 정신의 산물이기에, 문화란 말은 항상 긍정적인 의미로 사용됩니다. 이를테면 문화생활은 문화를 발전시키려 노력하고, 문화의 산물을 누리고 즐기는 생활을 의미합니다. 문화국민이란 문화적인 판단력과 교양을 지닌 국민을 뜻하고, 문화유산은 다음 세대에 물려줄 과학·기술·관습·규범 등의 문화적 소산을 가리킵니다. 이상 언급한 단어들은 문화란 말이 긍정적 의미로 사용되는 좋은 본보기들입니다.

그러나 그 긍정적인 의미의 문화에 '밤' 자가 붙으면 금방 부정적인 뜻이 되어 버리고 맙니다. 밤문화란 퇴폐와 향락과 환락의 상징어입니다. 인터넷에서 밤문화란 단어를 검색해 보면, 그 단어가 얼마나 반문화적인 의미로 사용되고 있는지 알 수 있습니다. 한 사회의 학문, 예술, 문학, 도덕, 종교 등의 정신적 소득을 뜻하는 긍정적 의미의 문화에 밤이란 말이 붙음과 동시에 그 의미가 이렇듯 부정적으로 돌변하는 것은, 대부분의 사람들이 밤에

대해 그릇된 편견을 지니고 있음을 의미합니다. 많은 사람들이 밤을 단지 자신을 즐기기 위한 시간으로 이해하고, 또 그렇게 사용하고 있습니다. 그래서 온갖 부정적 의미와 형태의 밤문화가 전 세계적으로 도시마다 성행하고 있습니다. 그러나 밤은 그런 부정적인 밤문화를 위해 인간에게 주어진 시간이 결코 아닙니다.

하나님께서 낮과 밤 가운데 어느 한쪽만을 창조하신 것이 아닙니다. 하나님께서는 낮과 밤을 동시에 창조하시고, 그 둘을 합쳐 하루를 이루게 하셨습니다. 그러나 낮과 밤으로 이루어진 하루는, 그 자체로 독립된 별개의 시간이 아닙니다. 우리의 하루하루가 서로 무관한 제각각의 토막이 아니라는 말입니다. 창세기 1장 5절은 다음과 같이 증언하고 있습니다.

> 하나님이 빛을 낮이라 부르시고 어둠을 밤이라 부르시니라 저녁이 되고 아침이 되니 이는 첫째 날이니라.

하루가 낮과 밤으로 이루어져 있다는 것은, 하루가 마치 낮에 시작하여 밤에 끝나는 것처럼 여겨집니다. 실제로 오늘날 인간의 시간 개념으로는 하루가 밤 12시에 끝나는 것으로 되어 있습니다. 그러나 하나님의 하루 개념은 전혀 다릅니다. 창세기 1장 5절의 증언처럼, 하나님의 하루는 저녁과 밤을 지나 이튿날 아침까지 이어집니다. 즉, 아침에 시작된 하루는 그 이튿날 아침이 되어서야 끝납니다. 이것은 대단히 중요한 의미를 지니고 있습니다. 아침에 시작한 하루가 이튿날 아침에 끝난다는 것은, 하루하루가 독립된 별개의 토막이 아니라 서로 맞물려 있음을 의미합니다. 오늘 아침에 시작한 하루가 끝나는 시점인 내일 아침은 곧 내일이 시작되는 시각이기에, 내일은 오늘의 연장선상에 있습니다. 바꾸어 말해 오늘의 토대 위에 이어지는 내일은 오늘의 영향을 받지 않을 수 없습니다.

그런데 오늘과 내일을 이어 주는 접속점이 바로 밤입니다. 내일에 가장 큰 영향을 미치는 시간이 실은 바로 오늘 밤이요, 오늘 밤을 어떻게 지내느냐에 따라 오늘의 의미뿐 아니라 오늘의 결과인 내일의 의미까지 달라지게 됩니다. 밤을 반문화적인 밤문화 등으로 함부로 허비할 수 없는 이유가 여기에 있습니다.

성경에는 밤을 쾌락과 욕망을 위해 그릇되게 사용하다가 일생을 망친 사람들의 이야기가 무수히 등장하고 있습니다.

아브라함의 조카 롯이 스스로 자신의 거주지로 선택한 곳은, 퇴폐적인 밤문화가 횡행하는 향락의 도시 소돔이었습니다. 그곳으로부터 롯 가족을 구하기 위해 사람의 형상을 한 두 천사가 밤중에 롯을 찾아갔습니다. 그 두 천사를 멋진 청년으로 오인한 소돔 남자들이 그 밤중에 노소를 막론하고 롯의 집으로 몰려들었습니다. 그리고는 그 멋진 청년들을 내어 놓으라고 막무가내로 소동을 부렸습니다. 그곳 남자들은 모두 동성애자들이었던 것입니다. 소돔은 그 정도로 퇴폐적인 밤문화의 도시였습니다. 바로 이 소돔으로부터 남색男色과 수간獸姦을 의미하는 영어 'sodomy'가 나온 것은 우연한 일이 아니었습니다. 오직 쾌락에 눈이 멀어 자신들의 밤을 그렇듯 허망하게 소진하는 그들에게, 밤의 연장인 그들의 낮인들 바르고 온전할 리가 만무했습니다. 그릇된 그들의 밤은 필연적으로 그릇된 낮을 초래할 수밖에 없었습니다. 매일매일 그들의 낮과 밤이 그릇되었다는 것은 그들의 일생이 그릇되었다는 말이요, 그 결과는 우리가 잘 아는 바와 같이 하나님의 심판이었습니다.

구약시대의 사사士師 삼손은 하나님의 부르심을 받은 사람이었음에도, 밤만 되면 그의 삶은 무절제하기 짝이 없었습니다. 밤이면 여러 여자와 문란

한 관계를 맺던 그는, 끝내 교활한 여인 들릴라의 덫에 걸렸습니다. 어느 날 밤, 그녀의 무릎을 베고 잠을 자던 삼손은 블레셋 군에게 생포되었습니다. 블레셋 사람들은 그의 두 눈을 빼고, 놋 줄로 묶은 뒤, 감옥에 가두어 짐승이 돌리는 맷돌을 돌리게 하였습니다. 어제 해 지기 전까지만 해도 천하장사에 천하무적이었던 삼손이 불과 하룻밤 사이에, 두 눈이 뽑힌 채 놋 사슬에 묶여 짐승처럼 맷돌을 돌리는 모습을 연상해 보십시오. 세상 사람들로부터 영웅으로 칭송받던 한 인간이 어찌 그보다 더 비참하게 몰락할 수 있겠습니까? 그 역시 그릇된 밤의 결과였음은 두말할 나위가 없습니다. 나중에 그가 회개하였기에 망정이지, 아니었던들 그는 그릇된 밤으로 인해 그의 일생을 영원히 망칠 뻔했습니다.

요한복음 13장 30절은, 예수님께서 제자들과 마지막으로 가지신 만찬석상에서 가룟 유다가 슬그머니 빠져나간 시간이 밤이었음을 밝혀 주고 있습니다. 그는 그길로 집에 가서 잠을 잔 것이 아닙니다. 그는 그 밤중에 대제사장을 찾아가, 은 30냥을 받고 예수님을 배신하였습니다. 그리고 예수님을 체포하려는 무리를 그 자신이 직접 예수님께서 기도하시던 겟세마네 동산으로 인솔하여 예수님을 넘겨주었습니다. 가룟 유다에게 밤은, 스승과 진리를 배신하면서까지 은밀히 자신의 욕망을 채우는 시간이었습니다. 그리고 그 그릇된 밤의 결과인 이튿날, 그는 스스로 목매어 자살하고 말았습니다. 그릇된 밤의 결과가 얼마나 처참하고 치명적인지를 보여 주는 단적인 예가 아닐 수 없습니다.

이상과 같은 예들은 하나님을 믿든 믿지 않든, 밤을 그릇되게 사용하는 사람은 그의 일생을, 혹은 일생 중 가장 중요한 부분을 반드시 망치게 됨을 일깨워 주고 있습니다. 그렇다면 우리는 여기에서 정반대의 사실을 또한 깨닫게 됩니다. 밤을 그릇되게 사용하는 사람의 낮이 반드시 그릇되게 일구어진다면, 반대로 밤을 바르게 갈무리하는 사람에게는, 바른 밤의 연장선상에 있는 낮 역시 필연적으로 바르게 세워질 것이라는 사실입니다. 오늘의 본문이 그 사실을 입증해 주고 있습니다.

본문 17-18절을 주목해 보시겠습니다.

> 대제사장과 그와 함께 있는 사람 즉 사두개인의 당파가 다 마음에 시기가 가득하여 일어나서 사도들을 잡아다가 옥에 가두었더니.

우리는 지난 시간에 아나니아와 삽비라 사건 이후의 사도들의 활약상에 대해 살펴보았습니다. 사도들을 통해 주님의 능력이 계속 드러나는 가운데, 더러운 귀신 들린 사람을 포함하여 사도들을 찾은 모든 병자들이 예수 그리스도 안에서 다 나음을 얻었습니다. 제대로 의료 혜택도 받지 못한 가난한 빈민들이 육체적 질병으로부터 다 나음을 얻었다면 그것은 축하할 일이요, 그 일에 주님의 도구로 쓰임 받은 사도들을 격려함이 마땅하였습니다. 그러나 오히려 그로 인해 심히 불편해하는 이들이 있었습니다. 그 장본인들은 대제사장과 측근 사두개인들이었습니다. 그들은 사도들이 예수의 능력으로 모든 병자를 다 낫게 한 것과 관련하여 단순히 심기만 불편해한 것이 아니었습니다. 그들은 "다 마음에 시기가 가득하여" 아예 사도들을 옥에 가두어 버렸습니다. 선한 일을 한 사도들을 격려하지는 못할망정, 도리어 그들을 구금시킨 고약한 대제사장과 사두개인에 대해서는 다음 시간에 상세하게 살펴보겠습니다.

한글 성경의 본문 18절은 그들이 사도들을 옥에 가두었다고만 번역되어 있어, 사도들이 갇힌 감옥이 구체적으로 어떤 감옥인지 구별되지 않습니다.

하지만 헬라어 원문은 그 감옥을 '테레세이 데모시아*τηρήσει δημοσίᾳ*'라고 밝히고 있습니다. 당시에 흔히 볼 수 있는, 권세자의 집에 달린 사설 감옥이 아니라 국가가 관리하는 공공 감옥public jail이란 의미입니다. 본문을 기록한 누가가 그 감옥을 단순히 감옥이라 하지 않고 굳이 국가가 관리하는 공공 감옥으로 표기한 것은, 그 감옥이 국가기관의 삼엄한 경비와 감시하에 있음을 분명하게 밝히기 위함이었습니다.

그리고 19절이 다음과 같이 계속됩니다.

> 주의 사자가 밤에 옥문을 열고 끌어내어 이르되.

우리 성경에는 번역이 빠져 있지만, 헬라어 원문에는 역접 접속사 '그러나'가 붙어 있습니다. 역접 접속사 '그러나'는 그 이전의 내용과 완전히 상반되는 사태가 전개될 때 사용되는 접속사입니다. 대제사장과 사두개인 당파는, 사도들이 탈출하거나 구출될 수 없도록 경비가 삼엄한 공공 감옥에 그들을 가두었지만 그것은 헛일에 지나지 않았습니다. 주님의 사자가 옥문을 열고 사도들을 이끌어 내었기 때문입니다.

그때 사도들을 구해 내기 위해 감옥에 이른 주의 사자가 몇이었는지, 그 삼엄한 경비의 공공 감옥으로부터 주의 사자가 어떻게 옥문을 열고 사도들을 이끌어 내었는지 우리는 전혀 알지 못합니다. 본문을 기록한 누가가 그런 것에 대하여는 침묵하고 있기 때문입니다. 누가에게 그런 사항은 전혀 중요하지 않았던 것입니다. 천지를 창조하신 주님께서 원하시기만 하면, 그보다 더한 일도 얼마든지 가능한 까닭이었습니다. 누가가 본문을 기록하면서 가장 중요하게 여겼던 것은, 주님께서 당신의 사자를 보내 사도들을 감옥에서 이끌어 내신 시각이었습니다. 본문 19절을 다시 주목해 보십시다.

주의 사자가 밤에 옥문을 열고 끌어내어 이르되.

주님께서 사도들을 감옥에서 끌어내신 시간은 낮이 아닌 밤이었습니다. 수많은 인간들이 퇴폐적인 밤문화에 젖어 있는 바로 그 밤이, 사도들에게는 살아 계신 주님의 은혜를 더욱 깊이 체험하는 신비로운 은총의 밤이었습니다. 똑같은 밤이지만, 사도들과 부정적인 밤문화에 탐닉하는 인간에게 그 밤의 의미는 전혀 동일하지 않았습니다. 사도들이 구출된 뒤 사도들을 구금시킨 사람들의 반응이 어떠했는지도 다음 시간에 살펴보기로 하겠습니다. 이 시간 유의하고자 하는 것은 구출된 사도들의 행동입니다.

주의 사자가 밤에 옥문을 열고 끌어내어 이르되 가서 성전에 서서 이 생명의 말씀을 다 백성에게 말하라 하매 그들이 듣고 새벽에 성전에 들어가서 가르치더니(19-21절 상).

사도들을 감옥에서 이끌어 낸 주의 사자는 사도들에게, 지금까지 그래 왔던 것처럼 계속하여 복음의 증인이 될 것을 명령하였고, 이에 사도들은 새벽에 성전에 들어가 생명의 말씀을 가르쳤음을 본문이 증언하고 있습니다. 그런데 우리말 '새벽'으로 번역된 헬라어 '오르드로스$\ddot{o}\rho\theta o\varsigma$'는 포괄적인 의미에서 '아침'을 일컫는 단어입니다. 즉 누가는 본문에서 밤과 아침을 대비하여 강조하고 있습니다. 밤에 주님의 은혜를 깊이 체험한 사도들의 이튿날이, 다시 말해 은혜로운 밤의 결과인 이튿날이 그 출발선상인 아침부터 사도들의 주님을 위한 삶으로 시작되었음을 역설하고 있습니다.

이것은 주님을 바르게 믿기 원하는 우리에게 얼마나 중요한 메시지인지 모릅니다. 참되고 바른 하루는 그날 아침에서부터 시작되지 않습니다. 그날 아침이면 이미 늦었습니다. 참되고도 바른 하루는 그 전날 밤부터 시작됩니다. 바른 밤의 토대 위에서만 바른 아침이 시작됩니다. 영적인 하루 역시 마찬가지입니다. 하나님께서 계산하시는 하루는 밤 12시에 끝나는 것이 아니라, 온 밤을 거쳐 이튿날이 시작되는 이튿날 아침까지 계속되기 때문입니다.

아브라함의 나이 75세 때에 하나님께서 그를 부르셨습니다. 그 이후 어느 날 밤이었습니다. 하나님께서 아브라함을 밖으로 데리고 가셔서, 그로 하여금 밤하늘을 올려다보게 하셨습니다. 그리고 밤하늘에 빛나는 무수한 별처럼 아브라함에게 많은 자손을 주시리라 약속하셨습니다. 그때 이미 75세를 넘긴 아브라함에겐 단 한 명의 자식도 없었습니다. 그러나 아브라함은 그날 밤, 밤하늘을 쳐다보며 네 자손을 별처럼 많게 해주시겠다는 하나님의 말씀을 믿었습니다. 그때 하나님께서 아브라함의 그 믿음을 그의 의로 인정하셨다고 창세기 15장 6절이 증언하고 있습니다. 아브라함이 하나님을 믿음으로 의인이 된 것은 낮이 아니라 밤이었고, 그 은총의 밤으로 인해 그는 믿음의 조상이 될 수 있었습니다.

하나님께서 아브라함의 아들 이삭에게, 당신이 아브라함과 행한 약속을 재확인시켜 주신 것도 밤이었습니다.

> 그 밤에 여호와께서 그에게 나타나 이르시되 나는 네 아버지 아브라함의 하나님이니 두려워하지 말라 내 종 아브라함을 위하여 내가 너와 함께 있어 네게 복을 주어 네 자손이 번성하게 하리라 하신지라(창 26:24).

하나님께서 그 약속을 또 이삭의 아들, 그러니까 아브라함의 손자인 야곱에게 물려주신 것 역시 밤이었습니다.

그 밤에 하나님이 이상 중에 이스라엘에게 나타나 이르시되 야곱아 야곱아 하시는지라 야곱이 이르되 내가 여기 있나이다 하매 하나님이 이르시되 나는 하나님이라 네 아버지의 하나님이니 애굽으로 내려가기를 두려워하지 말라 내가 거기서 너로 큰 민족을 이루게 하리라(창 46:2-3).

우리는 여기에서 대단히 중요한 사실을 알게 됩니다. 하나님께서 해가 떠 있는 동안에는 모든 사람들이 볼 수 있도록 공개적으로 당신의 능력을 나타내시지만, 밤에는 각 개인과 개별적인 관계를 은밀하게 더욱 깊이 맺으십니다. 밤의 결과인 개개인의 낮을, 인생을, 바르게 세워 주시기 위함임은 두말할 나위도 없습니다. 그래서 1천 번제를 드린 솔로몬에게 하나님께서 응답하신 것도 밤이었습니다.

그날 밤에 하나님이 솔로몬에게 나타나 그에게 이르시되 내가 네게 무엇을 주랴 너는 구하라 하시니(대하 1:7).

하나님과 개인적으로 깊은 관계를 맺던 그날 밤으로 인해 솔로몬은 일평생, 아니 3천 년이 지난 지금까지 지혜의 대명사가 되었습니다. 사도 바울 역시 마찬가지였습니다. 2차 선교 여행 중 고린도에 갔을 때 그곳 유대인들이 바울을 대적하며 비방하였습니다. 그로 인해 가슴 아파했을 어느 날 밤이었습니다.

밤에 주께서 환상 가운데 바울에게 말씀하시되 두려워하지 말며 침묵하지 말고 말하라 내가 너와 함께 있으매 어떤 사람도 너를 대적하여 해롭게 할 자가 없을 것이니 이는 이 성중에 내 백성이 많음이라 하시더라

(행 18:9-10).

개인적인 그 은혜의 밤이 있었기에 고린도 교회가 세워질 수 있었음은 물론입니다. 바울이 예루살렘의 감옥에 갇혔을 때에도 예외가 아니었습니다.

> 그날 밤에 주께서 바울 곁에 서서 이르시되 담대하라 네가 예루살렘에서 나의 일을 증언한 것같이 로마에서도 증언하여야 하리라 하시니라(행 23:11).

바울이 로마에서 순교하기까지 일평생 주님을 위해 초지일관할 수 있었던 것은, 개인적으로 그의 밤이 주님의 충만한 영적 은혜 속에 있었기 때문입니다. 본문 속 사도들이 아침부터 성전에서 복음의 증인이 될 수 있었던 것 또한, 주님께서 밤에 옥문을 열고 이끌어 내어 주시는 영적인 밤의 은혜로 인함이었습니다. 영적인 낮이 영적인 밤을 초래하는 것이 아니라, 영적인 밤이 영적인 낮을 수반합니다. 아침에 시작해서 이튿날 아침에 끝나는 하루하루는 오직 밤에 의해서만 서로 연결되는 까닭입니다. 그래서 이사야 선지자는 이사야서 26장 9절을 통하여, '밤에 내 영혼이 주를 사모하였사온즉 내 중심이 주를 간절히 구하리라'고 고백했습니다. 그의 영혼은 밤이면 더욱 주님을 사모하였고, 그의 중심은 더욱 간절히 주님을 구하였습니다. 그는 밤의 중요성을 아는 진정한 신앙인이었습니다.

저 개인적으로 20대 중반부터 30대 중반에 이르기까지 잃어버린 10여 년을 되돌아보면, 낮이 아니라 밤으로 인해 그 귀한 10여 년을 허비하였음을 알게 됩니다. 당시 매일 밤마다 술독에 빠져 있던 저는, 단 하루도 맑은 정신으로 아침을 맞은 적이 없었습니다. 낮 동안에도 계속 정신이 흐려 있었으니 제 시간을 참되고도 바르게 가꿀 수는 없었습니다. 그리고 정신이 겨우 맑아지는 저녁이 되면 다시 술집을 찾았으니, 그런 정신 나간 밤들로 인해 제 인생에서 가장 중요한, 10여 년에 걸친 황금 같은 청년 시절이 물거품처럼 사라지고 말았습니다. 그때 저는 밤의 중요성에 대해 무지한 무식꾼이었기 때문입니다.

그렇다면 참된 그리스도인이 되기 위해서는, 주님을 믿는 우리에게도 밤문화가 있어야 함을 알게 됩니다. 사람의 일평생을 허물어뜨리는 부정적 의미의 밤문화가 아니라, 사람의 일생을 영적으로 건강하게 세워 주는 영적인 밤문화 말입니다. 우리 주 예수 그리스도께서는 우리를 구원하시기 위해 밤에 오셨습니다. 주님께서 베들레헴의 외양간에서 태어나신 시간이, 낮이 아닌 밤이었습니다. 그리고 주님의 부활 역시 밤중에 일어났습니다. 주님께서 돌아가신 지 사흘째 되는 날 새벽, 여인들이 주님의 무덤을 찾았을 때는 이미 주님께서 부활하신 뒤였습니다. 주님께서 밤중에 부활하셨던 것입니다. 이렇듯 인류를 위해 밤에 오시고 밤에 부활하신 주님께서는 밤에, 당신을 사모하는 사람들과 은밀하게 개인적인 관계를 더욱 깊이 맺으십니다.

사랑하는 교우 여러분!

진정으로 영적인 그리스도인으로 살고 싶으십니까? 그렇다면 밤을 헛되이 보내지 마십시오. 깊은 밤, 주님의 말씀 안에서 주님과 깊고도 은밀한 교제를 나누십시오. 깊은 밤, 주님 앞에 무릎 꿇고 주님의 음성에 귀 기울이십시오. 깊은 밤, 주님의 능력 안에서 자신을 억압하던 세상의 모든 어둠과 폭풍, 불안과 근심의 감옥으로부터 자유를 얻으십시오. 그리고 주님의 평강 안에서, 진정한 쉼과 안식의 밤을 누리십시오. 그 밤으로 인해, 그 밤에 이어지는 이튿날 아침의 의미가 새로워질 것입니다. 밤은 하루가 끝나는 시간이 아니라, 이튿날 아침이 시작되는 출발점입니다.

주님을 믿고 나아온 병자를 주님의 이름으로 다 낫게 했다는 이유만으로, 대제사장과 사두개인들은 삼엄한 경비의 공공 감옥 속에 사도들을 가두어 버렸습니다. 그러나 그날 밤, 주님께서는 옥문을 열고 그들을 이끌어 내셨습니다. 개인적으로 주님과 더욱 깊은 관계를 맺은 그 밤의 은혜로 인해, 그 밤의 결과인 이튿날에 사도들은 아침부터 복음의 증인이 될 수 있었습니다. 그날 밤의 그 은혜로 인해 이튿날의 의미가 새로워졌을 뿐 아니라, 세상의 그 어떤 핍박이나 위협도 주님의 증인으로 살아가는 그들에게 장애물이 될 수 없었습니다. 이와 같은 오늘의 본문을 통해, 우리에게 밤의 중요성을 일깨워 주심을 진심으로 감사드립니다.

우리 모두 주님을 믿는 사람답게, 영적 밤의 문화를 스스로 일구어 가게 도와주옵소서. 밤은 하루의 끝이 아니라, 새날이 시작되는 출발점임을 잊지 말게 하옵소서. 건강한 밤이 건강한 낮의 토대가 됨을 기억하게 하옵소서. 깊은 밤 주님의 말씀 안에서 하루를 되돌아보고 또 내다보게 하옵시고, 겸손하게 주님 앞에 무릎 꿇게 하옵소서. 우리를 위해 밤에 오시고, 우리를 위해 밤에 부활하신 주님과, 매일 밤마다 개인적으로 은밀한 교제를 더욱 깊이 갖게 하옵소서. 우리를 얽어매고 있는 모든 그릇된 생각과 욕망, 그리고 근심과 불안의 감옥으로부터 자유하게 하옵소서. 매일 밤마다 주님의 평강 속에서, 진정한 안식과 쉼의 밤을 누리게 하옵소서.

그리하여 우리의 일평생이 진리 위에 바로 서게 해주시고, 세상의 그 어떤 어둠이나 폭풍도 우리에게 장애물이 되지 않게 하여 주옵소서. 부디 우리 그리스도인들을 통해, 극도로 퇴폐적인 이 나라의 밤문화가 새로워지게 하옵소서. 아멘.

29. 다 모으고

사도행전 5장 17-32절

대제사장과 그와 함께 있는 사람 즉 사두개인의 당파가 다 마음에 시기가 가득하여 일어나서 사도들을 잡아다가 옥에 가두었더니 주의 사자가 밤에 옥문을 열고 끌어내어 이르되 가서 성전에 서서 이 생명의 말씀을 다 백성에게 말하라 하매 그들이 듣고 새벽에 성전에 들어가서 가르치더니 대제사장과 그와 함께 있는 사람들이 와서 공회와 이스라엘 족속의 원로들을 **다 모으고** 사람을 옥에 보내어 사도들을 잡아 오라 하니 부하들이 가서 옥에서 사도들을 보지 못하고 돌아와 이르되 우리가 보니 옥은 든든하게 잠기고 지키는 사람들이 문에 서 있으되 문을 열고 본즉 그 안에는 한 사람도 없더이다 하니 성전 맡은 자와 제사장들이 이 말을 듣고 의혹하여 이 일이 어찌 될까 하더니 사람이 와서 알리되 보소서 옥에 가두었던 사람들이 성전에 서서 백성을 가르치더이다 하니 성전 맡은 자가 부하들과 같이 가서 그들을 잡아 왔으나 강제로 못함은 백성들이 돌로 칠까 두려워함이더라 그들을 끌어다가 공회 앞에 세우니 대제사장이 물어 이르되 우리가 이 이름으로 사람을 가르치지 말라고 엄금하였으되 너희가 너희 가르침을 예루살렘에 가득하게 하니 이 사람의 피를 우리에게로 돌리고자 함이로다 베드로와 사도들이 대답하여 이르되 사람보다 하나님께 순종하는 것이 마땅하니라 너희가 나무에 달아 죽인 예수를 우리 조상의 하나님이 살리시고 이스라엘에게 회개함과 죄사함을 주시려고 그를 오른손으로 높이사 임금과 구주로 삼으셨느니라 우리는 이일에 증인이요 하나님이 자기에게 순종하는 사람들에게 주신 성령도 그러하니라 하더라

초등학교 선생님에게 확인해 보았더니, 물론 학교마다 차이는 있을 수 있겠지만, 요즈음은 초등학생들에게 자율적으로 일기를 쓰게 한다고 했습니다. 선생님이 반드시 내용을 검사하는 것과 같은 방식의 강제성을 띠지는 않는다는 것입니다. 그 말을 듣고 세상 참 많이 달라졌다는 생각을 했습니다. 현재 중학교 3학년생인 제 막내아이가 초등학교에 다닐 때만 해도 사정은 딴판이었습니다. 초등학생들은 반드시 일주일에 4일 이상, 그리고 하루에 열 줄 이상 의무적으로 일기를 기록하여 선생님에게 제출하여야만 했습니다. 선생님이 학생들의 일기 내용을 일일이 확인하고 '검사필' 도장을 찍어 주었음은 물론입니다. 하루에 열 줄 정도의 일기라면 별로 어려울 것도 없어 보입니다. 그러나 제 아이들 네 명은 모두 단 열 줄에 불과한 일기 쓰기를 어려워했습니다. 이유인즉, 딱히 쓸 내용이 없는 탓이었습니다. 그래서 아이들의 일기 내용은 매일 비슷비슷한 내용의 반복이었습니다.

그러나 그것은 초등학교 시절 저 자신의 이야기이기도 합니다. 초등학교 시절, 가장 어려운 방학 숙제가 일기였습니다. 방학 내내 잘 놀기만 하다가, 개학을 겨우 하루 이틀 앞두고 무려 한 달분의 일기를 벼락치기로 쓰다 보니 같은 내용이 반복되지 않을 수 없었습니다. 지금까지 보관하고 있는 당시의 일기장을 보면, 매일 첫 구절은 거의 동일합니다.

"아침에 일어나서 이 닦고 세수하고 밥 먹고 놀았다."

그때는 왜 그렇게 쓸 이야기가 없었던지, 아무리 머리를 짜내어도 결과적

으로는 늘 같은 이야기의 반복에 지나지 않았습니다. 초등학교 시절, 여러분 역시 마찬가지셨을 것입니다.

그렇다면 여기에서 우리는 잠시 멈추어, 현재의 우리 자신을 진지하게 살펴볼 필요가 있습니다. 현재 우리의 삶은 초등학교 시절의 일기장 내용과 분명한 차이를 보이고 있습니까? '아침에 일어나 이 닦고 세수하고 밥 먹고 놀았다'는 내용의 반복에 불과하던 초등학교 시절과 비교하여 현재의 삶엔, 무슨 뚜렷한 진전이 있습니까? 우리의 삶을 매일 정리하면 '오늘도 일어나 이 닦고 세수하고 밥 먹고 회사에 다녀왔다', 혹은 '아침에 일어나 이 닦고 세수하고 밥 먹고 집안일했다'는 동일한 내용의 되풀이에 지나지 않는 것은 아닙니까?

만약 이것이 사실이라면, 우리 삶의 진정한 의미가 대체 무엇이겠습니까? 다람쥐 쳇바퀴 돌듯, 똑같은 내용의 반복에 불과한 우리의 삶이 수반할 결과가 과연 무엇이겠습니까? 가장 행복한 사람은 자신의 코끝에서 호흡이 멈추는 순간, 자신의 지난 삶에 대해 후회하지 않는 사람이라고 합니다. 만약 누구든 의미도 없이 동일한 삶을 되풀이하기만 하다가 마지막 순간, 자신의 지난 삶을 스스로 용납지 못해 통탄하며 세상을 떠난다면 그보다 더 불행한 인간이 어디에 있겠습니까?

그러나 따지고 보면, 모든 인생은 실은 반복입니다. 어제 서산으로 졌던 해가 오늘 아침 동녘에서 다시 떠오른다는 의미에서 반복이요, 봄 여름 가을 겨울이 지나면 반드시 새해가 되돌아온다는 뜻에서도 반복이요, 매일 세 끼니를 되풀이하여 먹어야 하기에 반복이요, 똑같은 직장 똑같은 사무실에 출근하여 똑같은 사람들과 똑같은 일을 하기에 반복이요, 저녁이면 똑같은 집으로 퇴근하여 똑같은 식구들과 살아가기에 반복이요, 밤이 되면 어제와 똑같은 잠자리에서 잠이 들고 이튿날 역시 똑같은 잠자리에서 새날을 맞기에 반복입니다. 반복 아닌 인생이란 아예 있을 수 없습니다.

하지만 모든 인생이 반복이라고 해서 반복의 의미마저 다 동일한 것은 아닙니다. 인생이 반복은 반복이되 무엇을 위한 반복, 누구를 향한 반복이냐에 따라 반복의 의미와 결과가 확연하게 달라집니다. 오늘 본문을 통해 우리가 얻을 수 있는 교훈이 이것입니다.

우리가 2주 전에 살펴본 사도행전 5장 16절은 이렇게 끝나고 있습니다.

> 예루살렘 부근의 수많은 사람들도 모여 병든 사람과 더러운 귀신에게 괴로움 받는 사람을 데리고 와서 다 나음을 얻으니라.

더러운 귀신 들린 사람을 포함하여, 사도들을 찾아온 모든 병자들이 예수 그리스도 안에서 '다' 나음을 얻었습니다. 제대로 의료 혜택마저 받을 수 없던 빈민들이 육체의 질병으로부터 '다' 치유되었다면 그것은 축하할 일이요, 주님에 의해 치유의 도구로 쓰임 받은 사도들을 격려할 일이었습니다. 그러나 오히려 그로 인해 심히 불편해하는 사람들이 있었습니다.

> 대제사장과 그와 함께 있는 사람 즉 사두개인의 당파가 다 마음에 시기가 가득하여 일어나서 사도들을 잡아다가 옥에 가두었더니(17-18절).

대제사장과 사두개인의 당파, 즉 유대교 최고 의사결정기구인 산헤드린 의회를 장악하고 있던 유대교 최고 지도자들은, 예수 그리스도의 이름으로 병자를 낫게 한 사도들로 인해 단순히 심기만 불편해한 것이 아니었습니다. 사도들이 예수 그리스도의 이름으로 모든 병자를 '다' 낫게 한 것과는 달리, 그들은 '다' 마음에 시기가 가득하여 사도들을 삼엄한 감시와 경비하의 공공 감옥에 가두어 버렸습니다. 그러나 지난 시간에 살펴본 것처럼, 그것은 헛일이었습니다. 주님께서 당신의 사자를 보내어 밤에 옥문을 열고 사도들을 친히 이끌어 내셨기 때문입니다. 구출된 사도들은 이튿날 아침부터 여느 때와 같이 성전에서 복음을 가르치고 있었습니다.

대제사장과 그와 함께 있는 사람들이 와서 공회와 이스라엘 족속의 원로들을 다 모으고 사람을 옥에 보내어 사도들을 잡아 오라 하니(21절 하).

그때까지 사도들이 구출된 것을 알지 못한 대제사장과 측근 사두개인 당파는 산헤드린 공회원과 원로들을 '다' 모으고, 사람을 감옥에 보내어 사도들을 끌어오게 하였습니다. 그러나 응당 감옥에 갇혀 있어야 할 사도들이 감옥에 없음으로 인해 일대 소동이 일어났고, 그 소동은 사도들이 성전에서 복음을 가르치고 있는 것이 확인됨과 동시에 끝났습니다.

성전 맡은 자가 부하들과 같이 가서 그들을 잡아 왔으나 강제로 못함은 백성들이 돌로 칠까 두려워함이더라(26절).

우리말 '성전 맡은 자'로 번역된 헬라어 '스트라테고스'는 성경 아래쪽 주註에 '경비대장'이라고 명기되어 있는 것처럼, 예루살렘 성전의 치안과 경비를 담당하는 24개 그룹 병사를 총괄하는 총책임자였습니다. 로마의 역사가 요세푸스가 《유대 전쟁사》에서, '스트라테고스'를 대제사장에 이은 유대교 서열 제2위의 고위직이라 밝혔음은 16주 전에 말씀드린 적이 있습니다. 그 고위직의 경비대장이 부하를 이끌고 성전으로 들어가 사도들을 직접 연행해

왔습니다. 마음 같아서는 성전 경비대장인 자신을 조롱하듯 감옥을 빠져나간 사도들의 주리를 틀고 싶었지만, 사도들로 인해 병이 나은 백성들이 두려워 차마 그렇게 하지는 못했습니다.

사도들이 경비대장에 의해 공회로 끌려오자, 그곳에 모여 있던 유대교 최고 지도자들이 갑론을박 끝에 내린 결정을 5장 40절 하반절이 증언해 주고 있습니다.

> 사도들을 불러들여 채찍질하며 예수의 이름으로 말하는 것을 금하고 놓으니.

유대교 최고 지도자들은 사도들이 예수의 이름으로 말하지 못하도록 사도들을 채찍질로 협박한 뒤에 석방하여 주었습니다.

그런데 우리는 유대교 최고 지도자들이 '다' 마음에 시기가 가득하여 사도들을 감옥에 가두고, 공회를 '다' 모으고 사도들을 소환하여 심문하고, 결국 예수의 이름으로 말하지 말 것을 협박한 뒤에 석방해 주는 광경이 전혀 낯설지 않습니다. 그들은 지금 예전에 행한 짓을 똑같이 반복하고 있기 때문입니다. 우리가 이미 네 달 전에 살펴보았던 사도행전 4장 1-4절 말씀을 다시 주목해 보십시다.

> 사도들이 백성에게 말할 때에 제사장들과 성전 맡은 자와 사두개인들이 이르러 예수 안에 죽은 자의 부활이 있다고 백성을 가르치고 전함을 싫어하여 그들을 잡으매 날이 이미 저물었으므로 이튿날까지 가두었으나 말씀을 들은 사람 중에 믿는 자가 많으니 남자의 수가 약 오천이나 되었더라.

베드로와 요한이 성전 미문 앞에서 구걸하던, 선천성 앉은뱅이 걸인을 예수 그리스도의 이름으로 일으켜 세운 날이었습니다. 그 놀라운 사실을 확인한 백성들이 두 사도에게 모여들었고, 두 사도는 부활하신 예수 그리스도께서 앉은뱅이 걸인을 낫게 해주셨음을 밝혔습니다. 이에 수많은 백성들이 예수 그리스도의 복음을 받아들였습니다. 그러나 그날에도 사도들을 못마땅해한 사람들이 있었습니다. 제사장들과 성전 경비대장, 그리고 사두개인들이었습니다. 그들은 두 사도를 잡아 감옥에 가두었고, 이튿날 대제사장 가문이 '다' 참여한 가운데 산헤드린 공회원을 '다' 모으고 두 사도를 소환하였습니다. 그들은 두 사도를 엄히 다스릴 작정이었지만 사도들의 조리 있는 답변에 더 이상의 심문이 불가능하자, 다시는 예수의 이름으로 말하지 말라고 사도들을 위협한 뒤에 풀어 주었습니다.

이처럼 사도행전 4장에서 행한 것과 똑같은 짓을 그들은 오늘의 본문 속에서 고스란히 반복하고 있습니다. 그렇다면 그들이 사도행전 4장 이전에는 무엇을 했습니까? 그때도 산헤드린 공회원을 '다' 모으고 예수님을 죽일 것을 결의하였습니다. 오늘 본문 이후에는 또 무엇을 했습니까? 산헤드린 공회원을 '다' 모으고 사도 바울을 죽이기로 의결한 뒤, 집요하게 바울의 목숨을 노렸던 사람들 역시 그들이었습니다.

한마디로 그들은 자신들의 모든 가능성을 '다' 한데 모아, 어리석게도 날마다 진리를 짓밟고 유린하는 똑같은 삶을 반복하는 사람들이었습니다. 그런 삶의 반복이 그들의 세속적 기득권과 욕망은 분명히 지켜 주었을 것입니다. 그러나 그들의 코끝에서 호흡이 멎는 순간, 지엄하신 하나님 앞에 서지 않을 수 없는 순간, 그처럼 그릇되고 무익한 삶의 반복으로 인한 그들의 뒤늦은 통탄이 얼마나 컸을지는 쉽게 짐작할 수 있습니다. 주님께서 그런 사람들이 행할 통탄을 누가복음 13장 28절을 비롯하여, 수차례에 걸쳐 예고

하셨기 때문입니다.

> 너희가 아브라함과 이삭과 야곱과 모든 선지자는 하나님 나라에 있고 오직 너희는 밖에 쫓겨난 것을 볼 때에 거기서 슬피 울며 이를 갈리라.

그때 얼마나 후회스러우면 슬피 울며 이를 갈겠습니까? 문제는, 그때 아무리 이를 간다 해도 삶의 기회는 또다시 주어지지 않는다는 것입니다. 단지 욕망을 위해 그릇되게 반복된 삶은 반드시 이를 가는 통탄 속에서 끝난다는 것, 이것이 생명을 창조하신 하나님의 법칙입니다.

반면에 자신들을 찾아온 병자들을 예수 그리스도 안에서 '다' 낫게 하는 선한 일을 하고서도 도리어 구금되어 산헤드린 법정에 소환된 사도들은, 왜 예수의 이름으로 말하지 말라는 명령을 어겼느냐는 유대교 최고 지도자들의 추궁에 답했습니다.

> 사람보다 하나님께 순종하는 것이 마땅하니라 너희가 나무에 달아 죽인 예수를 우리 조상의 하나님이 살리시고 이스라엘에게 회개함과 죄사함을 주시려고 그를 오른손으로 높이사 임금과 구주로 삼으셨느니라 우리는 이 일에 증인이요 하나님이 자기에게 순종하는 사람들에게 주신 성령도 그러하니라(29하-32절).

나는 새도 떨어뜨릴 권세를 지닌 유대교 최고 지도자들 앞에서 추호의 굴함도 없는, 사도들의 이 당당한 답변의 모습과 내용 역시 우리에게 매우 친숙합니다. 성전 미문 앞 앉은뱅이를 고쳐 준 것과 관련하여 두 사도가 심문을 받을 때에도 진술 내용과 태도가 동일하였음을 우리는 사도행전 4장을 통해 이미 알고 있습니다.

> 너희와 모든 이스라엘 백성들은 알라 너희가 십자가에 못박고 하나님이 죽은 자 가운데서 살리신 나사렛 예수 그리스도의 이름으로 이 사람이 건강하게 되어 너희 앞에 섰느니라(행 4:10).
> 다른 이로써는 구원을 받을 수 없나니 천하 사람 중에 구원을 받을 만한 다른 이름을 우리에게 주신 일이 없음이라(행 4:12).
> 하나님 앞에서 너희의 말을 듣는 것이 하나님의 말씀을 듣는 것보다 옳은가 판단하라(행 4:19).

사도들에게도 오늘의 본문은 사도행전 4장 내용의 반복입니다. 다시 말해 사도들의 삶 역시 반복이었습니다. 다만 유대교 지도자들과 차이가 있다면 유대교 지도자들의 반복이 자기 욕망을 위한 삶의 반복인 데 반해, 사도들의 반복은 진리와 생명이신 주님을 위한 삶의 반복이었다는 점입니다. 그들의 삶이 어느 정도로 주님을 위한 반복이었는지는 42절이 잘 전해 주고 있습니다.

> 그들이 날마다 성전에 있든지 집에 있든지 예수는 그리스도라고 가르치기와 전도하기를 그치지 아니하니라.

주님을 위한 그들의 삶은 그침이 없이 계속 반복되었습니다. 여기에서 한 가지 질문이 제기됩니다. 아무리 주님을 위한 반복이라지만, 매일 똑같은 삶을 반복한다는 것은 따분하고 지루한 일이 아니냐는 질문입니다. 그러나

이 질문에 대하여 사도행전은 오히려 그 반대임을 답해 주고 있습니다. 사도들이 성전 미문 앞 앉은뱅이를 예수 그리스도의 이름으로 치유해 주고 처음 투옥되었을 때, 사도들은 이튿날 아침 산헤드린 법정에 소환되어 감옥문을 나섰습니다. 그러나 오늘 본문 속에서 두 번째 투옥되었을 때에는, 주님께서 당신의 사자를 통해 밤에 옥문을 여시고 그들을 친히 구해 내셨습니다. 그뿐이 아닙니다. 사도행전 12장에 이르러 베드로가 세 번째 투옥되었을 때, 참수형을 당하기 전날 밤 주님께서는 더욱 신비로운 방법으로 베드로를 감옥에서 이끌어 내셨습니다. 이처럼 그들이 주님을 위한 삶을 반복할 때, 그들은 날로 주님의 은혜를 더 크고 깊이 체험하였습니다.

이것은 참으로 중요한 사실을 깨닫게 해줍니다. 그들이 주님을 위한 삶을 반복할 수 있었던 것은 주님께서 먼저 그들에게 은혜 베푸시기를 반복하셨기 때문이요, 사도들은 주님의 은혜를 반복하여 체험할수록 주님과 더 깊은 교감을 이루는 가운데 그들 자신이 더욱 새롭고 강인한 그리스도인으로 가다듬어 갔습니다. 따라서 주님을 위한 사도들의 반복은 무의미한 단순반복이 아니라, 그리스도 안에서 자기 성장과 성숙으로 이어졌습니다. 그런 사도들에 의해 인류의 역사가 새로워진 것은 전혀 놀랄 일이 아니었습니다. 어디 그뿐이겠습니까? 주님을 위한 삶을 반복하던 그들의 삶이 끝나는 순간, 그들은 일말의 후회도 없이 오히려 긍지 속에서 하나님 앞에 서지 않았겠습니까? 자신의 죽음이 코끝에 다가왔음을 깨달은 사도 바울은 자신의 죽음을 내다보며 이렇게 고백하였습니다.

나는 이미 부어 드리는 제물로 피를 흘릴 때가 되었고, 세상을 떠날 때가 되었습니다. 나는 선한 싸움을 다 싸우고, 달려갈 길을 마치고, 믿음을 지켰습니다. 이제는 나를 위하여 의의 면류관이 마련되어 있으므로, 의로운 재판장이신 주님께서 그날에 그것을 나에게 주실 것이며, 나에게만이 아니라 주님께서 나타나시기를 사모하는 모든 사람에게도 주실 것입니다(딤후 4:6-8, 새번역).

모든 사람이 후회한다는 죽음 앞에서 사도 바울은 조금도 후회하지 않았습니다. 오히려 자신의 삶에 대한 크나큰 긍지를 지니고 있었습니다. 그의 삶이, 자신에게 은혜를 반복적으로 베풀어 주시는 주님을 위한 반복이었기 때문입니다. 주님을 위한 삶을 반복한 사람이 죽음의 순간에 크나큰 긍지를 지니고 하나님 앞에 설 수 있다는 것, 이 또한 생명을 창조하신 하나님의 법칙입니다.

지금 우리를 스쳐 가는 1초 1초가 모여 우리의 일생이 된다고 했습니다. 그렇다면 우리 모두 지나간 우리의 시간을 '다' 모아 보십시다. 그 가운데 의미 있는 시간은 얼마나 됩니까? '다' 모은 그 시간의 실체가 대체 무엇입니까? 욕망과 죄의 반복입니까, 아니면 진리와 생명의 반복입니까? 만약 욕망과 죄의 반복에 지나지 않는다면 우리의 풍채가 아무리 좋다 한들, 우리의 코끝에서 호흡이 멎는 순간 어두운 데 쫓겨나 슬피 울며 이를 갈기밖에 더 하겠습니까? 반대로 우리 시간들의 집합이 진리와 생명의 반복이라면 현재 우리의 모습이 비록 볼품없더라도, 마지막 순간에 우리의 삶에 대한 무한한 긍지를 품고 하나님 앞에 서지 않겠습니까?

우리가 서 있는 우리 각자의 인생 무대는 결코 영원하지 않습니다. 그 무대는 언젠가 반드시 끝나고야 마는, 시간이 제한된 무대입니다. 때가 되면 조명이 꺼지고, 관객도 떠나고, 막도 내릴 것입니다. 그때 이를 가는 통탄 속에서 무대를 내려설 것인가, 아니면 우리의 소임을 다했음을 감사하며 하단할 것인가는 전적으로, 무대에 서 있는 동안 우리가 그 무대에서 무엇을, 누구를 위해 반복했느냐로 판가름 나게 됩니다.

사랑하는 교우 여러분!

인생은 반복이요, 삶은 시간의 집합이기에, 믿음은 자신을 스쳐 가는 시간들을 '다' 진리로 꿰어 엮는 것을 의미합니다. 우리 모두 본문 속 유대교 지도자들처럼 자신들의 가능성을 '다' 모아 단지 자기 욕망을 위한 삶을 반복하느라, 천하보다 더 귀한 우리의 시간을 물거품처럼 허망하게 날려 버리는 어리석음을 벗어던지십시다. 우리 주위의 사람들, 우리의 시간들, 우리의 모든 가능성을 진리 안으로 '다' 모아들이십시다. 우리가 날마다 같은 공간에서 같은 일을 반복하더라도, 그 반복이 길이요 진리요 생명이신 주님 안에서 주님을 위한 반복이 되게 하십시오. 그때 허물 벗은 나비가 하늘을 날아오르듯, 우리 삶은 진리 안에서 끝도 없이 비상할 것입니다. 주님께서 우리에게 당신의 은혜 베푸시기를 반복하시기에 그 일이 가능함은 두말할 나위 없습니다.

주님! 나의 삶이 더 이상, 초등학교 어린이가 의미 없이 쓴 일기장처럼 되기를 원치 않습니다. 오늘 본문 속 유대교 지도자들처럼 나의 모든 가능성을 다 모아 나의 욕망을 반복하느라, 천하보다 더 귀한 나의 시간을 물거품처럼 흩날려 버리기는 더더욱 원치 않습니다. 성령님의 인도하심 속에서, 내 주위 사람들과 나의 시간들, 그리고 나의 모든 가능성을 날마다 진리 안으로 다 모아들이게 하여 주옵소서. 나를 스쳐 지나가는 1초 1초를 다 진리로 꿰어 엮어, 나의 삶이 내게 은혜 베풀기를 반복하시는 주님을 위한 반복이 되게 하옵소서. 그 반복으로 인해 나의 삶이, 날이 갈수록 진리 안에서 더욱 비상하는 기쁨을 누리게 하옵소서. 그리하여 나의 때가 되어 내 인생의 무대에서 내려오는 순간, 하나님과 사람을 향하여 사도 바울처럼 고백하게 하옵소서.

'나는 이미 부어 드리는 제물로 피를 흘릴 때가 되었고, 세상을 떠날 때가 되었습니다. 나는 선한 싸움을 다 싸우고, 달려갈 길을 마치고, 믿음을 지켰습니다. 이제는 나를 위하여 의의 면류관이 마련되어 있으므로, 의로운 재판장이신 주님께서 그날에 그것을 나에게 주실 것이며, 나에게만이 아니라 주님께서 나타나시기를 사모하는 모든 사람에게도 주실 것입니다.' 아멘.

30. 하나님께로부터 났으면

사도행전 5장 33-42절

그들이 듣고 크게 노하여 사도들을 없이하고자 할새 바리새인 가말리엘은 율법 교사로 모든 백성에게 존경을 받는 자라 공회 중에 일어나 명하여 사도들을 잠깐 밖에 나가게 하고 말하되 이스라엘 사람들아 너희가 이 사람들에게 대하여 어떻게 하려는지 조심하라 이전에 드다가 일어나 스스로 선전하매 사람이 약 사백 명이나 따르더니 그가 죽임을 당하매 따르던 모든 사람들이 흩어져 없어졌고 그 후 호적할 때에 갈릴리의 유다가 일어나 백성을 꾀어 따르게 하다가 그도 망한즉 따르던 모든 사람들이 흩어졌느니라 이제 내가 너희에게 말하노니 이 사람들을 상관하지 말고 버려두라 이 사상과 이 소행이 사람으로부터 났으면 무너질 것이요 만일 **하나님께로부터 났으면** 너희가 그들을 무너뜨릴 수 없겠고 도리어 하나님을 대적하는 자가 될까 하노라 하니 그들이 옳게 여겨 사도들을 불러들여 채찍질하며 예수의 이름으로 말하는 것을 금하고 놓으니 사도들은 그 이름을 위하여 능욕받는 일에 합당한 자로 여기심을 기뻐하면서 공회 앞을 떠나니라 그들이 날마다 성전에 있든지 집에 있든지 예수는 그리스도라고 가르치기와 전도하기를 그치지 아니하니라 인생은 반복이라고 했습니다. 그래서 우리는 지난 시간에 사도행전 4장의 내용이 사도행전 5장에서 고스란히 반복되고 있음을 확인하였습니다. 대제사장과 사두개인 당파를 비롯한 유대교 최고 지도자들은, 예수 그리스도의 생명과 능력의 증인인 사도들에 대하여 다 마음에 시기가 가득하여 사도들을 투옥하고, 산헤드린 공회를 소집하여 사도들을 소환하고, 심문하고, 예수 그리스도의 이름으로 말하지 말 것을 협박하기를 반복하였습니다. 그 반면 사도들은, 나는 새도 떨어뜨릴 권세를 지닌 유대교 최고 지도자들에게 추호의 굴함도 없이, '너희가 십자가에 못박아 죽인 예수를 하나님이 다시 살리사 구원자가 되게 하셨음'을 자신들의 온몸으로 증언하기를 반복하였습니다. 유대교 최고 지도자들이나 사도들이나 그들의 삶이 모두 반복이긴 했지만 그 의미는 전혀 달랐고, 그 의미가 무엇이냐에 따라 결국 그들 인간 됨됨이마저 달라졌습니다.

오늘 본문은 이렇게 시작되고 있습니다.

그들이 듣고 크게 노하여 사도들을 없이하고자 할새(33절).

유대교 최고 지도자들은, '너희가 못박아 죽인 예수가 메시아'라는 사도들의 질타에 자신들의 잘못을 뉘우치기는커녕, 도리어 자신들이 지닌 권세를 이용하여 아예 사도들을 죽여 버리려고 하였습니다. 그들이 마음만 먹으면 못할 짓이 없었기에, 사도들의 생명은 풍전등화와 같았습니다. 바로 그때였습니다.

바리새인 가말리엘은 율법교사로 모든 백성에게 존경을 받는 자라 공회 중에 일어나 명하여 사도들을 잠깐 밖에 나가게 하고 말하되 이스라엘 사람들아 너희가 이 사람들에게 대하여 어떻게 하려는지 조심하라(34-35절).

사도들의 생명이 위기에 처한 그 절체절명의 순간에 가말리엘이 일어났습니다. 가말리엘은 모든 유대인으로부터 존경받는 최고의 율법 학자였습니다. 그의 이름이 우리에게 친숙한 것은 그 유명한 사도 바울이 유대교에 속해 있던 시절, 그의 율법 스승이 가말리엘이었기 때문입니다. 자리에서 일어난 가말리엘은 먼저 사도들을 잠시 밖으로 내보낸 뒤, 사도들을 죽이려 하는 유대교 최고 지도자들에게 조심할 것을 경고했습니다. 왜 그들이 조심하지 않으면 안 되는지, 가말리엘은 그 이유를 이렇게 밝혔습니다.

> 이전에 드다가 일어나 스스로 선전하매 사람이 약 사백 명이나 따르더니 그가 죽임을 당하매 따르던 모든 사람들이 흩어져 없어졌고 그 후 호적할 때에 갈릴리의 유다가 일어나 백성을 꾀어 따르게 하다가 그도 망한즉 따르던 모든 사람들이 흩어졌느니라 이제 내가 너희에게 말하노니 이 사람들을 상관하지 말고 버려두라 이 사상과 이 소행이 사람으로부터 났으면 무너질 것이요 만일 하나님께로부터 났으면 너희가 그들을 무너뜨릴 수 없겠고 도리어 하나님을 대적하는 자가 될까 하노라(36-39절).

가말리엘은 예전에, 스스로 정치적 구세주임을 자처하며 무장봉기를 꾀했던 드다와 유다의 무리가 모두 한순간에 소멸되어 버렸음을 예로 들면서, 사도들을 죽이려 해서는 안 됨을 역설했습니다. 사도들의 사상과 소행이 인간에게서 나온 것이라면 드다나 유다처럼 얼마 가지 않아 반드시 스스로 망할 것이요, 만약 그것이 하나님께로부터 나온 것이라면 인간이 무너뜨릴 수 없음은 말할 것도 없고, 그 경우에 사도들을 대적하는 것은 하나님에 대한 대적이 될 것이라는 이유에서였습니다.

　사도들이 잠시 밖에 나가고 없는 산헤드린 공회에서 그 순간, 하나님을 생각하는 사람은 오직 가말리엘 한 사람뿐이었습니다. 그곳에 모인 사람들은 모두 하나님의 이름으로 밥 먹고, 하나님의 이름으로 권세와 명예를 얻고 누리는 사람들이었지만, 그들은 전혀 하나님을 생각지 않았습니다. 그들이 사도들을 죽이려 한 것은 하나님의 공의나 하나님의 법을 위해서가 아니라, 전적으로 사도들에 대한 질투와 시기 그리고 사도들로 인해 자신들의 기득권이 흔들릴지도 모른다는 이기심으로 인함이었습니다. 이처럼 그들은 하나님의 이름을 이용하기만 할 뿐, 실은 하나님을 생각하는 사람들이 아니었기에 진리를 짓밟고 유린하는 삶을 거리낌 없이 반복하였습니다. 따라서 가말리엘은 그들의 자기중심적인 사고가 하나님을 향해 방향이 바꾸어지도록 촉구한 것이었습니다.

　후에 가말리엘은 산헤드린 공회 의장까지 역임하였지만, 말년에는 기독교로 개종하였다는 전승이 있습니다. 본문에서처럼 가장 중요한 순간에 다른 사람들과는 달리 홀로 하나님을 생각하는 사람이라면, 성자 하나님께서 이 땅에 오시어 인간을 위한 제물이 되셨다가 부활하셨다는 하나님의 복음을 받아들이는 것이 그에게는 매우 자연스러운 일이었을 것입니다. 하물며 그의 애제자가 위대한 사도 바울이었음에야 두말해 무엇하겠습니까? 가말리엘의 제자였음을 자랑스럽게 여기던 바울이 그에게 전심으로 복음을 전하지 않았겠습니까?
　가말리엘의 경고에 대한 유대교 최고 지도자들의 반응은 본문 40절에 나타나 있습니다.

그들이 옳게 여겨 사도들을 불러들여 채찍질하며 예수의 이름으로 말하는 것을 금하고 놓으니.

유대교 최고 지도자들은 가말리엘의 말을 옳게 여겼습니다. 불순분자처럼 보이는 사도들의 사상과 소행이 하나님께로부터 났을 수 있음을 인정한 것입니다. 그렇다고 사도들에게 자신들의 잘못을 정중하게 사과하고 예의를 갖추어 석방시켜 준 것은 아니었습니다. 그들은 사도들을 불러 채찍질을 하면서, 다시는 예수의 이름으로 말하지 말 것을 협박한 뒤에 마지못해 풀어 주었습니다. 이것은 인간이 순간적으로 하나님을 생각할 수는 있지만, 그러나 하나님의 관점으로 판단하고 행동하는 것은 쉽지 않음을 일깨워 주고 있습니다. 신앙은 매사에 하나님을 생각하고, 하나님의 관점으로 세상을 판단하고 실행하는 것을 의미합니다. 그리스도인의 모든 신앙 훈련은 바로 이를 위함입니다. 그러나 유대교 최고 지도자들에게는 이 중요한 부분이 결여되어 있었습니다. 그렇지 않고서야 사도들의 사상과 소행이 하나님께로부터 났을 수 있음은 인정하면서도, 하나님의 사람일 수 있는 사도들을 감히 채찍질하고 협박하는 이중성을 드러내지는 않았을 것입니다.

반면에 죄 없이 채찍질까지 당한 사도들의 반응은 다음과 같았습니다.

사도들은 그 이름을 위하여 능욕받는 일에 합당한 자로 여기심을 기뻐하면서 공회 앞을 떠나니라 그들이 날마다 성전에 있든지 집에 있든지 예수는 그리스도라고 가르치기와 전도하기를 그치지 아니하니라(41-42절).

사도들은 왜 까닭 없이 채찍질하느냐며 항거하거나 원망하지 않았습니다. 그들은 이 어둠의 세상에서 진리를 전하기 위해서는 능욕을 감수해야 함을 당연하게 받아들였을 뿐 아니라, 자신들이 그 일에 합당한 존재로 선택되었음을 도리어 기뻐하였습니다. 나아가 예수의 이름으로 다시는 말하지 말라는 유대교 지도자들의 위협에 아랑곳없이, 집에서든 성전에서든 날마다 예수 그리스도의 증인 된 삶을 멈추지 않았습니다. 그들은 매사에 하나님을 생각함으로, 하나님의 관점에서 판단하고 행동하는 진정한 신앙인이었습니다. 그들이 매일 진리를 반복하는 삶을 기꺼이 살 수 있었던 까닭이 여기에 있었습니다.

신앙은 일주일에 한 번 주일예배 시간에만 하나님을, 그것도 하나님에 대하여 생각하는 것이 아닙니다. 신앙은 평소 기도를 통하여, 말씀을 통하여, 하나님을 생각하는 것이요, 하나님의 관점에서 세상을 판단하고 실행하는 것입니다. 그때에만 하나님을 믿는다면서도 하나님을 부정하는 본문 속 유대교 지도자들의 어리석음에서 탈피할 수 있고, 사도들처럼 세상의 악을 이기고 어떤 상황이든 믿음으로 극복할 수 있습니다.

우리는 지난 수요 성경공부 시간에 사도 바울의 위대한 고백을 배웠습니다.

> 우리가 사방으로 욱여쌈을 당하여도 싸이지 아니하며 답답한 일을 당하여도 낙심하지 아니하며 박해를 받아도 버린 바 되지 아니하며 거꾸러뜨림을 당하여도 망하지 아니하고 우리가 항상 예수의 죽음을 몸에 짊어짐은 예수의 생명이 또한 우리 몸에 나타나게 하려 함이라(고후 4:8-10).

선한 일을 하고서도 사방으로 욱여쌈을 당하고, 답답한 일을 당하고, 심지어 박해까지 당하다가 마침내 거꾸러지고 만다면, 적어도 바보가 아니라면 자기 삶의 길을 바꾸는 것이 타당하지 않겠습니까? 그러나 바울은 아무리 욱여쌈을 당하는 상황을 맞아도 자신은 결코 그 상황에 싸이지 아니하며, 아무리 답답한 일을 당해도 낙심하지 않으며, 아무리 박해를 당해도 버림받지 않으며, 아예 거꾸러진다 해도 망하지 않음은 물론이요, 더더욱 예수 생명의 증인이 되기 위해 기꺼이 자신을 부인하는 삶을 반복했습니다. 그 역시 매사에 하나님을 생각하는, 하나님의 관점으로 판단하고 행동하는 신앙인이었기 때문입니다. 하나님의 관점에서 볼 때 진리를 위한 반복만이 참된 삶이요, 진리를 위해 죽는 것은 영원히 사는 길임이 확연하게 보였기 때문입니다.

이것은 비단 개인의 삶에만 적용되는 이야기가 아닙니다. 한 국가 혹은 인류의 역사 또한 예외일 수 없습니다. 무릇 참된 그리스도인이란 한 국가와 인류가 당면한 문제 속에서 하나님을 생각하며, 하나님의 관점에서 그 문제를 판단하고 행동하는 사람이어야 합니다. 역사의 주관자가 하나님이시기에 역사 'history'는 하나님 그분의 이야기, 즉 'His Story'이기 때문입니다.

솔로몬 왕은 강력한 지도력과 카리스마를 통한 경제개발과 국토개발로 자신의 왕국을 번영의 정점에 이르게 하였습니다. 그러나 어느 시대를 막론하고 강력한 정치 지도력 아래에서는 늘 소외되거나 과중한 부담을 떠안는 국민이 있기 마련입니다. 솔로몬의 시대에도 마찬가지였습니다. 솔로몬의 통치력이 강했던 만큼, 그로 인한 백성의 불만 또한 광범위하게 퍼져 있었습니다. 마침내 솔로몬이 죽고 그의 아들 르호보암이 왕위를 계승하자, 백성들은 그들의 대표 격인 여로보암을 앞세워 르호보암을 찾아가 탄원하였습니다.

왕의 아버지가 우리의 멍에를 무겁게 하였으나 왕은 이제 왕의 아버지가 우리에게 시킨 고역과 메운 무거운 멍에를 가볍게 하소서 그리하시면 우리가 왕을 섬기겠나이다(왕상 12:4).

솔로몬처럼 백성에게 과중한 부담을 주지 않으면 충성을 다하겠다는, 일종의 조건부 충성 서약이었습니다. 르호보암은 사흘 후에 답을 주겠다며 일단 백성들을 돌려보낸 뒤, 먼저 선왕 솔로몬을 모셨던 원로대신들의 자문을 구했습니다. 원로대신들은 백성들의 요구를 들어주라고 권했습니다. 그들 역시 솔로몬 왕의 통치가 백성들에게 큰 부담이 되었음을 인정한 셈이었습니다. 르호보암은 이번에는 자신의 젊은 친구들을 불러 의견을 구했습니다. 세상물정 모르는 그들은 백성들에게 다음과 같이 답할 것을 권했습니다.

내 새끼손가락이 내 아버지의 허리보다 굵으니 내 아버지께서 너희에게 무거운 멍에를 메게 하였으나 이제 나는 너희의 멍에를 더욱 무겁게 할지라 내 아버지는 채찍으로 너희를 징계하였으나 나는 전갈 채찍으로 너희를 징계하리라(왕상 12:10하-11).

동서고금을 막론하고 권력자가 처음 권력의 자리에 앉으면, 백성의 마음을 얻기 위해 유화宥和정책을 쓰는 것이 정치의 기본입니다. 그렇다면 르호보암은 응당 원로대신들의 권유를 좇아 백성들의 요구를 들어주었어야만 했습니다. 그러나 르호보암 왕은 사흘 후에 자신을 찾은 백성들의 대표를, 젊은이들이 권한 포악한 말로 대하는 어처구니없는 짓을 범하고 맙니다. 그것은 새로운 지도자가 행하기에는 너무나도 비상식적인 짓이었습니다.

그런데 이에 대하여 성경이 대단히 중요한 사실을 언급하고 있습니다.

> 왕이 이같이 백성의 말을 듣지 아니하였으니 이 일은 여호와께로 말미암아 난 것이라(왕상 12:15).

르호보암이 백성의 여론을 묵살한 그 어처구니없는 일이 여호와께로 말미암아 일어난 일이라는 것입니다. 쉽게 말해 하나님의 뜻이었다는 말입니다. 이것이 대체 무슨 의미입니까?

르호보암 왕에 의한 여론의 묵살은 곧 왕국의 분열을 초래하였습니다. 백성들이 여로보암을 왕으로 삼아 소위 북왕국을 세웠기 때문입니다. 그때 이스라엘 열두 지파 가운데 무려 열 지파가 북왕국을 지지하였으니, 하루아침에 날벼락을 당한 것과 같은 심정이었을 르호보암의 충격과 분노가 얼마나 컸을는지는 능히 짐작할 수 있습니다. 그는 급히 자기 왕국에 남아 있는 군사 18만 명을 소집하여 자신을 배신한 북왕국을 치려 하였습니다.

바로 그때, 하나님께서 선지자 스마야를 통해 말씀하셨습니다.

> 너희는 올라가지 말라 너희 형제 이스라엘 자손과 싸우지 말고 각기 집으로 돌아가라 이 일이 나로 말미암아 난 것이라(왕상 12:24).

하나였던 왕국이 둘로 쪼개어진 것 역시 하나님께로 말미암은 일이었습니다.

하나님께서는 대체 무슨 이유로 르호보암으로 하여금 백성의 요구를 묵살하는 어리석은 짓을 하게 하시고, 그로 인해 이스라엘 왕국이 분열되게 하셨습니까? 그 원인은 다시 솔로몬에게로 거슬러 올라갑니다. 솔로몬은 하나님께서 주신 지혜와 부귀영화의 정점에서 그만 교만의 늪에 빠지고 말았습니다. 처첩을 1천 명이나 거느리는 육체적 타락은 말할 것도 없고, 하나님을 외면한 채 이방 신을 위한 산당을 짓고 우상을 섬기는 영적 타락에 빠지기까지 했습니다. 그때 하나님께서는 솔로몬 왕국이 분열될 것을 예언하셨고, 르호보암 시대에 이르러 실제로 왕국이 분열되고 말았습니다. 따라서 왕국의 분열은, 교만은 반드시 분열을 낳는다는 하나님의 엄한 경고인 동시에, 다시는 어리석은 교만에 빠지지 말라는 하나님의 사랑의 권면이었습니다.

그러므로 하나님께서 나라의 절반 이상을 잃고 분기탱천하여 일전을 불사하려는 르호보암에게 그 모든 일이 하나님께로 말미암았음을 일깨워 주신 것은, 왕국의 분열을 하나님의 관점에서 판단하고 행동하게 해주시기 위함이었습니다. 그때에만 역사의 소용돌이 속에서, 역사의 주관자이신 하나님의 뜻을 바르게 분별할 수 있기 때문이었습니다.

지난 월요일인 10월 9일 오전 10시 30분경, 북한의 핵실험 강행으로 그날 하루 종일 온 나라가 패닉 상태에 빠졌습니다. 주가가 폭락하여, 그날 하루에 증권시장에서 날아간 돈이 21조 원에 달한다는 것만으로도 국민의 충격이 얼마나 컸는지 알 수 있습니다. 그러나 그날 정작 저를 놀라게 한 것은 다른 데 있었습니다.

2003년 북한이 국제원자력기구IAEA 사찰관을 강제 추방하고 핵개발 재개를 선언한 이후에 북한이 핵개발을 위한 일관된 행보를 보여 왔음에도, 대통령을 비롯하여 정부의 책임 있는 관계자 가운데 북한의 핵실험을 예측하고 대비한 사람이 아무도 없었다는 것은 참으로 놀라운 일이었습니다. 국민의 생명을 책임지는 정부는 국가 안보를 위협할 수 있는 1퍼센트의 가능성에까지 대비하지 않으면 안 됩니다. 국민이 세금으로 그들을 먹여 살리는 이유가 거기에 있기 때문입니다. 그런데도 북한이 핵실험을 하지 않을 것이란 근거 없는 낙관론에 안주하다가 막상 사건이 터지고서야 사태를 수습하느라 허겁지겁함으로, 그들 자신이 역량을 갖춘 지도자라기보다는 도리어 순진한 센티멘털리스트들임을 스스로 보여 주었습니다.

두 번째 저를 놀라게 한 것은 믿는 사람들의 반응 역시 믿지 않는 사람들과 똑같았다는 것입니다. 한쪽에서는 북한을 규탄하고 정부를 비판했으며, 또 다른 쪽에서는 북미 대화에 나서지 않는다는 이유로 미국을 비난했습니다. 그러나 진정 하나님을 믿는 사람이라면, 바로 이런 순간에 무엇보다도 먼저 하나님을 생각해야 합니다. 눈을 들어 하나님을 바라보아야 합니다. 하나님의 관점으로 판단하고 행동해야 합니다. 역사의 주관자는 오직 하나님이십니다. 하나님의 허락 없이는 참새 한 마리도 떨어지지 않습니다. 그렇다면 백성의 여론을 묵살한 르호보암의 어처구니없는 짓이 하나님께로부터 난 일이었듯이, 북한의 무모한 핵실험 속에 이 민족과 교회를 향한, 그리고 우리 각자를 위한 하나님의 뜻이 어찌 없겠습니까?

솔직히 말해 우리가 그동안 얼마나 교만했습니까? 우리가 지닌 것과 능력으로 무엇이든 다 할 수 있다는 자만에 빠져 있지 않았습니까? 하나님을 믿는다면서도 실은 세상의 것을 더 신봉하지 않았습니까? 그러나 이번에 북한의 핵실험 한 번으로 우리의 삶이 마치 폭격을 맞은 듯 송두리째 뒤흔들렸습니다. 결과적으로 우리가 그동안 우리 자신을 결코 지켜 줄 수 없는 것들을 붙잡고 살아왔음을 우리 스스로 입증한 것입니다. 따라서 저 개인적으로는, 이번 북한의 핵실험은 우리의 영적 교만을 뒤흔들어 깨우시고 회복시켜 주시려는 하나님의 은혜임을 믿고 있습니다.

이 순간 하나님을 믿는 우리 그리스도인에게 가장 큰 문제는 북한의 핵실험 강행 그 자체가 아닙니다. 이 국가적 위기 속에서 우리 정부가 국민을 더 이상 분열시키지 않고 통합하기에는 함량 미달처럼 보인다는 것도 아닙니다. 우리의 문제는, 하나님을 믿는다면서도 정작 결정적인 순간에는 하나을 믿지 않는다는 것입니다. 하나님을 믿는다면서도 매사에 하나님을 생각하지 않는다는 것입니다. 하나님을 믿는다면서도 하나님의 관점에서 모든 것을 판단하고 행동하지는 않는다는 것입니다.

이제 우리는 예수 그리스도 안에서 이 사태를 전화위복의 기회로 삼아야 합니다. 정부 관계자들은 개인적인 이념이나 당파적 이해관계를 초월하여 국가와 국민의 안위를 지키기 위해 총력을 집중해야 할 것입니다. 그와 동시에 하나님을 믿는 우리 그리스도인들은 우리의 믿음 없었음과 우리의 교만을 회개하면서, 겸손하게 하나님의 도우심을 간구하십시다. 하나님께서 역사의 주관자시라면 북한 핵문제의 근본적인 해결도, 한반도의 평화적 통일도, 궁극적으로는 오직 하나님에 의해서만 가능할 것입니다.

독일 통일 10주년이 되던 해인 2000년, 저는 스위스 제네바에 살고 있었습니다. 통일 10주년 기념일인 2000년 10월 3일이 가까워지면서 유럽 각국의 텔레비전에서는 통독統獨과 관련된 각종 프로그램이 방영되었고, 기념일 당일에는 통독의 주역이었던 미국의 부시 전 대통령, 소련 고르바초프 전 대통령, 독일 콜 전 총리가 참여하는 대담 프로그램도 있었습니다. 그 모든 프로그램의 결론에는 한 가지 공통점이 있었습니다. 독일 통일에는 말로 설명할 수 없는 힘이 작용했다는 것입니다. 그것은 공공 방송인지라 드러내 놓고 표현하지 못했을 뿐, 하나님의 섭리가 있었다는 의미였습니다. 하나의 나라가 둘로 분열되는 것도 하나님께로 말미암는다면, 둘로 쪼개졌던 나라가 하나로 통일되는 것 또한 어찌 하나님께로 말미암지 않겠습니까? 30여 년 동안 동·서독 분단의 상징이었던 베를린 장벽이 1989년 11월 9일 밤, 총 한 방 쏘지 않고 허물어져 버린 것이 하나님의 섭리 아니고서야 어찌 가능할 수 있었겠습니까?

돌아선 둘이 하나로 합쳐지기 위해서는 누군가가 먼저 베푸는 쪽이 있어야 합니다. 그런 의미에서 햇볕정책도, 포용정책도 모두 귀한 일입니다. 그러나 그것만으로 통일이 될 수 있다고 믿는다면 그것이야말로 오산입니다. 그런 교만으로는 우리가 베푼 것이 이번에 북한이 감행한 핵실험처럼, 우리 자신을 찌르는 칼날이 되어 되돌아올지도 모릅니다. 포용정책은 오직 하나님을 향한 인간의 겸손한 믿음이 전제될 때에만 결실될 수 있습니다. 동독을 포용하자는 동방정책이 서독의 사회민주당에 의해 시작되었지만, 동·서독이 통일될 당시에 그 통일을 주도한 서독의 집권당은 매사를 하나님의 관점에서 판단하고 행동하려는 사람들이 모여 만든 기독교민주당이었다는 사실이야말로, 하나님을 향한 인간의 겸손한 믿음만이 포용정책이 결실될 수 있는 토양임을 보여 주는 좋은 증거가 아닐 수 없습니다. 이런 의미에서 지금 우리의 조국은 그 어느 때보다 그리스도인인 우리의 겸손한 믿음과 바른 역할을 필요로 하고 있습니다.

사랑하는 교우 여러분!

이제 북한의 핵실험으로 인한 공포와 불안 그리고 근심을 모두 털어 버리십시다. 우리 모두 하나님을 바라보십시다. 매사에 하나님을 생각하십시다. 모든 일을 하나님의 관점에서 판단하고 행동하면서, 우리 각자 지켜야 할 우리 삶의 터전을 예수 그리스도 안에서 믿음으로 굳게 지키십시다. 그때 우리는 사방으로 욱여쌈을 당하여도 싸이지 않고, 답답한 일을 당하여도 낙심하지 않으며, 박해를 당하여도 버린 바 되지 않고, 거꾸러뜨림을 당해도 결코 망하지 않을 것입니다. 천지를 창조하신 전능하신 하나님께서 하나님을 믿는 우리를, 우리가 죽어도 영원토록 지키시고 책임져 주실 것이기 때문입니다.

유대교 지도자들이 불순분자로 간주하여 죽이려던 사도들의 사상과 소행은, 하나님께로부터 난 것이었습니다. 갓 왕위에 오른 르호보암이 원로대신의 권유를 버리고 국민의 요구를 묵살한 것도, 하나님께로 말미암은 일이었습니다. 르호보암으로 인해 하나였던 왕국이 둘로 분열된 것 역시, 하나님께로 말미암았습니다.

주님! 지난 월요일 북한의 핵실험 강행으로 온 국민이 불안해하고 있습니다. 그러나 우리는 이 시간, 역사의 주관자는 하나님이시기에, 이것 또한 하나님께로부터 난 일임을 믿습니다. 이제 우리 모두 이 사태를 전화위복의 기회로 삼게 하여 주옵소서. 정부 당국자는 개인적인 이념이나 당파적 이해관계를 초월하여, 국가와 민족의 안위를 위해 그들의 신명을 바치게 하옵소서. 우리 그리스도인들은, 그동안 하나님을 믿는다면서도 실은 자신과 세상의 것을 더 신봉했던 영적 교만과 잘못을 회개하게 하옵소서. 이제부터 매사에 하나님을 생각하고, 매사를 하나님의 관점에서 판단하고 행동하게 하옵소서. 하나님께서 우리 각자에게 맡겨 주신 삶의 터전을 예수 그리스도 안에서, 오직 믿음으로 굳건하게 지키게 하옵소서.

그리하여 사방으로 욱여쌈을 당하여도 싸이지 아니하며, 답답한 일을 당하여도 낙심하지 않으며, 박해를 당하여도 버린 바 되지 않으며, 거꾸러 뜨림을 당하여도 망하지 않는 산 믿음의 소유자가 되어, 하나님에 의해 주어질 통일의 그날을 믿음으로 겸손하게 준비하는 사람들이 되게 하여 주옵소서. 아멘.

31. 예수는 그리스도

사도행전 5장 33-42절
그들이 듣고 크게 노하여 사도들을 없이하고자 할새 바리새인 가말리엘은 율법 교사로 모든 백성에게 존경을 받는 자라 공회 중에 일어나 명하여 사도들을 잠깐 밖에 나가게 하고 말하되 이스라엘 사람들아 너희가 이 사람들에게 대하여 어떻게 하려는지 조심하라 이전에 드다가 일어나 스스로 선전하매 사람이 약 사백 명이나 따르더니 그가 죽임을 당하매 따르던 모든 사람들이 흩어져 없어졌고 그 후 호적할 때에 갈릴리의 유다가 일어나 백성을 꾀어 따르게 하다가 그도 망한즉 따르던 모든 사람들이 흩어졌느니라 이제 내가 너희에게 말하노니 이 사람들을 상관하지 말고 버려두라 이 사상과 이 소행이 사람으로부터 났으면 무너질 것이요 만일 하나님께로부터 났으면 너희가 그들을 무너뜨릴 수 없겠고 도리어 하나님을 대적하는 자가 될까 하노라 하니 그들이 옳게 여겨 사도들을 불러들여 채찍질하며 예수의 이름으로 말하는 것을 금하고 놓으니 사도들은 그 이름을 위하여 능욕받는 일에 합당한 자로 여기심을 기뻐하면서 공회 앞을 떠나니라 그들이 날마다 성전에 있든지 집에 있든지 **예수는 그리스도**라고 가르치기와 전도하기를 그치지 아니하니라

한 뿌리에서 나온 개신교와 천주교Roman Catholicism의 차이는 제도나 형식에서뿐 아니라, 교회에 대한 인식에서도 나타나고 있습니다. 개신교는 성경 말씀에 입각하여, 예수 그리스도를 구주로 믿고 좇는 사람들의 무리 자체를 교회로 간주합니다. 따라서 개신교에서 목사의 존재는, 교회의 필요조건일 수는 있으나 필수 조건인 것은 아닙니다. 개신교는 만인제사장, 즉 어느 특정인이 아니라 주님을 믿는 사람들이 다 그리스도 안에서 제사장이라는 성경의 정신(벧전 2:9)을 따르기 때문입니다. 그러므로 목사가 없는 시골 교회도 어엿한 주님의 몸 된 교회요, 목사 없이 교인끼리 드리는 예배 또한 하나님께서 열납하시는 예배가 됩니다.

그러나 천주교는 교인만 있어서는 교회가 될 수 없습니다. 반드시 교황이 임명한 주교로부터 파송받은 신부가 있어야만 교회가 됩니다. 이를테면 교회와 신부를 동일시하는 것입니다. 이처럼 신부 없이는 교회가 성립될 수 없으므로, 신부 없이 드려지는 미사(예배) 역시 애초부터 있을 수 없습니다. 그런데 그 오랜 신학적 입장과 전통을 깨고 유럽 일부 지역에서는, 죽은 사람을 위한 장례미사에 국한하여 평신도도 미사를 집전할 수 있도록 허락하였는데 그 이유는 두 가지라고 합니다. 첫째는, 신부 지망생의 감소로 신부의 수가 부족하기 때문입니다. 신부가 없는 외딴 지역에서 초상이 났을 경우, 신부가 없음으로 인해 장례식을 치르지 못하는 불상사를 피하기 위해 평신도로 하여금 장례미사를 집전케 한다는 것입니다. 두 번째는, 죽은 사람이나 죽은 사람의 가족이 신부의 장례미사를 원치 않는 경우입니다. 유럽 천주교 신자 대부분이 주일미사에 참여하지 않다 보니, 장례식 때에도 신부가 집전하는 미사를 원치 않는 사람들이 있다는 것입니다. 그런 경우에 죽은 사람과 가까운 친지가 신부를 대신하여 장례미사를 집전한다는 것입니다.

그런데 어느 경우이든, 평신도 집전자는 천주교회가 작성해 준 예식문과 기도문에 의거하여 장례미사를 집전하게 됩니다. 유럽 프랑스어권에서 평신도 집전자가 낭독하는 기도문의 마지막 구절은 이렇게 끝난다고 합니다.

> Oh, Seigneur! Le mort ne soit pas enterré comme un chien!
> 오, 주님! 이 죽은 사람이 개처럼 장사되지 않게 해주소서!

참으로 의미심장한 기도문입니다. 한번 진지하게 생각해 보십시다. 우리의 코끝에서 지금 호흡이 멎는다면, 과연 우리의 죽음은 개의 죽음과 무슨 차이가 있겠습니까? 아니, 우리의 죽음이 개의 죽음보다 나을 것이 있겠습니까? 개는 주인의 명령에 철저하게 복종합니다. 주인을 사랑합니다. 어떤 경우에도 주인을 배신하지 않습니다. 만약 개가 자기 주인에게 대들거나 배신한다면 그것은 오직 한 경우, 즉 개가 미쳤을 때뿐입니다. 그에 반해 하나님에 대한 우리의 태도는 어떻습니까? 우리는 미치지도 않습니다. 멀쩡한 정신을 가지고서도 하나님께 대들고, 외면하고, 배신한 적이 더 많지 않습니까? 아무리 따져 보아도 주인에게 충성을 다하는 개보다 못할 뿐, 나을 것이라고는 아무것도 없습니다. 그렇다면 우리의 죽음 또한 개의 죽음보다 못하면 못했지 결코 나을 수는 없지 않겠습니까? 그런데도 개보다 못한 삶을 산 인간이 주님을 향해 개처럼 장사되지 않게 해달라는 기도가 어떻게 가능할 수 있겠습니까?

예수 그리스도께서 이 땅에 오신 까닭이 죄 없는 의인을 위함이 아니라, 개보다 못한 죄인을 구원하시기 위함이기 때문입니다. 예수님께서 거룩한 사람들을 위해 십자가에서 돌아가신 것이 결코 아닙니다. 개보다 못한 우리의 죗값을, 개보다 못한 우리를 대신하여 치르시기 위해 십자가의 제물이 되셨습니다. 그리고 사흘째 되는 날 죽음을 깨뜨리고 부활하심으로 개보다 못하던 우리가 예수 그리스도 안에서 개보다 나은 사람으로 회복되고, 또 개보다 나은 사람답게 살아갈 수 있는 길을 열어 주셨습니다. 그래서 예수 그리스도를 믿는 사람은 누구든지 주님을 향해 이렇게 기도할 수 있습니다.

'주님! 나의 삶이 개처럼 끝나지 않게 해주소서!'

이것은 아무리 개보다 못한 인간도 그리스도 안에서는 개보다 못한 삶을 청산할 수 있다는 확신에 찬 고백인 동시에, 개보다 못한 인간으로 하여금 개보다 나은 사람답게 살게 하시는 주님에 대한 찬양의 노래입니다.

대제사장과 사두개인 당파를 비롯한 유대교 최고 지도자들은 사도들에 대해 다 마음에 시기가 가득하여, 사도들을 산헤드린 공회로 소환하여 심문하며 아예 죽여 없애 버리려고 했습니다. 그때 온 유대인들이 존경하는 당대 최고의 율법 학자 가말리엘이 일어나, 잠시 사도들을 밖으로 나가게 한 뒤에 말했습니다.

> 이제 내가 너희에게 말하노니 이 사람들을 상관하지 말고 버려두라 이 사상과 이 소행이 사람으로부터 났으면 무너질 것이요 만일 하나님께로부터 났으면 너희가 그들을 무너뜨릴 수 없겠고 도리어 하나님을 대적하는 자가 될까 하노라(38-39절).

지난 시간에 생각해 본 것처럼 사도들이 잠시 자리를 비운 그 순간, 산헤드린 공회에서 하나님을 생각하는 사람은 가말리엘 한 사람뿐이었습니다. 그곳에 모인 사람들은 모두 하나님의 이름으로 밥 먹고, 하나님의 이름으로 명예와 권세를 얻고 누리는 사람들이었지만, 그러나 매사에 하나님을 생각하는 사람들은 아니었습니다. 그들은 단지 자신들을 위해 하나님의 이름을 이용하는 사람들일 따름이었습니다. 가말리엘은 그와 같은 그들의 잘못을 지적한 것이었습니다.

유대교 최고 지도자들은 일단 가말리엘의 지적이 옳을 수 있다고 받아들이긴 했지만, 그렇다고 순순히 사도들을 풀어 준 것은 아니었습니다. 사도들을 불러 채찍질하며, 다시는 예수의 이름으로 말하지 말라고 협박한 뒤에 풀어 주었습니다. 사도들의 사상과 소행이 하나님께로부터 났을 수 있음을 인정하면서도 사도들을 채찍질하고 예수 이름을 금한 것은 그들을 보내신 하나님에 대한 대적 행위였지만, 어리석은 유대교 최고 지도자들은 그 사실을 깨닫지 못했습니다.

그러나 까닭 없이 투옥당하고 채찍질까지 당한 사도들은 항거하거나 원망하지 않았습니다. 그들은 이 어둠의 세상에서 진리를 전하는 데엔 반드시 능욕이 수반됨을 당연한 일로 받아들였을 뿐 아니라, 자신들이 그 일에 합당한 존재로 주님에 의해 선택받았음을 도리어 기뻐했습니다. 그리고 본문 42절이 이렇게 끝나고 있습니다.

> 그들이 날마다 성전에 있든지 집에 있든지 예수는 그리스도라고 가르치기와 전도하기를 그치지 아니하니라.

나는 새도 떨어뜨릴 권세를 지닌 유대교 최고 지도자들이 다시는 예수의 이름을 입 밖에도 내지 말 것을 엄히 명했음에도 사도들은 조금도 개의치 않았습니다. 그들은 어디에서든지 거리낌 없이 "예수는 그리스도"라고 가르치고 전했습니다. '그리스도'란 히브리어 '메시아'를 헬라어로 옮긴 것으로 '구원자'란 의미입니다. 헬라어 원문을 직역하면 사도들은, '예수는 그 그리스도'라고 전했습니다. 하나님께서 구약의 선지자들을 통하여 약속하

예수는 그리스도

신 그리스도, 유대인들이 조상 대대로 대망하던 그리스도, 바로 그 그리스도가 나사렛 예수, 즉 너희가 못박아 죽였던 예수라는 말이었습니다.

여기에서 근본적인 질문이 제기됩니다. 사도들이 대체 어떤 사람들이었습니까? 유대교 최고 지도자들처럼, 그들 역시 자신만 생각하는 이기적인 인간들이 아니었습니까? 예수님을 3년이나 모셨으면서도 마지막 순간, 자신들 가운데 누가 더 크고 높은지를 놓고 서로 싸운 한심한 인간들 아니었습니까? 주님께서 십자가에 못박히시는 그 결정적인 순간에는, 자기 한 목숨 구하기 위해 뿔뿔이 흩어져 도망친 비겁자들 아니었습니까? 심지어 베드로는 주님께서 체포당하시어 대제사장의 집 뜰에서 심문을 받으실 때, 주님의 면전에서 주님을 부인하고 저주까지 한 배신자 아니었습니까?

그때의 사도들이라면 그들은 지금 입을 봉하고 있어야 합니다. 신체적 위해가 직접적으로 가해지지 않을 때에도 지레 겁을 먹고 주님을 배신할 정도였다면, 투옥과 채찍질에 유대교 최고 지도자들의 협박까지 당한 지금은 예수의 '예' 자도 입에 올리지 말아야 마땅합니다. 그런데도 비겁한 겁쟁이에 배신자에 지나지 않았던 그들이, 유대교 최고 지도자들의 구체적인 위해와 위협에도 아랑곳없이 언제 어디서나 '예수가 그 그리스도'라고 증언하기를 그치지 않았습니다. 그것은 그로 인해 자신들이 지금까지 당한 핍박보다 더 큰 핍박을 받아도 무방하다는 공개적인 결단의 표시였습니다. 상식적으로만 생각한다면 당사자가 살아 있는 동안 그를 배신한 사람이라면, 당사자가 죽은 뒤에는 아예 외면해 버리는 것이 인지상정입니다. 그런데 예수님께서 살아 계실 때 예수님을 배신했던 그들이 오히려 예수님의 사후에, '예수는 그 그리스도'라고 목숨을 걸고 증언하는 그 불가사의한 일이 대체 어떻게 가능할 수 있었겠습니까?

그 해답은 오직 한 가지, 예수님의 부활이었습니다. 예수님께서 이 땅에 계시는 동안 사도들에게 예수님은, 그분의 능력을 빌려 각자 자신의 욕망을 성취하기 위한 이용 대상일 뿐이었습니다. 더욱이 자신들의 기대와 달리 예수님께서 무력하게 십자가에 못박혀 돌아가실 때, 예수님은 더 이상 추종할 가치조차 없는 폐기의 대상에 지나지 않았습니다. 그런데 자신들이 마음속으로부터 버렸던 그 예수님께서 죽음을 깨뜨리시고 부활하신 것이었습니다. 죽음을 이기고 부활하신 예수님, 그분이 그동안 그들이 그토록 대망하던 바로 '그 그리스도'셨습니다. 부활하신 '그 그리스도', 자신들의 생명과 삶—자신들의 전 존재를 새롭게 해주시는 '그 그리스도'를 그들이 직접 만난 것입니다. 그것은 이 세상 그 누구도 부정하거나 금할 수 없는 그들의 살아 있는 체험이었습니다.

그래서 그들은 오순절 날 성령 충만한 자신들을 '새 술에 취했다'고 조롱하는 사람들을 향해서도, 성전 미문 앞 선천성 앉은뱅이를 예수 그리스도의 이름으로 일으켜 세운 뒤 사람들이 자신들에게 모여들었을 때에도, 그로 인해 투옥되고 산헤드린 공회에 소환되었을 때에도, 그리고 본문 속에서 두 번째로 투옥되고 소환되었을 때에도, 그들의 진술은 항상 동일했습니다. '너희들이 십자가에 못박아 죽인 예수를 하나님께서 다시 살리시어 그리스도가 되게 하셨다'는 것이었습니다. 한마디로 '예수가 그 그리스도'라는 것이었습니다.

그리고 본문 이후에도 마찬가지였습니다. 사도들은 '예수가 그 그리스도'임을 증언하는 데 그들의 일생을 기꺼이 바쳤습니다. 그 대가로 그들에게 세상의 권세나 부귀가 주어진 것은 결코 아니었습니다. 그들에게 되돌아간 대가는 혹독한 핍박과 박해를 거쳐 원형극장에서 맹수의 밥이 되거나, 참수형 혹은 화형을 당하는 것이었습니다. 그렇지만 그들은 죽음을 두려워하지 않고 예수님께서 부활하셨다고, '예수가 바로 그 그리스도'라고 외치며 죽어 갔습니다. 그들은 정말 부활하신 그리스도를 만났고, 부활하신 그리스도 안에서 그들의 생명과 삶—그들의 전 존재가 새로워졌기 때문입니다. 그러므로 그들이 날마다 성전에 있든지 집에 있든지 '예수가 그 그리스도'라고 증언한 것은 단순한 말의 고백이 아니라, 예수 그리스도 안에서 새로워진 자신들의 전 존재가 담긴 존재론적 고백이었습니다.

이제 서두에 말씀드린, 유럽 프랑스어권에서 천주교 평신도가 장례미사를 집전할 때 드리는 기도문의 관점으로 본문을 다시 들여다보십시다. 하나님을 믿는다면서도 하나님을 이용하기만 할 뿐, 하나님께서 이 땅에 보내신 예수 그리스도와 그의 사도들을 부정하고 대적하는 유대교 지도자들이야말로 주인에게 절대 충성하는 개보다 더 못한 인간들 아닙니까? 사도들 역시 똑같지 않았습니까? 가장 결정적인 순간에 주님을 외면하고 배신한 사도들 또한 개보다 못한 인간들이기는 매한가지였습니다. 비싼 값에 거래되는 족보 있는 개나, 길거리에 내버려진 잡종 개나, 둘 다 개라는 의미에서는 동일합니다. 외형적으로 유대인 최고 지도자들이 족보를 지닌 값비싼 개라면, 갈릴리 빈민 출신인 사도들은 하찮은 잡종 개라고 할 수 있습니다. 신분, 직위, 권세 면에서 그 양자는 도저히 비교할 수 없었습니다. 하지만 그들이 모두 개보다 못한 삶을 살던 인간이란 의미에서는 아무 차이가 없었습니다.

그러나 그들은 부활하신 예수 그리스도 안에서 확연하게 구분되고 말았습니다. '예수가 그 그리스도'임을 끝까지 부정한 유대교 지도자들은 아무리 권세를 부려도 하나님 앞에서는 여전히 개보다 못한 인간들이었고, 결국 그들은 개보다 못한 인간으로 그들의 삶을 마감하고 말았습니다. 반면에 하찮은 잡종 개보다 더 못해 보이던 사도들은, 부활하신 '예수가 그 그리스도' 임을 삶의 체험을 통해 믿음으로 개보다 못한 인간에서 벗어나 사람다운 사람, 하나님의 사람, 예수 그리스도의 사도로 거듭났습니다. 베드로는 그 분기점을 이렇게 설명하고 있습니다.

> 너희는 택하신 족속이요 왕 같은 제사장들이요 거룩한 나라요 그의 소유가 된 백성이니 이는 너희를 어두운 데서 불러내어 그의 기이한 빛에 들어가게 하신 이의 아름다운 덕을 선포하게 하려 하심이라(벧전 2:9).

개보다 못한 인간과 인간다운 인간의 분기점은 예수 그리스도의 빛이었습니다. 예수 그리스도의 생명의 빛, 진리의 빛 속에서 인간은 자신의 인간성을 앗아 가던 모든 어둠과 무질서에서 벗어나 하나님의 사람으로 거듭나는 것입니다.

사도 바울도 마찬가지였습니다. 그 역시 하나님을 대적하던 개보다 못한 인간이었습니다. 오죽했으면 자기 스스로, "죄인 중에 내가 괴수"(딤전 1:15)라고 고백했겠습니까? 그런데 그 또한 부활하신 예수 그리스도의 빛, 빛이신 예수 그리스도를 만남으로 사람다운 사람으로 거듭나게 되었습니다. 그래서 사도 바울도 이렇게 증언하였습니다.

> 어두운 데에 빛이 비치라 말씀하셨던 그 하나님께서 예수 그리스도의 얼굴에 있는 하나님의 영광을 아는 빛을 우리 마음에 비추셨느니라(고후 4:6).

베드로와 바울 모두 어둠과 빛을 대조하고 있습니다. 예수 그리스도의 빛이 없는 어둠 속에서 인간은 개보다 못한 존재일 수밖에 없지만, 부활하신 예수 그리스도의 빛 속에서 인간은 생명의 본질과 질서와 가치를 회복할 수 있다는 의미입니다. 사도들은 주님께서 먼저 베풀어 주신 이 은혜를 생각하기만 하면, 언제 어디서든 '예수가 바로 그 그리스도'라고 증언하지 않을 수 없었습니다.

일본의 위대한 신앙 스승 우치무라 간조 선생의 경우도 동일했습니다. 자신이 태어난 일본 땅에서 온갖 귀신을 섬기느라 영적으로 개보다 못한 삶을 살던 그 역시, 부활하신 예수 그리스도의 빛 속에서 바른 삶의 길과 생명의 본질을 회복했습니다. 그리고 그는 《일일일생》에서 이렇게 피력하고 있습니다.

> 만약 그리스도가 세상에 오시지 않았다면 어떻게 되었을까? 세상에 공자도 있고, 석가도 있고, 마호메트도 있고, 플라톤도 있고, 알렉산더도 있고, 시저가 있어도, 만약 그리스도가 없었다면 어떻게 되었을까? 아아, 예수가 없는 나는 전쟁터에서 수많은 적을 물리치는 용사가 되었으리라. 국가를 해치려는 자들을 섬멸하는 대장부가 되었으리라. 혹은 가난한 사람을 돕기 위해 내 한 몸 내어 주는 자선가가 되었으리라. 그러나 그리스도가 없었다면, 죄를 용서받는 기쁨, 하나님의 아들이 되는 기쁨, 나는 죽고 하나님 안에서 살아가는 새 생명의 기쁨, 부활의 소망, 영생의 약속, 아아, 예수 그리스도 안에서 받을 수 있는 하나님의 이 선물들을 받지는 못했으리라.

만약 그리스도께서 이 땅에 오시지 않았더라면 설령 이 땅에서 위인으로 뭇사람의 칭송을 받는다 한들, 하나님 보시기에는 개보다 못한 존재에 지나지 않음을 그는 바르게 알고 있었습니다. 그래서 그는 같은 책 속에서 또 이렇게 강조하고 있습니다.

> 그리스도인의 신학은 예수 그리스도다. 그리스도인의 윤리는 예수 그리스도다. 그리스도인의 성결은 예수 그리스도다. 그리스도인의 완성은 예수 그리스도다. 예수 그리스도뿐이다. 오직 예수 그리스도뿐이다.

사랑하는 교우 여러분!
예수님께서는 개보다도 못하던 우리의 죗값을 대신 치르시기 위해 십자가에 못박혀 돌아가셨습니다. 그리고 죽음을 깨뜨리고 부활하심으로, 우리가 주님 안에서 생명의 본질과 질서를 회복하고 사람답게 살아갈 수 있는 길을 우리에게 주셨습니다. 그래서 예수님은 하나님께서 약속하신 바로 '그 그리스도'시고, 그분의 말씀은 우리의 사람됨을 회복시켜 주는 생명의 말씀입니다. 이제 우리 모두 우리 코끝에 호흡이 붙어 있는 동안 예수 그리스도의 빛, 그 생명과 진리의 빛 속에 거하십시다. 예수 그리스도의 빛 속에서 우리의 인간성을 앗아 가던 모든 어둠과 무질서를 물리치고, 생명의 본질과 질서와 가치를 회복하십시다. 그 빛 속에서 예수 그리스도를 우리의 신학으로 삼으십시다. 예수 그리스도를 우리의 윤리로 삼으십시다. 예수 그리스도가 우리의 성결이 되게 하십시다. 예수 그리스도가 우리 삶의 완성이 되게 하십시다.

그때 우리의 호흡이 끝나는 순간, 우리는 하나님께 이렇게 감사의 고백을 드리게 될 것입니다.

"이 개보다 못한 죄인, 사람처럼 받아 주셔서 감사합니다."

개는 주인의 말만 듣습니다. 그러나 나는 주님의 말씀보다 세상의 말을 더 신뢰했습니다. 개는 주인에게 충성할 뿐, 주인을 배신하지 않습니다. 그러나 나는 시도 때도 없이 주님을 배신했습니다. 개가 주인에게 대들거나 배신한다면, 그것은 오직 개가 미쳤을 경우뿐입니다. 그러나 나는 멀쩡한 정신을 지닌 채로 주님을 배신하곤 했습니다. 아무리 생각해도 내가 개보다 나을 것이라곤 아무것도 없습니다. 그럼에도 주님께서 개보다 못한 인간이라 나를 버리시지 않고, 도리어 개보다 못한 나를 위해 십자가의 제물이 되어 주시고, 나를 위해 부활하시어, 내가 사람다운 사람으로 살아갈 수 있게끔 나를 위한 그리스도가 되어 주심을 감사합니다.

이제 우리 모두 예수 그리스도의 빛, 생명과 진리의 빛 속에서 걸어가게 하옵소서. 그 빛 속에서 우리의 인간됨을 앗아 가던 모든 어둠과 무질서에서 탈피하여, 생명의 본질과 질서와 가치를 회복하게 하옵소서. 하나님의 사람답게, 하나님의 자녀답게 살아가는, 참존재의 기쁨을 누리게 하옵소서. 나로 인해 내 주위 사람들에게 이 빛이 전해지게 하시고, 나의 삶을 통해 '예수가 바로 그 그리스도'임이 드러나게 하옵소서.

그리하여 주님께서 부르시는 날, 개보다 못한 죄인이었던 우리를 예수 그리스도 안에서 사람처럼 받아 주시는 하나님의 품에, 우리 모두 감사하며 안기게 하옵소서. 아멘.

부록

양화진홍보관 착공 감사 예배 **거룩한 땅**
2006년 9월 1일

성탄 축하 예배 **큰 기쁨의 좋은 소식**
2006년 12월 25일

2006년 9월 1일

거룩한 땅 양화진흥보관 착공 감사 예배

출애굽기 3장 1-5절

모세가 그의 장인 미디안 제사장 이드로의 양 떼를 치더니 그 떼를 광야 서쪽으로 인도하여 하나님의 산 호렙에 이르매 여호와의 사자가 떨기나무 가운데로부터 나오는 불꽃 안에서 그에게 나타나시니라 그가 보니 떨기나무에 불이 붙었으나 그 떨기나무가 사라지지 아니하는지라 이에 모세가 이르되 내가 돌이켜 가서 이 큰 광경을 보리라 떨기나무가 어찌하여 타지 아니하는고 하니 그때에 여호와께서 그가 보려고 돌이켜 오는 것을 보신지라 하나님이 떨기나무 가운데서 그를 불러 이르시되 모세야 모세야 하시매 그가 이르되 내가 여기 있나이다 하나님이 이르시되 이리로 가까이 오지 말라 네가 선 곳은 **거룩한 땅**이니 네 발에서 신을 벗으라

사전은 땅의 의미를, "지구에서 강, 호수, 바다와 같이 물로 이루어져 있는 부분이 아닌, 흙이나 돌로 구성된 부분 일체"를 가리킨다고 정의하고 있습니다. 이를테면 산과 초원, 그리고 사막과 택지를 포함하여 지구상에 겉으로 드러난 일체의 뭍이 온통 땅인 셈입니다. 그러나 그 모든 땅이 똑같이

땅으로 불린다고 해서 그 의미와 가치마저 동일한 것은 아닙니다. 쓰레기로 뒤덮여 버려진 땅이 있는가 하면, 소돔과 고모라처럼 심판받아 마땅한 환락의 땅도 있고, 반대로 세월이 흘러갈수록 더더욱 거룩한 땅, 다시 말해 성지로 기려지는 땅도 있습니다. 천지 사방이 온통 땅인데, 그 가운데 특별히 성지로 기려지는 땅은 대체 어떤 땅이겠습니까?

오늘 본문은 모세가 하나님의 부르심을 받는 장면을 전해 주고 있습니다. 3400년 전, 당시 세계 최대 최강의 제국이었던 이집트의 왕자 신분에서 미디안 광야의 양치기로 전락한 모세가 80세가 되었을 때였습니다. 그날도 모세는 평소처럼 양 떼를 몰고, 일명 호렙산으로 불리는 시내산으로 갔습니다. 그때 하나님께서 모세에게 나타나셔서 말씀하셨습니다.

> 이리로 가까이 오지 말라 네가 선 곳은 거룩한 땅이니 네 발에서 신을 벗으라(5절).

하나님께서는 모세가 서 있는 시내산을 거룩한 땅, 곧 성지라고 부르셨습니다. 시내산은 나무는 고사하고 풀 한 포기 자랄 수 없는, 생명 없는 죽은 돌산에 지나지 않습니다. 외형상 거룩할 것이라곤 아무것도 없습니다. 그런데도 하나님께서 그곳을 성지로 구별하신 것은, 바로 그 시내산에서 모세에게 당신의 거룩한 명령을 내리셨기 때문입니다. 명령의 내용은, 이집트에서 고통받고 핍박당하는 당신의 백성을 해방시켜 가나안 땅으로 인도하라는 것이었습니다. 즉, 너 자신만을 위하던 안일한 삶을 버리고 동족을 위한 헌신의 삶을 살라는 것이었습니다. 그리고 모세가 그 명령을 수행할 수 있도록, 하나님께서는 모세로 하여금 먼저 신을 벗게 하셨습니다. 신발은 타락한 인간 본성의 상징입니다. 욕망과 이기심에 눈먼 인간의 발은 타인과 정의에는 아랑곳없이, 단지 자신의 욕망과 이기심을 충족시켜 줄 사람과 장소를 찾아다니느라 분주합니다. 따라서 하나님께서 모세에게 신을 벗으라 하신 것은, 자기중심적인 삶을 살던 한 인간이 동족을 위해 이타적인 삶을 살기 위해서는 반드시 자기 이기심을 먼저 탈피하지 않으면 안 된다는 의미였습니다.

그렇다면 우리는 하나님께서 말씀하신 성지의 참된 의미를 깨닫게 됩니다. 세속적 의미의 성지와는 달리, 하나님께서 말씀하신 성지는 과거의 역사적 인물이나 사건을 기리는 곳이 아닙니다. 지형이 성스럽게 생겼다고 성지가 되는 것도 아닙니다. 하나님께서 말씀하신 성지는 이기적인 삶을 목적으로 삼았던 인간이 하나님의 말씀 앞에서, 민족과 인류를 위한 이타적인 삶을 살기 위해 자기 이기심의 신발을 벗어던지는 곳입니다. 하나님께서 말씀하신 성지가 세속적 의미의 성지와 구별되는 까닭이 바로 여기에 있습니다.

3400년이 지난 지금까지도, 전 세계의 그리스도인들은 시내산을 성지로 기리며 순례하고 있습니다. 그러나 이집트 시나이반도의 최남단에 위치한 시내산 그 자체를 신성시한다면, 그것은 진정한 의미에서의 성지가 아닙니다. 시내산을 찾는 사람들이 누구든 3400년 전의 모세를 본받아, 인간을 위해 헌신할 것을 요구하시는 하나님의 명령 앞에서 자기 이기심의 신을 기꺼이 내벗어던질 때, 시내산은 진정한 의미에서의 거룩한 땅으로 구별될 것입니다. 하나님께서 말씀하신 성지는 특정한 장소가 아니라, 인간 중심의 문제이기 때문입니다.

우리는 오늘 양화진흥보관 착공 감사 예배를 드리기 위해 이곳에 모여 있습니다. 우리 자신을 포함하여 사람들은 이곳을 오래전부터 성지, 다시 말해 거룩한 땅이라고 부르고 있습니다. 대체 이곳을 성지라고 부르는 이유가 무엇입니까? 이곳이 동서양의 문화가 격돌한 역사의 현장이기 때문입니까? 수천 명에 달하는 천주교 신자들이 참수형을 당한 절두산과 이웃하고, 역사의 암흑기에 우리 민족에게 생명과 진리의 빛을 던져 준 선교사님들의 무덤이 있기 때문입니까? 그런 과거의 이유만이라면 이곳이 세속적 의미의 성지나 역사적 사적지가 될 수 있을지는 모르나, 하나님께서 말씀하신 거룩한 땅일 수는 없습니다. 참된 성지는 죽은 사람을 위한 곳이 아니라, 살아 있는 사람을 위한 공간입니다. 진정한 성지는 죽은 사람을 기리는 곳이 아니라, 살아 있는 사람이 하나님으로부터 거룩한 소명을 받아 그의 중심이 새로워지는 장소입니다. 이 양화진을 드나드는 사람들이 자기중심적인 삶을 탈피하여, 이곳에 묻힌 분들처럼, 민족과 인류를 위해 헌신하라는 하나님의 명령에 순종하기 위해 자기 이기심의 신을 벗어던지기 시작할 때, 이곳은 3400년 전의 시내산처럼 하나님의 말씀이 살아 역사하는 명실상부한 성지가 될 것입니다.

바로 그와 같은 믿음과 소망을 지니고, 오늘 우리는 양화진홍보관 착공 감사 예배를 드리고 있습니다. 분열과 대립, 불신과 혼돈의 이 어둔 세상 속에서 양화진홍보관을 통해 국적, 인종, 연령, 직업, 신분을 초월하여 수많은 사람들의 중심이 하나님의 말씀 안에서 이타적인 삶을 지향하는 성지로 회복되기를 바라는 소망과 믿음입니다. 이 의미 깊은 일을 마포구청과 100주년기념교회가 함께 행하게 하신 하나님의 뜻을 우리는 모두 겸허하게 받아들이고 있습니다. 마포구청이 구청 소유지에 100주년기념교회로 하여금 양화진홍보관을 건축하게 한 것도, 100주년기념교회가 교회 예산으로 양화진홍보관을 건축하여 마포구청에 기부채납하는 것도, 모두 자기 이기심의 신을 벗어던지는 결단으로만 가능한 일이었습니다. 이 아름다운 일을 엮으신 하나님께 감사드리며, 마포구청과 100주년기념교회가 지역사회와 민족과 인류를 위해 함께 개척해 나가는 이 길에 동참하는 모든 분들의 중심이, 시내산과 같은 거룩한 성지로 승화되기를 기원드립니다.

하나님!
마포구청과 100주년기념교회가 지역사회와 민족 그리고 인류를 위해 이기심의 신을 벗고, 아무도 가보지 않은 길을 함께 출발했습니다. 하나님께서 친히 이 길의 인도자가 되어 주옵소서. 양화진홍보관을 거쳐 갈 모든 사람들의 중심이, 이곳 양화진에 묻힌 분들처럼, 하나님의 말씀 안에서 사람을 위해 헌신하는 성지로 회복되게 하옵소서. 그리하여 이곳 양화진이 주님 오시는 날까지 진정한 의미에서의 거룩한 땅으로 기려지게 하옵소서. 아멘.

2006년 12월 25일

큰 기쁨의 좋은 소식 성탄 축하 예배

누가복음 2장 1-14절

그때에 가이사 아구스도가 영을 내려 천하로 다 호적하라 하였으니 이 호적은 구레뇨가 수리아 총독이 되었을 때에 처음 한 것이라 모든 사람이 호적하러 각각 고향으로 돌아가매 요셉도 다윗의 집 족속이므로 갈릴리 나사렛 동네에서 유대를 향하여 베들레헴이라 하는 다윗의 동네로 그 약혼한 마리아와 함께 호적하러 올라가니 마리아가 이미 잉태하였더라 거기 있을 그때에 해산할 날이 차서 첫아들을 낳아 강보로 싸서 구유에 뉘었으니 이는 여관에 있을 곳이 없음이러라 그 지역에 목자들이 밤에 밖에서 자기 양 떼를 지키더니 주의 사자가 곁에 서고 주의 영광이 그들을 두루 비추매 크게 무서워하는지라 천사가 이르되 무서워하지 말라 보라 내가 온 백성에게 미칠 **큰 기쁨의 좋은 소식**을 너희에게 전하노라 오늘 다윗의 동네에 너희를 위하여 구주가 나셨으니 곧 그리스도 주시니라 너희가 가서 강보에 싸여 구유에 뉘어 있는 아기를 보리니 이것이 너희에게 표적이니라 하더니 홀연히 수많은 천군이 그 천사들과 함께 하나님을 찬송하여 이르되 지극히 높은 곳에서는 하나님께 영광이요 땅에서는 하나님이 기뻐하신 사람들 중에 평화로다 하니라 제가 이 땅에 태어났을 때, 제 위로 누님 다섯 분과 형님 한 분이 있었습니다. 그런데 자식의 이름은 아버님이 지어 주신다는 그간의 전례를 깨고 막내인 제 이름만은 어머님이 지어 주셨습니다. 그때 아버님은 아직 주님을 영접하시기 전이었으므로, 독실한 기독교인이시던 어머님이 제게만은 신앙적인 이름을 물려주기 원하셨던 것입니다. 그래서 제 이름이 '재철'이라 지어졌습니다. 한자로 '있을 재在' 자에 '밝을 철哲' 자를 사용하여, 말씀의 밝은 빛 가운데에서 살라는 어머님의 믿음과 염원이 담긴 이름이었습니다. 제 아내가 태어났을 때 장로님이셨던 아내의 조부님은 아내의 이름을 '애주'라고 지어 주셨습니다. '사랑할 애愛' 자에 '주인 주主' 자, 즉 일평생 주님만 사랑하라는 조부님의 염원이었습니다.

이처럼 우리의 부모님들은 당신들의 염원을, 그리고 믿는 분들의 경우에는 당신들의 신앙고백까지 담아 우리의 이름을 지어 주셨습니다. 우리 역시 예외가 아닙니다. 사랑하는 우리 자식들의 이름 속엔 예외 없이 우리의 신앙고백과, 우리 자식들이 그렇게 살기 바라는 우리의 염원이 담겨 있습니다. 그러나 자식의 이름에 담긴 부모의 염원은 그저 염원으로 끝나 버리기 일쑤입니다. 인간이 부모님의 염원에 부응하는 삶을 살기에는 너무나도 부족하고, 또 유한하기 때문입니다. 저 역시 말씀의 밝은 빛 속에 거하기보다는 어둠을 좇았던 적이 더 많았습니다.

2천 년 전 갈릴리의 달동네 나사렛에서 한 처녀가 아이를 잉태하였습니다. 아직 아이를 출산한 것이 아니었습니다. 단지 잉태하였을 뿐이었습니다. 그런데 그 처녀가 아이를 잉태하는 순간, 하나님께서는 당신의 사자를 보내시어 그 아이의 이름을 지어 주셨습니다.

아들을 낳으리니 이름을 예수라 하라 이는 그가 자기 백성을 그들의 죄에서 구원할 자이심이라 하니라(마 1:21).

하나님께서 그 아이에게 지어 주신 이름은 '예수'였습니다. '구원자'라는 의미였습니다. 그러나 그 이름은 하나님의 염원으로만 끝나지 않았습니다. 그 아이가 이 세상에 태어난 뒤, 하나님께서 그를 통해 이루시기 원하신 구원의 역사를 그가 모두 이루었기 때문입니다. 그 예수가 누구기에 하나님께서 지어 주신 이름에 추호의 어긋남이 없는 삶을 살았습니까?

보라 처녀가 잉태하여 아들을 낳을 것이요 그의 이름은 임마누엘이라 하리라 하셨으니 이를 번역한즉 하나님이 우리와 함께 계시다 함이라(마 1:23).

그 아이는 임마누엘, 즉 그 아이 속에서 당신 자신을 계시해 주시고 인간과 함께해 주시기 위해 이 땅에 오신 하나님이셨습니다.

마침내 아기 예수가 태어나던 날, 들판에서 양을 지키던 목자에게 천사가 나타나 본문 10-11절을 통해 말했습니다.

천사가 이르되 무서워하지 말라 보라 내가 온 백성에게 미칠 큰 기쁨의 좋은 소식을 너희에게 전하노라 오늘 다윗의 동네에 너희를 위하여 구주가 나셨으니 곧 그리스도 주시니라.

천사는 아기 예수님의 탄생을, "온 백성에게 미칠 큰 기쁨의 좋은 소식"이라 밝혔습니다. 우리말 '큰'으로 번역된 헬라어 '메가스 $\mu\acute{\epsilon}\gamma\alpha\varsigma$'는 엄청나게 크다는 의미입니다. 왜 예수님의 탄생이 온 백성에게 미칠 엄청나게 큰 기쁨입니까? 그것은 단순한 아이의 탄생이 아니라, 온 백성을 위한 임마누엘 하나님의 강림이었기 때문입니다. 그래서 임마누엘 하나님이신 예수 그리스도께서 가시는 곳마다 큰 기쁨의 좋은 소식이 현실로 나타났습니다.

갈릴리 가나에 잔칫집이 있었습니다. 잔칫집은 기쁨의 집이요, 적어도 잔치가 계속되는 동안은 사람과 필요한 모든 것이 차고 넘치는 축제의 집입니다. 그러므로 잔칫집에는 어떤 문제도 없어야 합니다. 오직 흥겹기만 해야 합니다. 그런데 갑자기 문제가 생겼습니다. 포도주가 떨어져 버린 것입니다. 잔칫집에서 잔치 도중에 포도주가 떨어져 버렸으니, 이제까지의 모든 수고가 허사가 될 판이었습니다. 외딴 마을에서 달리 포도주를 구할 길도 없었습니다. 참으로 낭패스럽기 짝이 없는 일이었습니다.

이 사건은 우리에게 참으로 중요한 교훈을 던져 주고 있습니다. 잔칫집처럼 모든 것이 흥겨워 보이고 화려해 보이는 곳에도 반드시 문제는 있다는 것입니다. 잔칫집처럼 수많은 인간이 운집해 있는 곳에도 인간이 해결할 수 없는 문제가 있기 마련이라는 것입니다. 아니, 인간이 많이 모여 있기에 도리어 더 큰 문제가 있을 수밖에 없다는 것입니다.

바로 그 문제의 현장에 예수 그리스도께서 나타나셨습니다. 그리고 그 집에 남아 있던 물로 포도주를 만들어 주심으로, 파국에 직면했던 잔칫집은 잔칫집으로 대단원의 막을 내릴 수 있었습니다. 사람들은 예수님께서 그날 물로 포도주를 만들어 주신 것이 이 땅에서 행하신 첫 번째 기적이라 하여 그 일을 기립니다. 그러나 임마누엘 하나님께 그것은 기적이 아니었습니다. 파국을 맞을 수밖에 없었던 그 문제의 현장에, 온 백성에게 미칠 큰 기쁨의 좋은 소식인 예수 그리스도께서 임하신 것 자체가 기적이었습니다.

나인성에 초상이 났습니다. 죽은 사람은 과부의 외아들이었습니다. 과부에게 외아들이라면 자기 생명처럼, 아니 자기 생명보다 더 소중한 존재입니다. 그 소중한 외아들이 죽은 것입니다. 이 또한 얼마나 귀한 교훈입니까? 나인성 과부는 소중한 자식을 자기 뜻대로 할 수가 없었습니다. 자신에게 소중한 것이라고 해서 자기 뜻대로 되는 것은 아닙니다. 소중하면 할수록 자신의 뜻대로 되지 않는 일이 더 허다합니다. 어디 그것이 자식 문제에 국한되겠습니까? 소중한 가정도, 소중한 사업도, 소중한 인생도, 결코 자신의 뜻대로 되지는 않습니다.

나인성 과부의 외아들 장례 행렬이 공동묘지를 향하고 있습니다. 그때 예수 그리스도께서 그 현장에 임하셨습니다. 슬퍼하는 과부를 불쌍히 여기신 주님께서 과부를 위로하신 다음, 과부의 죽은 외아들이 누운 관에 손을 대시고 말씀하셨습니다.

    청년아, 내가 네게 말하노니 일어나라(눅 7:14).

그 순간 예수 그리스도의 생명이 죽은 청년에게 임하였습니다. 그리고 그가 죽음으로부터 깨어났습니다. 죽은 시체가 살아난 것이었습니다. 죽음의 행렬이 순식간에 생명의 행렬로 바뀌었습니다. 그러나 임마누엘 하나님이신 예수 그리스도께서 죽은 청년을 살리셨다는 것이 기적이 아니었습니다. 온 백성에게 미칠 큰 기쁨의 좋은 소식인 주님께서 바로 그 죽음의 행렬 속에 임하신 것이 기적이었습니다.

이처럼 주님께서 '온 백성에게 미칠 큰 기쁨의 좋은 소식'이라 할 때, 그 '온 백성' 속에 우리 각자도 포함되어 있음은 두말할 나위가 없습니다. 주님께서 우리 개개인에게도 큰 기쁨의 좋은 소식인 것입니다. 그러나 주님께서 온 백성에게 미칠 큰 기쁨의 좋은 소식이라는 것과, 우리가 그 큰 기쁨의 좋은 소식을 누리는 백성이 된다는 것은 전혀 별개의 이야기입니다. 2천 년 전 주님께서 이 땅에 계시는 동안에도 그 큰 기쁨의 좋은 소식을 누리지 못한 사람이 더 많았습니다. 과연 우리가 어떻게 매일의 삶 속에서 그 큰 기쁨의 좋은 소식을 누리는 주님의 백성이 될 수 있겠습니까?

주님께서 말씀하셨습니다.

> 건강한 자에게는 의사가 쓸데없고 병든 자에게라야 쓸데 있느니라⋯⋯ 나는 의인을 부르러 온 것이 아니요 죄인을 부르러 왔노라(마 9:12-13).

자신이 치유 불능의 영적 중환자, 추악한 죄인임을 깨닫는 사람의 삶 속에, 그분은 큰 기쁨의 좋은 소식으로 이미 역사하고 계십니다.

> 나는 세상의 빛이니 나를 따르는 자는 어둠에 다니지 아니하고 생명의 빛을 얻으리라(요 8:12).

그분 없는 나의 삶은 칠흑 같은 어둠에 지나지 않음을 통감한 사람에게, 그분은 이미 빛으로 역사하고 계십니다.

> 나는 생명의 떡이니 내게 오는 자는 결코 주리지 아니할 터이요 나를 믿는 자는 영원히 목마르지 아니하리라(요 6:35).

내게 천금 같은 재산이 있어도 그분 없는 나의 인생은 주리고 목마른 영적 걸인일 뿐임을 자각한 사람의 삶 속에, 그분은 생명의 떡, 생명수로 이미 역사하고 계십니다.

내가 곧 길이요 진리요 생명이니 나로 말미암지 않고는 아버지께로 올 자가 없느니라(요 14:6).

주님과 무관한 자신의 삶은 온통 허위요, 허식이요, 위선임을 절감한 사람에게, 그분은 하나님을 향한 진리의 길로 이미 역사하고 계십니다.

나는 부활이요 생명이니 나를 믿는 자는 죽어도 살겠고 무릇 살아서 나를 믿는 자는 영원히 죽지 아니하리니(요 11:25-26).

이 세상에서 제아무리 화려해 보이는 그 어떤 인간도 결국은 공동묘지에서 한 줌의 흙으로 끝나 버릴 것을 통감한 사람의 삶 속에, 그분은 영원한 생명으로 이미 역사하고 계십니다.

여기에서 우리는 귀중한 교훈을 얻게 됩니다. 자신의 부족함과 유한함, 허물과 추함, 죄와 죽음을 통감하고, 자신의 힘으로는 그 올무로부터 도저히 벗어날 수 없음을 자각한 사람만, 자기 인생 속에 임하신 주님 안에서 큰 기쁨의 좋은 소식을 누리는 주님의 백성이 될 수 있다는 사실입니다.
그래서 본문이 이렇게 증거하고 있습니다.

첫아들을 낳아 강보로 싸서 구유에 뉘었으니 이는 여관에 있을 곳이 없음이러라(7절).

이 땅에 오신 임마누엘 하나님이신 예수님은 화려한 왕궁 비단 침대 위에서 태어나시지 않았습니다. 그분은 짐승 외양간의 구유, 더러운 짐승의 밥통을 침대 삼아 태어나셨습니다. 누구든지 자신의 힘이나 능력으로는 죄와 죽음의 문제를 스스로 해결할 수 없음을 깨달은 사람의 마음, 짐승 밥통처럼 낮고 겸손한 사람의 마음만이 주님 안에서 큰 기쁨의 좋은 소식을 누릴 수 있음을 온 백성에게 일깨워 주시기 위함이었습니다. 그래서 들판에서 양을 치던 가난한 목자들, 포도주가 떨어진 가나의 잔칫집 사람들, 그리고 외아들이 죽은 나인성 과부에게 예수 그리스도께서 큰 기쁨의 좋은 소식이었던 데 반해, 왕궁 속에서 세상의 모든 것을 소유하고 있던 헤롯 대왕이 아기 예수를 죽이려 했다는 사실은, 인간의 마음이 구유가 되지 않고서는 큰 기쁨의 좋은 소식을 결코 누릴 수 없음을 보여 주는 단적인 예입니다.

사랑하는 교우 여러분!

우리는 오늘 또 성탄절을 맞았습니다. 만약 누구든 이 성탄절에 무작정 예수 그리스도를 찾아 나선다면, 그는 올해도 예수 그리스도를 만나는 데 실패하고 말 것입니다. 먼저 우리 자신과 우리의 소유를 더 신봉하려는 우리의 교만한 마음을, 주님 앞에 낮고 비천한 구유로 내려놓으십시다. 혹 지금 무슨 문제로 괴로워하고 계십니까? 바로 그 문제를, 우리의 높은 마음을 낮은 구유로 내려놓는 도구와 계기로 삼으십시다. 그때 가나의 잔칫집에서처럼, 나인성 과부 외아들의 장례 행렬에서처럼, 우리는 예수 그리스도 안에서 큰 기쁨의 좋은 소식을 누리는 기적을 체험하게 될 것입니다.

잊지 마십시오. 큰 기쁨의 좋은 소식은 우리 밖이 아니라, 언제나 우리 속에서 역사하십니다. 이 땅에 강림하신 큰 기쁨의 좋은 소식인 그분은 우리의 손님이 아니라, 우리 인생의 주인이시기 때문입니다.

임마누엘 하나님께서, 하찮은 우리를 위해 강림하신 뜻깊은 성탄절을 맞았습니다. 행여 우리 가운데 자신의 능력이나 자신의 소유를 주님보다 더 신봉하느라, 생명의 구주이신 주님을 배척하는 어리석은 헤롯 대왕이 없게 하여 주옵소서. 우리 모두 우리 자신의 허물과 한계, 죄와 죽음을 자각하여, 우리의 교만한 마음을 주님 앞에 낮고 낮은 구유로 내려놓게 하옵소서. 혹 인생의 어려운 문제로 인해 고통받는 분이 있다면, 그 문제야말로 자신의 심령을 주님의 구유로 승화시켜 주시려는 주님의 은총임을 기억하게 하옵소서. 그리하여 우리 모두 큰 기쁨의 좋은 소식을 누리는 주님의 백성이 되어, 우리의 일평생이 가나의 흥겨운 혼인 잔칫집이 되게 하옵소서. 우리의 코끝에서 호흡이 멎는 날에는, 나인성에서 있었던 생명의 축제가 벌어지게 하옵소서. 큰 기쁨의 좋은 소식에 동참한 우리로 인해, 어둠과 혼란과 분열로 신음하는 이 땅에 주님의 평화와 영광이 넘쳐 나게 하옵소서. 아멘.